西方经济学圣经译丛
晏智杰／主编

魁奈《经济表》及著作选

[法] 弗朗索瓦·魁奈／著　晏智杰／译

The Essence of Quesnay

華夏出版社

图书在版编目(CIP)数据

魁奈《经济表》及著作选/(法)魁奈著;晏智杰译.
-北京:华夏出版社,2005.12
(西方经济学圣经译丛)
ISBN 7-5080-3821-5

Ⅰ.魁… Ⅱ.①魁… ②晏… Ⅲ.经济学 Ⅳ.F0

中国版本图书馆 CIP 数据核字(2005)第 117242 号

魁奈《经济表》及著作选

〔法〕弗朗索瓦·魁奈 著
晏智杰 译

策　　划:于泽俊　陈小兰
责任编辑:李雪飞
出版发行:华夏出版社
(北京市东直门外香河园北里 4 号　邮编:100028)
经　　销:新华书店
印　　刷:北京圣瑞伦印刷厂
版　　次:2006 年 1 月北京第 1 版
2006 年 1 月北京第 1 次印刷
开　　本:670×970　1/16 开
印　　张:27.75
字　　数:410 千字
插　　页:2
定　　价:42.00 元

魁奈雕像

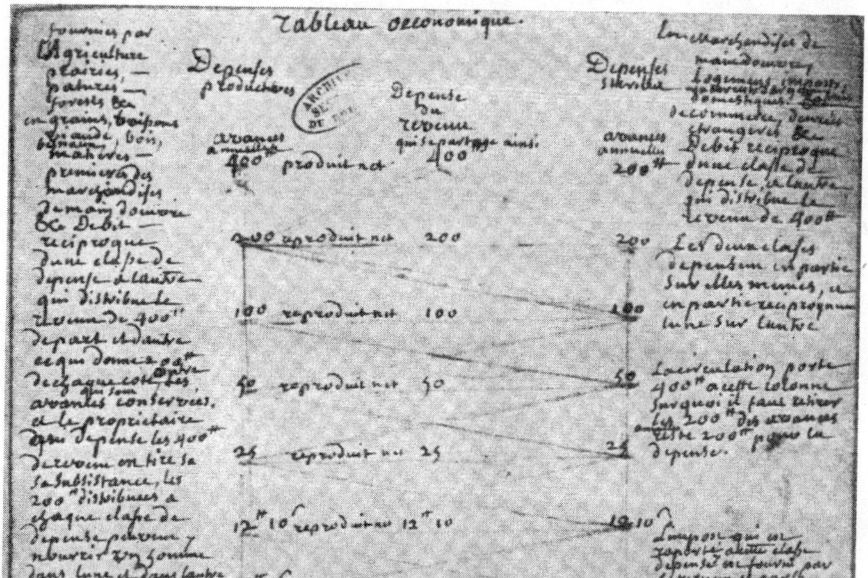

Tableau oeconomique.

Depenses productives	Depense du revenu	Depenses steriles
avances annuelles 400# produit net	qui se partage ainsi 400#	avances annuelles 200#
200 reproduit net	200	200
100 reproduit net	100	100
50 reproduit net	50	50
25 reproduit net	25	25
12# 10s reproduit net	12# 10	12 10s
6# 5s reproduit net	6# 5	6# 5
3# 2s 6d reproduit net	3# 2s 6d	3# 2s 6
1# 11s 3d reproduit net	1# 11s 3d	1# 11s 3d
15s 7d reproduit net	15s 7d	15s 7d
8s reproduit net	8s	8s
4s reproduit net	4s	4s
2s reproduit net	2s	2s
1s reproduit net	1s	1s

Total ... 400# reproduit ... 400#

《经济表》(第一版)原表

TABLEAU ŒCONOMIQUE.

FOurnies par l'agriculture, prairies, pâtures, forêts, mines, pêche, &c. En grains, boissons, viandes, bois, bestiaux, matieres premieres des marchandises de main d'œuvre, &c.

Débit réciproque d'une classe de dépense à l'autre qui distribue le revenu de 600 liv. de part & d'autre, ce qui donne 300 liv. de chaque côté : outre les avances qui sont conservées. Le Propriétaire subsiste par les 600 liv. qu'il dépense. Les 300 livres distribuées à chaque classe de dépense peuvent y nourrir un homme dans l'une & dans l'autre : ainsi 600 livres de revenu peuvent faire subsister trois hommes chefs de famille. Sur ce pied 600 millions de revenu peuvent faire subsister 3 millions de familles estimées à 3 personnes, [illegible], par famille. Les frais de la classe des dépenses productives qui renaissent aussi chaque année, & dont environ la moitié est en salaire pour le travail d'homme, ajoûtent 300 millions qui peuvent faire subsister encore un million de chefs de famille à 300 liv. chacun. Ainsi ces 900 millions qui naitroient annuellement des biens fonds, pourroient faire subsister 12 millions de personnes [illegible] de [illegible] âge, conformément à cet ordre de circulation & de distribution des revenus annuels. Par circulation on entend ici les achats payés par le revenu, & la distribution qui partage le revenu entre les hommes par le payement des achats de la premiere main, abstraction faite du commerce qui multiplie les ventes & les achats, sans multiplier les choses, & qui n'est qu'un surcroît de dépenses stériles.

DEPENSES PRODUCTIVES.	DEPENSES DU REVENU, l'Impôt prélevé, se partagent aux Dépenses productives & aux Dépenses stériles.	*DEPENSES STERILES.*
Avances annuelles.	*Revenu.*	*Avances annuelles.*
#	#	#
600 produisent	600	300
Productions.		*Ouvrages, &c.*
#	#	#
300 reproduisent net	300	300
150 reproduisent net	150	150
75 reproduisent net	75	75
s	s	s
37..10 reproduisent net	37..10	37..10
18..15 reproduisent net	18..15	18..15
d	d	d
9...7...6 reproduisent net	9...7...6	9...7...6
4..13...9 reproduisent net	4..13...9	4..13...9
2...6..10 reproduisent net	2...6..10	2...6..10
1...3...5 reproduisent net	1...3...5	1...3...5
0..11...8 reproduisent net	0..11...8	0..11...8
0...5..10 reproduisent net	0...5..10	0...5..10
0...2..11 reproduisent net	0...2..11	0...2..11
0...1...5 reproduisent net	0...1...5	0...1...5

REPRODUIT total .... 600 de revenu & les frais annuels d'agriculture de 600 livres que la Terre restitue. Ainsi la réproduction est de 1200 livres.

EN marchandises de
d'œuvre, logemens
mens, intérêts d'argen
mestiques, frais de co
ce, denrées étrangeres
Les achats réciproques
classe de dépense à l'aut
tribue le revenu de 600
Les deux classes dépe
en partie sur elles-mêm
en partie réciproqueme
ne sur l'autre.
La circulation port
liv. à cette colonne, su
il faut retirer les 300 li
avances annuelles, re
300 liv. pour le salair
L'impôt qui doit êt
porté à cette classe, e
sur le revenu qui s'obti
les dépenses réproduc
& vient se perdre dan
classe-ci, à la réserve de
rentre dans la circula
où il renaît dans le
ordre que le revenu,
distribue de même au
classes. Mais il est to
au préjudice du reve
propriétaires, ou des a
des cultivateurs, ou de
gne sur la consom
Dans les deux dernie
est destructif, parce q
minue d'autant la rép
tion; il en est de mêm
qu'il en passe à l'étrang
retour, & de ce qui
arrêté par les fortune
niaires des traitans
de la perception & d
penses; car ces par
l'impôt détournées ou
bées par l'épargne aux
ses productives, ou pr
les avances des cultiva
éteignent la réprodu
retombent doubleme
perte sur les propriéta
détruisent enfin la m
revenu qui fournit l'i
lequel ne doit porter
le propriétaire, & no
dépenses réproductiv
il ruine le Cultivat
Propriétaire, & l'Et

《经济表》(第二版)原表

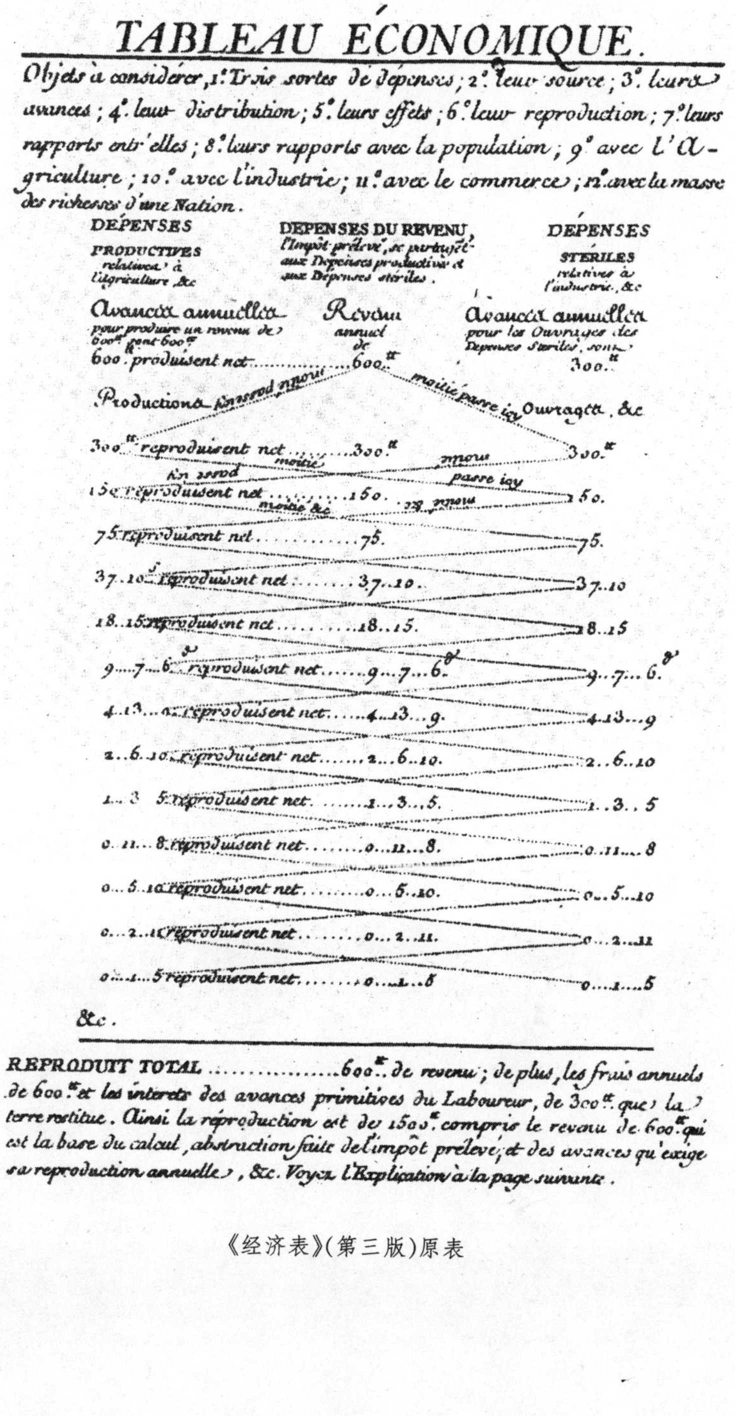

TABLEAU ÉCONOMIQUE.

Objets à considérer, 1°. Trois sortes de dépenses; 2°. leur source; 3°. leurs avances; 4°. leur distribution; 5°. leurs effets; 6°. leur reproduction; 7°. leurs rapports entr'elles; 8°. leurs rapports avec la population; 9° avec l'Agriculture; 10°. avec l'industrie; 11°. avec le commerce; 12°. avec la masse des richesses d'une Nation.

DÉPENSES PRODUCTIVES relatives à l'Agriculture, &c.	DÉPENSES DU REVENU, l'Impôt prélevé, se partagent aux Dépenses productives et aux Dépenses stériles.	DÉPENSES STÉRILES relatives à l'industrie, &c.
Avances annuelles pour produire un revenu de 600.ᵗᵗ sont 600.ᵗᵗ	Revenu annuel de	Avances annuelles pour les Ouvrages des Dépenses Stériles, sont
600. produisent net	......600.ᵗᵗ	300.ᵗᵗ
Productions	moitié passe ici	Ouvrages, &c.
300.ᵗᵗ reproduisent net	......300.ᵗᵗ	300.ᵗᵗ
150. reproduisent net	......150.	150.
75. reproduisent net	......75.	75.
37..10.ˢ reproduisent net	......37..10.	37..10
18..15. reproduisent net	......18..15.	18..15
9...7...6.ᵈ reproduisent net	......9...7...6.ᵈ	9..7...6.ᵈ
4..13...9. reproduisent net	......4..13...9.	4..13...9
2..6..10. reproduisent net	......2..6..10.	2..6..10
1...3...5. reproduisent net	......1..3..5.	1..3..5
0..11...8. reproduisent net	......0..11..8.	0..11...8
0...5..10. reproduisent net	......0...5..10.	0...5...10
0...2..11. reproduisent net	......0...2..11.	0...2...11
0...1...5. reproduisent net	......0...1...5	0....1....5

&c.

REPRODUIT TOTAL ....600.ᵗᵗ de revenu; de plus, les frais annuels de 600.ᵗᵗ et les interets des avances primitives du Laboureur, de 300.ᵗᵗ que la terre restitue. Ainsi la reproduction est de 1500.ᵗᵗ compris le revenu de 600.ᵗᵗ qui est la base du calcul, abstraction faite de l'impôt prélevé, et des avances qu'exige sa reproduction annuelle, &c. Voyez l'Explication à la page suivante.

《经济表》(第三版)原表

《西方经济学圣经译丛》序

翻译出版西方经济学名著，如以1882年上海美华书馆印行《富国策》[英国经济学家H. 福西特（1833～1884)《政治经济学指南》(1863年)中译本]为开端，迄今为止已有一百多年历史。回顾这段不算很长然而曲折的历程，不难看出它同中国社会百多年来的巨大深刻的变迁密切相关，它在一定程度上是中国思想界特别是经济思想界潮流和走向的某种折射和反映。单就建国以来对西方经济学名著的翻译出版来说，窃以为明显呈现出各有特点的两个阶段。改革开放以前几十年间，翻译出版西方经济学著作不仅数量较少，而且其宗旨在于提供批判的对象和资料。对于出现这种局面的不可避免发生及其长短是非，人们的看法和评价可能不尽一致，但此种局面不能再原封不动地维持下去已是大多数人的共识。改革开放以来，对西方经济学著作的翻译出版进入到一个新阶段，短短二十多年间，翻译出版数量之巨，品种之多，速度之快，影响之广，均前所未有，呈现出一派生机勃勃的繁荣景象。这是中国社会改革发展的需要，也是历史的进步，主流无疑是好的；但也难免有选材不够精当和译文质量欠佳之嫌。

华夏出版社推出这套新的《西方经济学圣经译丛》，可谓正逢其时。在全国建设小康社会的新时期，随着社会主义市场经济体制改革的深入，随着中国经济学队伍的建设和壮大，我们需要更多更准确更深入地了解西方经济学；而以往几十年翻译出版西方经济学所积累的经验教训，也正在变成宝贵的财富，使我们将翻译出版西方经济学名著这项事业，得以在过去已有成就的基础上，百尺竿头，更进一步。我们会以实践为标准，比以往更恰当地把握选材范围和对象，尽可能全面准确地反映西方经济学的优秀成果，将各历史时期最有代表性和影响力的著作纳入视野；我们对译文质量会以人所共知的“信、达、雅”相要求，尽力向读者推出上乘之译作。我们还会认真听取广大读者和学者的任何批评和建议，在分批推出过程中不断加以改进和提高。

在西方经济学迄今的发展中，涌现了数量不少的重要著作，其中亚当·斯密《国富论》（初版于1776年）、马歇尔《经济学原理》（初版于1890年）和凯恩斯《就业、利息和货币通论》（1936年），是公认的三部划时代著作。《国富论》为古典经济自由主义奠定了基础；《经济学原理》作为新古典经济学的代表作，为经济自由主义做了总结；《就业、利息和货币通论》则标志着经济自由主义的终结和现代国家干预主义的开端，故将它们同时首批推出。其他名著将陆续问世。

晏智杰
北京大学经济学院
2004年11月15日

目　录

译者前言

—重读魁奈经济著作有感—

魁奈和重农主义的历史定位；魁奈经济学的主题与要点；《经济表》：一个创新的分析工具；研究重农主义的方法与意义。

在译完了（实际上也是再次通读了）这部魁奈主要经济著作之后，作为本书的译者，同时也作为西方经济学及其历史的一个教学研究者，我再次深感对魁奈的政治学、哲学和经济学思想有进一步深入研究和重新认识的必要。这当然不是说人们以往对魁奈及其经济思想的认识和判断都错了，但我以为，传统的认识和判断确有不够全面、深入和准确的地方，因而提出全面准确把握魁奈和重农主义的要求不算过分。我这里初步提出几个问题和粗浅看法，就教于愿意付出时间和精力系统阅读本书的读者。如果这个探讨居然能激发读者阅读本书的兴趣，那就是意外的收获了。①

---

① 关于魁奈和重农主义的比较系统的评述，可参看：H. Higgs，The Physiocrats, London, 1897; M. Beer, An Inquiry into Physiocracy, London, 1939; R. L. Meek, The Economics of Physiocracy（其中的“论文”部分），Harvard University Press, 1963；逐日叙述重农学派活动的权威著作是韦勒斯著：《1756～1770 年法国重农主义运动》（1910 年法文版，1931 年缩写本）；库钦斯基和米克编译著：《魁奈的经济表》（Quesnay's Tableau Economique, ed. by M. Kuczynski and R. Meek, London, New York, 1972.）；我国著名经济学家陈岱孙教授对魁奈和重农主义的富于创见的研究，见：《从古典经济学派到马克思》，第 3 章，第 1 节（上海人民出版社 1981 年）；又见：“魁奈《经济表》中再生产规模的问题——从《经济表》的版本、模式讲起”（《陈岱孙文集》下册，北京大学出版社，1989 年）；晏智杰：《亚当·斯密以前的经济学》，第 17～21 章（包括：重农学派：序论；魁奈的经济理论；魁奈的《经济表》；魁奈的《经济表》续；杜尔阁的经济学说。北京大学出版社，1996 年）。

一

关于魁奈和重农主义的历史定位问题。人们通常总是满足于指出，以魁奈为奠基人和首领的法国重农主义是法国古典经济学的伟大成就和主要发展阶段。这当然是对的，但这很不充分。在我看来，还必须从更广泛的角度来考察他（们）的历史地位。马克思曾经指出，杜尔阁是“法国革命的直接先导之一”。[①]大家知道，杜尔阁是魁奈学说的追随者和实践者，是重农主义后期的伟大代表。马克思对杜尔阁的这个评语对魁奈适用吗？回答应当是肯定的，而以往我们对魁奈的学说及思想，首先是对其政治的和哲学思想的地位缺乏应有的重视，甚至有不当的判断。例如，在论及魁奈及重农主义的“自然秩序观”时，人们指出了其中强调经济生活存在客观规律的合理因素，可是不太重视这种思想的锋芒所向，其实是对君权神授之类封建传统观念的挑战；人们还注意到了魁奈注重以世俗生活经验作为思想的依归和根据，但对他处处强调“理性之光”却未加理会，甚至担心注意到后者会冲淡了前者的唯物主义意义。但魁奈的这些思想在一系列论述中都有明显的体现，特别是《自然权利》和《农业国经济统治的一般准则》中反复强调指出过，成为他的自然哲学的一个鲜明特色。

又如，在论及魁奈的政治思想时，人们往往注意到了他的政治学说的“封建外衣”，指出这特别表现在对包括国王、土地所有者和什一税获得者在内的“所有者阶级”的肯定上；人们还认为魁奈的这种态度，对他这位国王路易十五的御医和国王宠姬庞巴多尔候爵夫人的侍医来说，似乎也完全可以理解；可是，读过他的一系列文章，特别是《中国的专制制度》这篇典型的政治学论文后，你就会发现，魁奈所推崇的并不是传统的封建专制，更不是不懂救国和治国之道的昏庸专制暴君，而是一种开明的君主专制制度；这种开明君主专制制度的典范，在魁奈心目中就是中国当时的封建制度，因而魁奈成为当时风靡法国朝野的崇尚中国的热潮的代表者之一，这是一点也不奇怪的。

① 《马克思恩格斯全集》，第 26 卷，第 1 分册，第 366 页。

魁奈对当时中国政治制度的判断是否经得起推敲（如果这样做不算苛刻的话），这倒在其次，甚至无关紧要，重要的是这生动地具体地体现了魁奈的政治倾向。当然，当时正值中国清朝乾隆年间，即所谓康乾盛世后期，无疑会增加魁奈论点在当时的影响力。此外，魁奈对法国历史上以重农著称的大臣苏利的大力赞扬，对重商主义大臣柯尔倍尔的严厉批评，都是他的政治态度的鲜明表现。

还应当注意到，魁奈的学术和政治活动同当时的启蒙思想家狄德罗等人密切相关，他的几部著名长篇论文如《农场主论》、《谷物论》、《人口论》和《赋税论》，无一不是为狄德罗的著名《百科全书》撰写的，并曾为此承担了若干风险。

凡此种种，无不证明魁奈的政治和哲学思想确是法国大革命前启蒙思想家的同道，即使撇开他的经济思想不说，魁奈也应当跻身于法国大革命的直接先驱者之列，尽管他不属其中激进的一翼，而应归入温和保守的阵营。至于他的经济学说，更是直接为新生的农业资本主义鸣锣开道了。

二

这就说到了魁奈经济学说的主题和基本线索。究竟怎样看待魁奈经济学说的主题和基本线索？这是需要提出来重新加以推敲的另一个问题。不管人们是否自觉，出于人所共知的缘由，多少年来我国经济学界已经习惯于从价值论、分配论、资本论和再生产论等方面去理解和评价魁奈的经济学说，以至于给人一种印象，似乎这些问题就是魁奈经济学的主题和基本线索，并应当循此主题和基本线索对魁奈经济学说作出一系列具体的评价。然而，这样看待魁奈经济学的主题和基本线索，与魁奈著作的实情并不相符。

不是说魁奈没有研究这些理论问题，更不是说他在这些方面没有值得肯定的建树，但是，不能说魁奈经济学的主题就是这些理论问题，因而也不能说解决这些理论问题是其基本线索。我以为，认清重商主义给法国社会经济生活，尤其是对农业造成的极其严重的危害；力主实行重农主义方针政策，特别是主张推广“大农经营”即新生的资本主义农业经营方式，以便恢复和发展农业生产，增加财富，增加人口，促使法国重新走上繁荣富强之路，才是贯穿魁奈经济著作的主题和中心线索。

魁奈经济学具有如此强烈的现实性主题，是由18世纪法国悲惨的社会经济状况决定的。由于路易十四国王对外连年征战和大肆挥霍，到他1715年死去为止，王国已负债34.6亿法郎；战乱使法国人口急剧下降，加上对异教徒的迫害，致使法国人口自1660年到1715年间减少了400万（也有人说600万）。农产品产量自路易十四以来减少了1/3，人民的负担加重了。路易十四的继任者——摄政王奥尔良公爵和路易十五继承了祸国殃民的重商主义的政策，社会经济状况每况愈下；出于无奈，也为救急，"病急乱投医"，主政者竟企图借"苏格兰狂人"约翰·罗制度挽救危局，梦想以金融证券投机致富，结果更加重了经济的混乱和困难，约翰·罗制度也以惨败告终。人们看到的情形是，皇宫富丽堂皇而乡村荒芜萧条，大批青壮年为谋生而逃离乡村，流入城市，社会财富愈益集中在少数人手中，而沉重的赋税却落到广大民众尤其是农民头上。加上谷物价格跌落，对外贸易被禁止，使农民收入80%以上被剥夺。魁奈活动时期的法国确已到了国家贫穷、民不聊生的地步。这就是促使魁奈在其著作中不惜花费大量笔墨痛砭时弊的背景和动力。

其实，在魁奈之前，这一主题已经反复出现在一系列忧国忧民的有识之士的著述之中了，魁奈则是他们思想的继承者和发挥者。[①]而魁奈之所以能成为其中的佼佼者，则与其独特的经历和显赫的身份有关。弗朗索瓦·魁奈（Francios Quesnay, 1694～1774）出身于律师之家，成年后以行医为生，且以外科手术方面的论文"放血效果观察"受到当时法国医学界重视，不久被聘为巴黎外科医学会常务秘书。最关键的经历是他在55岁时进入凡尔赛宫，先做庞巴多尔侯爵夫人的侍医，由于医术精湛，继而成为王国路易十五本人的御医。从此魁奈逐渐与朝廷内外众多人士有了密切接触，有机会对国情作深入细致的

① 参看：晏智杰：《亚当·斯密以前的经济学》，北京大学出版社，1996年，第339～342页。

观察和分析。魁奈绝非单纯的医生，他对国运民情极为关注，学问遍及哲学、政治、法律和经济等。不仅好学，而且富有独立思考精神，每每发表自己不同于世俗的见解，他所倡导的“重农”观点尤其引人注目。魁奈同当时许多名人时有过从，热衷议论时政，又得到庞巴多尔夫人的庇护，遂在魁奈周围逐渐聚拢起一批志同道合者。所有这些都为魁奈著作形成上述主题提供了条件和环境。

在魁奈看来，他的经济理论和分析工具，犹如他行医的解剖刀，他要以之诊治已经病入膏肓的法国社会经济。这就是说，魁奈的经济理论是为现实服务的工具，而不是目的本身；他所追求的目标不是要在理论上标新立异，或者有意地批判某种理论，或者发展某种理论，或者为此后的某种理论作准备。至于他的经济理论在客观上构成了某种学派，并在经济学发展史上占有某种特定的地位，那是客观历史发展使然，也是后人对他的一种认识和评价。不消说，如果这种认识和评价是客观的符合历史发展实际的，它当然会具有真理性，但即使如此，也不能说这种客观历史地位就是当初魁奈追求的目的。他没有怀抱这种目的，他的目的就是要力求解决当时的问题，但结果他却创造了（理论的）历史。没有打算创造历史，结果却创造了历史。这种情况的发生，如同有人自以为创造了历史，结果却被历史所淹没一样，都不是不可理解的事情。

理解了魁奈学说的历史背景和主题，也就掌握了理解魁奈经济学说的钥匙。因为魁奈提出的各种社会经济问题及其观点，都是围绕上述主题展开的，而他的各种观点与主张的合理性或局限性，在上述历史背景下也都显得不是不可理解的了。他重新解释了财富和货币的本质及作用：他认为只有能满足人们生活需要，同时又具有交换价值的物品才是商品，也才是财富；他指出货币只是一种交换的工具和流通媒介，而不是财富本身。这种观点在批判重商主义的背景下具有历史的合理性和进步性，但他显然走过了头，从一个极端走上另一个极端，犯了轻视和低估货币作用的毛病；他强调农业是财富的源泉，而且是惟一的源泉，因为据他说农业实现了财富的“增加”；同时他否认手工业和商业的生产性，因为据他说这里发生的只是财富的“相加”。这种看法的不合情理似乎不言而喻，但同样不言而喻的是这种看法在当时的法国居然是一种创意，因为重商主义连农业的生产性也是否认的。纯产品学说是魁奈经济理论的核心，因为在他看来国富民强的关键在于能否在农业中创造出更多的纯产品。所谓纯产品，是指每年收获农产品中，除去种籽、肥料、人力、农具等各项支出之后的余额。

纯产品的多少显示了农业生产率的高低，也决定着社会经济生活的兴衰，因为在魁奈看来，作为纯产品的获得者的“所有者阶级”如何支出（花费）这种纯产品，是“生产地”使用还是“不生产地”使用，直接左右着社会经济的规模。

魁奈把农业视为财富的惟一源泉的观点具有明显的局限性，但他将纯产品的源泉仅仅归结为上述余额却具有经济合理性和科学性。他还根据英国农业资本主义经营的实践，以及法国北部几个先进省份的经验，大力肯定“大农经营”的优越性，则集中体现了魁奈追求崭新农业资本主义经营方式的深邃的目光和创新精神。所谓“大农经营”，是指由农场主使用马拉犁所进行的资本主义经营，这种经营的“原预付”和“年预付”（大体相当于农业中的固定资本和流动资本）充足，“纯产品率”（农业生产率）高；与其相对的是所谓“小农经营”，其特征是资金不足，通常只能使用牛拉犁，纯产品率较低。针对法国当时社会经济政策的弊端，魁奈强调，自由放任的对外贸易，国内谷物的高价格，以及减轻对农场主的赋税（只应当对纯产品收税），是发展农业生产的三个必要条件，等等。如果离开上述国富民强的主题，离开法国社会当时的背景，转而强制性地以今人的某种理论和方法去品评它，就不可能理解它应有的历史内涵和科学光辉，也不可能对魁奈经济学说真正的缺陷和不足作出切合实际的判断。

三

如何理解魁奈《经济表》是我们要探讨的第三个问题。这是一个历史性的课题。诚如马克思所说：“大家知道，重农学派在魁奈的《经济表》中给我们留下了一个谜，对于这个谜，以前的政治经济学批评家和历史学家绞尽脑汁而毫无结果。这个表本来应该清楚地说明重农学派对一国总财富的生产和流通的观念，可是它对后代经济学者仍然是不可了解的。”[①]魁奈的大弟子米拉波侯爵就是极好的例子。虽然他对《经济表》赞美有加，甚至过了头，[②]但他实际上并不真正理解《经济表》。正是为了给米拉波释疑解惑，才有了魁奈就《经济表》给米拉波的相关信件，也才有了《经济表》初版的一个又一个“版本”（迄今发现《经济表》的初版共有三“版”）。鼎鼎大名的亚当·斯密则因自身理论的缺陷，既不能对一国总财富的再生产和流通作出分析，又不可能对魁奈《经济表》的意义作出恰当评价。

最先解开《经济表》之谜的是马克思。他在创建无产阶级政治经济学过程中，尤其在研究社会总资本的再生产和流通问题时，对《经济表》作了反复和透彻的研究，深入揭示了《经济表》丰富的内涵，充分肯定了它的成就和地位，同时也明确指出了其中的缺陷和不足。虽然马克思的评论仅是对众多《经济表》版本和模式中的一种而发的，然而对我们今天研究《经济表》的各种版本和模式仍具指导意义。马克思对《经济表》的集中评述主要见之于1861~1863年手稿《剩余价值理论》(第六章)。马克思在这里依据魁奈《经济表》的算学范式分别详尽地分析了租地农场主和土地所有者之间的流通，资本家和工人之间的流通，租地农场主和工业家之间的流通，以及《经济表》上的商品流通和货币流通的关系及表现等。马克思总结说：“实际上，这是一种尝试：把资本的整个生产过程表现为再生产过程，把流通过程表现为仅仅是这个再生产过程的形式；把货币流通表现为仅仅是资本流通的一个要素；同时，把收入的来源、资本和收入之间的

① 恩格斯:《反杜林论》,人民出版社,1976年,第241页。

② 米拉波甚至说：“有史以来，世界上有三个伟大发明为政治社会带来了稳定性，它们与其他使社会繁荣进步的很多发明各有千秋。第一种是文字的发明，它给予人类以如实地传播其法规、公约、历史和各种发现的能力。第二种是货币的发明，它使文明社会之间的一切关系结合起来。第三种是《经济表》，它是上述两种发明的结果，它完成了两者的目的，而使其达到完整，这是我们时代的伟大发现，我们的子孙后代将从中获得裨益。”（转引自夏尔·季德等：《经济学说史》上册，商务印书馆，1986年，第58~59页。）

交换、再生产消费对最终消费的关系都包括到这个再生产过程中，把生产者和消费者之间(实际上是资本和收入之间)的流通包括到资本流通中；最后，把生产劳动的两大部门——原料生产和工业——之间的流通表现为这个再生产过程的要素，而且把这一切总结在一张表上，这张表实际上只有五条线，连结着六个出发点或归宿点。这个尝试是在 18 世纪 30 ~ 60 年代政治经济学幼年时期作出的，这是一个极有天才的思想，毫无疑问是政治经济学至今所提出的一切思想中最有天才的思想。”①马克思在为《反杜林论》所撰写的《批判史论述》中对《经济表》的阐释也是很著名和极为重要的。他以不多篇幅对《经济表》的目的、前提、出发点以及流通开始以前社会各阶级的状况，还有几次大的流通行为作了扼要评述，并驳斥了杜林对《经济表》以及对一般重农学派的错误认识。②

马克思对《经济表》的研究是经典性的，但也留下了一些疑问和未决问题。马克思当时未能见到《经济表》的其他各种版本，他的分析仅限于 1766 年的算术图式，而这个图式及其假定条件具有一定的局限性，例如，假定没有对外贸易；只分析简单再生产；除了说明社会总财富的流通以外，没有涉及其他内容，例如赋税和价格变动的影响等等。经过一百多年来西方经济学（史）家坚持不懈的努力，时至今日，人们对《经济表》的版本、分析模式和内涵，终于有了新的发现和认识。我国经济学界老前辈陈岱孙教授，依据国外最新发现的史料，对魁奈经济学和《经济表》作过深入研究，提出过一系列独到见解。这里摘引他对《经济表》版本和模式的论述，相信对读者阅读本书会很有好处。

“《经济表》作于 1758 年末。但其初版的经过，在其后的两百多年中，一直为迷雾所笼罩。魁奈的门徒杜邦·德·奈穆尔，在其发表于《公民日志》（1769 年）的叙述重农学派运动早期历史一文中说，在 18 世纪 70 年代末，魁奈曾以四开本的形式，在凡尔赛宫内印刷、发表了《经济表》的初版，并以之分赠给有限的少数人；这个版

① 《马克思恩格斯全集》，第 26 卷，第 1 分册，第 366 页。

② 恩格斯：《反杜林论》，第 241 ~ 250 页。

本包括一张《表》，一篇《解释》，一篇《苏利〈王国经济准则〉选录》。这就是当时和在这以后的长期内被认为《经济表》的第一版。虽然当时一般学者都知道这一版本的存在，但都没见到这版本，而只是从米拉波的著作和魁奈以后的著作中见到原《表》的征引和其发展的形式的。甚至到了19世纪的80年代，翁肯还认为这一版本早已失传。人们更不会意识到杜邦所指的这一版，实际上并非第一版；在这版本前尚有两个版本。

“19世纪80年代末，在法国巴黎国家档案馆中发现了一批米拉波的文件，其中有关于初版《经济表》的文献。文献中有两封魁奈致米拉波的信。第一封信说，他曾试作一说明经济秩序的基本《表》附寄给米拉波查阅。第二封信说，他附寄经过扩大和修改的《经济表》的第二版；在这一版中，原《表》的400利弗尔的收入基数已改为600利弗尔，这版只印成三份。

“以此为线索，在对米拉波文件进行探索中，发现了和第一封信描述相符的一份以400利弗尔为收入基数的魁奈《经济表》手稿。这一手稿是否曾经付印，没有得到证实。但由于魁奈的第二封信说到附寄的以600利弗尔为收入基数的《表》是原以400利弗尔为基数的《表》的第二版，这份手稿从此便被认为是魁奈自己所说的写成于1758年末的《经济表》的真正的第一版的原稿。

“1894年，不列颠经济协会发表了一批从法国国家档案中新发现的有关《经济表》的文献，其中包括：（a）一张以600利弗尔为收入基数的镌版印的《表》；（b）一篇经魁奈手写校订的《〈经济表〉解释》；（c）一张以600利弗尔为收入基数的印刷的《表》；（d）一份印刷的《经济准则》。不列颠经济协会的报告认为这份文献构成了上面所说的魁奈给米拉波第二封信中所指的第二版。但学术界的意见并不完全一致。有人认为文献中的（c）和（d）合在一起构成了真正的第二版，而（a）和（b）可能是较为后期印成的。

“1905年，舍勒在《政治经济学评论》期刊的一篇文章中，声称他发现了一本杜邦称之为原《表》的四开本的版本。他把它说为第三版。舍勒对这一版的内容作了描述，但表述得不详细，没有把它和不列颠经济协会报告中的（a）和（b）资料联系起来。更重要的是，他没有说明他如何找到这个版本和这个版本的收藏地方。他的发现缺乏实物的旁证。

“跟踪舍勒所提供的线索，库钦斯基夫人通过和杜邦在美国后代的联系，终于在1965年，在美国的伊吕特里安·米尔斯历史图书馆收藏的资料中，发现舍勒所描述的，也就是杜邦所说的四开本的《经济表》第三版版本。这一发现证明了不列颠经济协会所发现的文献中的（c）和（d）是魁奈给米拉波第二封信中所说的“第二版”（法国国家图书馆收藏的这“第二版”的另一本可作旁证），而文献中的（a）和（b）实是这个第三版的印刷底稿。1971年，贝卡格利在意大利佛罗伦萨旧书店中发现了和伊吕特里安·米尔斯历史图书馆收藏的第三版完全相同的版本，为库钦斯基夫人的发现提供了旁证。第二版和第三版都被认为发表于1759年。

“以上是到现在为止，我们所知道的关于1758～1759年《经济表》各初版经过的情况。

“以后《经济表》发表的经过较为明确。它以各种的模式见于米拉波的《人类之友》（1760年）；见于魁奈和米拉波合著的《农村哲学》（1763年）；见于魁奈的《经济表的分析》（先发表于1766年6月的《农业、商业、金融杂志》，复以修正、扩大形式收入于杜邦于1767年编辑出版的魁奈文集《重农主义》）；见于魁奈的《第一经济问题》（先以《经济问题》为题发表于1766年8月的《农业、商业、金融杂志》，复以补充和修正形式收入于杜邦的《重农主义》）；见于魁奈的《第二经济问题》（第一次于1767年发表于杜邦的《重农主义》）。

“魁奈《经济表》的模式不是单一的或一成不变的，它经历了一个发展的过程。在形式上，《经济表》的第一、二、三版（1758～1759年）和《人类之友》（1760年）所采取的是曲折连接线（或称Z字形）的复杂图式。在《农村哲学》（1763年）中，复杂的图式开始让位于一个简单化的提要图式。在《经济表的分析》中（1766年），简化的提要图式最后发展成为一个新的“算学范式表”。在《第一经济问题》（1766年）和《第二经济问题》（1767年）中，各表都是在这个“算学范式表”的基础上构成的。在内容上，《经济表》的第一、二、三版和《经济表的分析》中的各表所描绘的是一个处于简单再生产均衡状态的情况。而《人类之友》、《农村哲学》、《第一经济问题》和《第二经济问题》中的各表则着意于说明从这个简单再生产的均衡转化为均衡各变态的运动的原因。后者实际上意味着魁奈已经从简单再生产转向扩大和缩小再生产的考察。”①

以上三题，归根到底都涉及研究魁奈及重农主义的方法论，而研究和评论的依据和标准则是其焦点所在。人们注意到，相当一个时期以来，我国学术界对魁奈及其经济学说的研究和评论，往往以注解前人的研究成果为限。殊不知前人的研究也有时代的特点和局限性，没有也不可能穷尽相关的真理，如果对这一点没有清醒的估计和认识，便会使我们的研究和认识永远停留在前人已经取得成果的基础上，不能与时俱进地加以深化和发展。人们还注意到，在对魁奈经济学的研究中也不乏以今日的理论框架和视角去裁剪魁奈经济学的情形，或对其理论观点不适当地加以引申，或单纯从形式上加以比较，而忽略其学说的社会历史背景和内涵。我以为这些做法都不可取，惟有坚持实践标准，还原历史真相，并力求以史为鉴，才是正途。不知此说对否？

晏智杰

2005年8月31日

① 陈岱孙：《从古典经济学派到马克思》，上海人民出版社，1981年版，第150～151页及153页。或见：库钦斯基、米克编译著：《魁奈的〈经济表〉》，伦敦，纽约，1972年。

农场主论*

农场主是租借土地进行生产率高的农业生产的人，他们生产了对国家来说最重要的财富和物质资料。因此，**农场主**在王国的作用很重要，值得政府给予极大关注。

应当从整个联系中来观察农场主的农业生产，否则就不可能对它形成十分准确和完整的概念，并且容易得出庸俗的论断，好像没有耕种的只是那些熟荒地，好像贫穷的农业劳动同富有的农场主的劳动的收入是一样的。成熟的庄稼覆盖大地，给人留下宏伟的印象；初看上去，我们会以为这些土地确实被耕种了，但是，这种粗略的观察并不能使我们了解收获的数量和农业耕作的方法，更不能使我们了解畜牧

---

* 这是魁奈为狄德罗主编的《百科全书》撰写的最早经济著作之一，发表于《百科全书》1756 年第 6 卷，署名“魁奈·勒·菲尔斯”（Quesnay le Fils）。此后该文曾两次面世：1888 年载于翁肯编辑出版的巨著——《魁奈的经济学和哲学著作》，在巴黎和美因河畔的法兰克福出版；70 年后，为纪念《经济表》200 周年，该文被收进《魁奈和重农主义》第 2 卷，1958 年巴黎法文版。《农场主论》是首次译成俄文发表。

这篇文章对那些对经济思想史和国民经济史感兴趣的经济学家，以及那些能从中发现历史上许多重要事实的历史学家，都是很有意义的。通过这篇文章，人们不仅能在一定程度上了解魁奈经济观点的演进，而且还能了解狄德罗和其他启蒙思想家在当时很迫切的一些经济问题上所持的立场。魁奈的文章从广阔的国民经济和政治的角度考察了农场主问题，这是该文的优点所在，尽管它在语言文字方面也是一部优秀之作。不过，该文的结构却十分混乱，内容也有不少重复。但瑕不掩瑜，所有这些不足都因其提出了一个反映启蒙思想家一般观点的宏伟的政治和经济纲领而得到了补偿。——俄译本注

业和其他必要的农业部门的收入；只有经过最深刻和最详细的研究才能决定这一切。促使土地生产率绝对增加的不同的土地耕作方法和条件，决定了不同农作物的特点；为了判断王国农业的现状，就应当很好地了解这些方法和条件。

农场主常用马耕，对分制佃农常用牛耕。人们很少知道，牛耕和马耕并不同样有利。假定你去问农民用怎样的生产方法，他们会说是当地流行的方法。必须同时了解两种方法的利弊，才能对它们作出评价和比较；但是这种观察对农民来说是过分了，因为条件迫使他们不能不用牛耕，没有可能用马耕。

只有富裕的农场主才可能用马耕种自己的土地。为了用四匹马拉犁进行耕作，他们必须在第一次取得收获之前作出相当大的开支。为播种谷物而进行的耕作需要持续整整一年，而取得收成则不能早于来年八月。也就是说，他们要等待差不多两年时间才能得到自己的劳动和支出的成果。他们必须支出所需的马匹和其他牲畜的购买费用，他们应当保留有用种籽的谷物，他们要饲养马匹，还要支付仆人的工资和食粮。这就是他们为了用一套四马拉犁耕种，在头两年不能不预支的费用；这些费用加起来约在 1～1.2 万利弗尔之间，如果要用两套或三套四马拉犁，预付费用就要在 2～3 万利弗尔之间。

在没有可能作此购置的农场主的地方，土地所有者没有其他办法可在这些土地上获得产品，只有将土地提供给用牛耕种的农民，并从后者身上取得一半收获物。这种耕作方式要求承租人的支付是很少的。土地所有者必须提供牛和种籽。牛在使役之后就放到牧场吃草。承租人的全部费用，就是耕作用具和到最初收获期为止的食粮支出，而土地所有者有时还不得不为他们预付这笔费用。有些地区的土地所有者不得不支出这些费用，但他们不是以一部分特定收获物的形式从承租人那里收取自己的份额的，而是为承租土地所支付的货币额，或者是出自家畜价格的一定利息。不过这些收入常常是微不足道的。然而许多土地所有者（没有生活在自己的领地上，在分配收获物时也不能到场）更喜欢收取货币形式的收入。

在专门用牛耕种的地方，土地所有者耕种自己的土地时，也必须遵循同样的方式，因为他们几乎找不到能管理和使用马耕的承租人和工人。从远处雇用这些人又非常不便，他们一旦缺勤或生病，工作就要中断。这种情况是很危险的，特别是在农忙期间。这种经济非常依赖自己的工人，要替换不愿干活或工作不出力的工人是很难的。

在所有时代和所有国家，土地都曾是用牛耕种的；这种习惯多多少少是由于需要才持续下来。在任何时代和任何国家，人们坚持采用这种土耕种方式都是有原因的，这些原因只会由于国家权力和统治的性质不同而有所不同。

牛干起活来比马要慢得多，在牧场上吃草的时间也很长。因此，有些需要 12 头牛，另外一些需要 18 头牛耕作的地方，只要 4 匹马就够了。在有些农场，牛在牧场放养的时间较短，再喂以干饲料。

在这种情况下，牛干活的时间长，但是这种方法并不普遍。

有一种普遍的看法,以为牛的力气比马大,它在翻耕处女地时是不可替代的,此时用马则不适宜。这种看法与实际情况不符。6 头牛充其量只能载重 2 000 ~ 3 000 (pesant ?),而 6 匹马却能载重 6 000 ~ 7 000 (?)。牛在山地行走要比马稳当,可是它载重的力气小。人们会说,在路况较差的道路上载重,用牛比用马好,因为马的载重轻得多,所以马蹄在松软泥土上留下的脚印较浅。结果就造成一种印象,好像牛比马更能载重。然而,实际上,牛脚踩在松软的土地上是很不稳当的。

需用 2 头牛耕作的较松软的土地，只需 2 匹小马就够了。如果土地比较坚硬，拉一架犁需用 4 头牛或 3 匹马来拉。

在更坚硬的土地上，拉一架犁需要 6 头牛，但只要 4 匹好马就够了。

耕作最坚硬的土地，需要 8 头牛或 4 匹强壮的马。

当一架犁用多头牛来拉时，若再套上 2 匹小马，这些马只能起到引路的作用。在这种情况下，同慢腾腾的牛系在一起的马对拉犁几乎完全不起作用，不过增加了无谓的开销。

牛拉犁一整天大约可以耕地 3/4 亚尔邦，[①]而马拉犁则可耕地 1.5 亚尔邦。如果一架犁需要 4 头牛，三架犁就需要 12 头牛，一整

---

① 亚尔邦(Arpent),法国旧制土地面积单位,大小各地不同,相当于 30 ~ 50 亚尔(are，公亩，1 公亩等于 100 平方米）。——中译本注

天能耕地约2亚尔邦。如果是三架各由3匹马拉的犁，一天即可耕地约4.5亚尔邦。如果一架犁要用6头牛来拉，那么两架犁需要12头牛，耕地大约1.5亚尔邦，但是8匹好马拉两架犁，则可以耕地3亚尔邦。

如果一架犁要8头牛来拉，那么三架犁要用24头牛，可耕地2亚尔邦；如果一架犁用4匹马就够了，那么六架犁需要24匹马，则可耕地9亚尔邦。总起来平均地看，可以说，用马比用牛多耕3倍的土地。

只有在山地或贫瘠的土地（那里只有一些不大的彼此替换的已耕地块）上进行耕作，用牛才比用马受欢迎。在这些土地上使用马，就需要很多时间从这块地到那块地，不能达到充分的效率。用牛拉犁所限于地块不大，而用马则同必须耕种大量分散的地块相关。

使用牛适合于播种黑麦的土地或土质松软的土地，但那样的土地不适合播种燕麦。在这些土地上有2匹小马就够了，而这些小马的饲料也要不了多少燕麦。在不大的地块上就能获得极多的燕麦，而这种地块到处都有。

土地用牛耕种，是因为没有能够用马耕种的承租人。同样，土地所有者为了耕地而不得不将牛交给农民，但却不愿冒险把羊交给农民。因为这些羊能厩肥，还要圈养，如不能得到适当照料就会死亡。牛在夜间和白天的一部分时间是在牧场渡过的，不能保证得到肥料，只有在冬季牛被圈在牛圈时才能得到肥料。

因此可见，土地用牛耕种所生产的东西比由富裕的农场主用马耕种所生产的要少多了。实际上，在第一种情况下，肥沃的土地所能生产的小麦不会多于4塞蒂；[①]而在第二种情况下，同样的土地能生产7~8塞蒂。在家畜饲料和积肥上的差别也大体如此。

还有另外一点也不是不重要的。把一部分收成交给土地所有者的小承包人，总是尽可能地用他们圈养的牛去拉脚跑运输赚钱；这些小承包人由于以此得到的利益比耕地还要大，所以常常忽视土地耕作。土地所有者如对此不加注意，大部分土地就会荒芜。

---

① 塞蒂（Septier），法国旧制谷物计量单位，约合现在151公升。——中译本注

土地荒芜对于靠牛耕种（换句话说，因为地价很低，耕作情况不好）的国家来说，会导致绝对负面的结果。开垦 1 亚尔邦土地所需经费比 1 亚尔邦已耕地价格要高出 1 倍，因此，人们宁可买进新土地，也不愿花钱开垦荒地。

荒芜的土地只好作牧场之用，这对土地所有者的财产是莫大的损失。

有一种相当流行的观点，认为从经费的比较来看，牛耕要比马耕的利润要多。这个问题需要仔细地加以考察。

我们已经看到，用 12 头牛的地方，用 4 匹马就够了。

马和牛的价格各有不同。耕马的价格介于 60 ~ 100 利弗尔之间；耕牛的价格则在 100 ~ 500 利弗尔之间。如果是一对牛，则价格更高。为了便于比较购买牛马的经费，我们设定 1 匹好马的价格是 300 利弗尔，一对大公牛是 400 利弗尔。耕马的使役年限，大体可定为 12 年。然而，牛的使役年限就很不相同：一些牛 4 年期满就要更换，一些牛要 6 年，还有一些是 8 年，平均大约 6 年。此后这些牛还可被养肥以供屠宰，但养育肥牛的人通常不是用牛耕地的人，而转卖牛的又是另外一些拥有良好牧场可以养育肥牛的人。可见，养育肥牛是一个独立的过程，应当将其与在农业经营中使用牛加以区别。当牛被使役 6 年后出卖时，早已过了强壮之年，已有大约 10 岁了。这时它们会丧失原先价格的 1/4，它们被使役的时间更长，则丧失的价格也就更大。

从这些资料不难确定购买牛马的经费，也不难确定究竟购买哪个有利：买牛还是买马？

好的耕马 4 匹，每匹值 300 利弗尔，4 匹值…………1 200 利弗尔	}	1 920 利弗尔
这 4 匹马可以使役 12 年；12 年间，购买这 4 匹马的 1 200 利弗尔的利息……720 利弗尔①		

① 魁奈这里是以年利率 5% 计算的，但是他在别处所说的年利率却高达 10%，他没有解释为什么会有此区别。很可能是因为 18 世纪中期法国没有统一的借贷利息水平，两种利率实际上都存在。——俄译本注

假定在使役 12 年后不能再得到任何收益，则损失额

应是…………………………………………………… 1920 利弗尔

大牛 12 头，每头 200 利弗尔，共值

……………………………………2 400 利弗尔 } 3 120 利弗尔

这些牛可以使役 6 年，6 年间，购买这 12 头

牛的 2 400 利弗尔的利息………… 720 利弗尔

这些牛在使役 6 年后，作为瘦牛出卖，每头售价 150 利弗尔，12 头售价 1 800 利弗尔。购买费 2 400 利弗尔，因为要加上 720 利弗尔的利息，共计 3 120 利弗尔。从中减去 1 800 利弗尔，损失为 1320 利弗尔。这是 6 年的损失，12 年间的损失加倍计算，共计为……………………………………… 2 640 利弗尔

由此可见，牛的支出比马的支出要多大约 700 利弗尔。假定卖牛的损失减少一半，它的支出仍然要超过马的支出。不过 12 年的这个超过额分摊到每一年就不明显了。

假定牛马的购买价格减半，即每匹马的买价是 150 利弗尔，牛的买价是 100 利弗尔，但牛的损失仍然会以同一比例超过马的损失。

有些农场主只用几年牛，也就是说，在卖价最好时把牛卖掉。

有些农场主也以同样的方法使用耕马，以高于买进的价格把马卖掉。这是从更合理预防的角度来使用牛马的，但减少了对耕作的利益。

有人说，马比牛更容易染病和遭遇意外。有人更确信，用马的风险比用牛要高出 3 倍，按照这种说法，12 头牛的风险程度同 4 匹的风险程度是持平的。

但是，当牛的传染病引起全面灾害时，要比马染病更危险。牛一旦死光了，耕作就会停止，假如不能迅速弥补损失，土地就会荒芜。因为必需的数目不同，购牛的费用要高于购马的费用，因而损失也就更难弥补。马不会发生牛那样的传染病，个别的马染了病，对于耕作者来说也不会有那样大的危险。

使用马还要支出马掌和马具费用，而使用牛就不必有这项支出。但是，用 4 匹马耕地，只要一人驾驭足矣，而用 12 头牛耕地，就非要几个人驾驭不可。因此，使用牛和马的这些费用差不多是一样的。

不过，还有一种情况需要加以考察。这就是牲畜的饲料问题。关于这个问题，有一种初步的观念，似乎对使用牛耕有利。为了消除这种观念，应当对农业的几个必须评估的方面加以详细考察。

采用马耕的土地，通常实行三区制，即耕地面积的 1/3 播种粮食作物，1/3 播种燕麦和其他在冬季后播种的谷物，最后 1/3 土地休耕。用牛耕的土地通常则采用二区制，即耕地面积的一半播种粮食作物，另一半休耕。燕麦和其他春播作物播种得很少，因为不需要它们作牛饲料。这样一来，1 亚尔邦土地在六年间有三次收获粮食作物，交替地有三年休耕。而用马耕，同 1 亚尔邦土地，同样六年间，只有两次收获粮食作物，但是，它还有两次收获春播作物，六年中处于休耕的只有两年。收获粮食作物更有利，因为马需要一部分春播作物作为饲料。可见，牛耕在六年间要比马耕多收获一次粮食作物。但是，必须注意，所有这些好处都会因为下述情况而消失殆尽：牛耕对于播种粮食作物来说缓慢，所以其他 1/4 以上土地被用来播种另外一些不需精耕细作的谷类作物。更有甚者，同一块土地，播种一次粮食作物，三年最多种一次会比两年种一次多得 1/5。因此，假定六年间收获三次达 24 公升，则三年间收获两次达 20 公升，收获两次只比收获三次少 1/6。这个 1/6 在马耕场合是容易得到补偿的，因为牛耕的土地中，通常只有 3/4 用于播种粮食作物，其余 1/4 用于播种其他谷类作物。换句话说，这三次的收获量实际上只等于全部收获量的 $2\frac{1}{4}$ 。也就是说，三次收获量，按照我们的假定，应当是 24 公升，但实际上只能得到两次和 1/4 次的收获量，即 18 公升。马耕时，两次即可收获 20 公升。马耕比牛耕要多收获粮食作物 1/10。我们总是假定，在牛耕和马耕的场合，土地一样肥沃，耕作一样良好，可是，牛耕的收获量只是大农场主用马耕的收获量的一半。为了易于比较花在牛马饲料上的支出，我们也总是从下述假定出发的：对同样肥沃的土地进行了同样良好的耕作。总之，在这些假定条件下，牛耕的粮食作物产量充其量只等于马耕的产量。

我们已经指出，使用马耕的农场主每年用一定的土地播种并收获燕麦，而使用牛耕的对分制佃农所能收获的燕麦仅有1/4。役马需要消耗掉3/4的燕麦，其余的1/4留给农场主。此外，农忙季节还要给牛喂少许燕麦；由于牛要消耗掉对分制佃农大约一半的燕麦。对分制佃农收获的燕麦，要比用马耕的农场主收获的燕麦少3/4。因此，对分制佃农只能得到燕麦收成的1/8，其余的燕麦都做了牛饲料，而农场主只能留下未被马消费的1/4燕麦。所以，尽管大量燕麦要作为马的饲料，但使用马耕的农场主的状况要好于对分制佃农。在这种情况下，假定对分制佃农将耕地全用于播种粮食作物（其中一部分人就是这样做的），其收获也不会多于耕种同一面积的农场主的收获，而农场主的马所需要的燕麦还能得到保证。即使马的饲料消耗了全部燕麦，比较下来也不会有利于对分制佃农。不过这种情况会影响到耕马的饲料。还应当注意到，在使用马耕时，还能获得一种确实的饲料作物的收获，因为六年间土地休耕只有两年。

有些使用牛耕的土地也实行三区制。在这种情况下，同样的土地耕作就会获得与使用马耕一样的收获。如果耕作者能以饲料燕麦喂牛，那么牛在牧场上停留的时间就会较短，而用于耕作的时间则会较长；耕作者还能获得更多的厩肥。饲料谷物完全留给家畜，也就有可能饲养更多的家畜，从中得到更多收入，进一步改善土地耕作。所有这些好处加在一起，就会使这种牛耕经济接近于马耕经济。但是这种经营方式并不适合于对分制佃农。土地所有者既然要为家畜支出，他们自己必然要经管这个经济部门，这就说明了这种农业经济制度为什么不会普及的原因。甚至在那些其领地遍布使用牛耕的省份的土地所有者中，这种耕作制度也并不普及，这些省的土地所有者盲目地跟随普遍流行的耕作制度，只有那些有教养的聪明的人才有可能从与其利益相抵触的普遍的错误中摆脱出来；但是，他们还是有可能作出必要的预付，以饲养家畜和其他开支，为了实行生产性的农业经济制度，总是要付出很高的代价的。

饲养马，除了用燕麦以外，还有干草和饲料。饲料可以从粮食作物的收成中取得：小麦的秸杆就很适合做马的饲料；豌豆、野豌豆、豆荚、扁豆等，都可以代替干草作为饲料。用这些东西做饲料，马就几乎可以不吃干草了，即使吃，量也很少。利用秸杆一类饲料还有利于获得厩肥，因此不应当视其为对土地所有者不利的支出。

由此可见，马不仅由自己的劳动为自己生产了饲料，而且并没有减少应归土地所有者所得的利润。

如果土地使用牛耕，情况就不同了。在这种情况下所获得的收成不能保证家畜的饲料。这些家畜在夏季需要牧场放养，冬季需要干草饲料。假定土地所有者中有些人用干草喂马，数量也很少，因为很容易用春播作物的其他饲料代替这些干草。此外，12 头牛在冬季或一年之中没有牧场期间对干草的需要量，要多于同一期间 4 匹马所需要的少量干草。从这个方面来看，马的饲料是节省的。除此以外，还应当看到，牛所需要的牧场比马的牧场要大得多。这份多余的支出看起来并不很大，但是实际上很值得重视。因为事先专为饲养耕牛而设立的牧场，同样也能用于饲养其他家畜，从中也能获得完全真实的利润。此外，如果用于牧场的这块地方可以用作耕地，那损失就更大了。为了确保饲养耕牛的牧场，究竟有多少可以耕作的土地依然荒芜，这很难说，总之数量不少。不幸的是，对分制佃农对尽可能耕种更多的土地不感兴趣，相反，他们感兴趣的是尽可能少地耕作，以便有可能从事更赚钱的拉货运输。况且为了开垦牧场，还必须以柴草筑篱笆，防止牧场上的牛糟蹋庄稼。为此，土地所有者不得不在一年之中从事农事的季节花费许多时间。这就使得预计为使用牛而设立的牧场，需要很大的开销。而这些开销在使用马耕的农业经济中是完全可以免除的。可见，认为饲养耕牛的费用少于饲养耕马的想法是很错误的。

拥有 8 块地产①的土地所有者，有大约 100 头耕牛，他每年为这些耕牛的支出不少于 4000 利弗尔，即每头大约 40 利弗尔，包括在干草和牛的牧场上的支出，而这些花销在使用马耕的场合是能够免除的。

---

① 德尔在注释中指出，魁奈理解为拥有 8~9 亚尔邦土地的家庭经济。参看：《经济学原理选集》第 2 卷——《重农主义》，巴黎，1844 年，第 228 页。关于这种“地产”是如何形成的，可参看：布洛克的《法国古代史的特点》，俄译本，莫斯科，1957 年版。——俄译本注

将使用牛耕的农业经济所获得的产品和用马耕所获得的产品比较一下，就可以看出，使用牛耕的会损失一半产品。还要加上那些原本能够耕种而没有耕种，仍然荒芜或留作牛牧场的土地的损失。还必须指出，在干旱季节，牧场稀疏，牛几乎无处觅食，自然也无体力干活，不可能全部完成农业经济的工作，饲料和肥料的短缺，以及对分制佃农热衷于运输，等等，都相当程度地限制了农业生产的可能性，在这种情况下，即使土地面积广阔，收入也很少，终会使对分制佃农和土地所有者陷于破产境地。

有人认为王国全部土地的7/8①是用牛耕种的，这也许大体符合实际，如果把那些贫穷的农场主也包括在内的话，这些人缺了别人的帮助就不能为高产农业提供必要的经费。全国土地中有一部分完全荒芜，其余被开垦的土地的情况也很糟。所有这些说明了法国农业由于缺乏农场主而处于极大的衰落之中。

这种衰败状况可以用三方面原因加以解释：第一，土地所有者的子女逃到大城市，他们在那里所花销的可能就是其父母想为改善土地耕作而支付的经费；第二，对农业生产随意课税，使农业所必要的投资失去了任何的保证；第三，谷物贸易受到各种限制。

可以认为，现行政策是把农村居民的贫困当作驱使他们劳动的刺激。然而，谁不知道富裕才是发展农业生产的强大动力，而且要进行良好的耕作，就需要很多的财富。关于这一点，请参考前面的论文《农场主论》。②

有了钱就不怕破产；没有钱的人就不得不去做无益的工作。大家知道，如果不能获得自己劳动的某种成果，人们是不愿意劳动的。他们的积极性总是同他们所能获得的自己的劳动成果成比例的。因此，政策不能赞成这样的观点，这些观点或者同国家的财富相对立，或者

---

① 魁奈把这个数字理解为一个经验事实。他究竟是根据什么这样说的，并不清楚。他也没有指出这个说法的来源，不过，看上去是出自杜普尔·德·圣·莫尔的著作。参看下文注释对这位《百科全书》编者的说明。——俄译本注

② 指的是刊载于《百科全书》第1卷的列·罗伊的文章："农场主论"。——俄译本注

对国王有害，或者对掌握王国财富的人们不利。

王国的领土大约1亿亚尔邦。算起来，其中有一半是山地、森林、草地、葡萄园、道路、荒地、居民点、花园、牧场、人工草地、池塘与河流，其余的领土才能用来种植谷物。

因此，可以说，王国的可耕地有5000万亚尔邦。如果其中包括洛林，那么这个估算并不为过。但是，应当注意到，在这5000万亚尔邦可耕地中，有1/4以上的土地或是荒芜，或是完全没有开垦。

因此，只有大约3600亚尔邦可耕地，其中600~700万亚尔邦土地能精耕细作，其余大约3000万亚尔邦土地则需要使用牛耕。

在使用马耕的700万亚尔邦土地上实行三区制，其中每年有1/3土地生产粮食作物；在平常年份，1亚尔邦土地的收获，除去预留的种籽，大约是6塞蒂；总共可收获大约1400万塞蒂。

在使用牛耕的3000万亚尔邦土地上实行二区制，即每年有1500万亚尔邦可提供收获。在这1500万亚尔邦土地中，通常有3/4土地用于播种粮食作物，其余土地播种其他谷物。因此，每年播种粮食作物的土地面积大约只有1000万亚尔邦。

在这种经济管理制度下，每1亚尔邦土地在平常年份约可生产3塞蒂粮食作物，还要从中留下一部分作为种籽。因此，全部土地可提供大约4200万塞蒂。①

依据杜普尔·德·圣·莫尔②的计算，王国的居民人数大约是1600万人，假定每人消费3塞蒂粮食作物，总消费量是4200万塞蒂。但是，1600万居民中，有一半人在15岁以前死亡，所以，在1600万居民中，15岁以上的居民只有800万人，他们每年消费的粮食作物不会超过2400万塞蒂。假定再加上不满15岁的儿童，全体居民的总消费量应是3600万塞蒂。杜普尔·德·圣·莫尔认为，平常年份粮食作物收成是3800万塞蒂。可见不会有什么剩余。不过，

---

① 从下面的论述可知，"全部土地"是指实行牛耕和马耕两种方式的全部土地。——中译本注

② 杜普尔·德·圣·莫尔·尼古拉·弗朗索瓦（1696~1774），法国经济学家，著有一系列关于法国货币和谷物价格等问题的著作。——俄译本注

农民还有别的谷物和果实作为粮食。除此以外，我认为，由前述两种农业经济管理制度所能取得的收获量，在平常年份是4200万塞蒂。

假定能用于耕种的5000万亚尔邦土地（这是最低估计）[①][②]采用的是高级耕种方法，那么，每1亚尔邦土地在正常年份能收获至少5塞蒂（已经从中除去了预留的种籽）。这样，以整个面积的1/3种植粮食作物将能获得8500万塞蒂。不过，这些土地中至少有1/8要用于种植蔬菜、亚麻和大麻等，而这些作物都需要肥沃土地和精耕细作。换句话说，在这种情况下能用于种植粮食作物的土地只有大约1400万亚尔邦，其收成大约700万塞蒂。也就是说，采用高级方法每年增加的收获量是2600万塞蒂。

这2600万塞蒂应是王国的剩余，因为现在的收成已能保障居民的粮食而有余，这个富余的收成在平常年份大约是900万塞蒂。因此，即使将来人口大为增加，这2600多万塞蒂也能全部售出国外。

但是，未必有可能按照高价出售这么多谷物。英国每年出口不超过100万塞蒂。阿尔及尔出口也只是100万塞蒂，宾夕法尼亚的土地非常肥沃，其出口也就是这个数目。波兰的出口大约是800 000吨或700万塞蒂。进口谷物的国家是不会支付按英国售价计算的那种高价的。但是，也就应当由此得出结论：我们不可能在任何情况下都能按照使耕作者的费用[③]得以补偿的价格，向这些国家出售2 600万塞蒂的谷物。

因此，有必要从获得最大收入的角度来考察农业生产。

---

① 按照卡西尼绘制的地图，法国的总面积是1.25亿亚尔邦，其中一半可用于种植粮食作物。——《百科全书》编者注

② 卡西尼·雅克（1677～1756），法国天文学家和大地测量专家，科学院成员，是巴黎子午线经纬度测量的指导者之一。为卡西尼作注的《百科全书》的编者可能是狄德罗。——俄译本注

③ 有些研究者（参看后来出版的法文版《魁奈和重农主义》中“农场主论”的注释）认为，魁奈的这些思想是受了列·罗伊的观点影响的结果。但是这个结论是没有任何根据的，尽管罗伊在发表于《百科全书》第1卷的“农场主论”中也提出了同样的观点。他们这些观点因当时的现实而引起，并且是一些普通的农业常识。——俄译本注

畜牧业在这方面具有最大的意义。粮食作物生产需要大笔支出，可是这些作物的出售是极不稳定的：如果耕作者不得不以低价出售谷物，或者将谷物储藏起来，那么只有家畜的利润能够作为维持生活的惟一手段。但是，谷物生产不会不再是农业经济的基础和本质：只有通过发展谷物生产，耕作者才可能饲养更多家畜，因为夏季牧场对家畜是不够的，还得为家畜备足冬季的饲料。此外，大部分家畜的饲养必须要有同样的谷物，而家畜业的发展又保证了丰收。应当以这两种观点来指导农业经济。

在法国这样的王国，领土广阔，能生产出远多于销售量的粮食作物，因此各种粮食作物只应在肥沃的土地上生产。在不肥沃的土地上播种粮食作物，各项经费将不能得到补偿。我不打算在这里研究土地的改良问题。法国连以各种简单方法来发展农业经济的经费都未必能够负担，就更无力承担改良土地的费用了。不过，将这些不肥沃的土地用于种植其他谷物，如块根植物、牧草或人工草地，还是能够获利的。由此能饲养更多的家畜，得到更多的肥料，获得更多的谷物和饲料，并使家畜的数量得以增加。具有重要意义的森林和葡萄园，同样能占用很大的面积，但又不会妨碍谷物生产。有人认为，应当限制种植粮食作物。但这意味着使王国失去最为重要的产品，而妨碍农业发展的困难却并没有消除。看起来，葡萄园主经营葡萄园对他们是有利的；用于葡萄园耕作的资金，无论如何要少于耕种小麦的资金。每个人行事都力求符合自己的利益。如果以法律手段来限制由不可克服的原因所确立的习惯，那么这种法律的限制不会是别的什么东西，只能是发展农业经济的新障碍。这种法律对葡萄园来说也是不恰当的，因为发展粮食作物生产所短缺的不是土地，而是耕作所需的资金。

在英国，为了保证家畜的饲料使用了很多土地；而家畜在这个国家也达到了极大的数量。从饲养家畜获得的利润相当多，仅毛织品一项就高达 1.6 亿利弗尔。没有任何一个贸易部门能同仅是家畜产品的这一个部分的利润相比。黑人贸易是英国对外贸易的主要对象，所得也不过区区 6000 万利弗尔。所以耕作者的份额远高于贸易的份额。谷物交易额占英国全部国内贸易的 1/4，而家畜产品则远高于谷物产品。这种丰裕是耕作者富裕的结果。在英国，农场主很富有，很受人尊重，很受政府的扶持。英国的耕作者能不加隐瞒地利用自己的资金，也不必担心他们所得的利润会因完全随意和毫无道理的征税而化为乌有，最终导致破产。

耕作者愈富裕，愈能尽其所能地增加农业产品和国力。贫穷的农场主虽能耕种自己的土地，但是不能给国家带来好处，因为他们不能获得土地在良好耕作条件下所能获得的产品。

必须承认，在疆域广阔的王国，肥沃的土地应当用于播种粮食作物，因为这种耕作的费用是很高的。土地愈贫瘠，花费愈多，而补偿其花费的可能性却愈小。如果假定，法国只在肥沃土地上种植粮食作物，那么，用于这种耕种的土地面积就可减少到3 000万亚尔邦。其中每年用1 000万亚尔邦播种谷物，用1 000万亚尔邦播种燕麦，还有1 000万亚尔邦休耕。

这1 000万亚尔邦播种粮食作物的肥沃土地，经过良好耕作，在正常年份，每亚尔邦的收成除去种籽，不会低于6塞蒂，1 000万亚尔邦土地的收成当在6 000万塞蒂左右。

这个数字比我们当前所获得的粮食作物收成要高出1 800万塞蒂。高出来的这个部分可以出售给国外，即使按每塞蒂17利弗尔计算，也能获得3亿利弗尔以上。此外，我们还有2 000～3 000万亚尔邦土地（不含葡萄园），可用于耕种其他农作物。

燕麦和其他谷物同粮食作物将会按同一比例交替增长，这种增长，同贫瘠土地产品一起，将能增加从饲养家畜中所得的利润。

甚至可以设想，输出国外的粮食作物将按每塞蒂20利弗尔的价格出售。这是谷物自由贸易条件下的通常价格。因为从查理九世时代到路易十四王朝终结，数十年间形成的价格，换算成我们现在的货币，是波动于平均20～30利弗尔之间。换句话说，是介于1/3到1/2银币马克之间。1磅谷物（可做1磅烘烤面包）早先值1苏，也就是现在的2苏。

英国的谷物售价平均是22利弗尔，这是通常的价格。由于自由竞争价格的存在，所以价格在不同年份没有经历过大的变动。英国国内既没有饥荒，也没有货币贬值。谷物价格的这种稳定性是发展农业经济的重要基础，因为耕作者总是有可能从一年间的收成中收回他经营农业所必要的花费，所以没有必要把谷物留在自己手中。

这些年来法国的谷物价格大大低于其通常的价格，不时地陷于饥荒。三十多年来谷物价格就从没有高过 17 利弗尔，最低价则在 11～13 利弗尔之间。在有如此众多贫穷耕作者的王国，低廉的价格势必导致饥荒。因为他们无力等待适合时机来出卖自己的谷物。此外，由于没有销路，他们不得不拿一部分粮食作物去饲养家畜，以便从中得到一些收入。所以这些都会使耕作者深感失望，使农业经济停顿，粮食作物的收成也停滞不前，并陷入饥荒。耕作者通常不把谷粒脱净，以使在用来喂羊的禾捆中还留有较多的谷粒。通过这样一些广泛流行的做法，在冬春季节把羊养肥，以便卖得好价钱，从中获得比出售谷物更多的收入。因此，不难理解为什么歉收年份会导致饥荒。

有人认为，粮食作物在正常年份的收成会有超过大约两个月消费量的剩余。这个计算是基于丰收年和歉收年的资料作出的。按照这个假定，丰收年份多余的谷物被保留下来，并在歉收年份加以利用。然而，这个假定是错误的。问题在于，谷物价格在遭遇歉收的年份会被抬得很高，因为前些年的谷物低价会促使耕作者用谷物去饲养家畜，还导致了忽视与此谷物生产相关的工作。大家知道，因为谷物价格低廉，大丰收年份也不能摆脱在其后接踵而来的歉收年份所遭遇的饥荒。但是，谷物的高价格也不能使贫穷耕作者得到补偿，因为他们在歉收年份几乎无物可卖。由若干年的价格所形成的一般价格，对他们来说实际上是不存在的；价格波动所产生的相互抵消作用，对他们来说只是一种计算，实际上是感觉不到的。为了更好地理解谷物价格的极端差别，如何加重了本来就已经很严重的农业经济状况，有必要注意一下与谷物生产相关的支出。

用一架 4 匹强壮的马拉的犁，可耕作 40 亚尔邦的粮食作物土地，还有 40 亚尔邦其他春播的谷类作物土地。

1 匹强壮的很好使的马，如饲养得当，每年要消耗 15 塞蒂的燕麦。每塞蒂燕麦的价格以 10 利弗尔计，15 塞蒂值 150 利弗尔。4 匹马的燕麦支出就是…… 600 利弗尔

饲料没有计算在内，它是从收成中拿出来的，而且应当由自己农

场上的马消费，以保证该农场对肥料的需要。

用于马车工匠、马具匠、全套装备、粗麻布、铁匠、犁铧、索具，四轮大车和车套具等的支出……… 250利弗尔
车夫的给养与工钱………………………………………… 300利弗尔
支付粗杂雇工……………………………………………… 200利弗尔

这里没有计入饲养家畜家禽的其他雇佣工人，因为他们的工作同田间工作没有直接关系，给他们的支出应当计在他们工作的对象上。

喂马的干草是自然的或是经人加工的。给其他家畜的饲料则是谷物耕作所得的那些收获物，[1]以补偿喂马的燕麦支出。

为耕种粮食作物租种土地的费用，每两年支付一次。假定每亚尔邦土地的租借费是8利弗尔，40亚尔邦土地两年的租费……………………………………… 640利弗尔
土地税、盐税及其他税收，高达租费的一半…… 320利弗尔
每亚尔邦谷物的收割费用4利弗尔，仓库费用1利弗尔10苏，40亚尔邦共计 ……………………………… 220利弗尔
打谷费，每塞蒂谷物15苏。假定1亚尔邦能获得6塞蒂，则40亚尔邦的费用 ……………………………180利弗尔
花费在马、犁和车上的基金和费用的利息，以及用于其他预付（可达3 000利弗尔，不含家畜）上的利息，总利息额至少为…………………………………… 300利弗尔
非生产性费用和临时性费用…………………………… 200利弗尔

耕种40亚尔邦土地的费用总计…………………3220利弗尔[2]

耕种1亚尔邦粮食作物，约需支出8利弗尔。每1亚尔邦土地可以获得6.5塞蒂粮食作物，特别是在巴黎附近，这个收成应当认为是大体令人满意的。如果我们注意到土地肥沃程度差别、各种意想不到

---

① 指庄稼的叶杆、碎谷之类。——中译本注

② 计算有误，应为3210利弗尔。翁肯在1888年魁奈著作注释中指出了这一点。——俄译本注

的事故以及年成丰歉的话，必须从1亚尔邦土地所得的6.5塞蒂产品中扣除种籽。这样，农场主就只有5塞蒂10布阿索。同时，还要注意到，这40亚尔邦土地所生产的粮食作物的价值是不一样的：黑麦，混种小麦和黑麦，纯种小麦。如果纯种小麦的价格是每塞蒂16利弗尔，那么所有粮食作物的价格大约是14利弗尔。这意味着1亚尔邦土地的粮食作物的价值是81利弗尔13苏。可见，在谷物价格达到最高价即16利弗尔的情况下，耕作者才能勉强补偿他的支出。但是，还要记住，他的经济还会不时遭到歉收、冰雹和马匹死亡等灾害的侵袭。

为了确定其他春播谷物收成的费用和产量，我们假定以燕麦为基准。还假定全部40亚尔邦土地都用来播种燕麦，还有用于粮食作物的大部分支出都用在播种燕麦的土地上。这样，我们要确定的就只是以下这些费用：

为40亚尔邦土地一年垫支的费用	320利弗尔
土地税、盐税和其他课于种植燕麦地的赋税	160利弗尔
收割的费用	80利弗尔
打麦的费用	80利弗尔
杂费	50利弗尔
合计	690利弗尔

如果把这些费用按40亚尔邦来划分，则每亚尔邦平均18利弗尔5苏。1亚尔邦土地收获大约2塞蒂燕麦（已扣除了种籽）。如果假定1塞蒂燕麦值10利弗尔，那么，1亚尔邦可得20利弗尔。

40亚尔邦土地生产粮食作物的费用	3 220利弗尔[①]
生产其他谷物的费用	690利弗尔
合计	3910利弗尔
粮食作物产量	3 266利弗尔[②]

① 同前面一样，原文有误，应为3 210利弗尔。——中译本注

② 俄译文误为3 226利弗尔。——中译本注

其他谷物产量……………………………………………… 800 利弗尔

合计………… 4 066 利弗尔

可以看出，粮食作物和燕麦的产值，只超过相关生产费用 150 利弗尔，其中还不包括耕作者本人及其家属的生活费用和维持费用。换句话说，耕作者最迫切的需求只有在他们饲养若干家畜的情况下才能得到满足，甚至在这种情况下他们也时常陷于贫困，不时面临破产的危险。为了使耕作者能够维持自己的生活和保证子女的前程，必须使谷物价格水平超过现在的水平。

使用牛耕的对分制佃农的收成每亚尔邦通常不超过 $3\frac{1}{3}$ 塞蒂，从中还要预留 1/5 作为种籽。对分制佃农要把收成的一半交给土地所有者，而土地所有者则向他提供牛、未耕的土地、养牛的牧场，以交换货币租赁报酬。此外还允许他使用若干其他家畜，其所得报酬同样在租赁者和所有者之间平分。对分制佃农同自己的家属一起耕种土地，因此节省了雇用仆人的费用，还有收割和打麦的部分费用；马具匠和铁匠等人的费用是很少的。如果这个对分制佃农每年耕种 30 亚尔邦土地生产粮食作物，他自己通常可获得 30～35 塞蒂的收入，其中大部分用于养家糊口，剩余的用于缴纳土地税，以及用于支付给不可缺少的工人的工资，还有他自己和家庭所需要的其他开支。他总是十分贫困，如果土地贫瘠，他还不得不搞一点拉脚运输副业，以补贴自己和家用。对分制佃农支付的土地税，与农场主支付的土地税相比是很少的，因为他的所得甚少，也没有其他来源来支付这些税收；他的收成很少，也没有可供冬季饲养家畜的饲料。因此，对分制佃农的支出是很有限的，这主要是因为他们无力实行完善的农业经济方法。在这种耕作制度下，土地所有者的状况也好不到那里去，他们能从每亚尔邦土地上获得大约 15 布阿索。他们不仅得不到农场主每两年向他们支付的租赁费，而且也失去了向对分制佃农供给牛而垫支的资金的利息。

这些牛喂养在土地所有者的牧场上，这会使他的很大一部分农事无法进行。土地不能得到很好的利用，土地财产便大为贬值。这会给农业生产带来何等巨大的伤害，又会给国家造成多么大的损失啊！

农场主在任何情况下对国家都是有益的，即使由于谷物价格低廉而使他不能得到什么收入。他花了费用而生产的产品，在任何情况下总是意味着整个王国每年真实财富的增长。不过，对于支付费用进行生产的个人，如果不能由此获得什么利润，反而遭到损失从而降低了他获利的可能性，那么这种财富的增长是不能持久的。如果企图通过降低粮食作物的价格，从而使城市居民、从事工业的工人和手工业者创造更有利的条件，那么粮食作物价格的降低就会使农业经济遭到破产，而**农业经济是国家财富的真正源泉**。由此还会使整个目的几乎都不能达到。面包不是人们的惟一食品，人们需要的其他食品也都是由农业生产的。

为农业创造更有利的条件，人们就能从富足的农业中取得其他必需的食物。市民购买一磅面包要多花一些利弗尔，他们的需求就会减少。国家机构限制谷物出口，只能降低谷物的价格，而对其他商品的价格则无能为力。反对出口会极大地损害城市居民的福利，诚然，这使他们有可能购买到最多的粮食作物，但同时却破坏了农业。牛油、干酪、鸡蛋和蔬菜等以无限制的高价出售，只能导致广大居民所需求的服装和其他手工业产品的价格以同样比例上涨。所有这些商品涨价会引起工人工资的上涨。如果农村居民饲养家禽、乳业、种植大豆、四季豆和豌豆等，工资不可避免地全面上涨就会使其负担有所减轻。

富裕的农场主给农民提供工作并养活他们，农民则向城市居民提供他们生活所需的产品。在没有农场主并使用牛耕的地方，农民难以脱贫，因为对分制佃农本身就很贫困，他们无力给农民提供工作，农民不得不离开农村，或者自己生产一些廉价的可以很快收获的农产品，如燕麦、大麦、荞麦和马铃薯等。粮食作物的生产需要很多时间和劳动，他们无力等待两年以取得收获。

对生产粮食作物最有利的条件存在于农场主经济中，在这种经济中必要的费用才有着落；而对分制佃农这方面的可能性极少，尽管他们可以取得土地所有者的帮助。可是，在没有农场主的地方，这些小型的租赁经济又是生产粮食作物的惟一可能办法。

农场主本人要获得利润，只有借助于更完善的经营农业经济的方法，或者提高他们所耕种的土地的肥力，因为他们所获得的利润不可能超过收成与生产费用的差额。如果除去种籽和生产费用以后，剩给农场主的不超过每亚尔邦1塞蒂，那么这1塞蒂就是他的收入。在这种情况下，40亚尔邦耕种粮食作物的土地给他的收入就在40塞蒂之内，大约合600利弗尔。如果农场主经营得更好，那么他所获得的剩余就会是每亚尔邦土地2塞蒂，在这种情况下他的利润就会加倍。为此，每1亚尔邦土地应能生产7~8塞蒂粮食作物。但这种收获量只能在优等地上才能获得。如果耕种的土地一部分是优等地，另一部分是劣等地，那么利润就很一般了。

靠自己双手种植粮食作物的农民不能抵偿自己的劳动。因为他们所耕种的土地太少，所以即使在补偿了他们的生产费用和饮食费用之外，还能得到若干塞蒂的利润，这种收入也不足以满足他们的需求。大笔利润只有来自大量收成。因此，在生产中使用多副耕犁、拥有良好土地的农场主，要比那些土地质量并不差，但只用一架耕犁的农场主，获得多得多的利润。此外，在后一种情况下，费用相对来说也高得多。所以，只用一架耕犁的农场主，如果没有足够的资金扩大生产，那么他们的正确做法就是放弃这种耕作，因为他们同样支付不起大企业所需要的费用。

农业与商业不同，没有来自信用的资金。商人能借款以购买商品，他们还可以赊购，因为经过不长的时间，这些资金连同利润可以回到他们的手中，还清借款。耕作者则除了利润以外，为提高农业产量而垫支的资金是收不回来的，因为这些资金还要返回到他们的经济活动过程中以继续耕作。因此他们不能严格按照预定的条件还清借款；而能借款给他们的人对处置自己的货币也没有多大把握，所以农场主自己应当是十分富裕的。国家对此情况应该予以严重的注意，尽全力改善农场主的状况，这对王国具有重要意义。

然而，只要以为从事农业只需人力和劳动的观念还很流行；只要耕作者对收回自己垫支的资金以及他们应得的收入没有把握，就不可能在这个方面取得成功。人们是不愿冒其部分财产遭受损失的风险而借出资金的。说到底，我们这里的粮食作物价格太低；而手工业工人及其产品的价格又太高。这会使农业费用的价格提高1/3以上，同时利润减少 1/3。耕作者遭受了双重的损失，这就减少了他们的资金，并完全失去了为高产农业支付必需费用的可能性。其结果就是农场主在我们这里事实上已经不复存在，而让对分制佃农去经营农业则是国家的巨大损失。

粮食作物价格不仅取决于收成好坏，还决定于对这种粮食产品是实行自由贸易还是加以限制，这决定着它的价值。

在丰收时节企图限制或束缚粮食作物贸易，会导致对农业生产的破坏，其结果是削弱国家的实力，缩减所有者的收入，辅助农业的仆人和工人的懈怠，不认真履行自己的义务，耕作者破产和农村居民的减少。只有法国不理解自己的实际利益，担心粮食作物不足而限制粮食作物出口，但实际上法国能生产出远较出口更多的粮食作物。英国在这方面的作为恰好相反，出售部分农产品是它支持农业、保障产品丰裕和预防饥荒的最有力手段。自从英国向国外输出粮食作物以来，英国人从未遇到过粮食作物的价格疯涨或狂跌的情况。

不过，我认为，粮食作物价格之所以低廉，除了不容许出口以外，还有其他原因。提出这一说法同英国的粮食作物价格相当之低不无关系。这可直接归因于英国农业经济的成功，但是有理由认为，价格低廉的主因是地处非常富裕条件下的殖民地的农业的影响。这首先指的是宾夕法尼亚，其农业经济在最近五十多年间取得了极大成功，它向欧洲和安得列斯群岛提供了大量谷物和面粉；还应当指出，这种影响在今后还会更加强烈。因此，我认为，就法国粮食作物的平均价格来说，以不高于 18 利弗尔为宜。可以认为，在这种价格之下，法国农业将会高产并消除粮食作物出口的障碍。这将从土地生产率的提高和收入持续超过支出得到补偿，这成了发展农业生产的极其重要的支柱。

将我们的谷物产品自由地销往国外，这是振兴王国农业经济的基础和十分必要的条件；然而，只有这一条还是不够的。诚然，耕种土地要保证获得更多的利润，但是，除此以外，使耕种者不受随意和没有任何道理的赋税的困扰也是必要的。如果不为耕种者创造有利条件，谁也不会以无担保的方式借出自己的资金，他们宁可将资金贷放到城市，也不愿贷放到农村，因为企图在农业中获得收入可能导致丧失其所花费的全部资金，致使农业成了不牢靠的经济。

农场主的子弟很怕服兵役；而保卫国家是每个公民最基本的义务之一，任何人都不能不经政府（它调节人力的使用，并根据国家的利益分配人力）的许可而免除这个义务。但是，正是从国家利益出发，才不应将所有那些按其财富或职业来说对社会更有用的人都送去当兵。

从这个观点来说，应当对农场主和对分制佃农分别地加以对待，假如对他们的状况有清楚了解的话。

作为农场主而十分富有的人，完全有可能选择别的职业。

为使这些人献身农业，政府有必要在这方面给他们以决定性的支持。①

现在让我们把目光转向其意义不亚于粮食作物收成的对象，我指的是现在法国畜牧业的利润。

处在小农经济下的3 000万亚尔邦土地，散布在37.5万个农户手中，每个农户有可耕地80亚尔邦。假定每个农户有12头牛，那么，所有这些农户就有450万头牛。也就是说，在小农户中用于耕作

---

① 农场主的儿子从军者为数不多，因而从服兵役的观点来说，并没有什么重要意义。但是，他们决定要抛弃父辈原先所从事的职业这一事实，从农业发展的前景来说，却应引起极大的关注，要知道农业是国家真正的支柱。根据圣·莫尔的资料，现在王国可耕地中大约有7/8是使用牛耕的。也就是说，只有1/8的土地是由农场主经营的，他们的人数不超过30 000人，他们的儿子服兵役的人数也达不到1 000人。这个数字对我们军队的意义几乎等于零；但是，由于担心服兵役而逃离农村的农场主，每次征兵时就会有4 000人之多，这对国家农业经济的影响就很大了。我们这里只说使用马耕的耕作者，因为（依据本文作者的观点）其他人不应被视为农场主。使用马耕的土地面积大约600～700万亚尔邦，如以1架犁可耕土地120亚尔邦计算，则总共大约需要30 000架犁。大部分农场主有2架犁，但有3架者也不在少数。可见，使用马耕的农场主不会超过30 000人，其中不包括那些享有特权的耕作者，虽然他们也使用马耕。半数农场主没有达到应服兵役年龄的儿子，因为他们要有符合服兵役年龄的儿子只有在他们结婚18～20年以后；此外，孩子中只有一半是男孩，所以能够服兵役的农场主的儿子不可能超过10 000人，其中一部分去了城市，其他人和农民的儿子一起参加抽签而被选中服兵役的人数最多1 000人，也许不到500人。要使农场主的人数尽可能增长，国家就应当对他们加以保护，以便支持农业经济，并由此取得更多的赋税。——《百科全书》编者注

的有 400~500 万头牛。牛要到 3~4 岁开始干活。在一些农户家它们能持续干活 4、5 或 6 年，在大多数农户家它们能干到 7、8 或 9 年。在这些条件下，牛要到 12~13 岁才被那些为了屠宰而养肥牛的人卖出去。这时候牛的状况已经不太好了，因而售价要远低于此前它们能干活时的售价。这些牛在牧场上放牧的时间要持续很久，但从中得不到什么收入。如果利用这些牧场仅仅就是为把牛养肥而后屠宰，那么，牧场上的牛每隔 5~6 年就会予以更换。

在高度发达的耕作制度下，耕作者会给马留有自由的牧场，马可以自己觅食，它非但不会给耕作者的利润带来损失，而且还会使马的劳动比使用牛来得更有效率。

在这种土地耕作制度下，这些牧场在不少于 6 年期间，能够饲养用于小农耕作的 400~500 万头牛，从而使牧场的收益得以增加。

在小农耕作制度下，牧场要遭受纯粹的损失，因为这时如果使用马耕，这些牧场还能被用来养肥 400~500 万头牛以备屠宰。

在被养肥屠宰以前，牛的售价因其膘情不同而不同。牛的平均售价大约是 100 利弗尔。每 6 年 450 万头牛可以卖到 4.5 亿利弗尔以上。如果给这笔收益再加上因养肥牛而获得的 1/3 收益，则总收益是 6 亿利弗尔，每年收益 1 亿利弗尔。

我们这里只是从利用牧场的角度考察所得的成果，至于那些未耕的、准备用于把耕牛养肥的土地，就只能是纯粹的损失了。

但是必须看到，这些牧场在大多数情况下还能耕种，并能获得各种不同的收成；而在任何情况下也能从中得到某一种收成，为家畜保证提供大量饲料，从而取得更多的成果。

养羊也是收入的一个来源。如果注意到羊毛产品和羊的销售年年增长，那么养羊的效益肯定更大。在 37.5 万使用牛耕的农户中，羊的数目不足这个数字的 1/3；如果这些土地能够得到很好的耕作，生产出更多的饲料，那么，在他们的土地上是能养羊的。每个农户，连同他的未耕地在内，能够放养 250 只羊的羊群。如果将羊的数目增加到 2/3，则有 25 万个羊群，或 6000 万只羊；其中大约有 3000 万只母羊，它们可生育同样数目的仔羊。这些仔羊中约有一半是公的，它们长到 2~3 岁就会被卖给屠宰商。另外一半是母羊，其中一部分也会被卖给屠宰商，而另一部分则要留下以更新母羊。在这3000万只仔羊中，母羊大约1500万只，而这1500只母羊中有大约1000万只可以卖掉，一只3利弗尔，总共可卖得3000万利弗尔。

由此可见，每年都会有1500万只羊卖给屠宰商，以每只售价8利弗尔计，总共可得1.2亿利弗尔。此外，每年可出售老羊500万只，一只3利弗尔，可得1500万利弗尔。还有，每年可得6000万都阿斯[①]毛皮（不含仔羊皮），1都阿斯均价40苏，共计1.2亿利弗尔。每年羊群的收益达到2.85亿利弗尔以上。总起来说，粮食作物、牛和羊的收益大约是6.85亿利弗尔。

也许有一种反对意见，认为如果没有大笔支出，就不可能获得这些收益。诚然，观察耕作者的收入时，应当从中去掉费用；但是，如果从国家的角度来看待这个问题，就应当承认，作为费用支出的货币仍然留在王国之内，但却增加了收益。

从养牛和养羊所得出的上述看法，同样适用于饲养马、母牛、小牛、猪、家禽、蚕等活动的收益，因为重建高级耕作制度能够获得丰富的产品，即大量的谷物、蔬菜和饲料等。利用较差的土地播种其他谷物作物和根茎植物、放牧和人工草地、种植桑树，等等，也能增加很多家畜、家禽和蚕的饲料，获得如同养牛养羊一样多的收益。如果全面重建高级耕作制度，那么土地收益和财富的增加何止10亿利弗尔。

这些财富遍布所有的居民中；这些财富会使居民吃得更好，会满足他们的需求，会给他们幸福，会使人口增加，增加所有者和国家的收入。耕作费用已经不具有特别的重要性了，需要大笔费用只是为了实行重建。但是，农村缺乏这种资金，它们都集中到大城市中去了。政府（它决定社会各种动力的方向，规定国家的一般秩序）应采取适当办法使这些资金自然地回到农村，在那里能使个人获得更多的利润，给国家带来更多的收入。亚麻、大麻、羊毛、蚕丝等是我们的工业生产所必需的原料。粮食作物、葡萄酒、烧酒、皮革、咸肉、牛油、干铬、脂肪、油麻布、网具、呢绒和布匹等则是我们出口国外的

---

① 都阿斯，法国旧时长度单位，每都阿斯合1.949米。——中译本注

主要对象。这些商品不是奢侈品，而是日常生活必需品，任何时候都具有真实的价值；由于这些财富都是用国内的资金生产的，因而它们对国家总是纯粹的利润。它们都是财富本身，是可以不断再生产的财富，任何时候也是其他国家的上等财富。

这些利益对国家的富裕和繁荣具有重大的意义，它还促进了人口的增加，居民健康状况的改善，首先是农村人口的增加，从而在不小程度上增进了国家的财富和国力。富裕的农场主利用农民的劳动，农民则出于从自己的劳动中获得货币报酬的诱惑而工作。农民变得更加勤劳，因为他们获得的货币保证他们过上一定程度的富裕生活，而这又会促使他们留在农村，使他们有可能养育子女，使子女留在自己身边，以后还帮子女们定居下来。农村居民与用来支持农业的财富同比例增长，而农业首先增进了国家的财富。

在使用牛耕的地方，农户是贫穷的；他们无力雇用农民；农民由于看不到能获得货币形式的劳动的价格而变得懈怠，深受贫穷之苦；惟一的生存之道是耕种一小块土地，但是农民在这种经济制度下能获得怎样的生活资料呢？他们过于贫穷，无力耕种粮食作物或其他他们想种的作物，而只能限于（如前所述）不用花多少劳动并能在几个月内收获的作物，如大麦、燕麦、荞麦、马铃薯、玉蜀黍以及其他廉价的作物。农民用这些产品维持生计，养育子女。这些勉强可以使人不致饿死的食品，对人的健康是有害的，致使一部分居民在童年时就夭折了。那些经受住了这种食品的折磨而还保持了健康和体力的人，还有一些十分聪明的人，由于逃往城市而逃脱了这种悲惨的生活。能力较差和缺少活力的人则留在了农村，他们不会给国家带来任何好处，他们自己都觉得是社会的累赘。

城里人会简单地以为，土地是农民用双手耕种的，因而农业衰败只能用农村人口短缺来解释。还有人说，必须把学校老师赶出去，因为他们教育了农民，从而促使农民离弃农村，逃往城市。这种想法是荒唐的和错误的。在这种情况下，农民被看成了国家的奴隶；而农村生活也成了最繁重的、劳累的和卑贱的生活，因为农村居民被认为应当完成如牲畜干的一样的活计。农民如果老在那一块土地上耕作，这就说明他贫困和无能。4 匹马能耕种 100 多亚尔邦土地，而 4 个人耕种不到8亚尔邦。除了直接从事土地耕作的葡萄栽培者和园艺师之外，农民可以被富裕的农场主用于完成其他工作，这对他们更有利，对农业也更有用。在土地耕作良好的富裕省份，农民有很多机会。他们在若干亚尔邦土地上播种粮食作物和其他谷物。他们，这些农场主，自己干活并耕种土地，他们的妻子儿女则收割庄稼。这些为数不多的收成可以给他们提供一部分食物，还能保证他们所需的饲料和肥料。这些农场主—农民还栽培亚麻、大麻和不同豆类作物。他们还有家禽家畜，不仅改善了饮食，而且还能得到若干利润。他们以田间劳动和在空余时间所做的其他工作保证了自己的生活资料；他们全部时间都在农村生活和工作。他们生活得无拘无束，无忧无虑；他们轻视家仆和雇工的依附地位，认为他们是别人的奴隶；他们不羡慕城市底层的那种生活：挤住在狭窄的阁楼里，微薄的工作难以满足生活之需，也没有保证未来需要的储蓄，常常痛苦之极。

在暂时还不过于担心会有新的压迫加到他们身上之前，农民不会限于贫困，也不会逃离那些边远的省份。当缺少能雇用他们的农场主时，或者，在土地由贫穷的对分制佃农耕种的地方，这些对分制佃农只能靠自己的微薄之力经营面积不大的土地经济，而且状况不好。这些对分制佃农的收获不多，而且还要与所有者对分，留给他们自己的那一部分只够保证他们自己的需要，没有机会去更新和修理设备。这些贫穷的耕作者带给国家的利益甚少，不能同富裕的农场主那样的耕作者相比。富裕的农场主拥有他们自己管理和支配的大型农场，为了增加利润而运用大量的资金。他们从事着善良的事业，不会忽视任何资金和任何局部利益。他们为全体农村居民创造收入。农场主有可能选择和把握更有利的时机去贩卖谷物和买卖家畜。这些富裕的农场主使土地更肥沃，增加了家畜的数量，吸引人口来到农村，且帮助他们在农村定居下来，并创造了国家的强大和繁荣。

帝国的衰败往往是在商业繁荣时期发生的。当国家把来自商业的收入用于奢侈品时，除了没有增加真实财富的货币之外，什么也没有增加。只有贩卖剩余产品才能使国王和臣民致富。我们的土地产品应当作为制造业的原料和商业的对象。所有其他不以此为基础的商业都不是我们所期望的。这种商业在某些王国愈繁荣，它所引起的与邻国的竞争就愈激烈，也就愈益陷进这种竞争之中。如果国家拥有肥沃的土地，那么其他没有这种优势的国家就不能在发展农业的领域同它竞争。然而，为了利用这种优势，就必须消除促使农村居民逃离农村而财富都被吸引和集中到大城市的原因。所有领主，所有富人，所有追求富裕生活的地租领取者和年金领取者，都想生活在巴黎或其他大城市，他们在这些地方花费了王国几乎全部的收入基金。他们的支出把许多商人、工匠、家仆和杂役吸引到城市。人口和财富的这种分配是不可避免的，但是它走得太远了，而这种情况的出现在很大程度上是现行政策过分向城市倾斜的结果。人们想生活在城市，是期望获得更多收入，过上更安定的生活。如果这些优势在农村也能保证得到，那么农村居住的人相对于城市来说，也不会少。不能说居住在城市的人都是富翁或富裕之人，农村也有自己的财富和值得肯定的方面。居民逃离农村仅仅是为了逃避落到农村居民身上的苦难。但是，政府有办法阻止这种现象的发生。由于城市里充斥着富裕的商人，所以才会有商业使城市繁荣的观念。但是，如果王国几乎全部货币都被用于商业，结果会怎样呢？商业是不会使国家的财富有任何增加的。洛克[①]将商业比做赌博，赌博有输赢，但货币总额同赌博前是一样的。为保证居民需要，支持奢侈，方便消费，国内商业是必要的，它增强了国家的势力和繁荣。但是，如果国家能将用于（奢侈品）生产收效甚微的巨额财富的一部分转而用于农业，就能保证得到更真实和更有意义的收入。农业是国家的财富，它的所有产品都是看得见的。对农业产品征税也不困难，而对货币财富征税则要复杂得多，只有通过极其繁复的手段才能征到税。

不过，把税收分摊到耕种者身上也有很大困难。随意确定的征税额过于庞大和不公平，它是妨碍农业复兴的强大因素。按比例分摊税收是不现实的。不能依据土地价值和土地税额资料来确定税收。因为我们所说的两种农业经营方式可以在完全相同的土地上提供完全不同的产品，只要这两种农业经营方式继续存在，而且它们之间比例关系

---

① 约翰·洛克(1632～1704)，英国哲学家和经济学家，他的思想对包括魁奈在内的法国启蒙思想家都有巨大影响。——俄译本注

不断变化，那么土地就不能作为比例分摊税收的依据。如果依据土地现状征税，那么，随着高级耕作制度作用的增加，课税倾斜度就不够了。此外，有些省源自家畜的利润大大高于土地耕作收入，另外一些省的情况则相反，收成的收入远远超过源自家畜的收入，而且这种条件的差别还在不断变化。因此，不可能确立一种统一的按比例分摊税收的制度。

但是，使耕作者的基金免遭随意估价的伤害，要比避免严格分摊税收的伤害的困难小些。为此，需要完全确立一种不可更改的明智的根据，以保证税收的征取，同时又能限制征税者胡作非为，或者避免这些征税者计算错误的损害。税额应以直接确定个人财产为基础。要确定纳税人想隐瞒的财产额，有可能得出虚假的结果；任何时候它也可能成为滥用职权的对象，应当努力避免这种情况的发生。

对所有的耕作者来说，为获得利润所必要的手段才是现实的财产。如果他们中间有人比较勤勉，比较能干，比较节省，则他们就能以自己的这种品质获得更多的收入，并得以宁静地享用自己的节俭和能力带来的成果。耕作者有义务每年向征税官员详细申报自己的财产，包括土地所有者或农场主所拥有的各种不同财富的数量和性质，还有他所获得的各种收获物和家畜等等。这些申报应当绝对正确，如有虚假行骗之嫌，则征税机构完全可以随意采取措施。所有的农村居民对他们中的每个人的财产都有准确的概念，虚假申报能够很容易被发现。征税官员应当明确指令必须准确地依据申报资料安排税收。至于对普通工人和手工业者来说，则应确立一种一般的税收，并依据其子女是否成年或能否独立工作而有所区别。尽管这些农村居民在物质生活上有明显区别，但是这些劳动者所负担的税收很少，即使存在某些同征税方法相关的够确切的情况，也是微不足道的。

在农村确定商人的税收额是最为复杂的。对他们所申报的商品量及销售量，税收官员或者认可，或者怀疑。如有怀疑，可将这些资料拿到教区大会上加以确认或更正。根据教区大会公议所作出的决定，既可防止纳税人的欺骗，也可防止税收官员滥用职权和胡作非为。

由于农村中的商人很少，在决定税收数额方面采取的这些预防措施，应当被认为是很充分的。

我们这里所考察的只是农村，而且首先是从使耕作者对其地位抱有信心的角度来考察的。至于应支付税收的边远城市，则应由他们自己确立一种秩序，以免征税中发生任意妄为行为。

如果所列举的各项措施不能消除征税中所有的缺点，那么，在任何情况下都会存在缺点，而且这些在执行过程中产生的缺点，总要比完全由收税官确定税额这种情况好得多。每个人无疑都认为应当依法纳税。这些举措极为重要，合乎大家的愿望，它可以消除农村中任意征税所引起的极度不安。

有人可能会说，正确申报财产和收入（各个纳税人的纳税额就是以此为基础确定的）可能促使纳税人缩减他的耕种面积和家畜数量，以支付较少的税收，而这意味着在发展农业的道路上又多了一个障碍。可是，应当相信，耕作者不会作出这样的决定。如果他所获得的收获和家畜等，不再作为对他征收重税的依据，他就会为了获得更多收入而发展自己的经济。

还可能碰到另一种不同意见，认为比例分摊税收是一件很复杂和难以实现的事情，因为收税官不可能样样精通。但是，所有的计算都可以落在书面上，并以此为据编制税收表。

村社首先应当制定一种基准税率，这种税率应同对该地区所生产的各种不同产品的总额的估价相符合。在进行这项工作时，村社可以利用牧师、领主、管理人员或者其他德高望重者的人员的帮助。这种基准税率将会得到本区居民的采纳和认可，并将被每个人所承认，因为谁都想知道他应当纳多少税。因此，不用多少时间，这种比例税率就可以不困难地加以实施。

如果农村居民能够摆脱被任意征税之苦，他们就能像大城市的居民一样，过上安宁的生活。许多土地所有者就会回到农村，以提高其财产价值；农村就不再被抛弃，农村人口和财富得以恢复。与此同时，在所有其他有害于农村进步的原因被消除的条件下，王国的实力将会由于人口增长和国家收入的增加而一点点地得到加强。

谷物论*

法国贸易的主要对象是谷物、葡萄酒、伏特加酒、盐、大麻、亚麻、羊毛和其他畜产品。生产麻布和纺织品的织造业，能使大麻、亚麻和羊毛的价值大为增加，并使很多借此机会得到有利工作的人的生活得到保障。然而，应该指出，这些商品的大部分及其相关贸易在当前的法国已不复存在。长久以来，这个国家一直迷恋于生产各种奢侈品，而我们并没有生产漂亮布匹和精美呢绒所需要的质量上乘的蚕丝和羊毛。用不着再生产那些对我们毫无意义的东西。然而，现在这些东西的生产却占了我们大量的人力，致使王国感到人力不足，而农村却是人烟稀少。为使我们织造业的生产费用和工人工资低于外国，把我们所生产的谷物的价格压得很低。人口和财富集中在城市。农业是商业的最丰富最有利的基础，又是王国收入的源泉，但人们远未认识到它是一切财富的首要基础。可以说，从事农业的只是一些农场主和农民，他们的活动保证了国家的存在，但其商品售价仅够补偿其生产费用而又限制了他们的生产。同时，来自商业的金银却被设定为制造业的基础。

于是就出现了这样的情况：禁止推广葡萄园；鼓励种植桑树；农产品的销售停滞，土地收入下降。所有这一切都是为了支持织造业，

---

* 魁奈的《谷物论》同《农场主论》一样，也发表在《百科全书》上。该文曾被收入翁肯编辑的《魁奈的经济学和哲学著作》中，巴黎和美因河畔的法兰克福出版，1888 年。该文的再版见于：《弗朗索瓦·魁奈和重农主义》，巴黎，1958 年版。魁奈的这篇文章过去从未被译成俄文，这回是首次。魁奈这篇文章具有很大的学术意义。——俄译本注

支持以织造业的不利产品所进行的商业。

法国有可能生产丰富的最必需的产品，而只从国外购买奢侈品。各国之间相互交换商品，对支持贸易是必要的。然而我们生产和贸易的对象却是能从国外进口的东西。由于奢侈品贸易的竞争，我们力求损害邻国的利益，尽可能少地使它们能从同我们的贸易中获得的利润，假定它们能向我们出售自己的商品的话。

实行这种政策的结果，只是削弱了我们同邻国之间对我们只有好处的商业联系。这些邻国会禁止进口我们的商品，而我们又不得不以秘密的方式和高昂的价格进口我们织造业的原料。

为了从生产和销售昂贵的纺织品中获得几百万利弗尔，我们却要损失成十亿利弗尔的农产品。以穿金戴银装饰的国家在大喊大叫说它实现了商业的繁荣。

这种生产的发展使我们陷入乌烟瘴气的奢侈之中，这种风气也蔓延到其他国家，并激起了它们的竞争。我们在工业方面可能胜人一筹，但是这种优势主要是以我们自己的支出为基础的。

由臣民实现的消费是国王收入的来源，而向国外销售剩余产品能够增加臣民的财富。国家的繁荣有赖于这两方面因素的结合。但是，以奢侈维持的繁荣是十分有限的，它只能建立在富裕的基础上。难以交好运的人却要消费奢侈品，只能既害了自己又害了国家。

最明智的大臣们懂得，只有满足人们迫切需要的消费，才能保证国王的大量收入和臣民的幸福。只有赤贫才能迫使我们去吃劣质的面包和穿破烂的衣服。所有的人都想通过自己的劳动使自己吃上好食品，穿上好衣裳。对这种努力予以鼓励并不为过，因为只有王国的收入、粮食作物和人民的花费才是国家财富的源泉。

详细研究一下谷物丰收和假定谷物贸易自由所能带来的收入，就可以充分证明必需品的生产、销售和消费关系到王国各个阶层的利益，并有可能说明从现在的观点来说政府应该为农业的复兴做些什么。

我们已经考察了法国的农业状况，还有现存的两种形式的农业生产：一个是高级耕作，即使用马耕的生产；另一个是低级耕作，即使用牛耕的生产。我们还研究了这两种耕作的不同产量，以及农业衰落的原因和复兴农业的办法（参看《农场主论》）。

按照众人所共知的一种观点，法国耕种的土地大约3 600万亚尔邦，一般情况下每年收获粮食作物大约4 500万塞蒂，其中大约1 100万塞蒂是由大耕作农场生产的，3 400万塞蒂则由小耕作农场生产的。①

我们要研究，从这两种农业生产方法所获得的4 500万塞蒂粮食作物中，国王能够得到多少收入。我们首先研究依照这两种方法所能获得的什一税、垫支额和耕作者的收入，然后将这些收入同我们的农业在解决了自由出口、农业得到完全恢复之后所能生产的收入加以比较。不解决谷物自由出口的问题，谷物就只能在王国内部消费，其价值就不能增加，因为谷物过多会导致粮食作物贬值。耕作者不能补偿农业耕作费用，土地就不能对国王和所有者带来任何东西。可见，如果粮食作物只能在王国内部消费，那么就要避免谷物数量过多，只需满足国内必需即可。但是，在这种情况下，饥荒不可避免地就会到来。因为如果粮食作物数量一年内超过3~4个月的需求，那么它的价格就会大为跌落，导致农业破产，致使下一年农业减产，需求不能得到满足。可见，只有高价销售才能保证丰裕和利润。

大农经营的谷物生产

现在，高级农耕的土地大约限于600万亚尔邦，主要包括以下省份：诺曼底、博斯、伊尔·德·法兰西、皮卡尔迪、法属法兰里亚、厄诺和其他不多几处。每亚尔邦肥沃土地，在经过良好的高级耕作以后，能够收获8塞蒂或更多的粮食作物（以巴黎的计量单位计)，合240利弗尔。但是用这种方法耕作的土地并不是同样肥沃的。因为这种方法在一些省份是同遗留下来的习惯联系在一起的，而这些习惯会

---

① 如果耕作者都很富裕，3 600万亚尔邦土地都进行高级耕作，而不是现在这样由高级耕作进行的只有600万亚尔邦，那么，每年的收获量大约是6 600万塞蒂，而不是4 400万塞蒂，这可以根据对现代高级耕作状况的研究加以证明。——原注

影响土地质量。这些土地的大部分在贫穷的农场主手里，他们不能进行良好的耕作。因此，我们估计每亚尔邦土地的产量只有 5 塞蒂（种籽除外）。这里我们以 1 亚尔邦[①]等于 100 别尔士，1 别尔士等于 22 弗塔。[②]

在按照这种方法耕作的 600 万亚尔邦土地中，每年有 200 万亚尔邦土地耕种粮食作物，200 万亚尔邦土地耕种燕麦和其他春播谷类作物，还有 200 万亚尔邦土地休耕，以备下年耕种粮食作物。

为了尽可能精确地确定今日法国高级农业耕作状况下、粮食作物出口被禁止之时，粮食作物的一般市价，必需注意到粮食作物产量及其价格的变化，这种变化多少取决于条件是否有利。

除去费用，5 年的总额是 87 利弗尔，除以 5，得出每年每亚尔邦的纯产品是 17 利弗尔 8 苏。

如果加上费用 60 利弗尔，则每亚尔邦土地的总额是 77 利弗尔 8 苏。

5 年粮食作物产量是 25 塞蒂，每年是 5 塞蒂。为了确定每塞蒂的平均价格，应当将上述总额除以 5，则得出每塞蒂粮食作物的平均价格是 15 利弗尔 9 苏。

此外，还要从每亚尔邦收入中征收什一税，这个税收已经从最初的收获量中扣除了，因此没有计算在内。什一税通常占全部收获量的 1/13，或者占已经扣除了什一税的总额的 1/12。所以，为了确定每亚尔邦土地所得产品总额，必须在 77 利弗尔 8 苏之上，再加上作为什一税所支付的产品，这部分产品同包括种籽在内的总收获量是不同的。作为种籽的那部分收成估价 10 利弗尔 6 苏，它同 77 利弗尔 8 苏合在一起等于 87 利弗尔 14 苏，其 1/12 即 7 利弗尔将支付什一税。除去种籽，所生产的总产量是 84 利弗尔 16 苏。

这 84 利弗尔 16 苏分配如下：

---

① 亚尔邦作为面积单位在法国境内并不统一。——俄译本注

② 这比德·沃邦所规定的亚尔邦单位要大 1/5。如以此单位计算，则每亚尔邦所生产的谷物要比这位学者（指德·沃邦）所说的要多 1/5。——原注

年份	塞蒂（每亚尔邦）	价格（每塞蒂）	总额（每亚尔邦）	费用（每亚尔邦）	余额（每亚尔邦）
		单位：利弗尔			
丰年	7	10	70	60[①]	10
好年	6	12	72		12
平年	5	15	75		15
差年	4	20	80		20
荒年	3[②]	30	90		30
五年总计[③]	**25**	**87**	**387**		**87**

什一税……………………………… 7 利弗尔
费用………………………………… 60 利弗尔
纯产品……………………………… 17 利弗尔
} 84 利弗尔 8 苏

每亚尔邦耕地要用两年来生产粮食作物。因此，农场主要从17利弗尔8苏纯产品中支付两年的租金以支付税金，还要有一部分收入用于保证自己的生活。

因此，纯产品大约按以下方式分配：

土地所有者…… 3/5 或 10 利弗尔 7 苏 7 德尼
土地税……………1/5 或 3 利弗尔 9 苏 6 德尼
农场主……………1/5 或 3 利弗尔 9 苏 6 德尼
} 17 利弗尔 8 苏

费用总额是60利弗尔；支付给土地所有者和税收的总额是13利

① 关于这些费用的构成，请参看《农场主论》和《农场》等文章。——原注

② 通常被调节的价格是根据不同年份的价格来确定的，但未计入每年的收成费用；对每年都要购买同量面包以保证自己生活的购买者来说，这个价格不是普通的价格。在本例中，这个普通价格就是87利弗尔或17利弗尔8苏的1/5，它大约等于长久以来在巴黎所确立的粮食作为销售的价格。但是，对于作为卖者的农场主来说，由于收获的差别，普通价格只有大约15利弗尔9苏。——原注

③ 这里没有提到绝收之年，因为这种情况很罕见，而且在这些年份粮食作为的价格也无法确定。——原注

弗尔 18 苏 6 德尼。[1]所有这些加起来，每亚尔邦耕种粮食作物的土地支出是 73 利弗尔 18 苏 6 德尼。[2]每亚尔邦土地在平年可收获 5 塞蒂，所以农场主要为每塞蒂花费 14 利弗尔 15 苏 8 德尼。

在丰收年份每亚尔邦土地的收成大约是 8 塞蒂。按 1 塞蒂 10 利弗尔计算：

农场主为每塞蒂损失………………0 利弗尔 11 苏 2.5 德尼
或者为每亚尔邦损失………………3 利弗尔 18 苏 6 德尼

在好年景每亚尔邦可收获 6 塞蒂。按 1 塞蒂 12 利弗尔计算：

农场主为每塞蒂损失……………… 0 利弗尔 6 苏 5 德尼
或者为每亚尔邦损失………………1 利弗尔 18 苏 6 德尼

如果农场主所支付的税收比上述数额更多，如果他们为每亚尔邦支付的租借费用高达 5 利弗尔 5 苏以上，那么他们的损失就更大了（我们总假定，土地不是特别肥沃，[3]从而以更高收成补偿损失）。因此，粮食作物收成不要太多反而对农场主有利，因为他们在丰收之年所获得的收入同歉收之年几乎一样。我说“几乎”，是因为（在丰收年）销售之后几乎没有给农场主留下什么东西，还因为（在歉收年）更高的价格会明显增加他们的收入。如果粮食作物价格在不同年份平

① 我们这里不是从实际情况出发的，并且假定征税是在使农场主获利和给所有者支付的范围内进行的；它以某种方式支持了国家的富裕，并使农业处在期望的秩序之中。——原注

② 魁奈上述注释的说法十分重要。魁奈显然知道怎样征税，也知道农民和农场主对它的看法，但触及这些是危险的，因此他以明显的暗示为限。——俄译本注

③ 大农场主拥有大型农场和肥沃土地且耕作精良，他们能够获得更多的收入，尽管租借更肥沃土地的价格更高。因为这些土地所生产的大量产品所能提供的丰厚收入，会远远超过所花费的资金和种籽费用。我们在这里只作了一般的计算，所依据的是关于各种不同土地价值和各类农场主不同状况的平均资料。关于土地收入和耕作费用的种种关系，后面还要作进一步考察。应当注意研究这些关系，以确立产量和所有者的收入、农场主的利润、各种赋税和什一税之间的关系。这种关系会因产品类型而变化。——原注（魁奈说“Les gros fermiers”，即大农场主，这是罕见的。——俄译本注）

均是 15 利弗尔 9 苏，那么，农场主在平常年份就可获得每塞蒂 14 苏，或者每亚尔邦 13 利弗尔 10 苏。

播种粮食作物的土地是 200 万亚尔邦，每亚尔邦平均提供 5 塞蒂，如果加上作为什一税的那部分收成，则粮食作物的总额应是 10 944 416 塞蒂，其价值为 169 907 795 利弗尔。

这个 169 907 795 利弗尔总额的分配情况如下：

土地税	7 000 000 利弗尔	35 000 000 利弗尔
所有者	21 000 000 利弗尔	
农场主	7 000 000 利弗尔	
什一税	14 907 795 利弗尔	134 907 795 利弗尔
费用	120 000 000 利弗尔	
总生产量		169 907 795 利弗尔

以高级耕作方法经营的 200 万亚尔邦土地，每年播种粮食作物和其他春播作物。我们假定，这些土地都播种一种燕麦；为避免不必要的复杂化，我们还假定以完全相同的数量计算这些产品，因为所有春播作物的价值大体一样，而且春播作物的基本部分是春播作物。可以说，从 1 亚尔邦土地中可以获得（除去什一税）2 塞蒂，1 塞蒂燕麦的价值估计 9 利弗尔。这 2 塞蒂的 1/6 预留种籽。从 1 亚尔邦土地生产的燕麦中除去这些部分之后，还剩下 15 利弗尔或 $2\frac{2}{3}$ 塞蒂。如果加上什一税，燕麦总额是 16 利弗尔 10 苏。其中：

一年的租借费	5 利弗尔 5 苏	10 利弗尔
土地税	2 利弗尔	
农场主	2 利弗尔 15 苏	
费用①	5 利弗尔	6 利弗尔 10 苏
什一税	1 利弗尔 10 苏	
总生产量		16 利弗尔 10 苏

① 这里只包括了同收割庄稼相关的费用，而同耕种土地相关的费用已包括在耕种粮食作物的支出中了。——原注

200万播种燕麦的土地，除去种籽，包括什一税，能够提供产量3 675 000塞蒂。这些产量以货币表示是33 330 333利弗尔7苏，其分配如下：

土地所有者……	10 500 000利弗尔	20 000 000利弗尔
土地税……	4 000 000利弗尔	
农场主……	5 500 000利弗尔	
什一税……	3 000 000利弗尔	13 000 000利弗尔
费用……	10 000 000利弗尔	
生产量……		33 000 000利弗尔

大农经营所生产的粮食作物和燕麦的收成总额：

所有者……	粮食作物	21 000 000利弗尔	31 500 000利弗尔
	燕麦	10 500 000利弗尔	
土地税……	粮食作物	7 000 000利弗尔	11 000 000利弗尔
	燕麦	4 000 000利弗尔	
农场主……	粮食作物	7 000 000利弗尔	12 500 000利弗尔
	燕麦	5 500 000利弗尔	
总计……			55 000 000利弗尔
什一税……	粮食作物	14 900 000利弗尔	18 000 000利弗尔
	燕麦	3 100 000利弗尔	
费用……	粮食作物	120 000 000利弗尔	130 000 000利弗尔
	燕麦	10 000 000利弗尔	
总计……			148 000 000利弗尔
全部生产量总计……			203 000 000利弗尔

小农经营的谷物生产

在《农场主论》中，我们已经考察并指出了如下情况：在一些省份由于没有富裕的能使用马耕的耕作者，想从土地中获得收入的土地所有者或农场主就不得不使用牛耕，这些耕牛是他们提供给农民使用的。我们已经看到，这种农业耕作方式所需要的费用，并不比使用马耕来得少，但是，由于缺少货币（在这些省份难以得到货币），所以支付经费要用土地本身。土地依然荒芜，用作饲养耕牛的牧场，到了冬季就用干草喂牛。收获物的一半作为报酬支付给耕作者。所以，如果不考虑买牛的费用，那么，耕种土地的租借费用可以说就是土地本身。然而，这项费用对土地所有者是很贵的，对国家也不例外。因为用荒芜土地来放牧家畜，就会使所有者和国家失去耕作这些土地所能收获的产品。在这些牧场放牛连肥料也得不到。土地所有者几乎完全不养羊，因为他们把羊卖给使用者或者耕作土地的农民，得不到什么收益，其结果就是法国羊毛业急剧衰落。不仅如此，缺少羊也就缺少肥沃土地，致使收成下降。即使在好年景所能收获的产品也不过是种籽的5倍，即1亚尔邦土地大约3塞蒂。这还被认为是好收成了。这种不利的耕作制度还导致土地价值的下跌。1亚尔邦土地当地价格是30～40利弗尔，可是在应有的农业经营制度下它能值200～300利弗尔。这种土地难以保证从购买它的资金中获得利息，在所有者不在的情况下更是如此。如果从对分制佃农经营的土地收入中，除去用于放牧家畜的土地所生产的东西，再除去购买耕牛（其价格经过若干年后已经降低）借贷资金的利息（基于年利率10%），那么，每亚尔邦耕地的纯收入平均只有20～30苏。尽管对这种农业经营制度的产品和生产费用的估算会有差错，但是，土地的这种低廉买价是根据卖者和买者的利害关系精确计算出来的。

现在我们来看一下作为土地所有者在平常年份生产30万利弗尔粮食作物的土地情况，从中除去预留种籽的部分，同时，全部产品几乎全由小麦构成。我们假定这些土地都很肥沃，所得收成一般是种籽的5倍。耕地面积400利弗尔，其中每年耕种200利弗尔。这些收成在对分制佃农和土地所有者之间对分。耕种这些土地需要 10 架犁，每架犁要 4 头壮牛来拉。40 头牛价值约 8 000 利弗尔，以利率 10% 计算（这与卖出这些已经变老变瘦的牛时可能存在的风险和损失有关），其利息是 800 利弗尔。草原生产饲养牛的干草 130 车。此外，还有 100 亚尔邦未耕地作放牛之用。因此，土地所有者所得的粮食作物的价格是 3 000 利弗尔，按以下方式分配：

牛的价格的利息…………………………	800 利弗尔	1 050 利弗尔
由土地所有者垫付、选作种籽的粮食作物 1 000 利弗尔的利息………………	50 利弗尔①	
由土地所有者使用的特别费用 200 利弗尔（不含修理费和管理报酬）……	200 利弗尔	
130 车干草(按每车 10 利弗尔计算)…	1 300 利弗尔	1 950 利弗尔
100 亚尔邦牧场(按每亚尔邦 5 苏计算)…	75 利弗尔	
400 亚尔邦耕地所生产的产品余额……	575 利弗尔	
总计…………………………		3 000 利弗尔

可见，这 400 亚尔邦肥沃土地所能提供的收入，平均每亚尔邦只有 1 利弗尔 10 苏。②但是在下述情况下，每亚尔邦土地的租借费是 10 利弗尔，因此，土地所有者从 400 亚尔邦土地上的所得应是 4 000 利弗尔，而不是 575 利弗尔。面对王国土地收入如此巨大的损失，只能感到惊奇。

不肥沃的土地的收成是很低的。据圣·莫尔（《货币论》）说，位于王国中部地区的索洛尼和贝利，只需 15 苏就可将包括草地、耕地和荒地在内的 1 亚尔邦土地租借下来。此外，还应注意到，土地所有者要为农场主的家畜垫支相当大一笔资金，但他从这笔垫支中却得不

① 魁奈这里计算的依据是：种籽资金的 5%，牛的总价格的 10%，同时考虑到牛价随年龄而减低。魁奈在这里没有区分资本利率和折旧。——俄译本注

② 获得的产品稍微少一点，或者费用稍微多一点，这个不大的收入就不复存在了。因为这种计算只在这种情况下才是正确的：丰收年景，干草价格不超过 10 利弗尔，而且冬季期间不会导致牛要消耗掉大量干草。——原注

到任何东西，而收回他的垫支资金也只能在租借期满之后。圣·莫尔还说，尚巴尼、布尔塔尼、梅恩和普阿多等地的大部分地方，贝阳的附近地区等，生产也都不多。[①]在兰格托克，土地耕种较好，土地也比较肥沃，但是这些优势却没有得到充分利用。因为在这些地方普遍种植的粮食作物不能销售，商业发展很薄弱。这些省份的很多地方像全国其他地方一样，买卖还是通过实物交换来进行的。

以黑麦为主的低收成，[②]能提供的饲料很少，难于保证家畜的饲养，家畜只能在牧场上或荒地上放牧，这就是土地为什么仍然荒芜的原因。对分制佃农总是很穷，为了得到一点货币收入，他们把土地所有者提供给他们的牛用来拉车跑运输，而土地所有者为了使对分制佃农长期留在自己身边，也不得不对他们的这种行为予以容忍。因为他们觉得拉车跑运输比种田可以得到更多收入，所以对耕作就更不上心了。久而久之，土地上荆棘丛生，再开垦的花费会大大超过土地本身的价值，结果就使土地始终处在荒芜状态。

在这些地方，农民和雇工不可能从富裕农场主那里得到工作，而在大农经营普及的省份，则会利用农民和雇工干农活和饲养家畜。对分制佃农太贫穷了，他们无力给别人提供工作。这些农民的吃食是以他们自己耕种的最廉价的谷物所磨的面粉做的面包。这些谷物所要求的费用不多，但也不能给国家任何收入。

在这些地方，需求不足使销售的粮食作物不会多。如果大城市对

① 这就说明下述观点是缺乏根据的。这种观点认为，农村荒无人烟缘于大土地所有者霸占了所有的土地，因此农民无地可种，无法得到生活必需品。但是，实际上，土地租借费是很低的，农民能轻而易举地租借到他需要的土地。阻碍租借另有缘由，对此我们将在下面加以考察。必须摒除通常的偏见，对事实真相加以深刻研究。——原注

② 小农户对由小麦加工而成的饲料不大感兴趣，因为他们很少利用这种饲料。他们倒是愿意播种黑麦，因为这种作物即使在不肥沃的土地上也能得到好收成，因此一部分种小麦的土地会被他们用于播种黑麦。我们在这里是把黑麦和粮食作物放在一起加以说明的，以免作过多的解释。这些不同的谷类作物的价值的区别，总起来可以说，它们的平均价格稍微低于小麦的价格。——原注

粮食作物的需求可由邻近的几个省份予以保证，那么，边远省份的粮食作物就完全找不到销路了。土地所有者或者不得不以极低的价格销售其粮食作物，或者将这些粮食作物保存起来，等待有利时机再销售出去。粮食作物的贬值会使对其生产更不感兴趣。对分制佃农所获得的那部分粮食仅足以养活他的家庭。遇到歉收他们就不得不挨饿了，这时期他们还会希望得到土地所有者的帮助。所有这些使对分制佃农所获得的收成，不可能使他们有某种储备以备不时之需，因为在歉收之年能保住土地所有者和对分制佃农的生存之需就不错了。可见，粮食作物在歉收之年的昂贵，远不能补偿其在丰收之年的贬值。只有那些为数不多的更富裕的土地所有者有可能等待更有利的时机，销售其获得的产品，得到相应的收入。

由此可见，对分制佃农所生产的粮食作物的价格，应当从丰收年景的平常价格出发来加以观察。但是，在远离首都的那些省份，粮食作物在丰收之年却销售不足，价格被压到很低的水平。对于这些遍布对分制佃农的省份，我们估计 1 塞蒂小麦和黑麦的价值不会高于 20 利弗尔。实际上，这些省份粮食作物的价格被压低到不能补偿大农经营货币支出的水平上。这些省份的土地是由对分制佃农耕种的，产品是以最少的支出生产出来的。

对分制佃农所获得的收成很低，这不是使用牛耕的结果。小农经营也能得到与使用马耕经济几乎相同的收成，但只有在它能提供必要支出的条件下才行。然而，这样的开支只有土地所有者才能负担得起，但除非实现了粮食作物的自由贸易，或者他们相信粮食作物的贬值所导致的损失不大，否则他们是不肯负担这笔支出的。

一般认为，法国对分制佃农经营的土地近 3 000 万亚尔邦，每亚尔邦土地平常年景平均收成是种籽的 4 倍，合 32 布阿索（不含什一税）。从这 32 布阿索中预留 8 布阿索作物种籽，剩下的 2 塞蒂在土地所有者和对分制佃农之间对分。对分制佃农从自己的份额中支付税收，还有不可避免的费用。

对分制佃农耕种的 3 000 万亚尔邦土地，分成交替生产粮食作物的两部分。也就是说，每年有 1 500 万亚尔邦土地用于播种粮食作物，这里没有计入每个对分制佃农会以一小部分土地播种春播作物

（这同小农经营不会以专门土地播种春播作物有关）。我们也将不从粮食作物的总额中划出为数不多的春播作物，因为这部分作物的意义并不大，没有必要对它作出详细分析。从每亚尔邦土地中所获得的粮食作物同样也很少，与春播作物的收成几乎没有什么区别。

除去种籽，也不包括什一税，每亚尔邦土地平均可得 4 倍于种籽或 2 塞蒂的收获物。1 塞蒂黑麦和小麦在平常年景的价格是 12 利弗尔，2 塞蒂的价格是 24 利弗尔，加上预留支付什一税的部分，按总收获量计算是 1/12；再加上种籽 2 利弗尔 13 苏，则全部收获量为 26 利弗尔 13 苏。

24 利弗尔或 2 塞蒂的分配如下：

支付给土地所有者的垫支资金利息，其他费用，回收的饲养耕牛的资金	9 利弗尔	12 利弗尔
支付给土地所有者 2 年租借费，按每年 1 利弗尔 10 苏计算	3 利弗尔	
支付给对分制佃农的生活维持费用	10 利弗尔	12 利弗尔
缴纳的土地税	1 利弗尔	
利润和风险报酬	1 利弗尔	

从每亚尔邦土地所获得的总产品额是 26 利弗尔 13 苏，分配如下：

2 年租借费	3 利弗尔	5 利弗尔
土地税	1 利弗尔	
给对分制佃农	1 利弗尔	
什一税	2 利弗尔 13 苏	21 利弗尔 13 苏
费用	19 利弗尔	
总生产量		26 利弗尔 13 苏

对分制佃农经营的 1 500 万亚尔邦土地的粮食作物产量，包括什一税，除掉种籽，是 3 150 000 塞蒂，其货币价值是 397 802 040 利弗尔，分配如下：

税收	15 000 000 利弗尔	75 000 000 利弗尔
土地所有者	45 000 000 利弗尔	
对分制佃农	15 000 000 利弗尔	
什一税	37 802 040 利弗尔	322 802 040 利弗尔
费用	285 000 000 利弗尔	
总计		397 802 040 利弗尔

大农经营和小农经营所生产的产品总额：

土地所有者	大农经营	31 500 000 利弗尔	76 500 000 利弗尔
	小农经营	45 000 000 利弗尔	
土地税	大农经营	11 000 000 利弗尔	26 000 000 利弗尔
	小农经营	15 000 000 利弗尔	
农场主	大农经营	125 000 000 利弗尔	27 500 000 利弗尔
	小农经营	150 000 000 利弗尔	
总计			130 000 000 利弗尔
什一税	大农经营	18 000 000 利弗尔	50 000 000 利弗尔
	小农经营	32 000 000 利弗尔	
费用	大农经营	130 000 000 利弗尔	415 000 000 利弗尔
	小农经营	285 000 000 利弗尔	
总计			465 000 000 利弗尔
目前生产的粮食作物总产量			595 500 000 利弗尔

有利条件下的谷物生产

限制谷物贸易，谷物难于出口，农村衰落，农村缺乏财富，随意征税的制度，征集兵役，沉重的徭役，等等，终使我们的农业收成实在不高。我们的人口过去比现在多1/3，需求量也就更多，但那时法国还能向国外输出大量谷物。英国人在1611年抱怨说，法国向他们输出的粮食作物的数量多且价格低，致使法国无力在国内市场上同它竞争。[①]当时法国的粮食作物在国内的售价，用我们现在的货币来说是18利弗尔，在那个世纪这是低廉的。这种情况说明，当时我们的粮食作物的收成至少有7 000万塞蒂，可是现在我们的收成只有4 500万塞蒂。当时的人口比现在多出大约1/3，因而当时对粮食作物的需求比现在多2 000万塞蒂。此外，富裕的王国还给外国供应粮食。王国这般富裕是苏利[②]实行的经济政策的结果。这位伟大的大臣认为，农民、葡萄园主和畜牧业主的活动是国王和国家收入的源泉，他们是支撑国家实力的支柱。

只有在人口增加的条件下，农业才能复兴。农业发展和人口增长应当同步而行。谷物的价格应当高于生产它的费用。无论是国内消费还是销往国外，其价格都应能保证获得一定利润。销往国外简化了销售，促进了农业发展，增加了土地收入。各项收入的增加保证了支出的增加，从而有利于人口增长，因为支出增加的保证使更多的人能得到工作。人口增加导致需求扩大，而这首先会使商品价格维持在应有的水平上。产品增长与人们的需求相一致，也就是同人口的增长相一致。可见，农产品的出口是所有这一切发展的最初原则，因为农产品销往国外增加了收入，收入增加促进了人口增加，大量的需求导致了农业的更大发展，导致了土地收入的增加和人口增长。收入增长引起人口增长，而人口增长又增加了收入。

但是，所有这一切发展只有从增加收入开始。这是问题的根本。然而，在法国完全不认识这一点，或者对此极为轻视。完全可以说，在我们这里不理解以下两种产品的区别：一种是仅能补偿人力价格的劳动产品；另一种是支付人力并提供一定利润的产品。由于这种不理解，就会更喜欢工业而不是农业，更重视工业品贸易而不是农产品贸易，就会以损害农业为代价来支持工业和奢侈品贸易。

---

① 《论大不列颠的优点和缺点》。——原注（大概是指托马斯·曼的《英国对外贸易的优点和缺点》，伦敦，1700年版。——俄译本注）

② 对魁奈来说，苏利是能正确理解法国需要的国务活动家的典范。——俄译本注

十分明显，政府只有不断关注收入的增长，才能促进商业繁荣和工业发展，因为只有收入才能吸引工商业，并给工商业活动以报酬。必须培育树根，而不是只关心枝叶。让枝叶自由伸展和生长，但不要忘记为树木生长和发育提供有营养的土壤。然而，一门心思关注发展工业的柯尔倍尔，也认为要缩减税收，向耕作者提供资金以恢复陷于困境的农业经营。但他不理解这同国家利益的关系。他没有说到最根本之点：必须以确定的制度征税，必须发展谷物自由贸易。农业仍处于被忽视的状态。连绵不断的战争，军队和荒废的农村，这一切导致了王国收入的缩减。租税包征人利用各种非法手段，以保住自己的位子，并想成为国家政权的代表。①这位大臣没有足够的预见，以估价这种非法的聚敛资金对法国的严重危害。②

生产粮食作物是很昂贵的。我们拥有的耕种粮食作物的土地比所需要的土地要多得多，因此耕种粮食作物应当局限在肥沃的土地上，其收成会远远高于良好耕作所需要的费用。3 000 万亚尔邦肥沃土地，有可能每年用 1 000 万生产粮食作物。良好耕作的肥沃土地，平常年景之下，每亚尔邦至少可以提供 6 塞蒂收成（种籽已经除外）。全部 1 000 万亚尔邦土地的粮食作物的收成至少有 6 500 万塞蒂（包含什一税）。③每塞蒂粮食作物的价格在正常年份应当是 18 利弗尔；在国内需求增长和完全恢复粮食作物自由贸易条件下，稍微高于或低于这

---

① 《租税包征人》，第 3、第 4 章。——原注

② 魁奈在其著作中多次批评柯尔倍尔，在魁奈看来，柯尔倍尔是法国重商主义及其全部消极后果的主要代表者。——俄译本注

③ 我们假定，每亚尔邦土地，除去种籽，能够提供 6 塞蒂的收获。但是，我们知道，如果土壤肥沃，耕作良好，每亚尔邦的收获量可以更多。然而，为了谨慎起见，我们还是以 6 塞蒂计算。为了对这里所说的每亚尔邦土地究竟能生产多少有一个明确概念，让我们从凡尔赛宫中尉狩猎官所撰写的《农场》一文中所引述的一段话作为例证。他说："我面前有一个面积 300 多亚尔邦的农场。这片土地是肥沃的，但不是最好的。有 4 年时间这些土地在一个农场主手中，耕种得很好，但施肥很不足，因为他把秸秆卖掉了，家畜饲养得不好。即使在最好的年景，这些土地每亚尔邦也只能收获 3 ~ 4 塞蒂粮食作物。结果这个农场主破产了，不得不将自己的农场转让给了另一个精明能干

个数字是没有意义的。在这些条件下，全部收成应当值108利弗尔（不含什一税）。[①]

为了更准确地确定粮食作物在允许出口条件下的平均价格，必须注意到粮食作物的生产量的波动，还有与这种变动相适应的价格的波动。英国的出口资料表明，其粮食作物的价格多年来没有超出18～22利弗尔的范围。价格变动的幅度为什么不大，原因不难理解。英国的农业取得了巨大进步：它的收成无论多么低，总能满足居民的需求而有余。如果我们的农业经营状况良好，我们的收成即使在歉收之年也会与现在丰收之年的收成大体持平。因此，如不出现意外事件，就不必担心会发生严重饥荒，因为只要在丰收之年的负担之外再多一点收成，就总会高于居民对粮食作物的需求，这可从下列不同年份耕作良好的土地的收成的波动情况的资料中得到证明。从这些资料中可以看出，1 000万亚尔邦土地在歉收之年可得4 000万塞蒂的粮食作物（不含从同样面积土地上所得的春播作物）。

的农场主。从此一切都改观了。支出未曾减少，但土地耕种得更好了；牲畜成群，从中得到了很多肥料。两年后每亚尔邦可收获10塞蒂粮食作物。如果坚持改良，收获会更多。每次进行这样的尝试都能得到同样的结果，增加一群牲畜，收成就能成倍地增加。土地所有者和农场主都应当相信，如果这个信念能变成大家的信念，并得到鼓励，我们很快就能成为农业迅速发展的见证人，农业的迅速发展能保证我们富裕起来并享受到它的全部成果。”——原注

① 这里所谓“条件”，显然是指每塞蒂价格18利弗尔；而“全部收成”，则显然是指每亚尔邦的全部收成即6塞蒂。——中译本注

年份	塞蒂	每塞蒂价格	每亚尔邦总计	每亚尔邦费用	余额
		单位：利弗尔			
丰年	8	16[①]	128	66	62
好年	7	17	119		53
平年	6	18	108		42
歉收	5	19	95		29
荒年	4	20	80		14[②]
合计	**30**	**90**			**200**

收成总额是200利弗尔（除去费用），除以5年，则：

平均每年……………………………………………… 40利弗尔

加上费用……………………………………………… 66利弗尔

合计……………………106利弗尔

这106利弗尔除以6塞蒂，则每塞蒂的平均价格

…………………………………… 17利弗尔13苏4德尼[③]

① 我们这里提出的价格要比英国的低，尽管法国粮食作物的质量更好。但是要把它们销往国外，竞争会使其降到与其他国家一样低的价格。——原注

② 在法国现在的大农经营中，如前所说，农场主即使在好年成也会遭受损失。但是这张表的资料表明，农场主在好年成会获得较大收入，但随后在年成不好时会受损失。可见，农场主的利益在于生产更多的粮食作物。然而在我们以前考察的情况下，丰收会使农场主破产，只有在收成不好的年份，他的损失才能得到些许补偿。——原注

③ 对购买者来说，平均价格将等于90利弗尔的1/5，即18利弗尔，这大约等于近期我国粮食作物通常的平均价格。因此，对购买者来说，出口并没有使粮食作物的价格提高，但对农场主来说，出口却可以使1塞蒂的价格提高2利弗尔4苏。对6 500万塞蒂来说，这可就是1.6亿利弗尔的农业收入；同时，粮食作物价格对购买者来说并没有改变；所有这一切都是由于允许谷物自由出口的结果。由此看来，英国农业所呈现的进步就不足为奇了。——原注

全部6塞蒂的价格	106利弗尔
加上什一税（总产量的1/12）和预留种籽	10利弗尔
每亚尔邦产品总额	**116利弗尔**

所获得的纯产品40利弗尔的分配如下：

2年的租借费占1/2，或	20利弗尔	40利弗尔
土地税占1/4，或	10利弗尔①	
农场主占1/4，或	10利弗尔	
什一税	10利弗尔	76利弗尔
费用	66利弗尔	
1亚尔邦土地的产品总额		**116利弗尔**

66利弗尔费用和20利弗尔土地税，农场要为每亚尔邦拿出86利弗尔。1亚尔邦可获得6塞蒂，农场主在平年要为每塞蒂花费16利弗尔。在丰收之年，1亚尔邦可得8塞蒂，农场主要为每塞蒂花费12利弗尔。在这种情况下，农场主以16利弗尔卖出，可得收入4利弗尔。

在歉收之年，1亚尔邦可得4塞蒂，每塞蒂要花费农场主24利弗尔。按每塞蒂20利弗尔卖出，他会损失4利弗尔。如果把好坏年成拉平计算，则农场主从每塞蒂中所得的工资是1利弗尔13苏，或每亚尔邦10利弗尔。

从1 000万亚尔邦土地中所得的粮食作物，在平常年份的收成，包括以包括种籽基金在内的总收获量计算的什一税，除去种籽，是65 555 500塞蒂，其货币价值是1 159 500 000利弗尔。分配如下：

---

① 对于征收实物地租（指中世纪法国依附封建主的农民用分地上收获的农产品缴纳的实物地租。——中译本注）或农业什一税的土地，农场主不必缴纳这么多土地税，由此而产生的不足部分，由承租了这种什一税的人支付。——原注

土地所有者……………200 000 000 利弗尔		400 000 000 利弗尔
土地税…………………100 000 000 利弗尔		
农场主…………………100 000 000 利弗尔		
什一税………………… 99 500 000 利弗尔		759 500 000 利弗尔
费用……………………660 060 000 利弗尔		
全部产品……………………		1 159 500 000 利弗尔

此外，还有1 000 万亚尔邦播种春播作物的土地。如果土地肥沃，耕作良好，每亚尔邦在正常年份至少应能获得2 塞蒂（不含种籽费用和什一税）。每塞蒂春播作物大约值粮食作物的2/3，即10 利弗尔。

每亚尔邦土地产品值…………20 利弗尔	21 利弗尔 17 苏
总收获量1/2 的什一税……… 1 利弗尔 17 苏	

这21 利弗尔15 苏的分配如下：

每年交给土地所有者的租借费…10 利弗尔	15 利弗尔
土地税…………………………2 利弗尔 10 苏	
农场主…………………………2 利弗尔 10 苏	
什一税…………………………1 利弗尔 17 苏	6 利弗尔 17 苏
费用……………………………5 利弗尔	
总产品量……………………………	21 利弗尔 17 苏

种植燕麦的1 000 万亚尔邦土地，应年提供21 944 441 塞蒂（含什一税），价值218 500 000 利弗尔。分配如下：

土地所有者……………100 000 000 利弗尔	150 000 000 利弗尔
土地税………………… 25 000 000 利弗尔	
农场主………………… 25 000 000 利弗尔	
什一税………………… 18 500 000 利弗尔	68 500 000 利弗尔
费用…………………… 50 000 000 利弗尔	
总生产量………………………	218 500 000 利弗尔

1 000 万亚尔邦粮食作物和 1 000 万亚尔邦春播作物合计如下：

包含什一税，除去费用：

粮食作物	495 500 000 利弗尔	668 000 000 利弗尔
燕麦	168 500 000 利弗尔	

费用：

粮食作物	660 000 000 利弗尔	710 000 000 利弗尔
燕麦	50 000 000 利弗尔	

总生产量……1 378 000 000 利弗尔

这 1 378 000 000 利弗尔的分配如下：

土地所有者：

粮食作物	200 000 000 利弗尔	300 000 000 利弗尔
燕麦	100 000 000 利弗尔	

土地税：

粮食作物	100 000 000 利弗尔	125 000 000 利弗尔
燕麦	25 000 000 利弗尔	

农场主：

粮食作物	100 000 000 利弗尔	125 000 000 利弗尔
燕麦	25 000 000 利弗尔	

总计……550 000 000 利弗尔

什一税：

粮食作物	999 500 000 利弗尔	118 000 000 利弗尔
燕麦	18 500 000 利弗尔	

费用：

粮食作物	660 000 000 利弗尔	710 000 000 利弗尔
燕麦	50 000 000 利弗尔	

总计……828 000 000 利弗尔

全部产品总计……1 378 000 000 利弗尔

除了上面评定的3 000万亚尔邦土地的生产量之外，还有3 000万可以耕作的土地。这些土地的价值比上述土地较低，能用来生产其他各种产品。好一些的土地可以种植大麻、亚麻、蔬菜、黑麦、大麦，或作为人工草地，或种植其他粮食作物。其他的土地，可依其性质用于栽种葡萄、桑树、为生产西得尔酒（一种苹果酒）的树、榛树、栗子树，或者播种荞麦、马铃薯、芜菁甘蓝、曼青等其他可作为家畜饲料的生产物。要评定这3 000万亚尔邦土地种植的这么多不同作物的生产量是十分困难的。但是，其中大部分作物的生产费用并不大，而且，为了计算收入分配，可以大体不错地评定其价值为其他3 000万亚尔邦产量的1/3。由此可得如下结果：

土地所有者	100 000 000 利弗尔	180 000 000 利弗尔
土地税	40 000 000 利弗尔	
农场主	40 000 000 利弗尔	
什一税	37 000 000 利弗尔	257 000 000 利弗尔
费用	220 000 000 利弗尔	
生产量总计		437 000 000 利弗尔

由良好耕作的土地所生产的各种不同产品的分配之资料总汇

从法国能耕种的6 000万亚尔邦土地上可得：

土地所有者：		
肥沃土地	300 000 000 利弗尔	400 000 000 利弗尔
平常土地	100 000 000 利弗尔	
土地税：		
肥沃土地	125 000 000 利弗尔	165 000 000 利弗尔
平常土地	40 000 000 利弗尔	
农场主：		
肥沃土地	125 000 000 利弗尔	165 000 000 利弗尔
平常土地	40 000 000 利弗尔	
总计		730 000 000 利弗尔

什一税：

肥沃土地……………118 000 000 利弗尔	}	155 000 000 利弗尔
平常土地…………… 37 000 000 利弗尔		

费用：

肥沃土地……………710 000 000 利弗尔	}	930 000 000 利弗尔[①]
平常土地……………220 000 000 利弗尔		

总计…………………1 085 000 000 利弗尔

除去费用的产品额………………… 885 000 000 利弗尔

全部产品总计…………………………1 815 000 000 利弗尔

现在的生产量与耕作良好条件下所得生产量的比较

	现在的农业经济制度	合理的农业经济制度	差　额
1	2	3	4
土地所有者	765 000 000	400 000 000	323 500 000 多 4/5
土地税	27 000 000	165 000 000[②]	138 000 000 多 5/6
农场主	275 000 000	165 000 000	137 000 000 多 5/6
什一税	60 000 000	155 000 000	105 000 000 多 2/3
费用	415 000 000	930 000 000[③]	515 000 000 多 5/9
除去费用的生产额	178 000 000	885 000 000	707 000 000 约 4/5
总生产额	595 000 000	1 815 000 000	1 220 000 000 多 2/3

① 并不是所有的费用都采取货币形式；马的饲料和仆人的食物就直接以实物获得。可以说只有这些费用的一半进入货币流通。但种葡萄和酿造葡萄酒的相关费用就是另一回事了，因为这些费用几乎完全要用货币。总起来说，王国所拥有的货币量的一半以上是在农村循环，以使农业经营所需要的费用得以实现。——原注

② 现在的和合理的农业经营制度下的税收额，都设定为土地所有者收入的1/3。但附加在土地税上的人头税等其他各种形式的税收，现在也构成了课税的一部分，致使税收额大约等于土地所有者收入的一半，或 4 000 万利弗

评谷物生产的优越性

生产粮食作物的资金留在王国之内，所生产的全部产品属于国家。畜产品至少是每年所获收成的价值的一半。也就是说,这两个农业经营部门可以生产的产品大约是30亿利弗尔。葡萄园的产品在5亿利弗尔以上，如果王国人口增长，酒类和伏特加酒的贸易不受限制，这种产品还会增加。④

尔。依照这个比例，合理农业经营制度下的课税总额就不是4 000万利弗尔，而是2亿利弗尔。无论是直接支付给国家的税收，还是支付给税务机关的税收，我们都以相同的观点对待之。实际上，这些税收现在是同时缴纳的，dons gratuits et capitulation 大约是4 000万利弗尔，它是按照王国种植粮食作物的全部土地来征收的。——原注

③ 在现在的农业经营方式之下，费用不超过生产产品的1/3，在合理的农业经营方式下，像英国那样，谷物销售由于允许自由出口而得益，则费用可上升100%。——原注

④ 《租税包征人》的作者（他的意图很值得赞扬）大力鼓吹征收产品税，而他对这种税收制度的缺点的看法，给人的印象是不够客观的。他只从消费者的角度来看待这个问题。在他看来，消费者完全可以自由地决定把多少支出花在酒上。但是，消费者花在酒上的支出额，对种植葡萄的收入以及对种植葡萄的居民来说，都是极其重要的事情。在这个农业经营部门工作的人很多，而且还会更多。从人口方面来说，特别值得予以注意的是，种植葡萄的土地能够提供大量产品。政府的最重要任务，就是为了国家利益而努力增加收入，增加税收来源。生产大量产品的土地能够负担大量税收。葡萄园每年都能提供产品，这意味着每亚尔邦种植葡萄的土地所能提供的税收，是种植粮食作物的土地所能提供的税收的两倍。这对王国来说同对销售的酒征税几乎一样。然而，由于征税人的冷酷无情和商人的欺诈，使得这种对酒征税的办法破坏了王国的这个重要的商业部门，并使葡萄种植者深受其害。在农业经营良好状况之下，王国收入的主要源泉是来自农业的土地税。这方面问题至今完全没有研究。存在有害的非法的舞弊行为，这是人所共知的，对这些行为也发出了持续不断的抗议，但弊端依然没有得到纠正(参看《赋税论》）。

上述作者给人的另一个印象是，他在一定程度上对工业抱有流行的偏

由此可见，农业的全部产品，不算大麻、木材、鱼类等产品，至少有 40 亿利弗尔。我们还没有考虑来自房产、年金和矿山的收入，没有计入工艺美术和航海产品等，这些收入会随着收入和人口的增加而增加。但是，其中最主要的是由农业提供的财产，农业为生产必需品提供原料，保障了国家和土地所有者的收入，给僧侣以什一税，给耕作者以利润。正是农业财富的不断再生产，才是所有其他各种形式财富的基础，它保障了所有的职业，促进了商业的复兴，人口的增长，工业的活跃，维持了国家的繁荣。但是，对于法国利用（如前所述）自己尽力创造的这几十亿收入所做的很多事情来说，农业也是必要的。现时每年消费或支出的总量不过 20 亿利弗尔。与这项支出大约相同的收入，包括支付给工人的收入，保证了各种职业劳动者的生活资料。支付所有这些工人的收入的源泉是土地产品（除去捕鱼、制盐和航海）。然而，得自航海的收入本身是很小的，而且这项收入的根本来源是经营土地产品的商业。农业和商业通常被看做我们财富的两个源泉。然而，商业本身如同工业生产一样，不过是农业的一个分支；而工业比商业更为广泛，意义也更为重要，这两个部门的存在仅仅是促进了农业经营而已。农业经营为工业提供原料，为商业提供商品，还为它们支付工资。商业和工业会将它们获得的利润返还给农

见。由于工业支付人力以报酬，所以养活了许多人。但是工业不创造收入，工业得以维持只能依靠公民购买工业品的收入。作者因害怕工业遭到破坏而力主为工业免税。但是，王国的工业却由于拥有来自奢侈品的收入而始终存在着。征税仅使奢侈品的价格稍微有所提高，而这对我们的对外贸易没有多大关系。外贸之所以能使我们富裕，只是由于销售了我们生产的产品。上述作者还坚决主张，在公平分摊税收条件下，实行包收捐税制。他认为，这种制度能保障王国的收入，给所有者以无人负责的利益，赋予农场主、转借人和工薪侍者以诚实赚得的财富。不过，他认为王国的租税包征人必须诚实行事。这位作者认为包收捐税制的另一个优点是，它能在不损害农业、工业和商业发展的情况下增加税收。应该说，对欠发达的王国来说这种说法是正确的，因为这种制度实际上是国家和土地所有者获得收入的惟一方式。但对于工业和贸易很发达的王国来说，类似租税包征这样烦琐的制度是完全没有必要的，土地所有者完全可以从他的土地产品中来保证自己的收入。——原注

业，农业则重新生产出每年支出和消费的财富。实际上，如果没有我们的土地产品，没有土地所有者和耕作者的收入和支出，哪里能够产生商业利润和给工人支付工资呢？认为商业具有脱离农业的独立性，这是一种抽象的概念，是一种非常不完整的思想。然而，这个概念却吸引着研究此类问题的学者，其中有些人认为国内商业具有生产性，但是实际上商业什么也不生产，它不过仅仅为国民提供服务，并接受国民支付的报酬而已。

对苏利的观点怎样赞扬也不过分。这位伟大的大臣正确地规定了王国经济政策的基本原则。他的出发点是：王国的财富，国家的实力，人们的福祉，其根基在于来自土地即农业的收入，还在于农产品的对外贸易。他说，如果不出口粮食作物，国家就会缺乏货币，而国家也就没有收入。他没有被各种工业生产在名声上的优越性所迷惑，而只保护了毛纺织业，因为他认为，丰富的农产品收获有赖于羊毛的销售；增加羊毛销售才可能增加羊群数量，而羊群的增加对肥沃土地是必要的。

好收成能为饲养家畜提供很多饲料；应从 3 000 万亚尔邦一般土地中分出一部分用于这个用途。《人工牧场》一书作者完全正确地认为，用于人工牧场的亚尔邦土地数量应当大体等于每年用于耕种粮食作物的亚尔邦土地数量。因此，3 000 万亚尔邦土地中应有 1 000 万亚尔邦人工牧场用于饲养家畜，为每年播种粮食作物的土地保证充足的肥料。这样做的意义是十分明显的。如果土地肥沃了，从每亚尔邦土地上获得的粮食作物的收成每增加 1 塞蒂，就意味着利润增加 1 倍。

实际上，如果 1 亚尔邦土地的粮食作物收成是 5 塞蒂，按每塞蒂 15 利弗尔计算，除去全部费用后，还留有 20 利弗尔利润。多收获 1 塞蒂，就几乎可以使 1 亚尔邦土地的收入增加 1 倍。因为，如果 1 亚尔邦土地收成是 6 塞蒂，则收入是 35 利弗尔；而如果收成是 7 塞蒂，则收入可达 50 利弗尔，即比最初的收入多 3/5。收入不仅决定于生产的产品，而且决定于生产的费用。费用固然会因饲养家畜而增加，但饲养家畜同样也有自己的产品。因此，旧耕作法所获得的利润是无法同优良耕作法所得的利润相比的。

因此，我们看到，农场主富裕才使他有可能为优良耕作而支出，而他是否富足则取决于他能否在 1 亚尔邦土地上多得 1～2 个塞蒂。尽管他要将其价值的一部分用于缴纳税收和租借费，但他自己挣的钱则要多得多，而且其中大部分始终归他所有。因为，除此之外，农场主还能获得相应的饲养家畜的饲料，并从中进一步增加他的利润。

农场主只能以饲养家畜来利用这些优势，但是，此外，他还能直接从家畜产品中获得更多的利润。不错，只有一架犁的农场主不可能指望得到大量的利润，只有从事大农经营的富裕农场主，通过相应的支出来增加自己土地的价值，才能获得大量利润。

只有一架犁的人首先要获得维持家计的资金。此外，他用于各种经济需要的支出，在小农经营中所占比例必然高于大农经营。例如，只有一架犁的农场主，也只有一个小羊群，但他为这群羊的支出不会低于为一个大羊群的支出，而后者能给他带来更多的收入。由此可见，小农经营和大农经营所要求的许多支出，并不同它们各自获得的利润成比例。因此，富裕的能够利用几架犁的土地所有者，无论对国家还是对个人，都比只有一架犁者更为有利，因为前者能节省人力和各种开支，从而获得更多利润。但各项支出和花费的劳动只有在它们能更新和增加国家财富时，才对国家有利。土地不仅要养活耕作者，而且应当为国家提供其资金的主要部分，应当保证僧侣的什一税，土地所有者的收入，农场主的利润，耕作土地者的工资。国王、僧侣和土地所有者的收入，农场主和雇来耕种土地的工人的报酬，通过他们的支出，而分配于其他各种阶层和职业之间。有一位学者[①]很懂得这个根本真理，他说："许多富裕的土地所有者居住在一个地方，就会形成一个城市，与土地所有者支出其收入相适应，在那里集中了商人、作坊主、手工业者、工人和仆人。可见，城市的大小是同土地所有者的人数，更确切地说，是同他们的土地产品的多少成比例的。首都的形成方式与地方的城市是一样的，惟一的区别是首都集中的是全国的大土地所有者。"

小农场主耕作土地需要更多的人力和支出，而它能获得的利润却

① 康替龙：《商业性质概论》，第 5、第 6 章。——原注

是很有限的。人力和资金不应浪费在以较少人力和费用即可完成的工作上。这样不合理地利用人力，即使在人口众多的国家也应受到谴责，因为人口越多，所需要的土地产品就越多。但是，这样无价值地利用人力，在人口很少的国家就更不利。因为在这种条件下，特别需要注意将人力分布在对国家最必需和最有利的工作上。农业的利益多半注定了土地要集中于大农场，富裕的农场主能将其经营到最佳状态。

只要求使用人力的生产是种植葡萄。如果鼓励葡萄酒贸易，而法国的人口也增加了，就会有更多的人从事这个行业。我们的葡萄种植和葡萄酒及伏特加的交易极受限制，而对这个部门的关注应当不亚于对粮食作物生产的关注。

我们这里考察的富裕农场主不是自己耕种土地的普通劳动者，而是以自己的资金启动经营，依靠自己的聪明才智和物质资料来管理自己企业的企业家。由富裕的耕作者经营的农业，对于那些有可能垫支大笔经费以支付耕种土地之所需并能保证给农民以工作和充分报酬的人来说，注定是一项很赚钱的事业。按照苏利的想法，在拥有广大领土的法国，应当创造并受到支持的正是现在的农场主和企业家。正是这些农场主的财富，才是国家的生活资料和人民福祉的真正源泉，是保证国家、土地所有者和僧侣的收入的真正源泉，是在各种职业的个人之间所分配的收入的真正源泉，还是人口增长、国家实力和繁荣的真正源泉。

大支出带来大收入，并促进人口增长。因为大支出的存在使商业和各种工业得以扩大，使许多人得到工作。有人仅从大军队所具有的可能性的角度来看待大人口的优势，这些人对决定国家实力的事实的观念是很不正确的。现在的国家活动家爱惜为战争出力的人们，就像土地所有者为保持水土而挖掘水渠时爱惜土地一样。保持庞大的军队会使国家衰落，而大人口和大财富则能使国家强大。大人口的重要优势在于促进生产和消费，增加王国的货币财富并使其保持活力。国家优良土地越多，商业越发展，它的财富就越多。国家越富裕，它就越强大。现在王国的货币财富可能比过去一百年少。但是，考察这种财富时，不仅要着眼于这种财富的数量，而且要着眼于这些财富循环的速度和它以王国现行价格实现的可能性。100 塞蒂粮食作物，如按每塞蒂 20 利弗尔计算，其财富从简单的观点来说，是按每塞蒂 10 利弗尔来计算的 50 塞蒂粮食作物的 4 倍。可见，财富既实际存在于所生产的产品的价值中，也实际存在于金银货币中，特别是在确信对外贸易能以一定价格实现所生产的产品时，更是如此。

收入是土地和人类的产物。缺少了人类劳动，土地就没有任何的价值。国家所拥有的头等财富就是人、土地和家畜。没有农产物，国家就没有其他的生活资料源泉，除了工业和商业以外。但是工业和商业仅仅在国外财富的支撑之下才能存在，然而这种支撑是很不牢靠的，也是很有限的；这种支撑只对小国是足够的。

征收粮食作物土地税问题

对农场主的税收应完全落在他得自家畜饲养的收入上，因为正是饲养家畜提高了土地的生产率。但是，即使在这种情况下，如果不是对他得自家畜饲养的利润进行征收的话，土地税总额就会由于农业收入在正常情况下的提高而达到整个租借费的近乎一半。因此，如果土地所有者从其土地上所得的收入总额是 4 亿利弗尔，那么土地税的总额约为 2 亿利弗尔，这还不包括同其他收入相关的各种税收，如所有者的地租、房产、葡萄园、森林、专门租赁的犁等；也不包括从马车夫、商人、农民、手工业者和工人等所收的税。

从这 2 亿利弗尔得自农产品的土地税中，还必须去掉 1/20，这是经王国法令允许的一些著名人士和享有特权者在自己的土地上进行农业经营被豁免的税额。这样一来，就只剩下 1.9 亿利弗尔了，但是加上对农场主所征收的什一税，总额至少还是 2 亿利弗尔。①

---

① 我们这里假定，对农场主所征收的什一税只有大约 1 000 万利弗尔，但是相当于什一税的生产量，不会加重耕地所需要的花费，所以它能负担较重的税收。因此，租赁费的什一税，即不是按照教会的收入所征的什一税，在农业经营恢复的情况下，可以达到 1 亿利弗尔，因而对这些农场主征收 2 000 万利弗尔以上的土地税也不是不合理的。实际上，即使在这种情况下，也没有达到对耕作者征税的比例，在我们的农业恢复的情况下，负担什一税的农场主的获利还是很高的。——原注

依照土地租赁费的大小征收土地税，是对农场主征税的最基本的原则之一，也是免除任意征税的更好保证。土地所有者和农场主在自己的活动中要打交道，他们彼此的利益是由王国的法令明确规定的。[①]

---

① 土地税等于租赁费的一半，显然是太高了，而实际情况确是如此。如果明确规定了土地税额，农场主就会从这个严格规定的税率出发去租赁土地，这样做的好处甚多。土地税不再是任意的，因为农场主在租赁土地以前就知道了，而随意定税会导致农场主破产。同时，土地税额在租赁期间可以随意增加，而农场主却不可能在租赁费中多留一部分，以便弥补任意提高土地税给他带来的损失。如果农场主在确定租赁费时就知道他应缴纳的土地税额，不再担心任意征税，就不会伤害他的经营。土地税将从农场主所生产的产品中征收，而构成土地所有者收入的那部分产品也是完全可靠的，这样一来，随意征税就根本不会危及土地所有者的土地耕作了；相反，向农场主随意征收土地税会使他们的状况很不稳定。他们的收入要受到他们与土地所有者的契约限制，这种契约不会随税收变化而作相应的改变。如果税收太重，农场主无法支付必要的费用，他们的经营就会面临威胁。因此，征税的对象必须是闲置的资金，而不是进行农业经营所必要的资金，同时还要考虑这些资金的数额和农场主的经济状况。租借费是这方面的最好指标。

可能会产生一种疑虑，即如以租赁费来决定土地税，则土地所有者和农场主可能在租赁协议中，为避税而就租赁额达成某种欺骗性协定。然而，在这种场合，土地所有者对其应得的全部租赁费有一个界限，而且会形成某种专门的协议或文书。这种协议的形式当然会显得与众不同，这就难免引起怀疑，也不难被发现并采取措施坚决加以制止。例如，这种文书可能载明土地所有者预先借给农场主多少钱。因为土地所有者借钱给农场主极为罕见，而且如果载明的借钱日期同租赁期又很接近，那么这种协议就不能不引起怀疑。相关文书没有经过公证也会引起怀疑。由于不许可包含这一类引人怀疑的条款，所以也就不会认可欺骗性契约。但是，如果这种文书是在租赁期满3~4年后订立的，并且经过公证，租赁协议的内容也没有改变，就不能说该文书关于支付租赁费的不正确说法是欺骗。如果在租赁协议有效期间，家畜和收成发生了什么意外，如果土地所有者有求于农场主，那么这种文书对土地所有者和农场主来说还是很必要的。如果农场主为了在契约中将租赁费说得很低，以行贿的方式垫支货币，这就是欺骗。这种欺骗容易被识破，因为同当地其他土地的价格相比，它的租赁费太低了。如果契约有明显的矛盾，就必须予以解除，并甩开这个农场主。——原注真的很想为对分制佃农的税收确立一个完全确实的原则。但是，如果农业经济得以恢复，农场主的数目会大为增加，而对分制佃农的数目会随之减少。恢复农业经济的基本条件之一，就是增加农场主的人数，杜绝任意征收土地税的恶习，建立土地所有者对保护其垫支资金的信心。不过，首先要努力去做的是，保护给国家带来最大利益的农场主，使其免除被任意征税的风险。众所周知，缺少一个管理有序的征税制度，其破坏性影响在农村比在城市要大得多。农村收入的减少，从而这种收入的减少会对整个国家带来危害。城市居民的状况根源于农村创造的收入，而城市能住多少居民，则同当地农业创造的收入是相适应的。因此，最重要的是在农村创立一种确实的不变的征税制度以增加富裕的农场主，并逐步减少只能给国家带来损害的贫穷的对分制佃农。但是，必须指出，在现代法国的大农经营和小农经营的关系之下，保证实现这些原则是非常复杂的。因此，我们在《农场主论》中提出了其他一些保证实现税收的办法。但是，进一步的论述表明，粮食作物的生产量或需要支付的租赁费，应当成为在耕作者中成比例地分配税收的最简单和最适当的基础。在现代农业状况之下，1 亚尔邦土地在大农经营中能够提高 74 利弗尔粮食作物，土地税则仅占全部产量的 1/20；在小农经营下则可得 24 利弗尔，土地税仅占 1/24；在良好耕作之下，可得产品 106 利弗尔，支付的税收仅占其 1/11。由此可见，仅仅由于耕作土地的不同，同一亚尔邦具有相同价值的土地，所能够生产的用于支付土地税的产品，在一种情况下是 10 利弗尔，在另一种情况下是 3 利弗尔 10 苏，在第三种情况下只有 1 利弗尔。这就说明不可能建立一种稳定的税收制度，因为在这些土地上生产的产品会依其耕作方式的不同而变化。这也说明，如果不考虑生产费用和留作种籽的谷物量的不同，不考虑利润的多少，还有土地耕作方式的区别，就不可能确立一种依照一般生产量的土地税的标准。所以，无论是主张实行等于什一税额的土地税的人，[①]还是主张实行土地实物税

① 在考察得自不同土地生产方式的产品时，我们看到，对使用牛耕的土地所征收的等同于什一税的土地税，约占土地所有者收入的 2/3。但土地税不能从当前这种耕作方式下的收入出发来加以确立。因为在良好耕作下土地所有者

的人，都没有研究不同的经营方式所产生的所有不规则的偏离，以及由此引起的各种变化。不错，在国家的一些地方实行的是一般的土地税，但这只限于一些特殊的省份，那里的耕作制度大体是一样的，因而能够简单地依据土地价值和用种籽量的差别，并考虑到生产产品的差别来征税。但是，这种规则不能普及到王国的其他省份。在现在情况下，如果不事先将土地税按各个教区的同该省的农业经营相适应的收入分配下去，就不可能确立比例土地税制。这个土地税额的分配，如《农场主论》所说，应同耕作者每年准确申报的有形财产相适应。如果全部收入都是粮食作物产品，也可以不做这种申报。如果完全实现了良好耕作，那么征税的形式还可以大大简化，按照租赁费的一定比例征收就是了。耕作者改善了自己的经营方式，增加了生产支出，当然也就能支出更多的土地税；但是他相信他能得到更多收入，而且如果税收的增加仅仅是同其利润的增加相适应，他也不会承受破坏性的税收。

由此可见，在农场主耕作土地的地方，能够按照租赁费的比例征收土地税。在土地所有者利用对分制佃农耕作土地的地方，在确立土

能获得更多收入，结果，从这种土地中所征的土地税要比从现在以应有方式耕作的土地中所得的要少 7～8 倍。

现在，从事大农经营的土地的产品要多于其他的土地，但是，同允许谷物自由贸易下所能达到的收入相比，它还达不到一半。现在，什一税等于租赁费的一半；等同于什一税的土地税还是很重的，但是在允许自由出口条件下，土地会带来更多的收入。这时，什一税就其大小而言将等于租赁费的 1/3，等同于什一税的土地税大约是全部收入的一半，负担比现在轻多了。可见，土地税、什一税和租赁费之间的比例关系，会依得自不同土地的产品量的不同而有很大差异。在小农经营下，如果土地税占什一税的一半，负担也是很重的。而在良好耕作条件下，即使土地税额等于什一税额，这种税负也是轻的。土地税额与不同经济条件下的产品量之间的关系的不一致是很少的，但是这种不一致在任何情况下，为试图建立某种统一的原则还是具有重大意义的。应当将粮食作物价格、经济状况、土地性质以及关于土地所有者的收入的资料的综合，作为确立土地税的基础。在确立土地税时，还应当记住，由使用牛耕地的土地所有者负担的什一税，在一种场合会占到收入的一半，而在另一个场合则会侵蚀全部收入。——原注

地税时也能够找到近似的原则。每个对分制佃农生产的产品是众所周知的，去掉他的生产费用，便可知土地所有者的收入。按照比例税制，不是要对土地所有者的收入征税，而是对对分制佃农从其经营所得的那部分收入中按一定的比例征收。如果这种比例税收出现了某些出入，给对分制佃农带来了损害，他们可以基于同土地所有者之间的契约加以解决。我认为，现在对大农经营和小农经营都可确立普遍的稳定的比例分配税制了。

我们在研究大农经营的生产规模时，可以看到，现在的土地税额大约是土地所有者收入的1/3。在这种经济中，几乎全部土地都是由农场主经营的，课税额比例于租赁费决定的收入，没有什么困难。

然而，小农经营的土地就远不是这么回事了。这些土地变成农场是很稀少的。土地所有者从这种土地中所得的收入数额，只能根据其生产量来计算。我们在研究这些产品额时看到，在小农经营之下，土地税同样大约是土地所有者收入的1/3；但是，这些完全不确定的收入可以依照另外一种观点，按照我们的计算来考察。这样做是为了避免由于采用不同的计算土地所有者收入的方法可能带来的混乱，这些土地所有者将土地提供给对分制佃农，垫支货币资金，并要用一部分收获物保证耕牛饲料。前面提到的若干例证说明，在这种耕作制度下，土地所有者在平年可获得3 000利弗尔粮食作物（除去种籽）。大家知道，费用在这3 000利弗尔中占了1 050利弗尔，所以他所得的总额是1 950利弗尔。

在这1 950利弗尔中，得自牧场和用于养牛的荒地的收入是1 375利弗尔。这意味着，带来收获物的土地，在这1 950利弗尔收入总额中，只有575利弗尔。因为来自草地和闲置土地的收入也是总收入1 950利弗尔的一部分。如果土地税是1 950利弗尔的1/3，它就是650利弗尔，如果由5户对分制佃农平均分摊，则每户为130利弗尔。

所有这些对分制佃农可以分得全部粮食作物的一半即3 000利弗尔，每户可得600利弗尔。如果土地税是1 950利弗尔的1/3，即每户分摊131利弗尔，留给他养家糊口的费用只有479利弗尔16苏。这里考察的例证所显示的产量多于使用牛耕地通常产量的1/4以上，在后一种情况下，支出不变，但土地所有者的收入不会超过 1 450 利弗尔，因而每户对分制佃农的份额只有 453 利弗尔。如果土地税等于土地所有者收入的 1/3，即 497 利弗尔，每户对分制佃农分摊 102 利弗尔。这样一来，留给这些小佃农的就只有 348 利弗尔了，这当然不够他们的全部支出。因此，尽管土地税应当由对分制佃农支出，但有必要由土地所有者支出其中的一半。同时，土地所有者不得不负担更多的土地耕作支出，使他们的收入变得完全不稳定了。如果土地所有者为了使对分制佃农的状况有几分保障，将自己的一部分收入支出土地税，那么他预计支出的税收总额，至少要比租赁自己土地的土地所有者要多支出 1/3 的土地税。租赁土地的土地所有者的收入是由租赁契约准确决定的，他的收入不会引起任何疑问，也同进一步的支出无关。相当于土地所有者收入的 1/3 但并不由此收入缴纳的土地税，也是由租赁契约的内容来决定和保证的。同时，如果按对分制佃农耕作土地的纳税的比例征收土地税，那么至少一半不得不由土地所有者用他自己的收入来支付。因此，土地所有者的收入就没有任何保证，也完全不确定了。所以，对土地所有者来说，使用对分制佃农耕作是非常不利的；土地所有者如不在当地并从事管理，那对对分制佃农经济的管理是很麻烦的。如按大农经营的土地缴税的比例对对分制佃农经营的土地征收土地税，这种税收就太重了。

但是，如果土地税额等于土地所有者收入的一半或 1/3，如果被大农经营租赁或小农经营租赁的土地及其收入额在租赁协议中有明确规定，那么这种征税就是公平的。如果土地由对分制佃农耕作，土地收入额是不固定的，那么以等于土地所有者收入的 1/4 征收土地税也是公平的。在后一种情况下，土地所有者收入的 1/4 大约等于对分制佃农收入的 1/6。

因此，如果掌握对分制佃农的生产量，那么确立对分制佃农在土地租赁期间所应支付的土地税额，这不是一件困难事，它等于对分制佃农所获得的那一半产品的 1/6 或 1/5。

有这样的情况，土地非常肥沃，对分制佃农只能获得他所生产产品的 1/3。

在这种情况下，对分制佃农所获得的这 1/3 产品，与他在不肥沃的土地上获得对分产量的一半同样有利。在这两种情况下，土地税同对分制佃农所获得的产量的比例是一样的，但是它同土地所有者的收入的比例就不一样了。在较肥沃土地上，土地所有者获得的收入是其收获量的2/3，而这种情况下的土地税已经被确定为收入的1/3。可见，当收获量在对分制佃农和土地所有者之间对半分时，把土地税额确定为对分制佃农应得产品份额的1/6或1/5，在建立比例土地税制时，应被确立为一个普遍的和十分简单的规则。

这种比例土地税制的建立，保证了王国农业收入的增加，而农业的发展首先又保证了谷物自由贸易，改善了税收。

根据租赁契约向大农经营征税的总额，大约是小农经营的2倍，因为大农经营的产量要多得多。

我不知道我所设想的征税比例，同现代征收土地税的状况相比，能在多大程度上保证得到同样的收入，不过，进行适当调整，接近于一定的比例，这是不困难的（参看《赋税论》）。

如果这些准则得到一贯严格的执行，如果允许谷物自由贸易，如果农场主的子弟免服兵役，废止服兵役，①那么许多有能力支付土地税的土地所有者，当初逃避到城市而又无所事事的人就会返回农村，设法以他们的财产得到收入，并且参与分配得自农业经营的利润。正是这些富裕的离开城市的城市居民，如果相信农村会重新充满耕作者，便有能力复兴农业经济。他们会像农场主一样从来自耕作的利

---

① 不少比较富裕的农场主为了逃避兵役，想方设法为儿子在城市谋份工作。对农业特别不利之处在于，这不仅使农村失去了一些本来可能成为农场主的人，也失去了他们的父亲用于土地耕作的资金。为了防止出现这些破坏性现象，洛林省省长加莱希尔颁布法令，免除车夫和农场主的儿子服兵役，这对保证农村劳动者是必要的。要农民服兵役对国家和国王的损害是很大的，这会使农民陷于贫困，丧失他们维持自己不大的经营的可能性。这对生产、消费和收入会带来巨大的损失。这样的做法虽然使国家避免了相关活动的开支，但是远未节省国家的资金，国家的开支反而更高了。如果这些活动由国家有偿地进行，花费要少得多。在这种情况下，国家要各省从税收中拿出一点，便足以支付这些活动的费用。此外，各省从方便交易的活动中无疑可以得到好处，只要费用使用得当，他们就愿意出钱参与这些活动。——原注

润、比例于自己的土地收入中支付土地税，就像农场主向他们承租一样。作为应当纳税的所有者，如果他们自己不耕种土地，而是将土地租赁出去，他们就要依其财产支付土地税，还要缴纳所获租赁费的1/10。利益会促使人们追求正当和有利的事业，而没有其他哪个经济部门能像农业那样被人相信是正当的。当然，为了发展农业，需要创造一些条件。因此，农业经济是能够被那些拥有达此目的的资金的人们迅速恢复的。为了发展农业经济，还非常需要允许那些开始独自着手从他们自己的土地上获得收入的身份显贵的人，通过租赁土地来扩大他们的活动范围；在这种情况下，他们有能力随着租赁费的增加而支付税收。他们要是获得了大量利润，就能在很大程度上推动农业经济的发展。这种职业比起当商人在城市销售商品，更适合他们的身份。城市商业的扩张会拉走更多的人，这只能损害农业经济的发展，而发展农业比发展商业对国家更重要。

当大农经营在王国越来越普及时，富裕耕作者的地位就会得到尊重和鼓励。牛耕经营随之几乎消失，因为土地所有者从农业经营中所获得的利润，使其能将土地租赁给农场主。这些富裕的农场主将会有足够资金支付大农经营的需要。如果小农经营在一些地方比大农经营更合适从而得以保留，那么他们也会采取更现代的形式以保证获得更多的利润。这些绰绰有余的收入使土地所有者能够补偿他们垫支的资金。在这些条件下，对分制佃农能够像农场主一样从自己的收获中支付土地税。如果对分制佃农的每亚尔邦的粮食作物收获量比小农经营多出 18 或 20 布阿索，他们就能得到比现在更多的收入，支付比现在多 4 ~ 5 倍的土地税。这就是说，对分制佃农在这种情况下所得的收获量，是实行比例土地税的完全可靠的源泉。

这种简单易行的可靠的方法，能使耕作者免除横征暴敛之苦，也使国家收入消除了因实行破坏性的专横的税收制度而面临绝境，所有这些都将促进农业经济和王国实力的恢复。

其余农村居民的比例税也应以其工资和收入为依据。但是，因为这些人的重要性小得多，所以在征税时，与准确性相比，应当表现得更加谨慎。这里即使出现一点差错，对王国的收入的影响也甚微，这里最重要的是鼓励和促进人口增加。至于城市的征税制度，它不应基于和农村同样的原则，城市本身应当提出怎样的税收形式是更合适的建议。我在这里不去谈论不具有现实意义的某些政治观点，包括认为可把任意收税看做是强制执行的可靠手段。伟大的政治家不应接受这种荒唐的看法，他们不会不理解这种观点是完全不合理的和荒谬的。被压制者即缴纳税收的人是一些生活保障很薄弱的人，他们需要的是鼓励，而不是压制。他们完全服从王权和现行的法律。如果他们有了一些财产，这只会使他们的依赖性更强，更惧怕恐怖和惩罚。他们的粗鲁和傲慢常受非难，但这不过是他们的一种简单的行为方式，对国家完全无关紧要。他们只限于反对那些以其引人注目的地位而自居的人，而不是针对那些比他们更傲慢并力求领先的人。这个微不足道的缺点无论如何不会破坏国家的公共秩序，甚至相反，它还可以作为小资产者对一个富强和令人尊敬的国家发泄不满的出气口。压制了需要得到关心和保护的人，这种任意征税制度还能得到什么好处啊？这种制度所没有排除的，是允许某些人胡作非为，破坏和损害国家的福利。

论谷物出口

谷物出口是复兴农业经济的另一个重要条件，它不会提高谷物的价格，我们的邻国低价出口谷物就是一个例证。但是出口谷物会防止谷物贬值，单这一项，如前所述，就可以使我们的农业避免损失1.5亿利弗尔。这倒不是说把谷物销到国外就可以使我们富裕起来，因为如果购买者不足，销售量会大受限制的（参看《农场主论》，刊载于《百科全书》，第6卷，第533页）。实际上，我们的出口很难达到200万塞蒂。

我在这里不想回答某些人的疑虑，他们担心出口会导致饥馑的到来；[1]实际上恰好相反，出口促进了农业剩余的增长。如前所述，在允许出口条件下，即使歉收年的收成也会比现在平年的收成多。我在这里也不去涉及建造谷物仓库以预防饥馑的方案，以及与此种预防措施相关的缺点和不可避免的舞弊行为。只消看看一位英国学者对此问

① 霍伯特:《论谷物政策》。——原注

题说了些什么就够了。[1]

“关于预防饥馑的措施，请允许我们看看其他国家的情况。我们观察到，就在它们制定各种方案以避免饥馑来袭时，它们将要遭遇饥馑。我们却以十分简单的方法，揭开了可以使我们静静地享用极其丰富的最必要的生活必需品的秘密。比先人更幸运的是，我们已经不会再经历粮食作物价格的猛烈涨落了，这种涨落是担心饥馑来临而不是真的发生了饥馑的结果。不是因为我们拥有许多谷物大仓库，也不是因为我们有预见，而是因为我们有广阔的能种粮食的平原。

“当英国只是为自己生产谷物时，它不能保证自己的需求，不得不购买外国的谷物。但是自从将粮食作物作为对外贸易的首要对象时，它的生产能力就大为加强了，以至于一个丰收之年的收成可以维持英国人5年的需要。现在它已有可能将粮食作物出口到粮食短缺的国家。

“如果扫视一下法国的几个省，就可以看到，不仅大量能生产谷物和饲养家畜的土地未曾耕作，而且由于耕作者没有进行良好耕作所必需的资金，耕种的土地也未能提供与其肥沃程度相应的收成。

“不能不让人感到高兴的是，我看出了法国现存秩序的缺陷，以及这种缺陷的严重后果。我不能不为我的祖国祝福。但这掩饰不了我的一种感觉：如果法国利用它在领土和人口方面的优势变成了一个强国，该是多么可怕（如果知道自己的优势）！”[2]

---

① 丹肖尔：《大不列颠的优势和弱势》。——编者注

② 尽管理由充分，还是有人疑虑粮食作物出口会导致饥馑；如果在允许出口的同时，也允许外国粮食作物免税进口，疑虑便随之冰释。在这种情况下，我们的粮食作物价格不会高于出口国。大家从长期经验知道，出口粮食作物的国家的粮食总是很丰富的，而且这些国家极少有粮食作物价格昂贵的经历。这些国家同我们在粮食作物上的竞争，使我们的商人不可能囤积居奇，待价而沽；人民对可能发生饥馑的担心也不会促使价格高涨；这些（指垄断行为和对发生饥荒的担心——中译本注）几乎总是谷物价格剧烈上涨的惟一原因。但是，当外国运粮船只到达巴黎时，那样的原因就消失了。出现高价只是由于缺少谷物自由贸易。出现普遍饥荒在法国是很少见的。在那些由于允许谷物自由贸易而促进了农业发展的国家，这种情况也很罕见。1709年的冰雹导致绝收。1塞蒂谷物在法国值100利弗尔（以现在的货币计算），而在英国的售价不低于43利弗尔，或者说，

因此，只有农业生产仅为满足本国需要的国家才会对饥荒期的来临感到害怕。一般来说，应当产生的倒是完全相反的一种担心，即谷物自由贸易可能导致完全相反的结果——由于农产品丰裕而使谷物贬值，高度发达的法国农业就可能出现这种情况。但是这种疑虑是多余的。法国领土的位置、港口和纵横全国的河流，对发展商业极为有利，十分有利于产品的运输和销售。农业的成就会促进人口的兴旺及其福利的增长。对农业和工业产品的需求会随人口增长而增加，剩余的为数不多的产品则可以销往国外。不错，美洲殖民地的富饶和新世界的农业的发展确实令人担心，但是法国谷物质量却远较这些以及其他国家的谷物质量为好，因此对我们具有对等的竞争力不必担忧。殖民地生产的面粉较少，质量也较为逊色。这些面粉经过海运，极易变坏，保存时间也很短。而法国出口的面粉却颇受欢迎，因为质量更好，能制造出上好的面包，而且保存的时间也较长。因此，我们的谷物和面粉在国外的销售情况一直看好。另外一个可以让人放心的理由是，殖民地农产品的增长，不可能不伴随殖民地人口和需求比例的增加，因此，殖民地的多余产品的增长不会是农业发展的结果。

法国的价格不过是平年普通价格的大约2倍，对我们来说这算不上特别昂贵。1693～1694年间，英国的谷物价格是法国的一半，尽管英国开始出口谷物只不过3～4年。但英国在成为出口谷物国之前，它不时遭受谷物奇贵之苦。而在亨利四世、路易十三、路易十四王朝前半期，法国却享受着谷物自由贸易的好处。谷物丰裕和价格优惠维持着国民的富裕。法国谷物的平均价格可达我国现在货币的25利弗尔，甚至更高，王国一年新创造的财富总额是30亿利弗尔，以当时货币计算为12亿利弗尔。这项财富现在减少了5/6。然而，出口也不应没有限制。谷物价格超过法定界限时，就应当像英国那样加以禁止。但是，英国在不久前经历了谷物价格昂贵之苦，由于这些规则因商业中发生了国家默许的许多营私舞弊和垄断行为而遭到了破坏，这总会给放任这种令人讨厌的手段的国家带来很不幸的后果。由于国民遭遇了谷物高价之苦，所以它在长达六十多年间以出口来加以预防。由于禁止谷物出口，结果饥馑常常光临法国。因此，产品丰裕对农场主并不有利，遭遇饥馑对人民也是不幸。借口预防饥馑而在饥馑期间企图禁止各省之间的谷物贸易，实际上只能导致各种舞弊行为，这些行为只能增加贫困，破坏农业经济，缩减王国收入。——原注

我们的产品缺乏销路和贬值，使得一些地方陷于破产。产品缺乏销路和贬值是人民贫困的结果，同时它又成了发展我们产品贸易的障碍。对于很多地方没有商品销路和完全丧失价值的现象，我们应当冷静对待，应当以缺少富裕人群来解释这些缺点，这些人离开这些地方跑到农村或大城市，有人认为，如果主教、省长以及与他们的身份相当的人，在当地支出他们的收入，就能使这种现象得到纠正。但是这种理由是完全没有说服力的，这无论如何不能增加王国的消费，只不过意味着把消费从奢侈之地转移到节俭之地而已，这难到还不明白吗？因此，这种措施不仅不能增加王国的消费，反而只能减少这种消费。增加产品销路只能是发展出口和国内消费的结果；与此同时，国内消费和销往国外的产品共同维持着商品价格。

为了更好地理解谷物对外贸易的优越性，有必要对一般贸易和工农业商品贸易的主要形式作一些基本解释。至于转口贸易，即只为转售而购买的贸易，则不在我们考察之列。从事这种贸易的国家，只是一些除了贸易以外没有其他财富源泉的小国，不值得大国注意。因此，我们只限于比较其他两种基本贸易，以说明究竟哪一种贸易的利益更大。

经济管理之准则

（一）工业劳动不增加财富。农业劳动补偿费用用以支付耕种土地的工人，使耕作者获得收入。除此以外，还产生土地所有者的收入。工业制成品的购买者支付生产费用以及人力和商人的利润；但是，在这些费用以外，不产生任何收入。

生产工业制成品的全部费用，要靠土地所有者获得的收入来抵补，因为工人不生产任何收入，只能依靠支付他们收入的人的财富而生产。

把生产工业制成品的工人的工资和被耕作者用于农业耕种的工人的工资比较一下，可以看到，两者都限于他们的生活资料，都不能作为增加财富的源泉。工业制成品的价值与工人和商人的生活资料的价值是成比例的。换句话说，手工业工人消费掉的，只是他以自己的工作所生产的生活资料。

这就是说，在工业制成品的生产中，没有发生任何财富的增加，这些制成品的价值的增加，只取决于生产工业制成品的工人所消费的生活资料的价值。从这个观点来看，商人的巨额财产也不是其他什么东西。他们是一些大的商业企业，(他们的财产）犹如许多相关小商人的报酬的汇总。这与大（工业）企业把来自许多工人劳动的小额利润集中起来，形成巨额财产的情形是一样的。这些企业家能有巨额财产，只是因为其他人作了支出。由此可见，这里没有发生任何财富的增加。

财富是人们生活资料的源泉。工业制造这些财富是为了人们能使用它们。土地所有者为了享用工业制成品，向花费在工业中的劳动进行支付，于是他们的收入通过这种方式转到其他人的手里。

人口的增加同土地所有者所获得的收入的增加是相适应的。一些人在农业中创造财富，另一些人则对它进行加工，供人享用。谁享用，谁就要对这两者都进行支付。

由此可见，为了支配财富和人，存在土地财产、人和财富是必要的。换句话说，只有商人和手工业者的国家，只能依靠来自国外的土地生产物才能生存。

(二)工业劳动促进人口增长和财富增加。如果某个国家以自己的人力的产品购买其他国家所生产的商品100万；如果它向国外出卖100万农产品，那么，对它来说，两者都是财富的同一程度的增加。如果该国的农业收入不足以维持它的人口，那么，上述买卖对它来说同样有利。因为在这种情况下，一部分人口只能依靠将自己生产的产品销往国外才能生存。

在这些条件下，国家从土地和人口中所取得的全部产品，也就是它能够从中得到的全部产品。但是，它出卖100万自己国家的农产品，比出卖同样数目的工业品所能得到的要多得多，因为它用这些制成品能得到手工业劳动的价格，而用农产品则能得到花费在土地耕种上的劳动的价格，还有由土地所生产的产品的价格。因此，如以不同商品取得相同的金额，则农产品的贸易总是更为有利。

(三）吸引了耕种土地的人口的工业劳动会损害人口和财富的增长。如果某个国家向国外销售100万由工业中的人力生产的商品以及

100万土地的产品，然而它却没有足够的人力从自己的土地生产物中获得收入，那么人们从事工业品生产并从销售这些商品到国外的过程中而获益，就会使国家遭受重大损失。因为只有在丧失从土地中获得收入的情况下，人们才能从事工业品生产，而耕种土地的劳动的产品，要比同样人数生产的工业品高出2~3倍。

(四)耕作者的财富能促进农业财富的创造。如果耕作者无力支付进行良好农业经营所需要的开支，那么，来自农业的产品对国家来说就等于零或几乎等于零。一个没有财产的人，靠自己的劳动从土地上只能得到一些价值很少的产品，例如，马铃薯、荞麦，等等，而且只能以他们生产的这些产品为生，既不能卖也不能买，只为他们自己劳动，这些人就生活在贫困中。他们和他们所耕种的土地不会给国家带来任何东西。

没有能在经营中雇用农民的耕作者，结果就是贫穷。这些省的农民一贫如洗，过着衣食极差的生活。

由此可见，如果国家没有必要的资金耕种土地并带来好收成，那么，农业中雇用的人就是不生产的。但是，在有大量富裕耕作者的国家，总能可靠地从土地生产物上获得收入。

(五)工业劳动促进土地收入的增加，土地收入支持工业。如果某个国家由于土地肥沃但商品运输困难，竟使每年有大量富余农产品不能销往邻国，但是却能将运输轻便的工业品销往邻国，那么，吸引更多一些制造业者和手工业者对国家是有益的。他们消费本国生产的农产品，而将他们自己生产的制造品销往国外，这样就会以其消费和收入促进国家财富的增长。

但是，这样一种解决问题的办法并不是轻易就能达成的，因为制造业者和手工业者的集中要同该国实际的收入相适应。这意味着，制造业者和手工业者的人数，在一定程度上要依赖于能购买他们所生产的工业品的土地所有者和商人的人数，而且购买的价格要大体上与先前相同，还能保证销售掉他们随后生产的产品。但是，对于那些无法保证销售自己国内的产品、商品贬值便导致其生产收入不足以创造手工工场和雇用现有的人力的国家来说，这是完全不可能的。

这样的解决方案只能逐步缓慢地实现。很多国家试图这样做，均未取得进展。但是，对于想全力解决土地肥沃国家的工业发展问题的政府来说，这是惟一的选择。当农产品能够方便和自由地进行贸易时，工业劳动就能有保障地从土地生产物中获得收入。

（六）本国农产品贸易发达的国家，总能为己之需而支持发达的工业品贸易。因为它总能与其土地生产物的收入相适应，对生产所需工业品的工人进行支付。

因此，一国工业品贸易的存在，同其农产品贸易是同步的。

（七）本国农产品贸易薄弱，为了生存不得不从事工业品贸易的国家是不安定和不可靠的。因为它的贸易会受到其他与之竞争的国家的侵害，这些国家能更成功地从事相同商品的贸易。

同时，这样的国家总处在依赖从事最必需品贸易国家的状态。它不得不实行最严格的节约措施，因为它几乎没有任何收入来应付自己国内的支出。这样的国家只有依靠节约，才能支持和扩大它的商业、工业和航海，而拥有土地生产物的国家，就能在消费过程中增加自己的收入。

（八）广大的国内工业品贸易，只有依靠土地生产物收入才能生存。研究一下王国现有的国内贸易和国外贸易的关系是有必要的。如果国内工业品贸易额是300万利弗尔，外贸是100万利弗尔，那么，全部工业品贸易的3/4就是由该国土地生产物收入支付的，由国外支付的只有1/4。

在这种情况下，土地收入成为王国的主要财富。因此，政府主要关心的事情，应当就是维持和增加土地收入。

达此目的的主要手段，就是允许贸易自由，支持耕作者致富。没有这些条件，则收入、人口和工业生产的增长都将化为乌有。

农业生产两种财富：一部分年产品是土地所有者的收入；另一部分是补偿农业生产上的支出。

收入的用途也有两种：一部分是为每年在全体公民中进行分配；另一部分为支付国家税收。

在农业中生产的用于支付费用的财富，应当留给耕作者，并且应当免除任何税收。如果这些财富没有留给耕作者，就会导致农业破产，缩减农村居民的工资，导致国家收入源泉的枯萎。

（九）国家的领土虽大，但为了鼓励生产工业制品而把自己农产品的价格压得很低，就会导致国家的全面崩溃。这是因为，如果耕作者不能补偿农业生产所需的大量费用，如果他们得不到任何报酬，这就会导致农业衰落，国家就会丧失它从农产物中可以得到的收入。工业制成品生产会因再也得不到土地所有者的支付而缩减，国家的人口会减少，从而引起工场主、手工业者、工人和农民的贫困和逃亡。如不能得到一定的报酬（这种报酬来源于国家的收入），这些人就无以为生。

在这种情况下，国家实力被削弱，财富被剥夺，向国家缴纳的赋税太重，国王的收入减少。这样糟糕的政策如被贯彻到底，只能导致国家毁灭。

（十）对外贸易的利益不在于增加货币财富。一个国家的对外贸易所带来的财富增长，并不总是货币财富的增长，因为同别国的贸易可以交换来本国消费所需的其他商品。但是，该国使用的这种财富并没有停止成为财富；为了节约，该国有可能将交换来的财富变成货币财富，并将它用于其他用途。

被视为商品的产品，是货币财富和完全真实财富的综合。耕作者把自己的谷物卖给商人，得到的是货币，他拿这些货币可以纳税，可以支付仆人和工人的工资，也可以自己消费来满足需要。

商人出卖谷物给外国并购回别的商品，或者进行直接的商品交换之后，他重新将带回的商品卖出，然后又以货币重新购买谷物。换句话说，谷物作为商品，对售卖者来说是货币财富，而对购买者来说则是真实财富。

因此，可以出卖的产品，在国内既可看做是货币财富，又可看做是真实财富；国民则根据需要而决定拥有哪种财富。

国家财富不决定于货币财富量。货币财富可以在国家财富总量不变的情况下增减，因为这些财富在国内的存在形式，或是以直接的形式存在，或是流通中的商品，而它的流通速度则取决于这些商品的丰裕程度及其价格。西班牙拥有秘鲁的财宝，但是必需品总是匮乏。英国的富裕是以其真实财富为基础的。代表货币的纸币具有稳定的价值，这种价值是由贸易和得自国家全部财产的收入作为保证的。

由此可见，国家的财富并不决定于货币财富量的大小。因此，认为即使会给有利的贸易带来损害也主张禁止货币流出的王国，不过是以有害的偏见为基础的。

为了维持国家，必须要有实际的财富。换句话说，财富是不断更新的，对它总是有需求的，它能被售卖以获得一定享乐或满足自己的需求。

（十一）各国间的贸易差额并不表明从贸易中的获利和各国财富的状况。一个国家可能因其人口和土地财产而比另一个国家富裕；后者的国内贸易和消费可能比前者少，但它却可能比前者有更发达的对外贸易。

这些国家中，有的国家可能有比其他国家更发达的中介贸易。通过这种贸易，这些国家从转售商品中所取得的补偿价格，在其收支中可能占有非常重要的地位，然而这种中介贸易给这些国家带来的利益，远非售卖自己数量较少的产品到国外的获利可比。

工业品贸易同样可能导致混淆，因为这些商品的价格中既有原料的价格，也有制造费用，而这两者是必须加以区分的。

（十二）一个国家的财富状况可据其国内贸易和国外贸易加以判断，但首先应当依据其国内贸易的状况来判断。如果一个国家以高价消费许多粮食，那么它的财富将同这些商品的数量及其价格成比例。如果它能生产这么多粮食，并且能将其价格维持在高水平上，那么这些商品就是该国的真实财富。这些商品被销售后，可以满足其他各种出乎意料的需求。由此可见，为了拥有真实财富，就必须拥有十分充裕的粮食。

（十三）能以本国土地、人口和航海制造出优质产品的国家，不应嫉妒邻国及其贸易。因为在同邻国的贸易关系上受任何邪恶意图支配的事情它都不应当做，这是为了不给自己带来混乱和损失，特别是在它同这些国家存在相互贸易的情况下。因此，彼此竞争甚至敌对的贸易国家，与其损害其他国家的贸易，不如更关注坚持和扩大自己的贸易（如果可能的话）。它甚至应当帮助其他国家发展贸易，因为支撑各国间相互贸易的是这些国家们作为买者和卖者所拥有的财富。

（十四）在相互贸易中，销售更必需和更有用商品的国家，比销售奢侈品的国家更有利。拥有土地财产、能保证农产品贸易、还有工业品国内贸易的国家,可以完全不依赖其他国家。它同其他国家进行贸易,不过是为了维持、保证和扩大它的对外贸易;为了尽可能保持其独立性和在相互贸易中的优势,除了奢侈品以外,它什么都不买,而把生活必需品销往国外。

这些国家会认为,从其全部商品的真实价值来说,相互贸易对它是最有利的。然而,优势总是在出售最有用和最必需商品的国家。因为,在这种情况下,该国的对外贸易是以其他国家最迫切的需要为基础的。该国卖给其他国家的只是自己的多余产品,而它买进的是满足奢侈品需求的商品。这些国家与其说关注买进了什么商品,不如说更关注卖出了什么商品。该国拒绝奢侈品,比其他国家削减满足其最迫切需要的商品要容易得多。

还必须指出,生产奢侈品的国家会遭受异常变动之苦。形势不利,奢侈品贸易完全停顿,生产奢侈品的工人就会陷入没有工作和面包的境地。

在允许自由贸易条件下,法国有能力生产大量必需品,其数量足以满足国家的需求和大规模对外贸易的需求,还能支持王国内大规模的工业品贸易。

但是,法国人口的现状不可能提供大量人力去生产奢侈品。对法国来说,为了保证自己的农产品对外贸易,比较有利的做法是支持同拥有奢侈品的国家相互贸易。

法国不应当追求无所不包的对外贸易,它应当从外贸中收回某些产品,这些产品对那些最有利于国家并能促进增加土地收入的生产部门来说,没有多大意义。

然而,所有的贸易应当是自由的,而且商人能够挑选对自己最有利和最可靠的外贸部门。

政府应当致力于增加王国收入,它不应束缚工业的发展,并允许人们自行选择对他们有利的投放资金的场所。

在产品出现贬值的省份,通过发展商业,为恢复农业创造条件。

消除损害国内贸易和对外相互贸易发展的各种禁令和障碍。

废除或减轻各种额外的河道税和道路税,这些税收并没有为那些经过长途运输才能销售产品的边远省份增加收入。支付了这些河道税和道路税的人，可以从王国收入的增长额中完全补偿他们的份额。

废除各种特权也必不可少，这些特权是一些地方、城市和公众团体为了自己的狭隘私利而攫取的。

改善道路交通，修路和发展河道运输以改善运输商品的条件，这同样也很重要。①

此外，很重要的是，不要在必须保障城市有富余产品的动听的借口之下，将商业归于地方上各种被随意地不确定地允许和禁止的产品，这种做法会使农村破产。城市的生存应当基于居住在那里的土地所有者的支出。因此，消灭了来自土地财产的收入，既不会改善城市的状况，也不会改善整个国家的状况。

对收入的支配不应被委之于低级机构的裁决。

谷物出口不应局限于若干省份的专门地区，因为在取得其他省的谷物补给之前，这些省份会陷于谷物短缺。可能出现城市居民在几个月内陷入饥馑的情况，而这完全是出口所致。

但是，当自由出口普及时，就不会感觉到谷物出口了，因为商人会从全国各地首先是从谷物价格低廉的省份调进谷物。

由此可见，不会再有各种产品得到保证的大省了。农业经济将会随着销售机会一起全面复兴起来。

商业和农业是携手并进的；出口只盯在剩余产品上，而这些产品如不出口也就不会生产了；出口使富余得以不断地持续，并增加了王国的收入。

---

① 农村的道路，或同主干道、城市和市场相连的交通要道，在所有的省份不是完全阙如，就是状况极差，这已经成了发展商业的严重障碍。不过，这种障碍不用太久就能消除：土地所有者对其土地产品的销售是极为关心的，但他们又不想为修路出钱。可以从农场主缴纳给他们的土地税中收取少量的税，例如，1 利弗尔征收 1 苏，而农场主和无地农民则予以免除。修路之事在同居民商议之后，再由地方长官决定，然后委托专门的承包商去执行。应当先修那些最难通行的地方，然后再改善其他各处。农场主和农民应当负起维护路况的责任，还应当借地方之力整顿航道秩序，以利航运。各地应该很好地理解采取这些措施的好处，立项申请并拨出相关经费。然而，事先为此而确定的资金却被用于国家的其他需要，对国家福利如此有用的意图，不应导致这种可悲的结果。——原注

收入增加会使人口和消费增加，因为增加支出会使吸引人力的工资增加。这种进步会使王国迅速达到高度繁荣，拥有强大实力。可见，采取了这种最简单的方法，王国就能在国内赢得远较邻国之上更大的利益。这种进步是很快的。就是因为这个缘故，原先衰落和负债累累的王国，在亨利四世时代一变而成了丰裕富饶的国家（参看《赋税论》）。

财富对谷物生产之必要性

什么时候都不要忘记，我们所希望实现的繁荣状态，在很大程度上与其说是耕作者劳动的结果，不如说是他们投入农业生产的财富的结果。收成特别好是给土地施肥的结果，而这又需要家畜，需要给饲养家畜者支付报酬，需要货币。从前面的研究中已经看到，小农经营的 3 000 万亚尔邦土地的经费，只有 2.85 亿利弗尔，而同样面积的土地，要良好耕作的大农经营来进行，经费就得提高到 7.1 亿利弗尔。但是在第一种情况下，产量只有 3.9 亿利弗尔；而在第二种情况下，产量就可达 13.78 亿利弗尔。经费越多，成果越多。从购买家畜和对管理家畜者的支出中所得到的产品，也可以不太低于耕作收获物的产量。

不好的农业经营会要求更多的人力。但是，因为耕作者无力支付必要的经费，所以他们的劳动得不到应有的成果；他们已经筋疲力尽了，而愚蠢的资产者却以懒惰来解释他们的失败。这些资产者无疑以为，耕作者不停地在土地上劳作，就能迫使土地带来好收成；对无业的穷人说“到地里干活去”，他们就心满意足了。然而，耕作土地的是牛马，而不是人。能使土地肥沃的是羊群。没有这些条件，土地难以补偿人的劳动。难道不知道什么地方的土地都不是被事先垫付的，而是要经过很长的时间才能提供收获的吗？“到地里干活去”的这些无财产者的命运如何呢？他们能靠自己的力量来耕作吗？如果农场主本身是贫穷的，这些人能找到工作吗？农场主如果无力支付农业经营所必要的费用，无力支付仆人和工人的工资，他们也就不可能雇用农民。没有肥料的土地几乎是不难耕种的，但农场主和农民仍然要受贫困的折磨。

还必须指出，王国的所有居民应当利用良好组织农业经营的优越性，以便使自己的收入得到保证，也使国家得到更多收入。正是土地所有者的收入和农场主的利润的增加，才能使农业经营处于良好的状态，从而保证所有其他阶层的居民得到报酬，并支持消费和开支，首先是支持农业经营的支出。

但是，如果国家从耕作者身上征收赋税，如果这种税收抽走了他们的利润，农业经营就会开始衰落，使土地所有者的收入缩减。由此还会不可避免地引起职员、商人、工人和仆人收入的减少，引起劳动、报酬和消费开支整个体系的破坏，导致国家衰落，税收制度越来越被破坏。由此可见，只有在生产不断更新和产品不断增长的条件下，王国才能实现持续繁荣和强大，这一切是以人数众多和富有活力的人民所拥有的财富为基础的，而政府应对人们的手艺给予鼓励和支持。

有一种流行观念认为，假定政府的某种活动导致了某些人破产，但这对整个国家的福利没有多大关系。还有人相信，即使某些人因损人利己而致富，但王国的财富总额不会因此而变化。这些观点是不正确的和荒谬的，因为国家财富不会自行维持，只有在它得到有效利用而更新的情况下，才能得以保持和增长。如果耕作者被高利贷弄破产了，王国的收入就会化为乌有，会导致商业和工业衰败，工人失业，国家、土地所有者和贵族失去收入，支出和报酬不复存在。财富如果总是深藏高利贷者的金库中是不会带来任何好处的。假定贷放取息，也只能加重国家的负担。因此，国家应当给予最大关注的是，把属于生产性职业而又是其生产产品和增加国家财富所必需的财富，保持在这个职业之中。

以谷物生产为生的人口的问题

最后，应当指出，土地产品本身并不就是财富，它只有为人所需要并能出售时才是财富。也就是说，只有在人们需要它并有一定数量的人口消费它的条件下，土地产品才是财富。生活在社会中的每个人，不可能生产他所需要的一切。但是，通过出卖他生产的产品，他就能得到他需要的东西。可见，通过人们之间的相互交易，一切都能成为售卖的对象，一切都能成为财富。如果某个国家的人口减少了1/3，那么它的财富就会减少2/3，因为每个人的支出和他的产品对社会来说是双重的财富。一百年前我们王国的人口大约是2 400万，经过四十年连续不断的战争和废除南特敕令之后，还有1 950万人。但是，为争夺继承西班牙王位的破坏性战争，限制贸易和任意课税制度引起王国收入的减少，农村的贫困，许多人逃亡国外，许多因贫困或为逃避兵役而跑到大城市的人过着单身放荡不羁的生活，奢侈无度妨碍了人口增加，把所有这一切原因都考虑在内，认为现在王国人口只有1 600万恐怕是大致不错的。农村很大一部分人口只能以荞麦等各种低廉的谷物为生。这些人的劳作或消费，对国家的益处甚少。农民在农村是否有用，就看他们能否进行生产并由此获得收入，能否以其对良好衣食产品的需求将粮食价格和土地财产的收入维持在一定水平上，同时增加农场主和手工业者的报酬，使他们得以支付同其产品额和收入相应的税收份额。

因此，必须看到，如果贫困增加，或者如果王国丧失了几百万人口，那么财富就会相应减少，而其他国家则会从这一灾难中获得双重的利益。如果人口减少到应有人口数目的一半，即减少到一百年前人口数的一半，王国就会完全荒芜。只有个别城市和个别商业省份才会有人居住，其他地方就完全处于荒废状态了。土地财产不再能生产收入。空闲的土地到处都有，每个人只要想用就能利用，不必同土地所有者打交道，也不必为利用土地而支付什么东西。

我要提醒一下，土地仅因其产品是满足人们需要之必需才成为财富的。因此，拥有广阔而肥沃领土的王国的人口越多，它所拥有的财富就越多。正是在人们的需要推动之下发展起来的农业，才是满足这些需要的最丰富的源泉和人们生存的主要基础。土地提供为满足我们需要所必要的东西，保证了国王和土地所有者获得的收入。人口增加与其说是自然增长的结果，不如说是收入和支出增长的结果。

关于谷物价格

收入创造了增加支出的可能性，而支出会吸引寻找工作的人。人们离乡背井是为了分享某个富裕国家的有保障的生活，而外国人的移入更增加了这个国家的财富，因为需求的增加维持了农产品的高价格，促进了农产品的生产，使之更加丰裕。应当指出，高价格不仅促进了农业的发展，而且还是发展农业的必要条件。被看作财富的1塞蒂谷物的价值，仅仅在于它的价格。因此，谷物、葡萄酒、羊毛和家畜愈多，它们的价格愈高，国家的财富就愈多。丰裕而无价值者，决不是财富。昂贵而奇缺，这是贫困。昂贵与丰裕相结合，才是财富。

我指的是经常的昂贵和丰裕，因为一时的昂贵不会使财富遍及全国，它既不会增加土地所有者的收入，也不会增加国家的收入，它只对那些拥有粮食并能以高价出卖粮食的个人有利。

由此可见，只有在持续丰裕和持续高价的情况下，粮食商品对整个国家来说才是财富，而这一切又是对农业作了应有改进，对这些粮食商品有大量的需求，以及允许粮食对外贸易的结果。还要注意到，丰裕而高价（不欠外债时仍然如此）对这个国家来说是很大的财富，特别是在它来自每个国家只能进行此类产品生产的有限地方时，更是如此。因此，类似于这样丰裕而高价的财富，乃是拥有大量此类产品并能将其销往国外的那些国家的优势。某个国家以货币形式保有的财富愈多，它就愈强大，也就愈有可能使个人拥有的愈多，因为货币是惟一的价值，它能被用于任何用途，而且决定各国之间的实力。

如果生活必需品的价格低廉，那么国家总是贫困的。这些产品是最重要的，也容易卖出。这些产品的短缺可能因为人口不足，也可能因为缺乏对外贸易，这样一来，失去了贸易优势的国家，其货币财富的源泉就枯竭了。这些国家的人不得不局限于消费最必需的生活资料，也不可能着力于促进巩固国家的安全。我们一些省份就处于这种状态，那里的粮食价格水平很低，产品丰裕，但极其贫困。在这些省，即使再努力劳动和厉行节约，也休想得到货币。只有在产品价格处在高水平，收入和支出成比例增长时，才可能安排开支，支付税收，进行消费和保障自己子女的未来，等等。这种可能性是同一定的富裕程度联系在一起的，而这又是产品高价格的结果。为什么王国一些城市或省份的产品价格水平高，它的人口就比那些产品价格低廉的城市和省份的人口多，道理就在这里：低价格减少了收入，缩减了开支，破坏了贸易，其他各种职业的报酬没有了，手工业者和工人的工作和工资也没有了。更有甚者，低价格还会使国王的收入枯竭。因为消费品贸易的主要部分是粮食贸易，而这种贸易又不经货币流通，这就使国王失去了粮食贸易的税收，也很少得到土地财产的收入。

如果商业是自由的，那么商品价格的高涨是有一定限度的，这个限度决定于与它通商各国的商品价格。与粮食商品的贬值或昂贵相关的其他情况，则是禁止自由贸易的结果。它们彼此无规则地交织在一起；无论贬值还是昂贵都是有害的；而且几乎都是国家管理的缺失所导致的。

粮食作物的优价保证了国家更多收入，也不会给社会底层的居民带来损害。一个人消费 3 塞蒂粮食，如果因高价他购买 1 塞蒂要贵 4 利弗尔，他每天的支出就要多支出 1 苏。他的支出当然是相应地增加了，但是，同他从谷物高价所取得的利益相比，这种增加对他没有什么意义。得自谷物高价的利益，无论如何不会因为工人工资的必然增加而遭到破坏。这种情况只能发生在这样的情况下：工人工资的增加不及农场主收入、土地所有者收入、什一税和国家收入的增加。还应当指出，所有这些会促使从事工业劳动的人力价格上涨 1/20 或 1/40。然而，我们的制造业者却不明智地坚决主张禁止谷物出口，这会给国家带来重大损失。让人民习惯于以极低价格购买谷物，也是非常不好的。他们会变得不太勤劳，总想以不多的付出就得到面包，变得懒惰和厚颜无耻。耕作者难以找到工人和佣人，以致在丰收年景对他们用得特别狠。很重要的是，下层居民为了多挣钱，不得不多干活。在过去年代，谷物售价一直很高，人民也都习惯了这种高价和相应的劳作方式。他们那时更勤勉，生活也富足。

还必须指出，这里所谓高价不是指某种出奇的高价，它不过是我们同邻国通商时的普通价格。

有人对财富分配的考察是很出格的，他们认为物价昂贵仅仅有利于售卖者，而使买者陷于贫困，在使一些人增加财富的同时，使另外一些人的财富减少。按照这种想法，物价昂贵决不会增加国家财富。

但是，农产品的高价和数量丰裕，难道没有增加耕作者的利润、国王和土地所有者的收入和什一税形式的利润吗？这些收入难道没有首先增加了支出和工资吗？工人、手工业者和工场主等人所花的时间以及付出的努力，同他们的生活费用不是成比例的吗？国家的收入越多，则有利可图的商业、工业、工艺、手工业和其他职业就越是需要，但是这种繁荣只有在粮食高价的情况下才能出现。政府如果阻止农产品销售并降低它的价格，也就是在阻碍创造丰裕的产品，减少国家的财富，其减少的程度是同应当转化为货币的农产品的价格降低的程度相适应的。

当我们生产的谷物是贸易的对象，我们的农业受到奖励和人口众多之时，这种高价下的丰裕状态一直存在于我们的王国之中。但是，对贸易的限制，现存的税收形式，将人力和工场的财富不合理地用于生产奢侈品，连年的战争，还有其他各种导致贫困的原因，终于使我国上述的优势荡然无存。现在国家每年损失的谷物相当于一百年前收获量的3/4，不必多说，这是农业经济和人口大衰退的必然结果。

人口论*

国家的实力在于人：财富因人的消费而增长；他们需要的产品增加得越多，消费越多，他们就越富有。产品不加利用和消费，就会变得无用。正是消费使它成为交易对象并维持着它的价格；优价和大量的产品创造了收入，并使国民财富年年增长。由此可见，通过增加产品及其消费，人本身被证明是自己财富之首要的创造源泉。[①]

因此，国家财富的保存和增加以及不断恢复和更新，要取决于对人的劳动的利用和人口的增长。因此，人口状况和对人的劳动的利用是国家经济政策的主要对象。要知道，土地肥力、产品售价和正确利用货币财富，要取决于人的劳动和人的积极性，而它们恰恰是富裕的四个源泉，并且在相互的竞争中成长。但是，只有在政府正确捍卫人、所有制和产品的条件下，它们才能发挥作用。闲置的货币财富是管理存在某种缺陷的明显标志，说明人们感到沮丧和意志消沉。

---

* 魁奈的《人口论》或《人们》是为狄德罗的《百科全书》所撰写的，但在1757年情况变得异常严峻时，魁奈又把它收回去了。后来该文转到杜邦·德·奈莫尔手中，可是他也一直未能将其发表，尽管他在1769年向《公民日志》的读者提到过这篇文章。直到1908年该文才在杰沙普和杜布阿编辑的《经济学与社会学史评论》第1期中首次面世。1958年重新发表于《魁奈和重农主义》第2卷。这次是首次译成俄文。——俄译本注

① 魁奈关于人本身是财富的首要创造者的论点，表明他的思想十分深刻，而且离财富源泉和人口运动的正确观点也很接近了。然而，在他后来的著作中，这个观点却因其对手工业和工业劳动生产性的教条主义否定而变得模糊不清了。——俄译本注

人口状况

一国人口是随着它的收入增长而增加的，因为收入能够提供吸引人并能留住人的富裕生活和利益；但是，只有对人的劳动的使用同国家的自然优越条件相适应，国家才能增加收入。

法国依靠自己的地理状况，纵横交错的河流，广袤的领土，肥沃的土地，拥有邻国没有的某些产品，能使许多人从事耕作和对外贸易，[①]而它们是国家不断更新的财富和收入的源泉。

有人认为，法国人口在一百年前曾达到2 400万。但是，根据1701年的统计，它缩减到1 950万，这是扩充军队、几乎连年不断的战争以及废除南特敕令[②]的结果。

研究一下这一年以后的人口数，我们发现，法国在12年间将大量军队投入争夺西班牙王位的战争中，它的人口再次急剧减少。法国在海上和陆地上至少保持着40万军队，加上为军队服务的20万人，总共是60万。这比法国一百年前的军队多了40万人。仅从这一点就可看出，每年需要有10多万人用于弥补这场破坏性战争带来的损失。此外，在这12年中，国家至少丧失了100万成年人，还有从这些人所能获得的人口的相应增长。

依据人口增长的进程，可以认为，每对夫妇至少有两个可以达到结婚年龄的孩子，还有几个未达结婚年龄就死去的孩子。这样，这对夫妇和他们的孩子生活在一起，组成至少4口之家。因此，死亡100万人，加上损失掉的相应的人口增长数，意味着减少了400万人。

我们的人口按1701年统计是1 950万，经过争夺西班牙王位之

① 对外贸易是国民财富的源泉之一这个观点，魁奈后来没有加以发挥；不仅如此，他还提出并坚持了对立的观点，即认为贸易是不生产的。——俄译本注

② 魁奈指的是1598年亨利四世颁布、1685年路易十四废除的敕令。这个敕令的废除给法国带来了巨大的经济和政治危害。魁奈同18世纪所有法国启蒙思想家一起对废除这个敕令加以指责，并为在法国实现宗教信仰自由而斗争。——俄译本注

战，减少到大约1 550万人。也就是说，在前一个王朝期间减少了大约1/3，即800万人。由于路易十四的胜利，法国得到了大约50~60万人，但从那时起人口没有增加。不错，我们在18~20年间过着和平生活，但是在26年间我们又不得不持续不断地维持着庞大的军队，如果不是得到了洛林地区（该地人口约占法国总人口的1/5），我们的人口减得更多。但是今天还有人认为，包括洛林地区在内，法国有大约400万个家庭，[①]每个家庭以4口人计算，总共大约有1 600万人。

根据包税管理局计算，每个家庭有3.5人，400个家庭不多于1 400万人。如果把2岁儿童计算在内，那么可以认为，以每个家庭4口计算，400万个家庭的人口接近1 600万。如果把新生儿包括在内，总数可达2 400万人，因为2岁以下儿童死亡率在1/3以上。不过，我们只能从生产、消费及其人口增长的角度来研究人口。

只能从消费方面来考虑小孩，但是，2岁以下孩子的消费没有很大意义。从出生和死亡的比率来研究我国人口的人，所用的数字会比我们用的数字大，因为我们是从孩子2岁算起的。

依据圣·莫尔和布芬对人寿的计算，可以认为，2岁到16~17岁这个年龄段的死亡率约为1/4。因此，在包括2岁儿童在内的1 600万人中，成年人有1 200万，其中男女各占600万，另有400万是从2岁到17岁的未成年人。[②]

就农业工作来说，可以认为，有半数以上的男人和妇女生活在农村；有差不多75万块土地耕种谷物；有200多万成年男子从事体力劳动，其中包括耕种这些土地。可以假定，这个部门要求的成年男子不下150万。饲养家畜和种植葡萄的人数接近这个数字；其他农业工作，制造工具以及与这个部门相关的其他事务，在教区教堂服务，建造房屋和其他建筑物，等等，还需要100多万人，总共需要成年男子

① 《特瓦塞的法兰西王国详情》。——原注

② 魁奈依据当时的统计文献对法国人口数的这些计算具有重大科学意义，并得到了后来的历史和统计文献的证实。魁奈在《谷物论》中也提出了这些数字。——俄译本注

400多万。如果不足此数（这是非常可能的），则要由妇女和儿童予以填补，在这种情况下，工作就会进行得很不完满。但是，如果各种徭役、压迫和贫困使得农民情绪低落，如果他们穷得无力雇工，那么他们的工作就更差了。

总之，尽管我们的农业状况很糟，耕地面积只占可耕地的一半，但它毕竟使王国的一半多人有工可作。从事商业、手工业、法律、艺术与科学、工场手工业、学校、教堂和城市中的教会职务、建筑、城市企业、军队、运输、军舰和商船等等方面的成年男子，不过只有200万。

显而易见，对于法国这样一个大国来说，1 600万人是太少了，以至于6 000万亚尔邦适于耕种的土地中，有一半是荒地，另一半又种得很糟，特别是在农村缺乏补偿开支的资金，而其他形式的体力劳动又受到相应限制的时候。要知道，工业只有在所有者获得收入的基础上，并且能给对外贸易提供手工业劳动产品时，才能得到发展。

根据圣·莫尔的计算，巴黎的人口有60万，[①]这能够从该市每年小麦的消费量中估算出来，这个消费量接近81 250缪特或97.5万塞蒂，包括城外烘烤的面包。以每人平均消费1.5塞蒂计算，97.5万塞蒂可供65万人食用。这个数字包括常住巴黎的外国人。2岁以下儿童也需要面粉。不错，许多居民不是全年都生活在巴黎。但是，由于每人的消费量估计顶多才算是1.5塞蒂，这是非常之少的，对占巴黎人口3/4的仆人和工人来说，更是如此。这样，依据每年消费的小麦量计算，包括2岁的孩子在内，巴黎人口不超过60万，其中45万成年人，15万是2~17岁的未成年人。我们看到，这同100年前的消费量是相近的；依照黎塞留红衣大主教时代所作的统计，那时巴黎人口是80万；所以，尽管一百年来农村人口大幅减少，可是，巴

① 魁奈这里提出的巴黎人口数与其他人所提的数字有所不同：沃本（72万），索伦（75万），杰巴尔（80万），布芬（60万），埃克斯比尔（60~65万），以及稍后的涅克尔（62万），杜普尔·德·圣·莫尔（60万）。重要的是，魁奈强调所有这些计算结果是相近的，并将其间的差别解释为只是由于计算的对象有所不同。——俄译本注

黎人口并没有增加。因为圣·莫尔只从2岁孩子算起，所以他的数字同一般所说巴黎人口80万还是吻合的。实际上，如果把所有的儿童从一生下来开始都加上的话，应能达到80万，因为从降生到2岁的儿童的死亡率是1/3。如果按照巴黎每年的死亡人数（接近2万或全市人口的1/40）计算，那么，所有这些计算结果都是十分接近的。①

巴黎人口增长比率与农村大体一致。风俗败坏使巴黎婚嫁数字大为缩减。但是，在农村母亲不仅要给自己的孩子喂奶，还要给资产者的孩子喂奶，所以她们只能三年生一个，不可能更多。总之，这两种情况都减低了人口增长的可能性。

在巴黎，每年新生2万个孩子，占60万居民的1/30；照此推算，1 600万人或全体人口每年应当出生53万个孩子，其中有29万活不到17岁；能活到17岁的只有24万，男女孩各12万。

考虑到妇女的生育期限，可以认为，30年间出生的人口应当与现有人口数大体相同。假定妇女20岁出嫁（与此抵触的情况大体上相互抵消），50岁丧失生育能力，那么，为使人口数大体维持在同一水平上，30年内出生的人数应同现有人数大体相同。

尽管在巴黎每年只出生2万个孩子，而这种经常不断的生育所增加的成年男女每年只有9 000人，但这个城市每年结婚的人数大约是4 700对。这就是说，每年结婚人数与每年达到成年人的人数至少相等，这同巴黎似乎有许多人不结婚是相抵触的。但情况是这样的：巴黎出生的人，特别是男子，只占这个城市中结婚人数的一小部分。大部分经常要靠外省来巴黎谋生的人予以补充。仆人大约有15万，其中1/8不是在巴黎出生的。有独立职业的人中，2/4出生于各省。例如，397个国会检察官中，在巴黎出生的不足100人。②因此，可以认为，在巴黎结婚的男人中甚至有一半不是在这个城市出生的。已婚妇女（仆人除外）大部分出生在巴黎，因为几乎所有落户在巴黎的男人都娶出生在这个城市的女人。

① 这个结论的正确性无可争辩。作者还很确切地指出了巴黎人口的主要补充来源。——俄译本注

② 参看王国名人年鉴中的检察官名单。——原注

最后还要指出，在巴黎结婚的人中，有许多是鳏夫和寡妇重新结婚；这再次支持了以下结论：在巴黎结婚的男人中甚至有一半不是在这个城市出生的。因此，巴黎的人口是靠外省人口来保持自己的水平的。①

人口缩减和增长的原因

战争、不结婚、食品低劣、缺乏耕作土地的资金和下层人民生活贫困等，都会妨碍人口增长。人数众多的军队使国家不堪重负，它和格外严厉的宗教一起使国家受到破坏。

一个没有宽容心的国家，如果处于富有宽容心的强国的包围之中，它的处境是很不利的。宗教自由会吸引人和财富，而宗教的极端不宽容则会迫使人们离开自己的国家，并阻碍他们回归。这两种情况都会阻碍这个国家繁荣，而促进富有宽容心国家的昌盛。因此，不宽容会逐渐使国家破灭，并促进邻国的财富、人口和力量的增长。

国家的力量在今天是靠其财富支撑的，而财富是由生产这些财富的人创造的，庞大的军队则损害了这两者。英国人总是精于算计的，他们根据从业人数及其支出来估计对手的力量；他们通过增加他们使用的财富来保证自己的成功；他们不从国家拥有的货币额出发作出估计。他们在一部关于政治的著作中指出："我们只应当考虑在商业和农业中不断起作用的、不断更新和回复的财富；不断更新的财富是我们支出的源泉，它不会使我们破产。我们感觉自己是富裕的所有者，手中的货币不多，但却总能搞到大笔收入抵补大笔开支。我们的军队不是军事国家的特别精华的部分，我们的士兵为了挣钱才变得英勇善战；我们的政府不是靠作战，而是靠财富和政治协议取得军事胜利的。我们几乎总是处在战争状态，但是我们的国家没有丧失自己的财富，没有失去在欧洲的威望和海上霸权，没有发生人口和王国财富的减少。我们签订了借款条约以支持战争，但我们又从有利的协约中得到了补偿。我们没有法国多达 1 200 万或 1 500 万的金银币，但是我

① 取材自威廉·配第：《政治算术》。——俄译本注

们同样能够扩大自己的货币财富，增加货币总额。要知道，我们的货币额同我们王国的疆域和人口数量是成比例的。然而，我们的收入和法国的收入的对比，就同货币对比的情况不同了，我们的收入比法国绝对少不了多少。”①

国家的力量实际上取决于收入，而不是取决于货币额。货币额达到收入的一半是罕见的。因此，国民的支出不是以货币为基础的，而是以每年通过收入而更新的财富为基础的。

如果真如英国人有力地证明的那样，英国的收入与法国一样多，②那就应当由此得出结论：英国更富裕。因为一个国家的收入同另外一个更大国家的收入相等，它就相对地更富裕，这是由于它在行政、构筑防御工事和保障边境城市安全方面的费用较少，还由于它的财富是由较少的人数消费的：每个人更富裕，全体人民也更富裕。

英国的人口比法国少得多，只够满足它的海军的需要，因此它不可能有强大的陆军。但是人口数一般不能决定国家的武力，军队要与国家的收入相适应。如果军队超出了国家的能力，它对国家的危险比

① 《经济杂志》,1757 年第 6 和第 7 月号。英国经济情报。——原注

② 人们认为，英国的人口有 700 万，苏格兰有 250 万，爱尔兰有 150 万。我国的人口比这三国人口总数还多 500 万。英国的富裕会引起更大的消费，任何时候这都可以作为更大收入的标志。依据这个特点可以实际地对一国每年再生产的财富作出判断。但是，法国看来能轻而易举地使自己的人民达到同样的繁荣，并迅速增加它的人口。它的政府现在承认苏利的原则是正确的，同样关心使王国致富。前述英国人文章摘引是以英国和法国收入的现状为基础的；他们的计算是从土地税收出发的，而税收同土地所有者的收入是成比例的；从税收可以知道土地所有者的收入是 2 亿利弗尔。同时，文章的作者证明，法国的土地收入（大约是土地提供产品的 1/8，包括支出在内）不会超过这个数字。他们认为，英国的贸易是法国贸易的 2 倍。他们证明，土地收入不决定于土地面积，而决定于耕作方式和产品价格。荷兰和（丹麦的）西兰岛提供了有力的证明。他们从自己 15 万亚尔邦土地中所取得的产品，相当于法国 1.3 亿亚尔邦土地所提供产品的 1/3。收入中不应包括出租房屋和放债的货币进款，因为房屋和货币是非生产财产，为支付房租和利息，需要有其他的财产收入。——原注

敌国军队还要大。英国自以为很强大，不大需要陆军，因此免除了庞大的开支，能将这些开支用到它更需要的其他防御上。

军队是国防工具，但国防是掌握在国家自己手中的，并且取决于国家的力量和观念，即取决于它的财富和政治协调。历史学家向后代讲述自己国家的战争业绩时，他们对战功的叙述会引起读者的狂热；但是，如果他们不了解政府的经济和政治手段，那么，他们的著作就没有什么教益，仅仅是有趣而已；这些著作所能提供的仅仅是战争的历史，而不是和平协议的历史和取得战争胜利的原因的历史。

士兵和军官除了战争进程以外，看不到别的东西，所以他们会认为国家的命运仅仅取决于围攻和战役的成功，这是可以理解的。他们认为，人口稠密的国家强大，因为它能提供更多士兵，而且从身体强壮的农民那里能得到比城市居民更好的士兵。但是，更富有远见的政府，不会为了拥有反对敌人的手段和供养优秀的将军，从而使农村变得荒芜，使国家收入源泉变得枯竭。关于在农村征兵对缩减人口增长的影响，可以从大约 30 年前王国实行常规后备军的影响看出来。起初这种措施还显得比较合适，轻易说不出对国家带来了什么不可弥补的损失。这支后备军的骨干有 6 万人，每 6 年轮换 1 次，还有 2 万人在这 6 年内替补。总共 8 万成年人，他们不能结婚，不能回家，即使有 2 万人替补也不行。因此，每 30 年国家就要损失 30 万人的后代。一代接一代的每个家庭以 4 口人计，这样，30 万人没有后代就意味着人口少增长了 120 万男人和女人。

后备军的 2/3 落在农村，因为大城市和有特权者是免于服役的。这样，在总数 6 万被招入后备军且 6 年不能回家的人中，有 4 万多人来自农村，即每年大约有 7 000 人，约占该年达到 17 岁的农村青年的 1/8。但是，这个 1/8 渐渐地变成了 1/7 和 1/6；这样，30 年内后备军就使农村失去了 20 万人，因而使人口减少了 80 万。青年为躲避被征入后备军而逃往城市，使荒芜人烟的农村受到更大影响。因此，一个青年被征入后备军，使农村损失不下 3 个人。总之，30 年内农村损失的人数还要加上 40 万人及其后代。结果，后备军在 30 年内使农村人口减少了 200 多万男人和妇女。如果这种情况持续下去，那么不出一个世纪农村就变得荒芜人烟了。

军人们认为，建立常规后备军有很大的优势，它能保证国家在常备军外还能保有6万人的常备名额，战时可将其一部分拨入正规团队，或者编组成王国的特种部队、法兰西兵团等等，以增加我国军队的固定名额。但是，所有这些优势是从下述思想出发的：王国为了生存必须要靠军事行动。然而，他们忘记了因此而引起的巨大开支。

军人的狭隘眼界使他们只看到军队的利益，而且仅仅是陆军的利益。因为后备军的优势与我们的海军无关；相反，由于它引起人口减少，所以对海军是很有害的。

然而，法国是一个航海大国，而且自从英国以其军舰和商船作为我们敌人的依靠之后，法国在海上比在陆地上更需要保护自己。此外，法国还必须支持自己的贸易和保卫自己的领海。加入德意志的大部分国家没有航海提供的优势，因而不能靠出售它们自己生产的粮食产品来创造更大的财富。这些国家的收入是十分有限的，它们无力支持庞大的军队，它们甚至无力将这些军队调离供养他们的区域，如果不是英国靠自己的海军获得的财富提供了帮助的话。正是因为这样，英国才如此害怕我们的海军的成长。英国不掩饰这一点：假定我们以自己足够的力量来抗衡它保证其统治的海上力量，我们就改变了欧洲的体系，而且也不需要大规模增加我们的陆军；在这种情况下，我们的邻国，即使有它们自己的力量可供使用，也不会调出许多军队来反对我们。实际上，如果英国的贸易被我们的海上力量所拦截，或者变得很困难，那么，贸易就不再是英国取之不尽的财富源泉。同时，为了对付我们的巨大力量，英国就不得不在海上花费巨额开支，这样它就不能以金钱支持反对我们的联盟。我们的邻国看到英国的资源枯竭，也就不愿与它为伍和支持其贪图功名的计划。战争的危险对我们来说就减少了，战争不会经常发生，而且破坏性也减低了，因为我们在海上进行的反对这个海上强国的战争所需要的开支，要比它在陆地上发起的反对我们的战争所需要的开支少得多。

海战不像陆地战争那样，需要给炮兵花费巨额开支，提供给养和饲料，还有干部。它不会引起国家财富流向国外，参加海战的军力也不会很多；它不需要骑兵；海军军官的开支也节省。购买粮食和军火的协议会得到优惠，达成进行陆战时不可能的价格。

海上力量能保证对外贸易的加强和发展，而对外贸易又提高了土地财产的收入。在为其他海上强国所惧怕的海军支持下，我们的通商会遍及各地，把人口吸引过来。没有人迫使他国的机构接受自己本国的法律，国外机构能够平安无事地和自由地与其他经商的和竞争的国家进行双边贸易。消除了妨碍商品销售的一切限制、禁止、捐税和压制；双方的船只能够自由进入所有的港口，贸易具有了对通商各国都有利的正常性质。双边贸易的各方不得不承认促进共同利益的条件和协议，且只会致力于发展对自己最有利的贸易，没有人会制造其他细小困难去损害这种贸易；人们会以一种更开阔的眼光来看待贸易，并且懂得两个国家应当互相促进；也知道单纯的销售贸易是一种幻想，因为商人需要购买者，每一方既是卖者也是买者，双方的财富是靠各自双方的繁荣同时促成的。

著名的《克伦威尔航海条例》①规定向外国人关闭英国港口。这个条例绝不像英国人和我们想像的那样对英国有利。大多数论述贸易问题，特别是论述我们的粮食贸易问题的学者认为，为了促进我们的航运事业，我们的产品通过海路的出口应当完全掌握在法国人手里，但是，关于这个垄断问题完全是在商人的局部利益的影响下提出来的。他们很正确地指出，为了扩展我们的贸易，为了使我们富裕起来，应当在我们产品的外销上实行完全的自由。但是，他们认为，发展我们贸易的直接目标应当是增加我们的商船，以使我们自己能够将产品运往国外，并将国外产品运回国内；他们还认为，我们的商船会使许多人学会航海术，这对海军是有利的。

毫无疑问，对外贸易能够带来上述良好的结果，但是，这应当是在不依赖于妨碍普遍发展贸易和损害国民收入的条件下实现的结果。我们应当尽力保证和扩大销售我们的粮食产品。但是，如果禁止前来采购的外国商船进入我们的港口，或者不让外国人带来的商品自由地

---

① 魁奈力图低估克伦威尔1651年颁布的航海条例的意义，这符合他的下述观念：只有国内贸易和国外贸易完全自由，消除一切垄断法规和各种形式限制，才能为发展贸易和合理的国际关系创造最有利的条件。这表现了魁奈对基于重商主义的国际政策的敌视态度。——俄译本注

进口，以使他们得不到运费的利益，而将这种利益保证给予我们的航运业，那么，上述目的是达不到的。

这就是我们的批发商的观点。他们在销售我们生产的粮食商品时候只想赚大钱，并且害怕外国人竞争。他们的同胞显得总是他们的虚假论证和局部利益的牺牲品。他们只想压低粮食商品在国内的价格；他们说，低价购买是得利的第一来源，也容易销往国外。他们要我们相信，这是扩大贸易的惟一方法。按照这种说法，扩大我们的对外贸易的惟一方法就在于依靠本国来取得利润了。这种观点成了一切特权、禁止和垄断的根源；发展这种具有破坏性的贸易只能导致这样的结果：我们的产品丧失了它们的价值；人民不得不以高价购买输入的商品，整个贸易由此受到损害。此外，这种原则也不会给我们的耕作者带来任何好处，既不会增加我们的牲畜，也不会扩大亚麻的种植面积。

假如对买者有利，那么销售商品就比较容易。商人既想能够更好地售卖和扩大销售，就不应阻碍买者得利。假如我们压制邻国的贸易以发展我们的船队，那么，这就意味着我们将主要任务置于局部任务之下，同时我们也不能达到自己的目的。因为阻碍贸易成功和有害于保障我们的粮食产品的措施，对我们的船队和国家收入同样是有害的。此外，在迫使别人接受对他们不利的条件的同时，应当想到，别人也会从他们方面提出对我们的贸易和航运业更有害的条件。总之，所有这些卑劣的有缺陷的措施，实施的结果总是同提出这种措施的人的意图相反，因为它们既不利于自己的航运，更压制和削弱了本国的贸易。

英国航运业的扩张并不是由 1660 年的航海条例造成的，这应当用我们海军的软弱来解释，而我们的海军的软弱并不是这个条例的结果，这个条例只会有害于颁布它的国家的贸易，并缩减收入。

如果我们的海军能够自卫，那么，英国人就会很容易发现这个条例的不利，并将其废除；贸易的成功取决于贸易自由和普遍有利的法律。这是因为，只有对双方有利时，贸易才能繁荣。

但是，最能促使我们的船队取得成功的是国家收入的增长。海军支持贸易，贸易也有利于海军。它们只有相互协作和支持才能发展：

海军之所以强大，只是因为贸易为它提供了富有航海经验的人；而贸易如果没有海军预先支持也不能得到发展。但是，海军的开支只能以我们的收入来补偿。商船是挣钱的，而海军是花钱的，但是，由于海军而减少了陆军和地面的战争。商船盈利会吸引很多具有航海经验的人加入海上贸易，而这些盈利的来源则是我们大量的土地产品及其销售所带来的，还有来自居民和海上力量的支持。

为了不致没有优秀的士兵和水手，应该给他们支付优厚的报酬，并依靠高水平的耕种和发展能提高王国土地财产收入的对外贸易来筹措资金。只有这样，法国才能真正成为一个军事国家，即实际的强大国家。

当法国被附属于王室的几个大国割据时，它是另一种意义上的军事国家：每一个附属国都要保卫处于自己支配之下的领地，只从事耕种土地和军事活动；但是，自从法国统一在一个国家政权之下，并且统治者的权力得到法律保护时，它就由于这种统一和自己的位置，而变成了一个海上、贸易和农业的强国。因为它只能依靠农业产品、贸易和海军才能使其财富得以保持和扩大。要知道，它必须阻止其他国家夺取海上支配权和控制贸易及其利益，防止这些国家成为在欧洲占优势的强国，否则，不管我们的军力如何，其他邻国都会迫使我国服从它们的法律，并依附于它们，这样就会发现我们的弱点和它们的优势。

总之，政府的基本任务就是通过发展贸易来保证销售自己生产的粮食商品。没有这种销售，即使土地产品丰富，也不会增加国家的收入；相反，产品的丰裕还会导致价值下跌，使土地所有者的收入不能补偿他的生产费用，使土地财产收入化为乌有。只有能销售出去，而且价格能补偿费用并保证得到收入，国家才会努力使其农产品丰富。为了达到这种状态，应当为对外贸易创造一切可能的条件，优价销售创造收入，收入又会引起人口增长：收入如能报偿人们的劳动并保证他们的利润，给予他们富裕的生活，就能把人口吸引到这个国家。在有大量收入的情况下，我们就不再缺乏用于航运以及在海洋和陆地上保卫国家的人了。

绝对不应当用限制和压制对外贸易的办法来促进航运业；相反，

航运必须在促进贸易并使贸易完全自由的条件下得到扩展；发达的航运因扩展了贸易而增加了国家收入。

人们最为需要并能吸引人和留住人的福利，包括有价格的商品财富和货币财富。

所谓商品财富，我们指的是依照构成其出售价值的价格与**货币相交换的东西**。财富只有在其所有者能够出卖它，购买者需要它时，才是可售卖的财富和商品财富。因此，不是所有财富都是可售卖的财富。我们呼吸的空气，从河中汲取的水，以及所有类似的福利，或者数量充裕并属于一切人所有的财富，它们都不是贸易的对象。这是福利，不是财富。[①]

如果福利的占有带有永久性质，例如土地所有权，那它就很少被看做是商品财富。实际上，土地产品本身是可以出售的，而且它还决定和调节着地产的价格。然而，当它出售时，如果售价没有超过用在生产上的费用和劳动，那么，即使出售的是人们必需的粮食，也不能认为它是带来利润的财富。因此，不应将人们为生存、消费和使用所必需的一切财富，混同于由交易价格而获利的售卖财富。

人们需要各种不同的使用价值，其中有一些的数量比人们需要的多，可用来交换人们还没有得到而又需要的东西。因此，我们想拥有许多能够交换其他东西的财富。这就是售卖或商品财富，以及货币或货币财富。要知道，交换其他各种售卖财富需要靠货币来实现，而货币又可以交换到一切形式的财富。因此，如果人们拥有某种商品财富，他们就能够在不同商品的价格相等的基础上，用货币交换到任何其他东西。

---

① 魁奈关于区分福利和财富的这一番议论，实质上表现了他想区分使用价值和交换价值的意图。但他到底还是没能摆脱两者的混同，他视价值为劳动的结果，同时却又常常将本属使用价值的个别成分包括到价值解释中。

他常常把价值和价格混同起来，因此，他对价值的理解是复杂和矛盾的。“价值”在他那里不仅混同于“财富”，而且混同于“使用价值”。这种混同不仅使他的著作被译成俄文很困难，而且也使他的思想难于理解。魁奈至今还保持着难于理解的学者的称号，这不是偶然的。——俄译本注

物品的价格表现了商品财富的售卖价值。不应当将商品财富的价格与它的使用价值混同起来，因为这两个量常常没有关系。使用价值总是不变的，而且多多少少取决于人，取决于人的使用和他利用某物的意愿；而价格则相反，它是变化的，并且取决于不以人的意志为转移的各种不固定的原因。价格不受人的需求的调节，同时它也不是任意决定的价值或由商人之间的协议决定的价值。①

钻石在所有的商品财富中用处最小，然而，除非粮食奇缺，否则它的售卖价格总是大大超过粮食产品的售卖价格。

但是，当对粮食商品的需求极大时，它的价格能够无限制地上涨，在这种情况下，使用价值偶尔决定它的售卖价格。我说偶尔，是因为导致粮食价格上涨的歉收或普遍短缺的原因，同财富的使用价值没有任何关系。总之，被认为可以售卖的所有财富的价值，不决定于它的价格。生产这些财富所获得的利润，也同它们的使用价值无关。同样价值的1塞蒂小麦或一条花边，对售卖者和想使用它的人是相等的财富。正因为商品财富是财富，所以它的价格决定于理智。因此，关于人民的富裕及其繁荣，要按照商品粮食的丰裕及其稳定的高价格来判断。

尽管商品财富的价值绝不是任意的，也不是由商人之间的协议决定的，但是，国家却完全可能利用自己的破坏性措施对价格造成很大的有害的混乱。这在海洋和商业国家特别可能发生，因为对其他商业国家没有任何影响的政府，能够通过自己的片面的措施来制定价格，而这种价格同所有其他自由贸易的国家所通行的一般价格是不一致的。结果，贸易受到政府压制的国家的收入就会降低。同时，如我们所证实的那样，所有通商国家的普遍的和共同的价格却很少发生变动，它总是稳定的，对各国是有利的。

---

① 魁奈这些有关区分使用价值和价格、价格和价值等等的议论，表明他有时已经相当接近于正确理解价格、价值和使用价值之间的区别了。但他很少坚持他所提出的这些区分，并且常把这些术语当作同义语使用，结果使得这些术语本身变得很不确定，还为发生歧义和经常的误会以及被指责存在逻辑矛盾提供了口实。——俄译本注

商品财富的价格调节着它与货币或货币财富的交换，而货币财富又能交换成任何一种商品财富。货币是在售价协议中与一切种类商品财富等价的财富。

货币或用作货币的金银本身绝不是使用的财富。如前所述，货币仅仅是一种交易工具，它在交易中履行自己任务时，不会损坏，不会破碎，不会陈旧，经过十年千万次买卖而继续存在，仍像以往一样在买卖中有用。因此，在不间断地与售卖财富的交易中，只要很少的固定不变的货币就可以了。货币在买卖中只是为了显示商品财富的价格，它在交易中只具有抽象意义，取代它的票据显得更合用，它以商人之间的票据往来成就了连续不断的商品财富交易，而不需要有与这些财富等价的货币。因此，国家的繁荣不在于有多少货币，而在于它的商品财富的充裕及其优价。

货币数量随时可以补充，但商品及其价格（它构成财富及其售卖价格的基础）不足就不能补偿。在法国的每个人，如果有 100 缪特酒，其现价是每缪特 54 利弗尔，就好比他有 100 马克一样富有；只要他愿意，他就能实际得到同他的酒价相等的一笔货币。在贸易国家中，总有足够货币供商品按其相应价格交换之用。要知道，商品价格本身就是商品愿以时价交换货币的明证。

如果某国贫穷，不是如通常所说因其货币少，而是因为它没有抓住商品财富，或是因为它的价格过低。要知道，农业国只能在拥有大量年产品及其优价条件下才能富裕。换句话说，良好的土地耕作和本国产品的广泛的对外贸易，才是国家富裕的保证。广泛的对外贸易不仅提供了销售的可能，而且还能通过通商国家之间的贸易维持有利的稳定的价格。国家不是借助于大量货币实现高度富裕的。没有矿山的国家只能通过向国外售卖自己的土地产品才能增加自己的货币财富数量。因此，它的产品丰裕和优价总是带来大量货币的来源。但是，如果没有贸易，货币仍然无用。除了向国外有利地购买商品财富以外，货币不能增加国家财富，因此，货币不应被积攒在国内，那会阻碍贸易所创造的财富的增长。

积攒在国内的过多货币并不能构成带来好处的财富，因此，所有国家都会将货币投入流通，以利于相互贸易。所有货币在商业国之间的分配是同生意人的意图成比例的，他们认为商业的任务就是互相夺取货币；商人则以完全不同的另一种方式行事，他们总是用自己的货币购买用于进口或出口的商品，以便从买进、卖出和航运中获利。

耕作者和制造业者向商人出售产品并获得货币，他们同样能使这些货币带来收入，因为他们能用这些货币更新商品生产。土地所有者用得自农场主的货币，向商人购买商人运来的外国货，商人又把货币转付给向他出售农产品的农场主。从制造业者、土地所有者和一切雇用他们的人那里取得工资的工人，将货币用于购买食品和其他所需要的商品。货币被重新用于土地耕作和其他工作，使再生产得以实现。因此，一国的货币量应当同其商品财富的数量及其价格大体相适应，但是一国财富的基础，在现有商品数量不变的情况下，不会因其货币的多少而变化。

国家的收入取决于它所生产的农产品的价格，而这种价格又受到对外贸易的制约和调节。因为在没有对外贸易即没有进出口的国家，农产品价格不受任何秩序的调节和约束，它不可避免地要随该国交替出现的产品丰歉而变化，而国家则会遭受同样有害和不可避免的价格过低之苦和价格昂贵之祸。

商品的基础价格[①]取决于生产或制造商品所需要的花费和费用；如果商品售价低于生产它的成本就要亏本；如果价格能提供充足的利润，使生产得以继续和扩大，那么这个价格对他们来说就是好价格。如果因为歉收而使价格变得让人难于忍受，那就是物价昂贵来临了。如果价格超过基础价格很多，但人民还不觉得不可忍受，那就只能认为它是高价格和很有利的价格。小麦高价这种事情会出现在这样的国家：它的小麦总有富余，很多小麦被卖到国外，而且小麦的这种高价会给国家和土地所有者带来很多收入，还能保证给予居民报酬和利润，以补偿他们在小麦上所增加的支出。因此，对外贸易能为小麦和其他农产品创造国内的高价格，这种高价不会使居民感到难于忍受，但却对国家有利。应当先研究一下这些条件，然后再来判断我们生产的农产品的价格是否合适，它的售价是否过高，是否应当把它压下

① “基础价格”在魁奈那里与“生产费用”同义。——俄译本注

来。

当价格低廉，而且持续地不高于基础价格时，情况就是另一回事了。这是因为，为了不致破产，不致停止生产那些价值过低的产品，情况不应当是这样。因此，任何政府不应当考虑那种依照偏见通常被称为是便宜的价格所带来的利益。因为这种价格会同时损害国王和土地所有者的收入、其他居民的报酬，阻止人口的增长和生产的扩大。这种破坏性影响在我们那些农产品低价的省份可以看得出来：那里的费用少，但是报酬低，以致他们的劳动不能得到任何富足生活；报酬不吸引人，人们变得懒惰，生活贫困。土地所有者得到的收入也很少，不可能拿出必要支出来改善自己的耕地，以及以优厚报酬去雇用工人和手工业者。这些人离开这些省份来到城市，那里的生活费用较高，但报酬也较高。因此，粮食产品较贵的国家，人口较稠密。与那些粮食产品价格过低的国家相比，粮食价格较高和人口稠密的国家的人民比较勤劳，生活也比较富裕。人们的消费也不限于粮食一种，为了过上富足生活，他们还需要衣服、劳动工具和其他东西。法国人去海外，迁居圣多明戈和马提尼克岛等地，不是为了面包，吸引他们的是能给他们带来富足生活的工资。

我们说过，在同其他国家进行进出口贸易并且是没有任何障碍的完全自由贸易的国家，价格不会发生大的波动。因为这种国家的价格与其他国家的一般价格是相等的。在这种情况下，收成的好坏通常不会引起价格的任何变动；在同一年内，一些国家收成好，另一些国家收成坏，但通过这些国家之间自由和无障碍的贸易，不足者可以从丰裕者那里得到供应；反过来，当后者需要时，也可从前者那里得到供应。通过各国的这种联系以及丰歉的不断交替，价格就能处在固定的平均水平之上，它取决于由贸易联系起来的各国的共同基础价格。

荷兰和英国的谷物贸易是自由的，[①]而法国的谷物进出口是禁止的，所以这两个国家的人们就没有经历过我们在法国经历的谷物价格

---

① 这个说法不完全正确。英国和荷兰都没有完全坚持谷物自由贸易原则。可参看巴什：《16～18世纪荷兰经济发展史》（1949年俄译本）中“贸易和贸易政策”一章。英国在1757～1759年间是禁止谷物贸易的。——俄译本注

的巨大波动。我们的收成只供国内人民享用，它有时显得过多，有时又非常不足，结果粮价就在昂贵和跌价之间无规则地波动。因此，在一个没有商品进出口自由以及这种可能性的国家，粮食产品价格不可能有任何秩序，完全没有稳定性。民众在丰收年要受丰裕之苦，在歉收年则要挨饿而死，或因紧随饥饿而来的流行病而死亡。价格的剧烈和经常的变动是造成极端贫困和人口减少的原因，这是可以理解的。

它们对国家收入的伤害也不小：在高价和极低价格交替过程中，它们相互平衡并会创造一种共同的价格（我们的收入就是以此价格为基础的），但是，实际上这种共同价格对土地收入是不利的。价格波动和收成波动的结合与平衡，为售卖者所创造的共同价格，要比购买者的共同价格低得多。购买者每年购买同样数量的小麦供自己消费，他们的共同价格是作为几年间价格波动的结果而形成的。但是，销售者每年收获与出售的小麦数量不会相同，他们的共同价格是几年间按不同价格出售不同数量小麦的结果，它不同于出自几年间购买相同数量小麦所产生的购买者价格。但是进出口贸易排除了价格剧烈波动的可能性，因此，售卖者价格在这种情况下就会很接近购买者价格。这从下表可以得到说明，该表列出了法国小麦价格随收成好坏所出现的波动，另一张表是英国的情况。

小　麦

法国（禁止谷物出口）的小麦价格状况

年　成	每亚尔邦的收成(塞蒂)	每塞蒂的价格(利弗尔)	每亚尔邦的总收成(利弗尔)	每亚尔邦的进款、赋税和租借费(利弗尔)
丰　收	7	10	70	
好年成	6	12	72	
平　年	5	15	75	74
歉收年	4	20	80	
荒　年	3	30	90	
总　计	**25**	**87**	**387**	**370**

共同基础价格。370 利弗尔支出，除以 25 塞蒂，得 14 利弗尔 16 德尼，这就是耕作者每塞蒂的平均成本（参看《农场主论》）。

共同购买价格。每人每年消费 3 塞蒂，5 年消费 15 塞蒂，它共值 261 利弗尔，或如前表所说的 5 塞蒂小麦成本 87 利弗尔的 3 倍，以 261 利弗尔除以 15 塞蒂，即得出构成每塞蒂价格的 17 利弗尔 8 德尼。这就是法国很久以来通常的共同价格。

共同售卖价格。5 年进款总数 387 利弗尔除以 25 塞蒂，即得 15 利弗尔 9 德尼，此数的 1/5 即是每塞蒂的价格。可见，共同售卖价格只比基础价格高出 13 德尼，即每亚尔邦多 3 利弗尔 8 德尼，它比购买者价格低 2 利弗尔 4 德尼。因此，如果物价昂贵而小麦价格很低，那么耕作者就总要吃亏，不愿再播种小麦；没有出口，而播种面积又很大，他们便无法维持下去。因为如果收获了大量小麦，那么售价就会降到基础价格之下，遭受亏损，国王和国家也得不到收入。

英国的小麦价格状况（由其出口决定）

年　成	每亚尔邦的收成(塞蒂)	每塞蒂的价格(利弗尔)	每亚尔邦的总收成(利弗尔)	每亚尔邦的进款、赋税和租借费(利弗尔)
丰　收	7	16	112	
好年成	6	17	102	
平　年	5	18	90	74
歉收年	4	19	76	
荒　年	3	20	60	
总　计	**25**	**87**	**387**	**370**

共同基础价格。以 370 利弗尔支出除以 25 塞蒂，[①]得 14 利弗尔 16 德尼，这就是耕作者每塞蒂的平均成本。

共同购买价格。每年 3 塞蒂变为 5 年 15 塞蒂，值 270 利弗尔，[②]这个数字除以 15，得 18 利弗尔，即每塞蒂的成本。

① 俄译本误为 15 塞蒂。——中译本注

② 俄译本误为 370 利弗尔。——中译本注

共同售卖价格。以 5 年进款总数 440 利弗尔除以 25 塞蒂，得每塞蒂价格 17 利弗尔 12 德尼。可见，共同售卖价格超过基础价格 2 利弗尔 16 德尼，只比共同购买价格少 8 德尼。在前面没有出口的情况下，售卖者只能得到 15 利弗尔 9 德尼。也就是说，他的利润总共只有每塞蒂 2 利弗尔 3 德尼。每亚尔邦是 10 利弗尔 15 德尼，与 3 利弗尔 9 德尼一起，共计 14 利弗尔 3 德尼。购买者在购买小麦时不会付出更多。

我们每年收获小麦大约 4 500 万塞蒂。在这个小麦收获量中，因为没有考虑可以销售到国外的 300 ~ 400 万塞蒂的进款，所以要损失 1 亿（利弗尔）。[①]但是，我们的小麦收获量还能够增加 2 000 ~ 3 000万塞蒂。仅仅由于出口对小麦及紧随其后的其他谷物的价格的影响，土地财产收入便可增加 1. 5 亿利弗尔，这还没有考虑国内小麦价格的提高和售卖出口谷物的进款的增加。[②]

但是，出口还有另一个优点，即它能阻止出现物价昂贵，而物价昂贵能使下层人民破产，使许多人挨饿而死，或因饥荒之后的流行病而死亡。人们会反驳说，英国尽管收成不错，但是仍然遭受物价昂贵之苦。但这对英吉利王国来说是一种例外，不能归咎于出口。因为正是出口总能使它避免由于农业扩张而带来的价格猛涨。一般的单纯的

---

① 在《谷物论》中，我们对小麦在平常年份收成的估计是，大农经营 4 500 万塞蒂，小农经营 3 400 万塞蒂。但在估算后者时，也将其他谷物计算在内了（免得繁琐）。这些经营的小麦是按较低价格估算的，以便对所有谷物得出一个总数。但是如果精确地说，我们的收获量应该是总共 4 500 万塞蒂小麦，其余的数量则是各种不同的等价的谷物。这个收获量应当是良好耕作的 1 500 万亚尔邦土地的产量，然而我们的适于耕作的土地有 6 000 万亚尔邦。由此可见，我们的农业未加利用的土地有 3/4。

法国的农业局限于本国的需求，这就失去了自己农业收入的 3/4。由此很容易理解，为什么英国以 2 000 万亚尔邦耕作良好的土地，就能得到比法国更多的收入（参看《谷物论》中关于良好耕作的效果的资料）。——原注

② 英国人的对外贸易比我们广泛和稳定，他们出口 100 多万塞蒂小麦和 100 多万塞蒂其他谷物。在欧洲国际贸易中出售的谷物总数大约是 1 000 万塞蒂。由于缺少购买者，英国的谷物贸易自然受到了限制。——原注

出口不足以提高谷物价格。因为英国每年出口小麦不足100万塞蒂，还不到其年收成的1/20。因此，它应当以适当比例提高小麦的价格，但这不可想像。一个国家出现如此罕见的物价昂贵现象，应当会有某些它不愿揭示的特殊原因。

关于这些涉及经济政策的问题，可参看下列文章：《农场论》、《农场主论》、《谷物论》、《人口论》、《货币利息》等。

农产品价格没有受到足够注意，而只有根据土地产品的价格才能对收入作出正确的评价。但产品本身并不能提供收入：它实际上可能数量很大，但却没有收入。如果产品售卖价格没有超过基础价格即成本，那么耕作者就会亏损；他只能在产品价格超过这些产品所要求的费用或开支的情况下才能创造收入。因此，产品通过对外贸易所能达到的价格越高，就越有利于国家、所有者和人民，国家的人口和财富的增长就越大。这对国家有利，因为价格提高增加了国民财富；这对所有者有利，因为他的收入提高了；对人民有利，因为用来获取谷物的支出增加了。从增加人口的观点来说这是重要的，因为丰裕的谷物吸引人，而且有利于人口的自然增长；而在福利方面这也是重要的，因为利润会促使生产扩大。但是，只有通过对外贸易达到的价格，才对国民财富具有决定性意义。可能有人认为，如果有这样一个闭关自守的国家，它同其他国家没有任何交往，只有满足自己国内需求的国内贸易，那么，它就会只会从自己国内需求的观点，而不是从其售卖价格的观点来看待粮食产品，于是它很想要的是低价格，因为这样可以摆脱发行过多货币的沉重负担。然而，如果进行这样想像的国家同其他国家一样，其人民也是由各种不同类型的人们组成的，其中有耕作者、土地所有者、国王、政府成员以及各种不同的收入阶层，那么，结果似乎是：国王和土地所有者一样，需要收入；参与国家管理的管理者，需要薪水；从事不同挣钱职业的人和从事农业的工人，需要工资。总之，这个国家的年收入，像其他国家一样，也需要通过按照同年产品和体力劳动相应的价格的买卖，在这些不同类型的人群中进行分配。同其他地方一样，这里的年成也有好有坏，这就会引起价格的剧烈波动。因此，商品财富的售卖价格对这样的国家与对其他国家几乎一样重要。

但是，当一个国家需要靠货币财富来保护自己免受邻国侵犯时，它的产品对它来说，在这些产品是这些财富的源泉的意义上，就变得极为重要了。我说的是在产品能够成为货币财富的源泉的意义上，而不是说它实际上就是货币财富。这两个条件应当加以区别，以便提出关于国家财富的正确观念。如果某种商品能够卖到100埃居，[①]那么，完全可以认为，这个产品等于这100个真实的埃居。在这个意义上，所有的财富都是与其价格相应的实际的货币财富，即使它完全没有转换为货币。因此，与外国通商的国家的财富，是由货币财富和按其国外价格估算的真实财富构成的。

由此可见，拥有价值20亿农产品而没有货币的国家，与拥有20亿货币而没有农产品的国家，是同样的富裕。

但是，要具备这两种售卖财富，就必须要有两方面的对外贸易。如果两个（本应）彼此通商的国家没有任何交往和对外贸易，那么，其中一个就不能靠自己的产品取得货币，而另一个也不可能靠自己的货币满足自己的需要。因此，它们两者都同样地需要对外贸易：一个是为了以自己的货币财富取得等价的产品；另一个则是为了使自己的产品得到能使其成为等价的货币财富的价格。

然而，不应当按照在国外出售产品所吸收的货币量，而应按通过双边经常自由贸易所确定的产品价格，来估计自己的财富。假定一国每年只能出口100塞蒂小麦，不可能卖得更多，那么，存在于通商各国的小麦的共同价格，就对一国具有该国出口1 000万塞蒂小麦同样的力量。这个共同价格是这样确立的，就像相互沟通的水体的水位一样：假定在一段时间内，地中海的水没有流进大西洋，大西洋的水也没有流进地中海，那么，这两个海洋的水位将是一样的，因为它们之间的沟通保证了这个水位。通商各国价格的均衡也是如此：它是靠双边贸易的经常联系来确定和保持不变的。因此，如果一国这一年没有出售小麦给邻国，而邻国也没有卖小麦给对方国家，因为对方国家现有的小麦恰好够满足它们的需要，但也不多，那么，对方国家的小麦价格既不会比邻国低，也不会比邻国高。如果对方国家的小麦价格较

---

① 埃居，欧洲货币单位。——中译本注

低，那么，在自由的对外贸易条件下，对方国家就会将小麦出口，于是对方国家的小麦价格便会同该国在国外出售的价格相等。双边的自由对外贸易的优势就在这里：它能使你的任何商品都有共同价格，即使你没有销售和购买它时也是如此。这个共同价格为一国的产品创造了真实的和与邻国相联系的相对售卖价格，而这个相对的售卖价格也为该国创造了真实的财富。所有的价格，如果仅仅与国内贸易相关，那么它既不会使该国更富，也不会使该国更穷，然而由于它的无秩序和不稳定，它会对个人和行政当局的经济秩序，以及农业经济造成破坏。因此，商品的售卖价格只能通过在通商国家起作用的共同的和稳定的价格来实现。因为每个通商国家能够实际地在国外按照这个价格售卖商品，所以，拥有最广大和最肥沃的农业土地的国家是最富有的国家。

如果商品通过对外贸易能够变成与货币等价的财富，而货币也能由此成为与商品等价的财富，那么抱怨购买国外商品就会使我们丧失货币就没有任何意义了。因为对外贸易几乎总是通过互相购买商品进行的，所以类似的抱怨更显得没有根据了。从研究对外贸易的差额来判断它是否有利，这也是没有意义的。如果一个国家得到了更多的货币，那么，另一个国家就购买了更多的商品。哪一个更富裕了呢？而且，贸易差额说明不了一个国家从它的货币中得到的利润，也说明不了另一个国家从它的商品中得到的利润。

但是，我们很了解，没有农产品的双边贸易，这个国家就不会有稳定的售卖价格；它的国内价格将是无秩序的和不稳定的，因为它要被年成的丰歉交替所左右；此外，从这种波动中形成的共同价格对国家收入是很不利的。因此，海洋国家如果轻视自己农产品的对外贸易，就会对自己的财富、人口增长和实力造成巨大的损害。

人口增长完全取决于财富增长，取决于劳动、人力和这些财富本身的使用方式

人们如果能在某处获得财富，过上富裕生活，并能作为所有者平静地拥有靠自己的劳动和才干所创造的一切，他们就会在那里聚集和

生活。人们获得财富只能靠他们已经拥有的财富，以及靠以别人的财富所取得的盈利。如果没有可供消费的财富，人们便不能在荒无人烟的地方居住。如果他们在以耕种土地作为满足自己需要的手段之前找不到动物或其他的自然产品，他们就会死亡。这意味着，必须事先拥有财富，这样才能取得生活所必需的财富，才能达到促进人丁兴旺的富裕水平。收入增长的国家，以其可能的报酬吸引着新居民，因而财富的增长伴随着人口的增长。

然而，为了增加财富和人口，就要使人们相信自己是自由的，并能拥有自己的财富。如果他们失去了保护、权利和财产，他们就既不会眷恋国王，也不会眷恋国家。还会有人醉心于贫困，但他们无益于国家。那些安于贫困和习惯于低劣食物、破衣烂衫、甘愿忍受各种困苦的人，像用自己的手捧水喝的第欧根尼[①]一样拒绝工作，并视自己祖国的利益为异己：残暴和贫困充斥着（心灵的）荒漠。国家衰落的普遍原因是滥用职权和政府暴政。有些学者对罗马帝国的暴虐所引起的混乱知之甚少，他们认为罗马帝国衰落的原因在于奢侈。但事实上，支持这种奢侈的是对各行省的横征暴敛，一旦这些行省被弄得破产，罗马这个大城市也就难于自持和保持统治了。各行省和帝国都发生过由于政府的横征暴敛所引发的革命。历史学家们提到了一些令人畏惧的细节：“加列里无视法律，胆大专横，放任他派往各省的法官胡作非为；这些人只知道战争，没有任何教养和原则，盲目信从专制主义，而他们自己则是专制主义的工具。但是，弥漫各省的悲观失望情绪则是由国家人口普查和财产登记引起的。委员们在各地引起了极大的不安和恐惧，仿佛敌军降临，加列里的整个帝国从上到下都成了俘虏。丈量地块，计算葡萄藤、树木，甚至小土包；登记人数和牲畜头数；城里到处都是前来备案的农民和奴隶，父亲带着孩子。由于按比例征税的原则本身是公平的，假如它能使人们的关系得以缓和，而

---

① 第欧根尼(帕弗拉戈那锡诺普，约公元前320年)，古希腊哲学家，作为犬儒学派的创始人物，第欧根尼主张个人生活应从自足开始，不顾体面和坦率，并实行禁欲主义，他认为这样便可回归简朴的自然生活，具备高尚的道德。——中译本注

税收本身也还可以忍受，那么对居民的压制就情有可原。但是，相反地，鞭打和呻吟之声不绝于耳：孩子、奴隶和妇女受到拷问，以对证父亲、主人和丈夫的口供；所有者受到折磨，要他们供认他们的财产比实际的还要多；人们必须到指定地点报到，年老病弱者无一幸免；人们的年龄被任意确定，由于法律规定缴纳人头税的义务有一定的起始点和终止点，结果孩子被增加了几岁，老人被减少了几岁。第一批委员本来就行事冷酷，缺乏人情，为的是满足国王的贪欲之心；然而加列里还屡次派来新人，对不幸的臣民施加更大压力，寻找新的税源。新委员为了胜过自己的前任，任意加重人们的负担，登记的人数和财产比实际的数字多得多。牲口已经倒毙，人也早已去世，但在登记本上还活着，还得纳税。加列里残暴的天性和他的臣民的忍耐，创造了他认为无尽的财源。新的勒索者被派往各地，无情地搜刮前任压迫者剩下来的一切东西。他们打家劫舍，什么都抢，连未来耕种所需要的种籽也不留下，甚至没有收割的庄稼也不放过。这些不幸的人死于饥饿和贫困，使国家有了表现其慷慨大方和毫不吝惜的可能。

“麦克森认为自己所有臣民的财富都是他自己的财富；他甚至不饶过自己上帝的殿堂；这是一个无底洞，他吞噬了世界的全部财富，那是罗马将近十一个世纪所积攒下来的。意大利充满了像他一样残暴的告密者和凶手，这些人由他们掠夺的一部分产品维持着生活。这种专制使城市和乡村变得萧条，人民躲在最隐秘地方，土地无人耕种和播种。[①]在戴克里西和瓦伦提尼三世统治时期，统治者的掠夺引起了高卢起义，人民遭到了杀戳，其财产也被预先剥夺了。[②]后来别的民族占领了这些遭到破坏的行省，这些行省已经既无力也无资金来支持罗马帝国了。罗马帝国变得如此衰弱和可鄙，而它过去却是那样地富裕和强大。西班牙被哥特人占领了，英格兰被萨克逊人占领了，高卢被弗兰克人占领了，德意志被阿拉曼尼人占领了，意大利为图林格人和伦巴第人所占有了。”

罗马的军事专制制度引起了这些毁灭性的后果，我说的是军事专

---

① 拉·博奥：《下层帝国历史》。——原注

② 《帝王的财富和历史》。——原注

制制度，因为专制制度总是国王同国家的某种结盟，从而变得比国家更强盛。国王专制主义是一种幻想，它从未存在过，也不可能存在。一个人不可能单独统治千百万人；最高君权得以存在，也只能委之于法律的支持，以及在相互制约的国家官吏之间保持平衡；而决定其制度的法律，则限制和保障着他们的权利。要知道，如果国王不与某个强力阶层分享权力，把它抬到其他阶层之上，并把表现他对臣民的一切专制权力集中于这个阶层，那么他自己也不可能拥有这种权力。① 但是，这种不稳定的权力是危险的，对于受人尊敬的和合法的国王来说也是完全不体面的。不管谁拥护专制制度，他对自己的国王和大臣总是可怕的，就像国王对自己的臣民是可怕的一样。在野蛮国家中，军事专制制度是最残暴、最混乱、最专断和最富有破坏性的制度。罗马帝国、奥托曼帝国和一切野蛮国家提供了各种极端恶劣的例证。

维持财富和人口只有依靠由财富所创造的富足生活。人们以自己的产品和消费促进了国家的繁荣。要生产财富就需要财富。耕作者的生活如因冰雹、牲畜死亡、赋税或其他原因而遭到了破坏，那么他就无力支付耕作土地所需要的费用，国家就会丧失以财富和耕作者劳动再生产的产品；而耕作者就会陷入贫困，使他不能从事自己的事业和抚养子女。这样的家庭无法找到生活资料，只好去从事体力劳动。但是，作为一个简单的劳工，只有在他能以自己的劳动达到富足生活时，他才是有益的。这些人受赋税、计件工作和其他负担的驱使，已经失去了过某种富裕生活的希望；他们不得不吃质量低劣的面包，穿破烂的衣裳，睡在干草上；他们失去了一切设备和家庭的一切标志，失去了家庭经营所应有的一切；他们也没有了能提供一点牛奶、奶油、干饹和少许鸡蛋的家畜，留给他们的只有免受查禁财产折磨的赤贫；他们的劳动所挣的工资只够保证生活之最低必需品，这些东西不会被剥夺，因为满足日常需要的这些东西没有什么价值。结果他们在

① 关于国王如果没有某种强力阶层支持就不能拥有自己权力的思想，表明魁奈已经接近关于国家政权本质的正确观点了，他也看到了当时法国的国王专制政体与贵族和僧侣之间不可分割的联系，尽管他想竭力证明，国王权力应当保护法国人民的民族利益。——俄译本注

生产和消费方面都显得是无益的。因此，在能给国家带来收入的人口总数中，不应把这些人计算在内，或者更准确地说，不应把这些对国家创造收入已经失去了任何价值的家庭计算在内。由于对他们索取过多，他们已成了无益和不幸的人。因此，现在也不应对他们的孩子抱什么期望；这些孩子已经习惯了贫穷，他们从父母的呻吟中领悟到了自己痛苦的原因；看到周围的人游手好闲，他们也学会了虚度时光，而且，实际上这是他们所能得到的惟一享受。这种结果正是那些残酷的人所奉行的原则造成的，这些人坚信，社会下层阶级就应当落得贫困，这样才能迫使他们工作。人和土地是财富，商品和产品是财富；人和土地一样，一旦贫瘠，就会变得荒芜而失去任何价值。千百万人贫困和千百万土地荒芜证明了国家的衰亡。[①]

富足的生活会促使人们热爱劳动，因为人们能享受劳动所提供的物质福利，能使人们习惯于使用生活设备，吃得好，穿得好，怕受穷。他们会教育子女同样习惯于劳动和物质福利；他们会加倍努力来营造一个小小的安乐窝，以减轻他们的劳动和增加报酬；期望成功在鼓舞着他们的勇气，而工作的顺利又满足了他们为人父母的感情和自尊心。这就是从事有益工作、热爱劳动的下层阶级对国家的贡献。

富足生活任何时候都不会使下层阶级变得懒惰，因为这种生活对他们来说是太宝贵了，他们是不愿失去它的；除了享受家庭生活之外，富足生活还贵在名誉、感情和虚荣心；人们总是希望自己的穿着符合自己的身份，希望拥有显示自己富裕的设备和家什，不致因贫穷而受人轻视。因此，不仅要以财富增加财富，而且要以它鼓励人们劳动使之成为有益之人并能为国家创造财富。

人的劳动成果不限于生产产品，它还要满足消费需要，还要补偿费用，而费用本身则是财富的又一源泉。**人们从自己的工资或盈利收入中所花费的一切都能给别人带来好处，并且能重新成为产生和恢复财富的源泉**。

耕作者把 100 塞蒂小麦卖了 1 600 利弗尔；土地所有者得到这

---

① 魁奈反对作为重商主义政策的直接后果限制和降低了人民的消费，这是他的经济政策纲领中最进步的成分之一。——俄译本注

1 600利弗尔租借费，并把这笔钱用于盖房子；工人用土地所有者支付给他的这笔钱购买小麦供自己食用。这样，1 600利弗尔又回到出卖小麦的耕作者手中，耕作者将它用于耕种土地以生产出新的小麦。总之，土地所有者的支出变成了工人的工资，工人把这笔钱还给了耕作者，耕作者又将它支付给了土地所有者。如果土地所有者、工人和耕作者失去了这笔钱，那么就不会发生如此连续不断的回复。财富源泉所能给予的，无论是给予土地所有者的和给予工人的，还是给予耕作者的，都不会更多。财富在土地所有者、工人和耕作者的支出形式上的不断回复的手段（指货币。——中译者注）消失了；作为真实财富的小麦，作为人们的食物不断被再生产和每年被消费的小麦，也消失了。总之，（在这种情况下），国家就会变穷，人口就会消失，人们就不得不到别的地方去寻找生活资料。因为人们在国内创造财富并使财富得以复原的程度，是同在财富帮助下人口增加的程度相同的，也是同借助于财富来增加财富的程度相同的。

如果政府使财富失去了不断再生产的源泉，那么它就破坏了财富，危害了人民。

例如，如果把葡萄酒酿造师（他们人数众多且以其生产为国家带来很多利益）置于贫困境地，那么，他们就不愿在歉收年份（因严寒和冰雹等而无收）向葡萄耕种作出预付；即使在丰收之年，他们也盼不到出售葡萄的有利时机，而且由于收成贬值也收不回生产成本。他们在歉收年和丰收年一样贫困，因此，他们不会好好地种植葡萄园，给家属的食物很差，他们的消费不会给国家带来任何好处。

这个问题并不像有人认为的那样对国家无关紧要。假如200万葡萄酒酿造师及其家属吃的是小麦面包，而不是大麦、燕麦或黑麦面包，那么，他们消费的小麦就是1 500～1 800万塞蒂，这就要相应地扩大小麦的种植，在国内创造2亿利弗尔的财富，结果是国王和土地所有者的收入增长，农场主的费用增加，而这又为被土地所有者雇用在农业劳动上的人数众多的工人创造了工资。国王和土地所有者收入的增加，会使支出增加，会使从事各种挣钱职业者得到工资，会使消费扩大，会创造出新的财富源泉，促使农业出现同消费扩大相适应的新增长。由此可见，这些葡萄酒酿造师所需要的小麦会引起财富的增加，首先是财富和人口的增加；假如这些葡萄酒酿造师自己种植谷物并因此缩小葡萄的种植面积，从而消费较差的面包，那么，上述一切优点就消失殆尽。如果他们不得不在衣食方面更严格地节省，那么国家的损失就会同他们的贫困一同增加。

因此，下层阶级的生活是否富足，他们的消费是否仅限于简单的必需品，对国家来说不是无关紧要的。这部分人口数量比富裕人口多得多，因此，国家所受的损失同这些人的消费所受的限制是相适应的。这些贫穷人群的消费应当借助于他们的劳动和正确的国库政策予以保证，因为考虑不周的税收政策会削减这些人的消费，使国王和国家的收入源泉枯竭。

对本国生产的农产品征税，会毁灭土地提供的收入，缩减人口和国家收入。

例如，酒税和烧酒税所造成的人为价格，削减了生产和消费，使国家失去了财富的源泉，减少了向邻国的销售。这种销售能给土地所有者和国家带来很大收入，并使人口大为增加，这是因为它能吸引人们去经营新葡萄园，而我国的可耕地面积比播种谷物所需要的面积大得多（参看《谷物论》）。①

同扩大葡萄园所引起的每年财富的增加相适应，人口也会增加，因为国内人口的增加是同他们收入的增加相适应的。

前述征税使我们的葡萄酒和白兰地的价格相当昂贵，②这妨碍了

① 魁奈在这里发挥了这样一种思想，即如果不与谷物经济同时发展技术作物，农业的高度发展是不可思议的。这个思想显然是从狄德罗那里接受过来的，狄德罗在其《百科全书》的条目中提出过这种思想。——俄译本注

② 这种税收使销往国外的葡萄酒价格上涨了1/3或一半，这大大缩减了它的销售（还有其他几种更重的税）。一桶价值100利弗尔的葡萄酒从波尔多运往布列塔尼销售，要加254利弗尔的税（维伦斯：《吉也纳耕作考察》，1755年）。布列塔尼省课征饮料税，使这个省的饮料消费至少缩减了3/4。这种税收最终还是落在国家身上。这些税收是靠土地收入支付的，所以了解一下布列塔尼的土地发生了什么变化，是令人感兴趣的。它们可能丧失了一切价值，或者土地所有者为了避税而放弃了生产？如果谷物因为没有销路而丧失了价值，那么，这种祸害一定还引起了别的灾难。——原注

它们销往国外。因此，在那里它们被别的饮料和白酒所取代，但是他们喝的这些外国酒和饮料的价格比我们的酒和饮料的正常价格高。同我们相邻而没有自己葡萄园的国家，面积很广阔，如果葡萄酒贸易对它们有利，它们对此会很感兴趣的。它们的贸易会和我们的贸易以同等程度增长，获利也是双方面的：它们从向我们出售的商品上得利，我们从销售给它们的葡萄酒和白酒上获利。问题在于，为了维持对外贸易，必须使它成为双方面的贸易。通常认为，对外贸易像国内贸易一样，其目的不过是商人将其商品出售以换取货币，这种认识是不正确的。国家官员在考虑对外贸易的好处时，不应持有类似肤浅的看法。

假如由于农产品贸易使我们的收入和人口有所增加，那么，我们的支出同样也会增加，而我们向外国购买的商品同它们购买我们的商品是对等的。

北方各国从消费我们的葡萄酒中获利良多。它们消费的饮料，特别是白酒和甜酒，对它们是很有害的。我们自己也可以从它们售卖给我们的商品的消费中得到许多好处，因为人们通过消费来恢复自己每年创造的财富。

然而，不能认为这种双边贸易会为通商国家创造均等的财富。显然，它们只能在自己每年土地生产率和发展贸易的范围内才能富裕起来。因此，拥有较好和较大土地面积的国家，通过更现代的耕作，就会比其他国家更富裕。但是它们也关注与邻国建立有利的贸易，以便销售自己生产的农产品。这些国家的财富和人口总是超过其他国家，因为它们自己的土地产品超过其他国家。将购买的商品又转卖给别的国家，旨在获取转卖利润的贸易，能够增加国家的财富，但是这类贸易对于大国来说是微不足道的。大国应当从事土地所有者的贸易，即以自己生产的农产品进行的贸易。因此，财富的源泉不是贸易，而是能够满足国家需要并能为之创造财富的土地。

各国通过贸易能够交换自己多余的产品，通过购买能够增加自己的财富。现实的财富仅仅是被消费的和每年重新恢复的财富，只是因为它们能被消费，所以人们才需要得到它们，它们也才能成为贸易对象并创造利润。国家繁荣绝不应以货币量来判断。国家富裕是由于它每年创造的财富及其价格，因为国家使用这些财富，因为这些财富被再生产出来，被不断恢复过来，而且在国家需要时，总能以它换回货币。

货币不是贸易的对象。国家把它从自己的矿山中开采出来，为了使它得以恢复，又把它变为可被消费的真实财富。国家用这些货币是不能满足自己需要的，国家也不能用它给把它从地层中开采出来去掉杂质并将它变成交易手段的工人提供生活资料。因此，通过劳动使它得以恢复的货币，同开采它的工人的关系，与我们每年耕种土地所创造的财富，同我们的关系是一样的。谁也没有使用这些货币，仅仅是通过将它转变成财富，即通过消费货币，它们才得以恢复。因此，货币本身不是贸易的对象，贸易的好处仅仅在于，它能向我们提供财富，而这些财富是我们的消费所需要的，并且通过这种消费能够使我们的收入得以增加和恢复。**贸易的好处完全不在于向其他国家取得货币**。这种贸易不仅不可能存在，它还不得不经常地把这些货币转变为消费财富，以恢复进行贸易时应当交换的财富。商人本人对此是十分明白的。一旦把商品销售国外，商人就会在那里购买商品，同时从卖出和买入上获利，以使贸易得到更多收入。

不过，我们也可以设想一种仅获得货币的对外贸易。例如，一个国家将自己的农产品卖给另一个国家，但后者没有商品可卖，于是用从它的矿山中开采出来的货币购买。这就提出了一个问题，这样的对外贸易对于出售农产品的国家，不是比用商品进行对外贸易的国家更有利吗？初看上去的确更有利。要知道，用出售商品给外国所获得的货币，能扩大土地耕种，能给很多工人和手工业者付报酬，从而增加国内消费，还能使收入和人口增长。此外，由于食品是自己生产的产品，使用的制造品也都是自己准备和制造的产品，所以，该国能将从国外获得的货币保存起来。由此可见，完全输出的对外贸易应能增加人口，增加国家的真实财富和货币财富。

但是，这种单纯的输出贸易有两个空想的条件。第一，同这种只能用从自己的矿山中开采的货币进行贸易的国家保持通商关系的国家只能有一个。因为如果有很多国家以自己的产品同它进行贸易，那么，其中任何一个都不可能同它发展出广泛的输出贸易，以便销售它所拥有的全部产品或商品。竞争会将这些商品分散开来，使它变得不再比相互交换商品更有利。问题在于，每一个国家为了取得货币就会竞相降低自己产品的价格，于是就把这种单纯输出贸易的利益降低到双边贸易利益的水平为止。这两种贸易形式的利益归于均等。

第二，为了将得自完全输出贸易的货币保存起来，国家就不能向外国购买任何商品。但是，拥有货币的人都想使用或占有他们想要的或能满足他们需要的外国商品。重要的是，国家既不压制消费，也不阻碍贸易。因此，应当给公民以花钱的自由，而这也没有损失本国从销售自己的产品中所得的好处。因为从国外取得的所有商品，都是我们卖给外国的葡萄酒或其他商品的等价物。商人回国后将其带来的商品出售之后，又会重新购买葡萄酒或其他商品销往国外。他们以自己的贸易为我们的产品创造了销路，促进了再生产。

单纯输出贸易带来的货币，不会比出售本国产品而购买的外国商品的价值量更多，因而也不会比双边贸易更有利。它不会带来更多的财富，也不会比双边贸易更能促进收入和人口的增长，而且其作用甚至更小，因为它不能在同样程度上刺激个人去花费自己的资金，而花费资金才能促进农产品的销售和生产。

然而，有人可能认为，在国内生产我们所购买的制造品，可使更多人就业，从而引起人口、消费和收入的增长。但是，在国内生产的制造品，同我们在国外出售的葡萄酒和其他商品的消费是没有关系的。在国外消费我们的产品，同国内消费一样有利，同样会促使收入增长。消费是再生产的必要条件。但是消费和再生产是由一个共同的重要条件联系在一起的，那就是价格。没有售价就不存在这种联系，或者在消费和再生产之间就没有正确的相互联系。价格是财富的尺度，财富要借助于从被消费财富中得到的等价物才能实行再生产。因此，价格的涨落决定着该年再生产财富的多寡。贸易（无论国内贸易还是对外贸易）以在价格上盈利或在商品财富的贬值上得到好处为目的。我们的对外贸易因其提供的利润，促进了每年的再生产和我们财富的增长。但是，这种贸易的另一个优点是，它能保证我们的产品具有很稳定的价格或销售价值，同样保证了再生产。

可能有人认为，随着人口增加，事情会有所不同，因为我们向其他国家购买的制造品是由外国工人生产的。但是，在双边贸易条件下，外国人同样也购买我们的工人生产的制造品，因而也在给我们的居民提供工作，并以此增加了人口数量。

如果只从给国家带来利益的观点观察人，那么，在本国工作的工人不会比生产出售给我们制造品的外国人更有益。要知道，外国工人消费我们卖给他们的与他们的劳动等价的产品，与这种消费发生在国内，对我们具有同样的好处。因此，尽管他们不是我们的人民，但是他们给了我们利润，促进了我国人口的增长。我们的财富由于扩大我们的产品在国外的销售而增加得越多，我们的人口由于增加各种挣钱职业的报酬而增加得就更强劲。

例如，葡萄酒的大量出口会促使许多人从事葡萄园耕种。这对法国人是很有利的。因为没有哪个部门会需要这么多人，会提供这么多收入，会像它那样由于生产财富而使人口增加。

人们的生产超过他们的消费越多，他们对国家就越有益。但是，人们的花费比他们自己的收入超过得越多，或者人们所消费的产品比他们的劳动所创造的有用产品超过得越多，他们给国家带来的麻烦就越大。

这个普遍原则可以用来判断，怎样使用人们的劳动对国家是最有利的方式，以及国家需要多少人口。从对人有益的产品的角度看，可以把人口分成两部分：一部分是以自己的劳动实际地生产财富的人；另外一部分是以自己的服务间接地促进生产或保存财富的人。家仆为自己的主人准备饮食，或者为雇主提供生活所需的以及满足雇主消费所必需的其他工作，这就节省了主人去做这些事情的时间，并使他能将这些时间用在生产劳动上。因此，仆人间接地促成了自己主人的生产劳动。

严格地说，只有以劳动生产人们所必需的产品的人，才创造财富。因为土地所有者和国家的所有收入，给工人的全部报酬，给仆人的工钱和各种挣钱职业的工资，都是来自这些产品的价值。以自己双手制成商品的人，并没有创造财富，因为他们的劳动给那些商品所增加的价值，仅仅是支付给他们的那一部分报酬额，而这些报酬是从土地产品中得来的。织布的制造业主，缝制衣服的裁缝，制鞋的鞋匠，不会比为主人做饭的家厨、锯木头的工人和举办音乐会的音乐家创造更多的财富。他们所有的报酬都来自同一个来源，都来自他们以自己劳动所交换的并花在生活资料上的工资。因此，他们所消费的等于他们所生产的。他们劳动的产品等于他们需要的费用。总之，他们没有取得任何财富的增长。因此，只有运用在土地上的、提供产品的且其价值超过费用的劳动，才创造财富或年收入。总之，除了为出口而从事制造和销售的工人以外，其他所有人的收入或工资都是从土地产品中得来的。

土地为耕种土地的人提供生活资料，给国家和土地所有者提供收入，还给僧侣提供什一税。这些收入的支出为各种挣钱职业者创造了工资。结果是王国人口的增加或减少会同这些收入的增减相适应。这种增减不取决于人民，而总是同该国政府的措施相关。然而政府却以人民懒惰来解释国家的衰落，土地荒芜似乎也证明了这种看法。但是，人总是要追求富裕和富足生活的，要是能够做到这一点，他们是从来不会懒惰的。他们的懒惰只是反映了他们的无能为力，而他们的无能为力是政府的作用的结果。无能为力会使人情绪低落，迫使人背井离乡，这会造成农村人口减少，土地依然荒芜，城市人满为患，他们靠政府仅有的一点资源生活，最后使人口减少到完全衰落状态下仅能维持的人数。

有人抱怨农业耕作的人力不足，但无人抱怨可使人们进行财富再生产的财富不足。国家需要许多谷物，但是没有人关心耕作田地对耕作者的价值有多少。谷物销售很困难，但是没有人指出，耕作者在平常年份所得的报酬还不到自己靠劳动和担风险所得收成的1/20。但是，要知道，在那种低收入情况下是很难扩大谷物播种面积的，因为在收成增加时，谷物价格会下跌。没有人指出，谷物售价如果低于成本，农民就会破产。**假如税收不能缩减到纠正政府错误政策所引起的状况所要求的程度**，农业就会完全限于衰落，土地就会丧失它的价值。由于国王和土地所有者的收入减少，其他各个阶层人们的报酬减少，会使王国人口减少并终使国家走向完全崩溃。

这种衰落被天真地解释为人们懒惰和他们离开农村。柯尔倍尔1666年制定了一项法令，以牺牲王国收入为代价来建立生产奢侈品的手工工场。该法令的实行在10年内压低了谷物价格；由于没有更多资金投入战争，不得不借债并同支持者通商（这是苏利确定的经济衰落的第一个阶段）。

大家都知道，应当增加农业人口，但是没有人想知道，人口增长首先取决于财富增长；只有在财富的作用之下，才能使人口繁衍和财富增长。因此，应当注意的不是增加人口，而是增加财富，因为只有劳动成效得到保障时，人才变得真正有益。

王国有3 000万亚尔邦可耕地荒芜着，而其余的土地耕种得也不好，因为播种谷物不能补偿费用（参看《谷物论》）。葡萄藤被拔了，又禁止栽种新的。可是葡萄园种植却有利于大量使用人力，从而促进人口增长和开展大宗对外贸易。尽管如此，还是有人觉得土地用于栽种葡萄太可惜，不如种谷物好。可是我们的可耕地有一半是贬值的，而农业又局限于国内的谷物消费。显然，在这种情况下，不可能比现在播种更多的谷物。因为这会使它的价格降低，以至于亏本，而谷物的丰裕会引起收入减少和王国人口缩减。

让我们看一下小麦的基础价格和耕作者得到的通常价格吧！你们可以看到种植小麦是多么没有出路，你们也会同意，不可能再扩大小麦的种植面积，因为谁也不愿意去从事无效劳动，把钱花在会使耕作者和国家破产的事情上。

在这些条件下，饥馑就不可避免了。因为这些耕种限于在丰收年份满足人口的面包之需上，到了歉收年份就显得不足了。所有这一切混乱现象都是限制贸易和限制耕作者自由的结果，这难道还不清楚吗？

为了防止饥馑（一般来说，这能避免），实行了一些阻挠创造丰裕产品和阻碍人口增长的法令，因为它们会使国家失去销售农产品的手段。下层机关不大懂得农业，又受到个别人提出的似是而非的观念的影响，推行极为有害的法令，而人民又为偏见所支配。这种错误几乎不可避免。

同样不应感到吃惊的是，法官们支持[①]关于葡萄园的法令，他们

① 手稿此处空白。——法文本注

作出了砍掉葡萄藤、限制葡萄种植面积的决定。他们强令人们遵守这些法令，目的是扩大小麦种植面积。然而，这种事情是发生在这样一个王国，这里的小麦种植因妨碍其销售的禁令而受到了限制，这里还有那么多由于这些禁令而丧失了全部价值的荒地。

这些措施的目的在于压低小麦价格，但这对国家收入是有害的。然而他们没有研究一下基础价格，这种价格对这些欠考虑的措施是一种不可克服的障碍。在确立农产品售价时，他们使国家损失了它的包含在这些产品价格中的一部分财富；这种价格消灭了利润，也就引起了生产的缩减，制造了饥馑和物价飞涨；更危险的是，当政者没有对它加以预防。

所有追求增加农业人口的经济机关，应当给自己提出为居民增加粮食农产品的任务，并谨慎对待为此所需要的人和财富，还应给耕作以相应的支出。

最有利的作物是能提供最大收入的作物，也是能生产出在国外最赚钱的最需要产品的作物。应当让作出预付的人来决定这个问题。

假如能提供 5 塞蒂小麦的土地，又能提供相当于 6 塞蒂的其他谷物，那么，它在第二种情况下不是能比它实际播种小麦提供的更多吗？但是，问题在于，谁给我们提供小麦供我们消费呢？想卖小麦给我们的国家，它们想卖，就像我们想买一样；它们会争着卖小麦给我们。但是，这个问题对我们来说是没有意义的。我国幅员辽阔，我们能够绰绰有余地生产出我们所需要的以及销售到国外的一切产品，只要我们的贸易是自由的。

在我们的时代，更开明的政府，对使用劳动的方式，对土地占有，以及对自由贸易的优势等问题，能够抱持比较正确的看法。

自然，在农业和商业中，每年为国家生产财富的人对国家是最有益的。有利地从事农业和对外贸易的人越多，我们的财富和人口也会增加得越多。①

使用家畜耕种土地所需要的人力，比只用人耕种所需要的人力要

① 参看《百科全书》中“农场主论”、“谷物论”、“赋税论”等条目。——原注

少。同样，使用马耕所需要的人手，比用牛耕所需要的人手要少。但是，土地耕作所需要的人手越少，它对国家就越有利。

使产品价格提高但不会使产品增加的开支，应当尽可能地取消。但是，耕作者如果缺乏资金，在利用劳动力时就不得不花费与产品不相适应的开支。假如他们有足够的资金来进行工作，他们是可以避免这些开支的（参看《百科全书》中“谷物论”条目）。

葡萄种植业等需要人手的农作物，不得不用大量人工，因而花销很大。但是，这种开支是不可避免的，而且应当计入这些产品的价格之中，因为人们的工作在这种条件下是有利的。在使农村人口稠密方面，种植这类作物的作用比种植谷物的作用要大。在谷物经济中，一个人的劳动比在葡萄种植业中获利更多（参看《谷物论》中关于谷物经济的产量）。但是，葡萄种植业对国家的利益毕竟也不小。只要人的劳动是必要的，而且人们生产的比他们消费的多，国家就能从中获益，国家就应全力增加这种利益。这些有益的人（他们消费、生产或经商）的产品和消费，会促进消费和满足别人的消费……（参看《赋税论》中关于葡萄酒酿造师的产品）。从事牲畜饲养和繁殖的人，形成了另一批从事与农业相关的生产性职业的人，因为牲畜能为田地提供肥料以保证好收成，而农业则能在降雪或天气恶劣不能放牧时为牲畜提供谷物或饲料。

牲畜是一种独特的产品，在良好管理的国家，它是很盈利的。与此同时，任意征税所造成的混乱，农村地区遭受的各种压迫，给这个农业部门带来的损害也最大。由于牲畜的价值高，牲畜又容易长大，因而牲畜极易成为征收代役租和盐税的对象，成为管家和征税官敲诈勒索的对象，成为行政机关任意课征罚金的对象。总之，农民的母牛给它的主人带来了种种的压迫，直到被人牵走，否则便没完没了。如果政府对这些生产性财富不加保护，那么，农业就要衰落，土地就会失去肥力或继续撂荒，农民就没有任何资金。对消费具有重要意义的肉类也会变成稀罕之物，下层阶级即几乎全体人民对它无从问津。毛和其他畜产品的数量也会同比例缩减。国家整个来说就会损失巨额财富，而这些财富本来可以大大促进农业人口的福利，增加土地财产的收入，促进人们的定居和福利，增加人口和国家繁荣。然而，只有管理良好的产业才能提供这些福利。英国政府对此给予了很多关注。大家知道，英国人在这个领域给他们自己增加了多少财富。一位英国学者曾在一篇文中提到，英国人早在 14 世纪就从自己的毛类产品中获得了 1 000 万英镑或 2.3 亿利弗尔。

从那时起，这类财富取得的数量非常之大，以至于今天除了满足国内消费需求以外，它已成为英国出口的基本项目之一。实际上，农业经济财富取决于发达的畜牧业提供的财富，而我们的收入、人口数量和国家实力则取决于农业经济财富。

在依靠自己劳动进行经营的人们中间，对国家益处最小的是那样一些人：他们消费的仅仅是他们生产的产品，而且是他们生产的全部产品。贫苦农民就是如此。他们生产很少的没有价值的产品，他们依靠这些产品维持衣食，什么也不出售，什么也不购买，不会给别人带来任何益处，他们所能做的仅仅是艰难地以最可怜的方式满足自身的需要。这些人口的增长，是同他们的贫困状态完全相适应的，而这种贫困状态则是由那些管理他们、使他们破产、使国家破产的人造成的。结果是人们离开土地，远走他乡，留给当政者支配的只有荒地。

从事渔业的人也应归入生产者之列。尽管渔业不能同农业相提并论，但它也应被认为是很盈利的部门。仅仅在迪耶普一个省，捕捞的菁鱼和鲱鱼，价值就在 1 300 万利弗尔以上。我们的所有港口能提供多少渔产，可想而知。公海渔业，即捕捞鲸鱼和雪鱼等渔业，具有重要意义，应当给予很大的注意。它对想去海军服役的人来说，也是一种初步的训练。如果对渔业的税收不太重，渔业应能取得巨大成功。如果这种税收负担不大，捕捞业会有一个强劲的发展。随着产量增加，征税的对象会增加，吸引的水手会更多，并引起国民财富的增加。但是，个人利益不会受到考虑公共福利的观点的支配，只有政府的英明才能引导并产生上述结果。

对从事开采矿物和金属的人，也应采取这种明智的态度。[①]这种职业同样是产品和财富的丰富源泉。实际上，它们不是人们的食物或

---

① 从这里可以明显看出，魁奈甚至把从事采掘工业的人也看做是生产性劳动者。但在他后来的著作中没有再提到这一点。——俄译本注

为了满足人们需要的财富，而后者按照自然条件才是最可贵和最必需的财富。①但是，在商业社会中不应当以自然秩序的标准为指导，因为产品只是因其价格才成为商品财富。因此，它们是什么性质，它们有什么用处，这都无关紧要；重要的只是，每一个商品能否通过货币或者（不通过货币）直接地交换成与其价格相符合的任何其他财富。每个人能根据自己的需要来挑选这种或那种商品。但是，把它们作为商品财富来看，则应根据它们的价格来估价。因此，商品国家以自己的劳动所能获得的东西，无论是什么，只要能以其数量丰裕、价格（高）和花费最少而提供最大财富者，就是对国家最有利的。每个人应当将自己的劳动和支出用在对他们最有利的生产上，这要以他们的能力和居住地点而定，还要取决于预定用来生产对他们最有利产品的土地的所有者。如果他们犯了错误，那么，他们的个人利益会促使他们很快地发现错误。

商人也应列入进行生产的阶级，②只要他们能通过国外贸易达成的有利价格促进普遍富足。不过，我们从他们所写的文章中常常看到，他们对商业利益持有不同的观点，而且他们的个人利益促使他们忘记国家利益。在他们看来，低价格有利于贸易。他们说，贸易能扩大销路，扩大销路能使产品丰富，产品丰富能使价格降低。因此，如果扩大了贸易，他们能以低价购买，他们就达到了目的。要知道，通过贸易扩大了销路，销路扩大带来产品丰富，从而促使农产品价格降低；商人以低价销往国外，有利于与其他国家竞争。但这种低价格会破坏他国的贸易，使他们破产，减少他们的收入，并迫使他们降低商品价格。

这就是我们商人的原则，他们总是企图用这些原则说服政府，促使政府颁布对他们有利的法令和禁令，建立某种拥有特权的同盟。这样一来，他们就能（以低价）购买我们的农产品，并以很高的价格将

① 他在此文中说："尽管它们实际上不是食品和必需品，即按照自然秩序不是最宝贵的和最必需的物品。"参看米克：《重农主义经济学》，1962年版，第97页。——中译本注

② 魁奈的这个说法与他对商业的观点很不一致，后来他再没有提到过。——俄译本注

从国外运进的商品卖给我们，从而获得巨额利润。他们希望禁止外国船只进入我国港口。他们说，我们在运费上竞争不过荷兰人，因为他们的航运很便宜。从这一切可以看出，我们的商人只想到为自己谋利益，他们不惜损害整个国家的利益和整个商业的利益。

应当希望，他们的贸易能通过扩大销路而使产品丰富，而产品丰富则不仅能使法国，而且还能使其他通商国家的粮食产品的价格下降。不错，产品丰富会引起价格下降，然而，这就等于使产品贬值，而贬值是不能使产品丰富的：生产粮食产品所需要的费用构成了基础价格，如果商品售价低于基础价格，就会引起亏损。有人会反驳说，基础价格应当随着商品售价的降低而降低，因为工人的生活资料便宜了。但是，基础价格中还有赋税和租借费呢；所以，如果农村居民的工资不降低，土地所有者和国王的收入不降低，生产费用就不可能降低。总之，如果你把这些有害后果同你所想像的虚幻的产品丰富比较一下，你就会很容易地看出，商人制度的目的并不是公共福利。

但是，我们不应该将破坏其他航海国家的贸易（这些国家也经受了我们的贸易对我们自己所造成的那种损害）看做是一项伟大的成就吗？然而，害人又害己，我们能得到什么呢？我们甚至不能指望让别人遭受同我们一样的损害；即使损害一样大，我们也只能受损失，而且得不到任何好处；何况我们的这种不良居心所能对付的只有荷兰和英国。

荷兰人从事的是间接贸易或转口贸易，他们购买粮食产品是为了将它们卖出去。他们总是依据售价来调整买价，他们出卖的不是自己的产品，因此价格降低既不会降低他们的收入，也不会降低他们的贸易利润。英国人的贸易中，倒是有相当大的部分是自己的产品，然而也包括了其他一些部门，在这些部门中他们与我们没有竞争，而且不会由于我们向国外销售粮食产品价格的降低而遭受任何损害。因此，他们遭受的损失是局部的，而我们遭受的却是全部的。

但是，海外贸易没有增加我们对没有这种优势的国家的影响吗？英国不得不在海军方面花费大笔经费，以对抗我们的海外力量，它就不会拨出经费来同我们进行陆地战争。商人们认为，我们应当降低粮食产品价格，减少自己的财富，丢掉贸易给予我们的，也是我们与其他一些航海国家分享的优势；他们借口说，这样做能对同我们竞争的国家造成损害；但是，这同时也削弱了我们自己对于其他所有国家的优势，我们怎么能相信商人的主张呢？

总之，只有在我们销售的产品价格高而购买的价格低时，我们的海外贸易对我们才是有利的。商人们遵从这个原则行事，他们才会促进国家富裕，赢得国人尊敬，有权获得荣誉。

从事中介贸易和转口贸易，即从一国购买以便售卖给另一国的人，以及生产外销产品的工场主，也应归入商人阶级。他们把国外取得的利润花在国内，从而使国家的财富增加。但是，只有在国家有多余人口时，才能有这种结果。

进行中介或转口贸易的国家，通常几乎完全没有农田，这些国家的人口生活在便于进行海外贸易的沿海城市。荷兰人、汉堡人和热那亚人等就是这样。这种贸易是一些国家生存的源泉，这些国家的专制主义破坏了农业，人们只有便于隐藏和携带的财富。一些野蛮国家的人，如土耳其人和犹太人，等等，就是这样。他们通过航运、商船和相互通信进行贸易，这有利于他们所居住的城市，这些城市较少受到暴君及其分享权力的代理人的压制，因为城市，特别是首都，要求较大的克制。

恣意妄为的权力在农村表现得最为肆无忌惮，农村之所以荒无人烟，原因就在这里。这种权力只是对农民才敢这样蛮横无理，结果是农业被破坏，荒芜遍及各省。

转口贸易是很受局限的，它在一些大国只是资金的一个次要来源。靠自己的生产富裕起来的国家，如果便于航运，也在以自己的粮食产品同国外进行贸易，这就大大地限制了进行中介贸易的国家的活动范围，使后者多半只成了中介或代理。它们的获利主要来自消费的节省，它们没有自己生产的产品，只能从买进和卖出中获利。因此，从事中介贸易的国家消费得越多，获利就越少。相反，拥有大量产品的国家则以消费来支持自己国家的财富，因为消费能够促进产品价格提高。产品不断灭而复生，也就是国家财富的恢复。

外销制造品的生产，没有引起那些拥有大量可耕地国家足够的注意，特别是在没有大量人力把这些可耕地变成有价值的东西的时候，更是如此。一般来说，能够从事为外国人工作的人的数量是很有限的。

所有国家的人口总是同其每年生产的财富相适应的；后者则保证了它用于生产它所需要的制成品的人数。只有富人才把钱花在稀罕和珍贵之物上，而且讲究到国外去买。所以，对于一个大国来说，这些制成品的对外贸易，相对于它的农产品出口总是微不足道的。

不管人们如何吹捧我们的时髦商品、丝织品和其他出口品，这些商品反正是无关紧要的。[①]我们总要坚持这种看法：除了原料问题之外，这些只能补偿体力劳动的价格的产品，对于大国来说，相较于土地给予它们的收入，没有什么意义。

我们应当将那些生产外销制成品的雇佣工人看做是食客，他们用靠劳动取得的不超过其费用的工资，向我们支付他们的生活费。

捕渔业提供的产品只占我们产品的很小一部分，它受到的保护远不及奢侈品工场所受到的保护，对它的税收很重，也未给予注意。但它是我们士兵的摇篮，它比这些生产奢侈品的工场有益百倍，在这些工场的人在农业或海军中本应找到更有益的工作。

工场生产丝织品和棉织品以及因使用进口羊毛，从而使我们自己羊毛的消费大为削减，其目的似乎就是要消灭我们的牲畜，而牲畜对肥田和提高我们最需要的肉类消费是不可缺少的。所有这些利益都因那种徒有其表的贸易而牺牲了。因为贸易使我们得以购买原料，而加工这些原料，除了工人的生活费之外，不能给我们的工人和国家提供更多利益。为此，我们却要缩减粮食对外贸易，损失人们的生产性工作，使人们离开土地耕作去从事破坏性的工作。

有人可能反驳说，生产奢侈品的工场主购买原料，可以促进对外贸易，从而促进我们生产的农产品的销售。但是，我们购买现成的奢侈品将更为有利，它们贵一倍。[②]这会使我们销售更多的产品，使我们这里弥漫的奢侈之风有所收敛，这种风气毁灭了我们的牲畜，使我

① 魁奈抱有当时法国启蒙思想家同样的观点：在基本需求没有满足以前，不允许奢侈。他反对生产奢侈品的工业。——俄译本注

② 显然是笔误。应该是："便宜一半"。——俄译本注

们的土地荒芜，还占用了更有利工作所需要的人力。

因此，不要醉心于那些仅能补偿体力劳动费用的小型贸易，因为我们拥有很肥沃的可耕地。让我们给土地施肥，让我们尽可能多地销售谷物、葡萄酒、大麻、布匹和我们自己的羊毛。形形色色的产品，这才是真正的财富。这些每年复生的财富完全能保证我们各种工场制造品和工业商品。财富是手工业和奢侈品之母。

土地所有者也可被看做是生产者，因为他们管理土地和改善土地。甚至国王和大臣们通过管理国家的经济也在一般形式上间接地促进了财富的增长。国家的繁荣有赖于这些人，但是，行政机关不应当忽视王国财富的真正源泉。

在发现美洲以前，西班牙从土地中得到自己的财富，而且它的人口众多。但是，自从秘鲁的矿山成为国王和王国贵族收入的来源以后，土地便被弃之不顾了。大土地所有者的财富现在仅仅依赖于王国的金库，他们的土地变得没有了价值，王国人口减少了，肥沃的土地由于荒芜而成了广阔的荒地。人口数量变得与秘鲁矿山每年创造的财富相适应了。所以，西班牙从这个源泉得到了数亿，却损失了数十亿。

如果某个国家的大土地所有者除了土地提供的产品以外，没有为自己开辟其他的收入来源，那么，他们就会支持农业，利用自己的影响来保护自己的财富，免受下层行政机关滥用职权之害。他们通知了政府，混乱就被制止了。农村居民保持着资金，使土地不丧失价值，支付租借费和赋税，使自己的家庭保持他们所习惯的生活状态。

居住在自己领地上的大土地所有者维护和改善领地，以免因农场主太穷或粗心大意而使土地荒芜。他们为实施改善和扩大土地的各项措施出钱，为能保证和增加收入的工作出钱，或是对处境困难的农场主提供帮助。他们允许农场主在销售产品的条件不利时推迟缴纳租借费。已故的米尔普亚元帅拿出 1 万利弗尔由管家支配，以帮助那些因轻微冻伤、牲畜死亡或其他不测事故而遭遇困难的农场主。这位元帅的这笔钱肯定不会减少，而且肯定农场主会十分好意地和及时地归还借款。如果所有的大土地所有者都准备提供这样的帮助，那么，他们就能为国家保护一大批因受灾而濒临破产的优秀农场主。拥有土地的寺院现在几乎是惟一执行此项义务的所有者，结果是：这些寺院的土地总是处在良好状态，且保留了自己的农场主；而农场主们则子承父业，世代相传地租赁土地。这些大土地所有者拒绝宣称愿出高额租借费的农场主的有害竞争。精心耕作土地的农场主相信，那些土地肯定还会是留给他们的。这样的土地所有者会促进耕作者的利益，并且会同意耕作者在他们方便的时候交纳租借费。但是，在土地所有者的土地上耕作的农场主，通常有能力在约定的期限内交纳，因为他们有时间在劳动和良好耕作的基础上，安心地为自己创造富裕的生活。他们越富裕，他们就越能把土地耕种得更好，越能准时交纳租借费，越能安心地等待销售产品的有利时机，并且避免他们可能遭受的灾害。因此，对国家来说，很有益的是那些土地所有者，他们对自己的土地能进行良好的管理，通过预付资金改善土地以增加产量，挑选能进行良好耕作的优秀农场主，给他们以资金和劳动的帮助，促进他们富裕。这样的土地所有者越多，每年生产的国民财富就越多。因为他们越富裕，他们就越容易通过改善自己的土地来增加收入。有这样明智的土地所有者，我们的土地价值能增加一倍或两倍。在英国，大土地所有者一年中有一部分时间住在领地，他们在改善土地方面取得了很多成效；农业成了他们财富的源泉，可以证明这一点。

生产者构成了人口的基本部分，其余则是辅助和补充的部分，它们与前者是成比例的。人口的这个辅助部分能使人口的基本部分节省花在各项活动上的时间：满足自己需要；保卫国家和自己劳动的产品；保卫土地，即保卫每年不断往复的财富的源泉。

只享用或者完全不享用王国财富的人，对国家都是无益的。可以说，人因自己的消费而对国家有益处。如果他以自己的劳动补偿自己的消费，如果他直接或间接给他消费的东西或他占有的东西带来好处，并以之补偿自己的消费，那么情况就确是如此。因为如果他拿走了财富，却没有从价值上予以偿还，那么这个财富不可避免地就会减少。但是，他为自己的消费付了钱，不就是恢复了财富吗？不，因为如果他没有挣到报酬，那么他就是用他已有的钱支付的，这顶多是归还了落到他手上的那部分财富。他本人并没有促进被消费的那部分财富的再生产；财富只能通过人类的劳动实现不断的恢复和再生产。因此，没有为恢复自己占有的或消费的财富工作的人，不可挽回地消灭了他所消费的东西。可能有人会说，他付了钱，也就为社会恢复了他所消费的东西。但是，毫无疑问，在再生产的财富中，将不会有他所消费的那部分财富，因为他不曾直接或间接地为那种再生产出过力。可能有人反驳说，他没有再生产，但其他人进行了再生产。其他人确实再生产了以他们的劳动提供的一切，或者再生产了与他们带来的好处相关的一切，但是，他们没有再生产他们应当以自己的劳动，或者以他们带给社会的好处所再生产的一切，因为他们消费了，但是他们没有对此作出补偿。因此，他们的消费是纯粹的消费，因为这种消费不构成再生产财富的组成部分。如果他们不加补偿地继续消费，那么，这部分财富由于继续消费而需要再生产。实际上，这部分财富是靠别人的劳动在进行再生产，而他们未曾直接或间接生产的东西，什么也不缺。因此，从国民财富的观点来看，这种无益的人好像完全不存在。可能有人会说，什么也不生产的孩子要消费，为什么人们不认为这是国家的负担呢？因为人对社会的益处是以其一生来判断的，童年和老年是以他们给社会带来益处的那些年月来补偿的。同样，不应当认为在我们这里花钱或消费我们财富的外国人没有带来好处。因为，大家知道，他们为其消费而向我们支付的是外国的财富，而不是我们的财富。但是，有人反驳我说，游手好闲的食利者花掉他们的收入，难道没有带给我们好处吗？于是得出结论：他们是有益的。因为他们没有注意后果，把人们和他们消费的财富混同起来了。的确，不管是否促进了财富的生产，如果有钱人不花掉自己的收入，就是非常有害的。但是，尽管他们不是那么有害，但也不应由此就说他们是有益的。更好的是，他们能将自己的资本花掉，这些资本如转移到劳动者手中，就会变得更为有利；这些资本如归游手好闲者所有，既不会带来任何好处，也不会提供任何东西，那么，就应当认为这些财富被放错了地方。幸运的是，这样的人不算太多。名人显贵不献身于某种重要事业或不身居要职者是很少的，不管是在教堂、军队里，还是在王国管理机关、法院等，莫不如此。

没有大笔财产的人，会从事与其能力和所受教育相适应的工作。富人和有钱人，以及一般所谓从业人员的益处，可以根据他们的收入加以判断，这些收入表明他们的劳动对国家繁荣的价值。

国家在使用人们的劳动时，不仅要考虑人们实际上带来的益处，而且还要考虑可否在现有人口水平之下，将他们的劳动用在更有利的工作上，从而为王国带来更大的益处。国家还应当在那些能够用较少的人力和较小的开支的工作上减少用人的数量。从别的工作上抽过来的人，在这个工作上显得不需要，而在原来的工作上他们对国家却是有益的。对他们的开支全无益处，徒增商品或农产品价格，使销售和产品减少。那些关心增加人口胜过关心增加财富的人可能会说，甚至这些开支也能给国家带来益处，因为这能使更多的人得以生存，增加消费，扩大销售和农产品生产。

所有这些收入都是虚假的，因为增加了产品价格的支出，并没有增加产品数量和所有者的收入，而是减少了消费和生产。消费是同消费者的财富相适应的，而这些财富则取决于国民的收入。支出的增加不会使收入增加，相反地，它会使之减少。因为它减低了粮食的价值，这价值应当反映真实的价格。由于支出过多，使粮食产品的价格变得昂贵；如果价格不是降低到损害产品真实价值[①]的程度，它就会失去销路。由此可见，本可避免的一些支出，以及构成许多人的工资但这些人却没有为此作出付出的那种支出，会缩减消费者的收入和财富，减少产品的销售和生产。

减少产品就意味着减少财富。但是，国家的人口总是同国家的年产品和年收入相适应的。因此，只增加了农产品或商品生产的支出的人，不仅有害于财富的增长，而且妨碍了人口增加。因此，一切减少了人的劳动开支的机器，以及一切节省搬运劳动的运河与河流，都会有助于形成同产品和商品的真实价值相适应的价格。它们促进了销售和生产，这会有助于增加财富和人口数量，因为财富的增加会引起支出的增加，而支出的增加又会使各种挣钱职业的工资增加，并吸引更多的人。因此，认为人口增加会损害财富的年生产，这是不对的：有

---

① “真实的价值”这个多余的说法再次表明，对魁奈来说价值问题是多么地模糊不清，说明他在定义价值本质时是多么地摇摆不定。看来他是想找到最确切的表述，因而提出了多种定义。——俄译本注

些人的消费超过了他们的生产，但是这样的人并不如想像的那么多。

根据这个原理，可以回答缩减了开支却增加了我们生产产品的价格的许多问题。例如，有这样一个问题，是否应当禁止荷兰人从事近海航运业务？他们以少于我们的费用，将我们的商品从法国的这个港口转运到另一个港口。有人说，我们的航运业损失了利润，利润都让外国人拿走了。但是，国家因荷兰人的价格低廉的服务而获得了好处。因此，应当决定是否应把局部的航运利益看得比国家的一般利益更重要。有人会反驳说，航运利益与国家利益密切相关，两者都要求取缔荷兰人的近海航运，因为这有利于发展我们的商船队和海军。当然，这样的禁止对我们的商船队取得成功是有利的。因为这会增加利润，从而扩大我们的航运业；这对我们的海军同样有利，因为它能吸引更多的人从事航海事业。但是，能把近海航运和商船队混为一谈吗？它不是一个单独的部门吗？要知道，它的任务不是与国外进行贸易，而只是把商品从一个港口转运到另一个港口，从而只同我们的国内贸易相关。因此，减少一个国家之内的转运费用，对同属一个国家的买卖双方都是有利的。提高这种转运费用，尽管对某些同胞有利，却会对农产品的销售、消费和生产带来损害，从而不可避免地减少国家财富的年生产量。

缩减国家的财富，等于伤害了它的基础。增加水手当然是一件重要的事情，但是，它不仅取决于小小的近海航运业，而且还取决于人口和财富的增长。如果我们有财富，足以给出优厚的报酬，那么水手是可以找到的，特别是当我们的渔业取得进展的话，渔业是水手的摇篮，又是财富的源泉。但是，如果为了增加水手而采取的措施导致了财富的缩减，那么同样就会导致人口的减少，因为人口总是同财富相适应的。类似的措施不仅不利于人们追求的局部利益，而且也很少促进公共福利。总之，在等待我们所期望的变化时，至少可以说，现状对我们还不危险。

当农村居民受到压制，生活贫困，当土地耕作无法维持，不能保证生活在农村中居民的生活资料时，他们就会流入大城市。他们在那里涌入已经人满为患的职业，他们在这些职业中显得用处很少，或者全无用处，甚至变成别人的累赘。人数特别多的是各种商贩和仆役。

严格地说，只进行国内贸易的商人不从事生产性劳动。[①]他们给国家提供服务，国家给他们支付报酬。商人的人数及其利润是不确定的，也不取决于某种既定的秩序，所以各种不同类型的商人的人数可以无限地增加。他们之中的每个人都力图至少保证自己家庭的生活，因此，这样的家庭越多，零售商业就会变得越贵，对居民的负担就越重。由于不用很多钱就能轻易地从事商品销售，所以，在农村破产而流入大城市的很多人开始经商；他们把父辈花在农业上的少量资金投入商业。横征暴敛、征召后备军、强制劳动、限制农产品贸易以及其他的种种压制，使农业失去了劳动者和资金。留居在大城市的许多商贩，由于必须要有同其人数相适应的报酬而使价格提高，结果给居民带来了伤害。由于商贩众多而引起的高价格，使得其中那些能够销售的商贩积攒起了财产，这对社会是一种伤害。因为创造了这些财产的利润，大大超过了那些大商人的费用和消费。

积攒和滞留起来的财富，形成了生产性财富周转的障碍；这种生产性财富本来是应当经过农业而不断地进行再生产的，才能每年再生产出新的财富和国家收入。

所以，损害农业国家的这种财富积累，有时被看做是国民财富的标志；但是，相反地，它又是国家衰败的原因。

不能认为耕作者的资金与城市小商贩的资金是类似的。耕种土地的耕作者只能通过有利于国家的劳动才能获得报酬，而且每年只把自己的财富作为工资，支付给那些被他雇来工作的农民。这种连续不断的工资，如果他愿意的话，能为他创造财产，但是，这些财产甚至还不到他所生产的年产品的1/15。因此，这种财产越多，获得这种财产的人就越有益，他在创造财产过程中对自己财富的运用就越恰当。问题在于，农业上的大笔支付会使土地产品增加2~3倍，而支出不足则可能使产品仅仅比费用多30%，预付充足会提供预付100%的利润，其中一部分归于国家，一部分给土地所有者。由此可见，正是耕作者创造的财富，保证了国家的收入、国家的实力和国家的繁荣。因此，耕作者的职业因其运用财富的意义和性质，应比商人的职业受到

① 这是对前述观点的修正。参考本书第126页注释②。

更大的注意，商人是在困难时刻即有价证券流通数量增加时才参与其事的。这种商业不可避免地会使货币脱离生产过程。贴现贷款不仅不能以自己的财产促进财富的再生产，而且还会使货币停止流通，逐渐把国家不多的积蓄吸收殆尽。

在这个时期，王国的全部货币都集中在首都。以不动产作抵押向债主借款是困难的。当利润归结为国有资本的单利时，它是太少了。为了得到较大利润并使货币能迅速归还，有必要规避法律。

在金融界取得巨大成绩的影响下，一些缺乏远见的人认为流通货币量增加了，还认为国家有了良好的资金来源。但是，这些成绩并不是他们认为的那样是国家资金的来源。在投机者知道对信贷的需求维持着他们贴现的期票的价值的时期，他们会不断地赚钱。但是，他们决不会放弃对自己财富的支配，只在得到充分的安全保障时，他们才肯取出，然后藏在他们的仓库里。留下来的只是过去时期的沉重后果。

有些人认为，用不断周转的一定数量的国家钞票和其他的国家商业证券来补充王国的金银数量是适当的。这些人不懂得，这种期票仅仅有利于维持那种成为负担的和不适当的贸易，这种贸易是什么也不生产的，只能依靠一定的货币额而存在，而且有助于职业投机者把王国的一部分货币揽到自己的手里。这些货币离开了流通，可是，通过流通它们才能充实真实财富的源泉，才能满足对每年恢复这些财富所必需的费用的垫支需求。货币不能生出货币。因此，在这种容易使人产生误解的贸易（货币在其中既是商品又是清算手段）中，贴现者是获利的，而办理贴现者则是受损的。职业投机者对社会只能带来危害。交付货币，既有利于卖者，又有利于买者，作为对整个国家有益的惟一的贸易形式，它包含在商品与货币交换的交易之中。国家证券和商业证券的流通不能认为是国家财富的真正补充；有了充足的商品和无障碍的自由贸易，货币也就不会缺乏了。

人们对过多的人离开农村来到巴黎想当仆人，比对城市居民从事经商和货币交易给予了更大的注意。的确，如果他们能在农村生活下去，如果他们没有遭遇被拉去从军的危险，如果他们不是因为被强制服劳役而被弄得一贫如洗，他们离开农村就意味着农业人力的丧失。

然而，如果他们没有所需的资金，他们自己便无力进行农业耕作；如果农场主本人无力雇用他们，给他们支付足以保证其维持全年生活的工资，他们也无法依靠农场主进行耕作。但是，在多数省份，农场主和对分制佃农要获得自己家庭的生活资料是很困难的；他们从自己的不允许自由销售的谷物中所能得到的钱也很少。如果不能保证低微的哪怕是同其繁重劳动不完全适应的价格，他们就不能进行农业劳动；远不是所有的农业工人都能够劳动并愿意忍受这样贫苦和劳累的工作的。他们对如此贫苦的劳动感到厌倦，宁愿去当仆役也不愿继续在农村受罪，这有什么好奇怪呢?

为了保持仁慈，不应当阻止农村人口逃亡。如果硬要强行阻止，那么所有的荒芜之地就会被不幸之人所充斥。

也许应该回忆一下那些王国，那里的农民是大土地所有者的农奴，他们必须为自己的主人做工，而主人只给他们一些最必需的生活用品。但是，这种强烈动摇国王政权和国家繁荣的制度，压制了一切竞争和所有积极性。此外，它同发展航运和贸易也不相容；这种封建专制对航海国家和真正的国王政府都是不适宜的。只有自由和私人利益才能使国家生机勃勃。

主张把乡村教师赶出法国农村，这是徒劳的。这种拙劣手法有时会受到欢迎，但这是荒唐的，而且只会导致又一种压制！不管不幸的农民是否读书识字，他们都十分清楚，他们在巴黎能生活下去，很多同乡和亲戚会收留和帮助他们安排生活。要防止他们离开农村，只有一个办法，那就是改善他们的处境。在农村，农民是很眷恋自己乡土的，如果不是因为贫困，他们是不会离开自己家乡的。如果乡村失去了自己的居民，那是因为他们在那里弄不到财富；当他们不能得到某种富足生活时，他们在那里是无益的。没有富足和安定的生活，他们就没有能力和勇气献身于有益的土地耕作事业。可见，在类似极端的情况下，农民为了能得到其他某种好处而离开农村，这对国家没有任何损失，因为这些人的消费限于最差的衣食；他们什么也不买，什么也不卖，而他们的劳动又是如此无用，甚至不能满足他们最迫切的需要。尽管众多的仆役对财富年生产的促进作用甚小，但他们还是间接地起了某种促进作用。

应当让有钱人自由地使用他们的收入。如果奢侈能促使他们供养一些无用的人，那么，虽然这些仆人的确不能算是生产性的人群，但是，他们还是应被看作有助于把富人的钱分配于各种挣钱的职业之间的消费者。要知道，仆人不会把取自货币流通的财宝积累起来，而货币流通的使命在于不断地将货币重新回复到每年生产财富的源泉中去。他们的衣食和薪水对社会消费是有益的。富人利用自己的财富，同时也把财富还给社会。绝对不要妨碍富人利用自己的财富或收入，因为他们的行为促进了财富的产生和再生产。可见，为贫困所迫而出来当佣工的众多仆人，比他们在农村过贫困和无目的的生活害处较少。这些仆人对国家的益处，与生产奢侈品的工人的情形相仿佛。因为这些工人之所以有益，只是由于他们能促使富人花钱，而且他们自己也要把他们的劳动所得花掉。但是，在一个没有足够人力使土地财产变得有价值的王国中，仆人和奢侈品生产者都是无益的。

但是，如果政府拒绝土地收入，如果它通过立法将土地耕作仅限于提供生活必需品，那么，总会有同国家的总人口数相应的一些人，不管这些人多么少，仅以其消费而有益。甚至可能许多人将成为社会的负担。

如果不反对滥用职权，不反对使一些人聚敛起对社会有害的财产，而使另一些人限于贫困和卑微的混乱状况，那么，奢侈就会达到极端，促使各个阶层的人胡乱花钱，因为只有以财富才能赢得地位和尊严；财富打乱了一切社会地位，使官阶、奖赏、功劳、德行和一切基本的社会特性都消失殆尽；用财富可以收买保护者，以使弱者破产，并获得本应属于有能力和功劳者的职位。这种混乱会损害人们对公共福利的关注，摧毁政府在内政上所依靠的动力，破坏经济秩序，使国家发生动荡。罗马最富有和最奢侈之日，也就是它自己属下各省被搜刮殆尽之时。然而，正是这种奢侈，成了摧毁罗马帝国势力并使它被敌人征服的烈火之星。

当国家在人口和产品方面都达到高度繁荣时，人们以其财富给国家带来的益处比以其数量带来的益处要大。财富丰裕，人们生活富足，而且他们的同富裕程度相适应的消费会促进财富的生产，维持国家的威力。但是，如果人口与从土地和对外贸易中取得的财富数量相比显得过多，那么，过多的人口就不能促进财富的增长，而是由于其消费而引起粮食产品价格的上涨。然而，价格的上涨并没有增加财富的总量，人口增多引起的需求增加却降低了全体人民的富裕程度。如果人口太多，那么人们的消费就会减少到最迫切的必需品，结果国家就会由繁荣变成贫穷。人们不可能限制自己的消费，以便分出一部分作为政府和国防所必需的费用。这样的国家将不得不使自己的土地只生产最必需品，同时以此限制自己的消费。中国的人口情况就是如此。它的辽阔和肥沃的土地勉强能为人民提供大米和其他粮食谷物。中国人民被管理得很好，他们不知道战争，也不侵犯别的国家，但它的人口增长超过了良好耕种的广大土地所能提供的生活资料。不过，促使人口过分增长的这一切情况，在别的国家是没有的。

国王及其地方官吏的专制，法律的缺失和不稳定，行政管理的混乱，土地所有权缺乏保证，战争，苛捐杂税，等等，都会伤害人民，使国家财富遭受损失。世界上几乎没有一个国家能使自己的人口达到这样的数量，允许他们获得土地所能提供的一切，并且创造出在这样的财富条件下所能享受的最大福利。

政府总是力求增加人口，因为人能增加财富。但是，如果政府过于贪婪，就会急于把应该用于提高国家收入和增加人口的财富吞噬殆尽。如果政府超出了不损害农业所允许的限度，急于使用现有的财富，就会使自己陷于贫困的境地。政府巧取豪夺的方式多种多样：使人破产和管理混乱的赋税，强制和罚款，为产品销售设置障碍，取消贸易的各种自由，对外销产品征税，等等。

这种考虑不周的赋税会缩减国王的收入，因为它会因赋税本身和征税费用而使价格上涨，而价格上涨又会妨碍生产和产品销售，特别是那些别国没有而我们能够大量生产的产品。正是这些产品能够成为国家巨大财富的源泉，并为众多的人口提供生活资料。这不仅因为它能使许多人从事这些产品的生产，而且还因为这些财富的支出能为从事各种职业的人提供报酬。法国能够生产大量葡萄酒，按照对邻国有利的价格销售给邻国，而我们也能得到大量收入。财富能增加数百万，人口也能增加成百万。

然而，农业国不能仅靠自己的财富的增长而致富。问题在于，丰裕的财富比众多的人口更能促进这些财富的增长，但是，另一方面，财富的增长又会促使从事各种挣钱职业的人数增加。例如，由于资金不足而用牛耕的小农经营，与使用马耕的大农经营相比，使用的人多得多，收入却少得多。大农经营要求大量的预付，但它能提供100%的利润，而使用多得多人手的小农经营所能提供的利润只有20%（参看《谷物论》，政治经济学）；此外，使用少数人手的大农经营能保证人口的大量增长，因为它能给数量多得多的人提供工资和生活资料。①

由此可见，国家财富的增长，能促使这些财富以及人口和国家威力的更大增长。

没有航运的国家几乎完全不能增加自己的财富和人口，航运则能以自己生产的粮食产品进行大规模贸易。要知道，若没有对外贸易，国家甚至不能扩大农业，因为产品丰裕会使其价值贬低，毁灭土地所有者和国家的收入。促使价格下跌的产品丰裕，不利于人口增长，因为贫穷决不能把人留在国内，不能把人吸引过来。实际上，如果人口和财富之间的比例遭到破坏，人口相对过多，那么，这种过多的人口将使国家大为贫穷。工资将同人口增长成比例地下降，消费也与工资成比例地下降，使人们贫穷得不得不离开自己的国家。土地所有者收入减少的情况也是如此。因为所有者在这种情况下就会缩减自己的花费，从而使各种从业者的工资下降，最后则是人口的减少。

如果航海国家有大量多余的粮食产品，但禁止出口或以税收来妨碍其销售，也会发生上述情形。结果会形成使耕作者亏本的价格，也

① 居住在拥有大农场的富裕农场主耕种的土地上的人，要比居住在小农场主或对分制佃农耕种土地上的人少。瞥一眼博斯和彼尔什两地的地形图便可看出，博斯比彼尔什显得空旷。博斯只有一些相隔很远的大教区；在各个教区里住房很多，这些住房的朝向相反，而且很密；博斯的土地所提供的收入要比彼尔什多得多。总之，彼尔什的人口尽管比博斯多，但在促进王国人口增长方面却远不如博斯。关于在农村使用人力的合理性，应当根据他们的职业和他们增加土地价值的能力来判断。由富裕农场主耕种土地的国家，能够保证得到最大的收入和拥有最多的人口。必须使农场保持财富，而所有者的收入则要花掉。前者能创造财富，后者则能向人口提供生活资料。——原注

就得不到土地收入。剩下的惟一解决办法，就是恢复对外贸易，或者严格地把农业限制在满足本国的生活资料的范围之内。可是，这样一来，下层民众在歉收年就有挨饿的危险，产品贬值就更危险了。因为它会使农业萎缩，使国家收入和生活的源泉毁灭，使人口减少和国家破产。

因此，当谷物出口被禁止时，就不应当抱怨农村居民没有开垦荒地，没有创造丰富的谷物了。丰富同贬值联系在一起就意味着贫穷。因为，无论谷物如何丰富，如果它回报给耕作者的仅仅是他的费用，那么，丰富就不意味着财富的增加；售价偶尔超过费用，也不能构成工资和收入。因此，应当精心地研究产品价格是否超过了费用，扩大耕地面积是否消灭了迄今受到限制的土地的收入，限制这些土地是为了将谷物价格维持在一定水平上，以补偿费用，支付垫支和税收，以及补偿耕作者的劳动和风险。只有这样才能明白，是否需要相反地借助法律严格限制耕地面积，同时效仿在商业事务上十分开明国家的榜样，把某些过剩产品抛到海里去，以便维持所售商品的价格。[①②]实行这种（限制耕地面积的）法律比禁止将剩余产品（如因毁灭性禁令而贬值的土地耕种还能获得剩余产品的话）销往国外更为合理。它们同样要比禁止栽种新葡萄和规定拔掉葡萄藤，以便扩大难以销售的谷物的种植的法律合理。王国还有 3 000 万亚尔邦适于播种谷物的未耕地，但是不能耕种这些土地，以免谷物价格下跌，引起国民收入降低；也为避免人口减少，而这种人口减少在收入受损、农业因人口缩减而衰落的情况下是会发生的。

在制定这种禁令时，难道真是相信小麦低价能促使谷物丰富和人口增长吗？其中存在着一系列会导致普遍衰落的现象，难道还不明显吗？时至今日，已经没有必要去追寻导致衰落的原因了。为了摆脱这

---

① 可见，魁奈对商业资本家在原始积累时代所推行并由重商主义者在理论上作了论证的最野蛮的措施之一是赞成的，尽管他是反对殖民政策和商业战争的。不过，他的赞成是有条件的。——俄译本注

② 俄译本的上述评论不免有过苛之嫌。宁可说魁奈是在分析一种可能性，而不是对这种可能性表示赞成。——中译本注

种有害的偏见，只消看一下卢瓦尔河沿岸的那些省份就够了，那里的谷物由于没有销路而经常贬值，农民的工资太低，买不起低价小麦，也吃不起小麦面包。这是一些最贫穷的人口最稀少的省份，耕种的土地也很少。十分可悲的是，法国这样一个航海、农业和贸易国家，居然还要从自身的经验来理解这些真理。这些真理从没有航海优势的邻国的经验那里就能轻而易举地发现。

赋 税 论*

向臣民征收的赋税，或是臣民交给国家以抵补政府开支的赋税，是以人民的财富每年的再生产为基础的。这些财富可以分为四类：

（一）土地所带来的收入；

（二）用于补偿恢复收入所必需的费用或支出的财富；

（三）工业所创造的财富；

（四）持有公债券的收入或基金的利息。通过出租房屋①和其他不

---

* 这篇文章是魁奈于1757年为《百科全书》所撰写的，但当时未曾面世。后来首次由舍利发表于《经济与社会思想史评论》，1902年，第2期。这次是首次译成俄文出版。这篇文章的修辞极不完善，校订也很差，因此，像《农场主论》、《谷物论》和《人口论》一样，翻译起来非常困难。杜尔阁为该文所写的注释具有重要意义，这次全部收录。杜尔阁指出，魁奈该文的思想是对维克多·米拉波的《赋税论》和《农业哲学》相关思想的发展。这一点具有特别重要的意义。实际情况确实如此。维克多·米拉波是魁奈的基本思想的通俗化者。——俄译本注

① 我认为，应当将城市中出租房屋的收入看做是真正的收入。的确，支付房租的人没有从中得到任何好处（指租来的房屋不像农场主租来的土地那样可以带来收入——中译本注），而且他必须以自己的其他收入支付房租。但是，同样确实的是，对于房屋所有者来说，这是纯粹的和毫不费力的利润，它不是来自生产和商业经营的收入。应当研究一个问题：对房屋征税又对土地年收入征税，这不是双重征税吗？这是可能的。但是，如果在取消土地税的情况下对房屋征税，那么双重征税就不会发生了。在这种情况下，与其说征收的是双重税，不如说是间接税。但是，这种间接税比较整齐划一，不像对工业品和农产品贸易征收间接税那样麻烦，这是它的一大优点。——杜尔阁注

动产及财产，所有者能从中得到收入，但是这些财产与土地不同，它们不能给租用者提供任何好处，而土地每年能提供收入，并由农场主支付给土地所有者。严格地说，这些收入不是一般的收入，而是因出借货币和出租房屋而每年得到的一种债务。尽管这些收入来自特殊的基金，而不是国内周转的财富的产物，但是，从得到这些利息的所有者的角度看，它们应当被看做是真正的收入（因为对他们来说，这是真正的收入）。因此，像其他的收入一样，对这些收入也应当征税。土地抵押（贷款）利息是一个例外，但是，在这种情况下，也不应将这种收入同土地财产所提供的收入截然分开，因为它同样是靠土地收入提供的。①

货币财富

我们这里没有谈到其他形式的财富，这些财富可能很重要，而且可以看做是用于每年再生产的货币财富的一部分。这种形式的财富仿佛是从国家抢夺来的，被称为流动资金，②它们是聚积在首都的一种货币资金，有时被当做公债券。它们被用于汇率差价合同，或者用于以一种基金同另一种基金相对比的赌博，在进行证券投机时，它能给握有巨额货币资金的交易人带来很多盈利。

巨额货币财富似乎能证明国家富裕，但实际上说明了它的衰落和

---

① 没有预付，因而没有基金，农业和商业经营便不能实现。国家必须拥有大量的准备用于这种预付的货币财富；因此也就不可避免地产生了货币拥有者和经营中需要货币者之间的交易；因此，货币交易本身同所有的一般商业没有什么两样，尽管它只是在消费者和生产者之间起中介作用，而且总是以土地财产收入来支付，这是它同其他任何一种贸易相似的地方。只有当政府由于秩序混乱而不得不以贷款满足需要，而且这些不良贷款变得五花八门和毫无节制时，货币交易才变成一种祸害。在这种情况下，货币交易变成了一种狂热，一心想靠老实人发财的恶棍从中大肆投机。但是，政府对这种投机倒把风潮的鼓励，还比不上误入歧途的年轻人对高利贷者的鼓励。——杜尔阁注

② 流动资金，也就是投机性货币资本，从约翰·罗时代起在法国广泛存在，尽管规模已不及18世纪20年代末30年代初那么大。——俄译本注

破产，因为它们会损害土地、航运、对外贸易、手工业和国王的收入。

它们损害了大量生产性财富，而且逃避了税收，因此我们不能把它们算做促进国家收入的财富。然而，如果征税对国家来说害处较少，如果农业稳定，而我们自己生产的农产品的贸易也有了自由，那么，上述货币财富本身就会回到总的体系中来，因为它们带来的盈利，比汇率差价交易或几乎总是成了公债①的证券投机赌博带来的盈利更有保证和更加稳定。

再生产的财富

再生产出来以补偿为获得盈利而发生的费用的财富，不应当被看做是新的财富，因为它们只是恢复了为使土地能够提供满足人们经常需要所必需的产品而垫支的费用或开支。为获得盈利所使用的财富，应当被看做是提供收获物的种籽，这些种籽应从收获物中被预留下来，以备下年播种之用。从谷物收获中预留的这些种籽，不是收获物所提供的盈利的一部分，因为它们只是补偿了为获得收成所花费的那些种籽；为了每年生产新收成，必须将这些种籽返回到土地中去。

耕作者耕种土地的费用也是如此。这些费用大约占土地收成的2/3，这些费用在收获时应当返还给耕作者，以便他们能重新将其用在土地耕作上。因此，这2/3收成绝对不是从收成中取得的盈利部分。显然，不应当对这部分耕种土地所需的财富征税，因为如果土地所有者失去了这部分财富，土地产品就会减少。

这种不正确的征税会逐渐地并最终地破坏国家和国王的收入，削弱并使国家完全崩溃。对耕作者用于耕种土地的财富是不应当征税的。

① 这对18世纪的法国来说是对的，但对英国和荷兰来说就不对了，在那里拥有广泛贸易的商业企业的有价证券同国家的有价证券一起在交易所进行买卖。——俄译本注

纯　产　品

每年创造的构成国家收入的财富，是从土地产品中扣除了全部费用以后构成盈利的那部分产品。

土地所有者不应当保存纯产品

获得这些盈利的土地所有者，必须每年花掉这些收入，并以此将收入在全体国民中间进行分配。没有这种分配，国家就不能存在下去。如果这些收入被土地所有者保存起来了，就必须从他们手中夺回来。这种财富是土地所有者的，但也是国家的；土地所有者拥有这些财富，只是为了将它花掉。①

土地所有者对国家的用处仅仅在于他们的消费：他们的收入使他们免于劳动，他们什么也不生产。如果他们的收入不在各种职业间进行分配，国家就会由于这些不公正的和残酷的土地所有者的吝啬而变得荒无人烟。②在这种情况下，就应当借助法律手段，反对那些把祖国财富保存起来的对社会无用的人。

由此可见，土地所有者从其土地财产中所获得的盈利或收入是国家的真正财富，是国王的财富，是臣民的财富，是为国家需要服务的财富，即税收来自这些财富，而税收可以使政府维持必要的开支和保卫国家。

工业收入

工业能生产满足人们需要和使生活舒适的物品；这些物品对于购买这些物品的人来说是财富。因此，购买这些物品的人应当拥有用于

---

① 因为只有花掉才能拥有，所以不必担心土地所有者会中止消费。——杜尔阁注

② 这个很鲜明和明确的观点说明了魁奈是怎样看待土地所有者的。——俄译本注

支付的财富，但是，这些财富只能来自土地财产所提供的盈利或收入。只有土地所提供的产品才是原始的、纯粹的和不断再生的财富，人们在支付他们所购买的一切物品时，所用的就是这种财富。

人们制造的物品，要求生产者付出等于这些制造品价值的费用或开支。这些费用类似于耕作者养活农业工人的花费：赚到这些费用的人们，将它们花在自己的需要上，而支付这些费用的耕作者，则从土地产品中得到它们。这些费用既是财富，又是支出。它们是财富，因为它们被用来养活赚到这些费用的人们，同时它们又是支出，因为它们是从支付它们的人那里取得的，又被赚到它们的人所消费。这类费用不能从自身身上产生，它们是借助人的劳动而由土地产生的。不应当将产生这种费用的财富源泉，同人类劳动本身或人们生产的制造品混同起来。在讨论这些财富的性质时，应当将工业中周转的财富和构成耕作者费用的财富看做是彼此相似的东西：前者提供在城市工业中就业的人们的生活资料；后者则提供给农村的工人。两者每年都是依靠农产品更新的。

这方面的比较是正确的。但是，说到它们的作用，那么，作为耕作费用的财富同工业的财富就迥然不同了。前者能产生盈利，后者能生产制造品，其价值只能等于制造它们所花的费用。织布的工人购买原料，并花钱满足自己在生产期间的需要；他们用出售自己的织品所获得的报酬来补偿他们在原料上的支出并满足自己的需要。他们靠自己的工作所取得的进款，仅能补偿他们所花掉的费用，而这种补偿使他们得以靠劳动生活。力图得到这种进款的工人的竞争，使这种补偿限于对劳动的报酬。总之，这种进款和补偿的费用与土地所提供的收入不同，它不是原始的财富和纯粹的收入；即使这种进款超过了费用，也只有依靠支付工人的不断再生的原始财富，这种进款才能存在。工业劳动创造的财富，借助于土地提供的收入才得以产生，它本身是不生产财富的，这种财富只有借助于土地收入才能再生产。国家只有依靠消费和不断再生产才能存在。维持国家存在的财富要求更新，不生产的财富只能用于消费，并被这种消费所消灭。如果它的再生产没有得到其他财富的帮助，那么它就不能保证不间断地满足人们的需要，不能保证财富不断地得到恢复。

货币财富

我们这里还没有讨论货币财富。这种财富不是每年再生产的，它在国内仅仅是辅助的或隐蔽的处于流通中的财富基金，它在贸易中代表真实的财富。货币财富本身并不进行再生产，不能满足人们的需要，也不能产生货币。如果没有真实的财富，货币财富就是不生产的和无益的财富。但是，货币作为隐蔽的财富，对人们是很有用的，因为它能帮助人们获得真实财富，并为这些真实财富以潜在财富的形式提供一种比较的尺度。总之，在人们之间交换财富的现存秩序下，必须拥有货币财富才能随时拥有其他一切财富；而货币在自己的流通中是不消耗的，也不进行再生产，但它随时被用于交换每年仅仅为了消费的财富，以及通过再生产不断存在的财富。经济管理者应当懂得这两种财富之间的重要差别。所以，国家都力求增加真实财富额，并且借助于真实财富的价格将流动的财富吸引到国内。但是，在真实财富中，应当将能提供收入的生产性财富和不生产的、消费的即满足人们需要的财富区别开来。用收入来支付，而本身不创造收入的工业和手工业制品就属于后一种财富。

对外贸易

可能有人会反驳说，通过工业制成品贸易，某国的土地收入可被用于支付另一国的工业劳动的报酬，这样一来，后者就能将前者的一部分财富吸引到自己的国家里。但是，贸易通常是双方面的，这个国家为购买那个国家的商品所作的支付，又会由于这个国家向那个国家出售商品而回到自己手中；这样，相互出售抵偿了用于购买的资金。因此，该国出售工业制成品不会吸收外国的财富，这些工业制成品是用自己国家的收入支付的。即使某国的贸易是出超的，能否出现这种结果也十分值得怀疑，因为出售工业制成品的价格总量并不就是从中可以取得的盈利总量；要知道，价格总量不仅包括原料价值，而且也包括工人和商人的费用和进款。

然而，应当承认存在这样的国家，即它们的土地收入很少，它们通过贸易和工业劳动的报酬为自己国内创造财富。但是，只有那些利于航运的城市和小国才能得到这种财富。在这种情况下，海洋和江河好比土地一样为它们提供替代收入的财富，但这与其说是依靠贸易，不如说是依靠工业。

拥有同样的优势，并且能以自己的土地产品进行广泛贸易的大国，就不应满足于小国的那种财源了，因为小国的富裕生活对于大国来说太小了。由于安特卫普遭到了破坏，阿姆斯特丹才发展了广泛的海外贸易。因此，这种贸易是这样地有限，以致一国之内甚至不能有两个城市同时进行。我国生产奢侈品的工场能在几个城市保存下来，缘于特权的保护，[①②]而且它们的制成品内销的多，外销的少。

领土辽阔的国家所拥有的土地、江河、港口和海洋在创造巨额收入中相互竞争，这样的国家应当关心的只是土地产品及其销售，以便从农业及其产品的贸易中每年获得巨额收入。这样的国家不应当发展工业，因为工业的发展须与国家的收入相适应才能得到保证。国内的工场主、手工业者和工人人数总是同现有的富裕耕作者人数相适应的。农业财富滋润了土地，创造了富裕生活，也为自己生产的商品的巨额贸易提供了保证。[③]

在土地辽阔和在产品销售方面布局有利的国家，土地所有者、国王、商人、工厂主、手工业者和工人的财富取决于耕作者的财富。如

① 认为生产奢侈品的工场没有特权就不能维持下去，这是完全不真实的，而且成了企业主对政府施压的借口。相反地，特权总是他们不能胜过外国竞争对手的原因。尽管他们在支付货币低利息方面很有利，但是，自由和积极的竞争会将这种优势化为乌有，因为这种竞争能够节省运费，并事先考虑好将工场放在人工费用便宜和商品易于销售的地方；此外，如果工场没有特权就不能运作，那么魁奈说企图维持它们就是非常不利的事情，这是对的。——杜尔阁注

② 由此可见，杜尔阁并不同意魁奈关于生产奢侈品的工场如果没有特权就不能维持下去的观点。他认为，在通常情况下，它们能给其所有者带来利润。杜尔阁的这个观点当然是正确的。——俄译本注

③ 参阅《农场主论》和《谷物论》。——原注

果富裕的耕作者众多，国家将变得富裕。

把我们的农产品运往国外并能在那里卖到好价钱的商人，应被归入耕作者之列，因为农产品销售的扩大和价值的增加会促进农产品生产的增长。这些吸收了外国资金的财富，同样是国家财富的源泉。应当对它们免税，因为它们是生产性的，并且促进了王国财富的增长。但是，不应当把这些商人和那些仅限于国内贸易的商人混同起来，这些商人什么也不生产，他们服务于国家，并取得报酬。还要指出，他们的利润越多，他们的财产增加得越快，他们从生产所需要的财富中拿走的也就越多。有些为商业辩护的人常常对这两种不同商业的繁荣不加区别，这种看法是错误的，对国家也是很有害的。①②

对外贸易本身会有许多对国家很有害的舞弊行为，但是，政府对此并没有采取措施加以制止。商人及其同伙什么时候也不会代表国家的公共利益，他们在贸易中关心的只是自己的利益，他们总是力图出其不意地抓住政府，以便靠国家获得好处，而不是从国外获利。他们想使别人相信，他们的贸易对国家的好处是同他们的贸易规模成比例的，6 000万的对外贸易额对国家的好处，总是要多于4 000万的贸易额对国家的好处。这些关于贸易规模的争论，对那些不太理解这种贸易本质的人是有影响的。如果贸易额从6 000万降到4 000万，那么，商人就会提出，必须降低国内农产品的价格，以便他们能以低于其他竞争国家的价格销往国外。他们断言，这样一来我们的贸易就会强劲增长，从而保证农产品在国内的销售和农产品生产的扩大，所有这一切会导致国内物价下跌和产品丰富，使我国的贸易比其他国家的

---

① 这里包含一个误解：政府损害农业收入并不是由于它过分保护贸易，而是另有原因。确切地说，它根本没有保护贸易；相反地，它以各种压制、规则、税收和垄断等办法来阻挠贸易的发展。这些做法损害了贸易，限制了它的发展，也损害了农业。因为农业最终会由于间接税而遭受损失，间接税过重，会使纯产品化为乌有，使耕作者的预付得不到相应的回报。——杜尔阁注

② 这是魁奈和杜尔阁的又一个分歧点。杜尔阁的纠正很重要，但是魁奈的其他著述仍有类似思想。——俄译本注

贸易占优势，使他国的财富缩减，而我国的财富增长。[①]所有的城市将以同样理由取得特权，以便获得自己贸易的利益，但却损害别的城市和省份的利益。他们会证明，大批商人在同一商业部门的竞争会使他们垮台，这种竞争会使农产品价格居高不下，并使国外的价格降低，使对外贸易不可避免地毁灭。

这些理由看似有理，但却没能指出，这些希望得到特权的人所追求的仅仅是一己之私，以有损于国家的垄断来使他们自己发财。维护对外贸易的人的这些意见从未揭示过这一点：他们想按低价购买的产品在国内是有**基础价格**的，[②]这种价格由其生产所需的费用构成；如果出售这些产品没有得到相应的价格和应有的利润，生产就会缩减。因此，依据经验可以轻而易举地证明，商人的特权越多，国内农产品得到的保障就越少；特权集团发财所损害的总是国家的利益，而不是外国的利益。特权集团按低价在自己同胞那里所购买的越多，它们获利就越多，国家损失就越大；它们赚得越多，它们就越能扩展自己的贸易，它们对国家和政府的影响就越大。贸易害怕竞争，国家则应当担心特权集团，它们会通过自己的影响来敛财，以垄断手段来操纵它们所购买的产品的价格。

英国的贸易

英国人比我们更了解贸易的好处，更了解生产农产品（贸易对象）所需要的费用；他们在组织贸易活动时并不忽视耕作者的支出和利润。问题的这些方面是密切相关的，因此，不应当以为，即使损害了农产品生产，国家也能从发展对外贸易中得到好处。力求尽可能扩大谷物出口的英国，如果它的商人能用 16 利弗尔而不是 20 利弗尔买到谷物，那么它的谷物出口的确就能大为增加。但是，消息灵通的政

① 所有这些蠢话同贸易原则和正确的经济管理原则都是相违背的。但个别商人的私利对无知行政官员发生了影响，这倒是常有的事。——杜尔阁注

② 关于基础价格，也就是生产费用，魁奈在《谷物论》中提到过。——俄译本注

府应当知道，没有农业的增长，商业的成就是没有成果的。因此，为了同时对贸易和农业有利，它在谷物价格以外还对出口的每一夸特谷物予以奖励。

法国则为了享有特权的商人的利益而采取了相反的措施。在商人破坏了国内大麻生产以后，印度公司于1719年向议会提出了一个十分奇怪的恢复大麻种植的办法：它要求给予它以每公担33利弗尔的价格收购大麻的特权，条件是它以同样价格向船队提供大麻。议会决议授予它这个特权。但是，这个决议只能看做是在这个条件下允许在国内种植大麻，即全部大麻均按每公担33利弗尔的价格出售给印度公司。耕作者并没有从这个决议中得到任何好处，因为恢复种植大麻对印度公司来说不过是一个借口；按照商人的传统，他们在自己的计算中并没有考虑这项作物的生产费用。议会不了解这个问题，整个方案根本上就是有缺陷的；船队照旧继续向国外购买大麻，国内的大麻种植并没有恢复。

给予呢绒和其他毛纺织品商人特权，并没有为产毛的牲畜的增长带来更好的结果，我们的土地肥力也没有因此而得到加强。盲目地给予蚕丝商和棉布商的优惠，反而导致了我国畜牧业的急剧缩减。因此，特权对商人有利，但对商业不利，至少不利于畜牧品贸易，只会使我们的生产以及国家和国王的收入的源泉完全毁坏。

商人非常圆滑，而且能从自己的庇护者那里得到很好的保护，因此他们能从对外贸易中取得预期的利润。今天，应当期待这个重要政府部门的领导者采取更明智的措施。

可以在不损害土地所有者、商人和手工业者的情况下征税，[①②]但是，绝对不应当向耕作者和对外贸易商人征税，不应当减少他们的财富，因为通过耕种土地和从事对外贸易，他们每年在更新着国家的财富。这些财富可以不断地花掉，因为耕作者和商人在不断地恢复着

① 魁奈在这里作了一个修正，他知道商人和手工业者都不应当纳税，只应由土地所有者纳税。——杜尔阁注

② 杜尔阁的这个订正与魁奈的说法并不矛盾，只是改进了它的表述。——俄译本注

它们。总之，不难明白，国家每年创造的财富中究竟其中哪一部分应当征税。但是，同样重要的是发现对国家麻烦最少的征税形式。

早有人说过，对国家来说，危害极大的不是税收本身，而是征税的方式。这个真理被猜中了，但是它没有得到证实，也没有被深究。提出过各种方案，以使征税方式对国家的负担最少。但所有这些方案都缺乏实施的充分根据。随意地向私人财产和农产品贸易征税，是最有害的征税方式，这种征税自古以来就被认为是最正当的和最容易的征税方式，或者对管理征税方式的人来说，这种方式也许是最黑暗的和最方便的方式。

财富的计量

为了实行同臣民的财产成比例的税收方式，就应该很好地了解国家财富的源泉。

实际上，现在人所共知的土地、工业和手工业的产品，形成了每年恢复和更新的财富。但是，还不曾发现确定这些产品的价值和数量的尺度和一定的计量标准。

土 地 税

从产品的来源上研究产品，可以得出结论，能够大致正确地决定土地产量，并且为确定与个人收入成比例的税收提出各种不同的计量标准。但是，看到难于找到准确的方法来估价工业品和手工业品，又会得出结论，应当把整个税收体系建立在土地税基础上。有人认为，把这种征税方法推广到工业上是十分困难的。这种形式的税收在各省是以土地税的名义征收的。但是，另外有人认为，这会使土地负担过重，而非常重要的工业生产同样应当纳税。沃本曾想消除随意征税现象，经过持久地努力，仔细地制定了王国的什一税制度，该税制将土地产品和工业产品都包括在内了，但是结果证明对哪一个都不合适。①

为了更正确地征收为抵补国家开支所需的税收，也为不使纳税人负担过重，政府不限于对臣民每年再生产的财富的源泉征收土地税，它把税收扩大到作为贸易和消费对象的农产品本身，并为此创设了税务管理机关和租税包征人，借助于许多代理人来征收这种税。他们给国家带来的负担比税收本身还重。

然而，同这种税收相关的弊端和引起的不便，是人所共知的。大家还知道，国王并没有从中得到大量收入。

实际上，很清楚，对每年再生产财富的源泉征税，或者对臣民的公共消费征税，实质上都是对同一基金的负担。同样可以证明，第一种征税方式比第二种征税方式更为简单，负担也较轻。但无论那种方式，征税的开支更加重了臣民的负担。

间接税

对农产品和商品征税，在税收的分配和各种细节方面，会遇到很大困难；而且，管理和征收也很复杂。所有这一切事务需要大批人力，并被分派到全国各地。这些人欺压百姓，压制贸易，只会用国家的津贴来秘密地压迫人民，中饱私囊。加在农产品上的这些额外的费用，造成了人为的价格，使其格外昂贵，从而对真实价格和消费带来了很大损失。这两种情况同时损害了国家的收入和人民的收入。

① 参看《谷物论》及其关于土地税的注释。王国征收谷物什一税是不合适的，尽管有教会征收什一税的榜样。正如该文所说，对贫瘠土地征收什一税，同对肥沃土地征收什一税相比，是双重收税。因此，在对各种不同农产品征税的情况下，在各自所占比例的意义上，对谷物征收什一税是公平的。不错，这种税收同谷物的产量是成比例的，但与不同品质土地的费用和播种材料的价值却不成比例。葡萄酒业的情况就是另一种情况了，因为葡萄酒的质量在生产得少和生产得多的土地上是完全不同的。因此，尽管两者的费用几乎完全一致，但葡萄酒（质量）的差别，补偿了提供较好葡萄酒的土地的较低的生产率。总之，对葡萄酒所征的什一税，远不像对谷物征收什一税那样不公平。——杜尔阁注

王国的收入与农产品的价格成比例

王国的收入总是同农产品的价格成比例的。当这种价格是它的真实价格时，价格昂贵就不会减少消费，因为消费总是同个人的报酬和收入相适应的。[①]但是，如果农产品的价格昂贵，是由于没有增加农产品真实价值的开支的相关的虚假价格引起的，它就会减少真实价格、消费、生产和收入。这种昂贵的价格会减低农产品的真实价格。这是因为，虚假价格使农产品的价格过于昂贵，如果不是通过降低真实价格而使它变得便宜些，它就会妨碍销售。然而，这种价格昂贵还是可以被感觉到的，它会促使消费减少，收入也会减少，因为真实价格的降低和消费的减少最后会引起生产的减少，而生产决定着收入；反过来，收入的减少又会引起消费的减少，因为开支总是同收入相适应的。收入和消费的降低会促使真实价格下降，因为它们会使销售减少，而产品的真实价格是靠销售维持的。

黎塞留红衣主教很正确地指出：[②]“如果王国收入的增加不能依靠别的办法，只能通过增加各种农产品的税收来实现，那么，很明显，进款由此增加的同时，支出也增加了，因为要用比过去更贵的价格去购买。如果肉价上涨了，布匹和其他一切东西的价格都贵了，士兵将难于吃饱肚子和维持生计，于是就必须提高他们的薪水，而所有手工业者的工资也将比过去更高，结果使开支的增加接近于工资的增加，这将对个人造成很大的损害，而国王得到的好处则微不足道。”

一位极力主张对普遍包收捐税加以很好组织的学者，企图推翻这些意见，他说：“政府不懂得扩大包收捐税的必要性是同商业的发展和人民富裕程度的提高相适应的。”[③]

他说：“如果税额巨大，它就会提高农产品价格。但是，如果税

① 参看：《谷物论》中关于价格的注释。——原注

② 黎塞留红衣主教的政治遗嘱，第380页。保尔·哈伊、杜·沙斯特尔侯爵增补。——法文本编者注

③ 《公民理财家》，第1卷，第21页。——法文本编者注

额不大，那么，它就应当主要对那些不具有头等意义的农产品征收。这有两个优点：第一，所有的消费者都得纳税，没有任何例外；第二，税收的最大部分会落在最富有的消费者身上。”（这种议论与普遍看法相吻合，所以更令人信服）。“由此可以得出结论，如果税收具有普遍性，而且在很大程度上落在富裕的消费者身上，而不是落在没有财产的人身上，那么，在紧急情况下就可以没有什么危险地征收这种税；我还要补充一句，这种税应当固定下来并加以扩大，而不应废除。”①

然而，这位学者同意，这些富裕的消费者将支付得较多，因为他说大部分税收将落在他们身上。由于征税的开支比税收本身负担更重，因此他们实际上比穷人支付得更多。这位学者所谓的富裕消费者，是指收入较多的人，因为消费只与其收入相适应。但是，不可避免地会出现这样一种情况：产品价格昂贵会减少他们的收入。这里涉及的不是真实价格的提高，而是不会使收入增加的虚假价格的提高。正如前面所已经证明的那样，消费的这种减少会损害到所有出售农产品的人，减少生产这些产品的土地的收入，减少工业工人的工资。这些工资和收入的减少会影响到土地所有者、商人、工场主、手工业者和工人。因此，以为税收或者更准确地说征税的费用只会落到富裕的消费者身上，这种说法是不正确的；显然，它会减少工资、国家的收入和国王收入的基础。同时，我们的学者设想，完善包收捐税，贸易的发展和人民富裕程度的增进能够同时发生。但这种设想难以理解。我认为应当这样说：税收增加得越多，包收捐税的发展就越顺利，相对于其成本说，所需要的管理费用就越少。要知道，如果收税 1 埃居需要花费 1 埃居，那么税收增加 1～2 倍，开支仍然照旧。包收捐税发展的基础就在于此，它能使征税更加方便，能够扩大贸易和增进人民的福利。因此，“这种税应当固定下来并加以扩大，而不应废除”。这位学者有根据地指出黎塞留红衣主教未能揭示这个秘密。

由此可见，当包收捐税组织得好时，逐步增加葡萄酒税是有利的；随着这种事业的发展，用于征税的开支将相对地减少，这就会提

① 《公民理财家》，第 1 卷，第 23 页。——原注

供好处，增加葡萄酒的消费，使更多的人去从事葡萄酒的酿造。葡萄酒贸易会扩大，用作葡萄园的土地将提供更多收入，由此而使赋税进款有计划地增长，人民的收入的提高也有了保证。如果经验与该学者的期望不符，他认为这是由于征税官员从包收捐税中索取过多。

征税的费用

然而，上述那位学者所预期的整个情况的改善所遇到的障碍，不仅有征税官员过多的私利，而且还有大量官吏薪水的沉重负担、不公正和对贸易的限制。断言增加捐税能使极为有害的巨额征税费用减下来，这是不正确的；相反，它只能使负担更加重。包收捐税的确取得了很大成就，黎塞留红衣主教对此并不理解。但是，这些成就能导致那位学者所期待的结果吗？应当根据事情的实际进程来判断这一点。

人们有根据地指出，许多人从事对农产品征税，这本身就意味着国家人力的损失。这些人由国家供养着，但却没有以自己的劳动为国家创造任何财富，这些开支和人力本身对国家就是纯粹的损失。与这种征税形式所产生的走私行为作斗争，在现有的困难之上又增加了新的困难，这既有害于国家，也有违人道。

很显然，对农产品和商品征税要花费开支并带来损失，这会使国家的财富和实力遭到破坏和毁灭。

真实的源泉

现在还要考察一下对国家财富每年再生产的源泉本身征税的可能性及其后果。

财富是每年由土地、工业和对外贸易创造的。

土地生产的财富本身取决于人手的劳动，因此，应当把能带来土地生产的财富的人的劳动和工业中用人的劳动制造的各种制造品区别开来。后者在任何国家只有在农业使其富裕的程度内才有保证。因为吸引商人、工场主、手工业者和工人的收入是由耕作者的劳动创造的。要知道，是土地所有者的支出以及他们用他们每年从土地耕作中取得的财富，维持着所有各个行业的人的生活。

但是，不应当以为土地所有者和国王的收入是单由土地（以其提供的产品）创造的，它们还取决于这些产品的价格。所有各种税收额的决定都应基于对所有者收入的评估，而所有者的收入只能来自粮食产品的价格。要获得大量收入，例如，单靠土地提供大量收成是不够的，粮食产品还得卖出好价钱。在那些土地肥沃但产品本身不值钱的国家，或者产品售价很低的国家，土地所有者和国王几乎得不到任何收入。丰产但没有好价钱，是会造成巨大损失的，因为耕作者的费用得不到补偿。不能补偿费用的所有价格会造成亏本，这样的丰产并不意味着富裕。在这种情况下，征税是非常有害的。但是在接近沿海的国家，农产品的贬值总是由其政府的错误造成的。不好的国家行政管理者企图增加国王的收入，但却可能使其大为减少。

如果政府不能设法使农产品价格同国外价格持平，那么，以扩大农业生产来提高国家收入的一切努力都将化为乌有。因为在这种情况下国家每年将损失掉巨额财富。此外，国家的人口数量总是同其收入和政府是否明智相适应的。一个压低农产品价格、压制贸易和压迫人民的坏政权，会使其人口随着收入的减少而缩减，而收入的减少则是农产品价格降低、农村居民贫困并逃出农村的结果。只有了解国家管理者的能力和智慧，才能判断税收的合理性、国家的收入和国家的人口密度。

苏利由于战功而荣任军队最高职位之一，他开始管理国家经济后，名气就更大了。[①]老实说，与伟大的统帅相比，这样伟大的国务活动家更是凤毛麟角。但是，像我们这样一个文明国度，难道现在不

---

① 苏利公爵（1559～1641），法国亨利四世的大臣。新教教徒。1576～1590 年为亨利四世而战，1598 年任财政总监，享有首席大臣头衔。他整顿国家财政，于 1604 年设立官职税。他主要通过发展农业和修渠建路来振兴国家经济。他虽身为防御工事总监，但也积极参与外交事务。1610 年亨利四世遇刺后，他便专心于写回忆录——《皇家经济》（1638 年出版）。——中译者引自：《法国·拉鲁斯百科全书》，华夏出版社，2005 年彩图中文版，第 7 卷，第 217 页。

能出现一个新的苏利？

农场主的利润和在那些农场工作的人们的工资，应当同土地所有者每年的农业收入加以区别，因为只有对分制佃农的费用和利润保证了农业的生存和取得收入。

只有通过农场主创造的财富才能改善土地。耕种土地需要大笔费用，这些费用越多，土地就越肥沃，它给予农业工人的工资、农场主的利润和土地所有者的收入就越多。[①]

因此，不应当对对分制佃农的生产财富征税，因为这意味着破坏国家每年财富再生产的源泉。

耕作者的财富及其大部分利润能保证土地得到很好耕种，同时农村里到处都有牲畜，地里都种了庄稼，农民都有活干，他们的工资有了保证，国家的收入得以增加。因此，不应该嫉妒他们和企图减少他们的财富。他们应当得到保护，因为他们是国家财富的源头。

管理经济应当遵循的最重要的和不可破坏的原则在于，不要因税收而使农业失去保证和使农业的成就化为乌有。只有得到政府的保护，农业才能繁荣起来，创造财富。对这种财富征税，应当按它的实际情况，以最恰当的、不会成为人民负担的方式来进行。向土地所有者的收入征税，而不是向创造这些收入的耕作者的利润征税，才是成功的。我说成功，是因为税收落在土地所有者身上，比向农业或农产品征税的损害要小。

很容易证明，向土地所有者征税，对他们来说，比对农业即对农场主的资金征税的害处较少。因为，如前所说，收入会随着税收使耕作者的资金的减少而缩减，而向与耕作者无关的非农业收入征税，则不会带来任何损失。因为农业给予土地所有者的收入可以完全补偿对他们的收入所征的税。《谷物论》发挥并充分证明了这个原理。

同样容易理解，为什么向收入征税，对土地所有者来说，比向农产品或商品征税的负担要轻。这是因为土地所有者在消费和花钱的时候，不仅支付了税，而且还支付了与农产品和商品征税相关的巨大开支。

---

① 参看：《谷物论》。——原注

土地税与土地所有者的收入成比例，以农场主支付的租借费为基础，并遵循《谷物论》所说明的规则在租借契约中加以确定，它在征收时不需要花费什么费用，它不会给农场主带来损失。因为他们在向所有者租借土地时，对这种费用的多少是心中有数的。农场主对此自我感觉有信心，他们会安心地负担起饲养家畜和进行良好耕作所需的一切费用。所有者的土地总是保持着良好状态，他们在每一次更新租借费时都能得到同土地良好状态相适应的收入。他们的收入有保证，因为土地耕作有保证。农场主依靠土地所有者得不到利润，利润是他们自己支出的费用的结果。农场主在更新租借费时的竞争，总能使土地所有者的收入同土地产品相适应。与土地收入成比例的土地税，决不会改变土地所有者的地位，因为这种税总是用土地产品支付的，但它却使农场主摆脱了与随意征税有关的营私舞弊的困扰。

这种营私舞弊行为的影响是很大的，以至于农场主不敢将自己的财富投资到土地耕作上。他们或他们的子女会抛弃土地另谋职业。土地所有者会找不到能以应有方式使用其土地的农场主。土地荒废并被分成了小块。实际上，这种可悲状态几乎遍及全国各省，这是农业的彻底衰落。关于这一点，可据收入作出判断：每亚尔邦土地在大农经营下的租借费是 10 利弗尔，而在小农经营下只有 12 ~ 13 布阿索。如果征税时对这种退化的情况不加考虑，土地就会普遍荒废。每亚尔邦土地在大农经营下可卖 200 ~ 300 利弗尔，在小农经营下只能卖 20 ~ 30 利弗尔。如果投到土地中的财富不值钱了，那么土地本身也就一文不值了。

这些事实与投机商人的思想是难于调和的，他们想让我们相信，农村居民应该贫穷。然而，国家富裕所依靠的正是他们的富裕；他们贫穷了，收入就会减少，土地也就失去了价值。如果农村居民变穷了，那么谁还能富裕呢？可以回答说，富裕的将是使他们破产的人。但是，他们的财富创造了什么呢？国家向他们借了钱，背了债，无力偿还。国家财富完全毁灭的时候也就到来了。

从前面引述的文章中可以看出，现今支付大约 3 000 万利弗尔土地税的谷物经济，如果由富裕的农场主加以恢复，就能够支付近 2 亿利弗尔土地税。同时土地所有者的收入和农场主的利润会比现在增加

3/4 以上。如果土地所有者又摆脱了包收捐税者所收的税，那么，土地税就可以增加，这对土地所有者也是有利的。因为农场主本身也免除了这种税负，他们就能提高土地租借费。

这 2 亿利弗尔土地税仅仅是对王国的财产和臣民所征收的赋税的一部分，这些财产和臣民包括：葡萄园，牧场，房屋，一切其他财产，商品，手工业者和工人，等等。

对葡萄园征收土地税

如果能免除对葡萄酒和苹果酒征税，那么就可以对葡萄园和苹果园征土地税；这种土地税能比酒产品税给王国带来更多的收入，后者实行起来要花大笔的费用。酒产品税能给王国带来的税收不足 1 500 万利弗尔。如果代之以 10 利弗尔土地税，即根据葡萄园的肥沃程度，平均每亚尔邦葡萄园征税 10 利弗尔，那么这笔税收就能补偿原先的税收。但是，这里的问题不在于税额的大小，而在于整顿这个经济部门，并实行正确的管理。

对葡萄园每年征收一次的这种税，允许处境困难的酿造葡萄酒业主出售酒并用进款付税。过去他们可以缓期 2~3 年纳税，以减轻缴纳土地税的负担；这样一来，好年成可以帮助度过坏年成，葡萄园酿造者能够等待出售葡萄酒的好时机，而不会因为在不利的年份要支付税收而完全破产。在坏年成或酒价过低时，葡萄酒酿造者需要政府的特别关照。如果葡萄酒能够免除一切赋税，那么，它就能按更高的价格出售，所得进款足够葡萄酒酿造者支付土地税。实际上，很明显，葡萄园税既没有落在葡萄酒酿造者身上，甚至也没有落在葡萄园上，而是自然地进入葡萄酒的价格中由购买者支付了。在对所有葡萄园征税的情况下，出售者自己就能在出售葡萄酒时补偿这种税收，就像补偿其他所有与葡萄种植相关的支出一样，因为在正常年份葡萄酒的价格是同所有这些费用相适应的。因此，葡萄酒价也能根据酒的质量而同这种固定的税收相适应。同时应当对每一个葡萄园分别确定税额。由于葡萄酒价与赋税相适应，所以葡萄酒酿造者所交的赋税自然会得到补偿。

的确，如果用什一税代替赋税，并且由每个省指定的农场主自己来征收，那么葡萄酒酿造者的负担就更轻了。因为这种用葡萄酒和西得尔酒（一种苹果酒）支付的什一税，使他们免去了为装这些酒所需要的酒桶的开支；而在丰收年份，当酒价较低时，这项开支还是很重的。用葡萄酒支付的什一税，即使比增补的最初支付多出一半，他们的负担也比较轻。在把用作什一税的葡萄酒很快卖掉的情况下，农场主需要较少的葡萄园工人，并且能够等待出售的有利时机而获得好处。葡萄酒的什一税可以被确定为1/10或1/9，因此，农场主给予国王的要比交的葡萄酒税多，而国家也免去了巨额开支。这种开支会使葡萄酒价急剧增加，缩减它的消费，压缩它的贸易，并且会造成很大的弊端。

葡萄酒的国内贸易和国外贸易如能更加活跃和扩大，葡萄园和葡萄酒酿造者所能提供的收入就会普遍提高，并能比酒类包卖商给国家提供大得多的收入。这个农业经济部门是国家财富的具有重大意义的源泉，它为很多人提供了生活资料。

葡萄园是王国的重要经济部门，因为对王国来说，依靠这种能使其土地富饶的宝贵产品具有重要意义，这种产品在别的气候条件下得不到，但又为国外所需要。因此，不应当对这种产品本身征税，应当对这种商品予以特别的优惠，对它的贸易提供方便，以使我国能够充分利用不同于别国的自然条件的优势。

害怕推广葡萄园的土地不够是荒谬的，因为，除了播种谷物和现有的葡萄园占用的土地外，我们还有3 000多万亚尔邦可耕地，其中一部分可用于扩大葡萄园的面积。①

不过应当记住，在扩大葡萄园时一定要考虑到谷物种植面积的扩大，因为随着谷物播种面积的扩大，收割谷物所需要的人力也增加了。除了需要经常有人耕种播种谷物的土地以外，在收割庄稼的几个月中，人力需求要多出4~5倍。然而耕作者现在就已经感到工人不足了，这常会引起很大的损失，因为他们不能利用收割的有利时机。在农村应当有大批的人从事别的工作，他们在谷物收割季节能放下手

① 参看：《谷物论》、《农场主论》。——原注

中的活计而投入收割。恰巧葡萄园就比农村中所有其他工作需要更多的人，并能在收割季节为耕作者提供许多人手，因为葡萄园在一年的这个时候不需要这么多人。收割谷物的高报酬对葡萄园种植者解决生产葡萄所需的开支是有帮助的。

谷物生产增长能增加收入，而收入增长能增加城市人口，收入和人口增长都有利于葡萄园的扩大，因为人口增长会增加对葡萄酒的消费。所以，种植谷物和葡萄酒酿造业互相促进，并能共同促进土地产品的增长。

葡萄园扩大300万亚尔邦，应能使100万成年男子就业，还应有相关的100万妇女，不包括这些已婚妇女所生的未成年子女。因此，扩大葡萄园300万亚尔邦，大约能增长250万人口。如果从消费方面来看，他们的消费不下600万塞蒂谷物，这还没有说到其他生产必需品，这将使农产品增加大约1亿塞蒂。他们的其他消费也在1亿塞蒂以上，这同样是由土地生产的。

如果我们现在从生产葡萄酒的角度来观察扩大葡萄园300万亚尔邦的效果，那么就能看到，在这个经济部门所使用的人的劳动，对国家的益处并不低于他们从事谷物经济的益处。的确，在同样产品上，葡萄园需要的人力要多出2倍，而所得的产量只有1/3。但是，如果政府能对这个部门予以优惠，不对它施以损害国家和缩减国王收入的重税，那么，我们在对外贸易方面就可得到大得多的好处。其他国家很少购买谷物，几乎都是在出售它。英国的对外贸易比我们的更为稳定，但是由于缺乏买主，它的谷物出口也只有100万塞蒂。未必能指望我们的谷物对外贸易能更多些。

我们的谷物财富的增长取决于王国人口的增加，即取决于人们消费的增加；而种植葡萄，正如我们已经所证实的那样，是增加我国人口的重要手段。而这种增长，如前所述，同样为扩大谷物种植之所需。限制葡萄园种植业，也就是限制谷物经济本身。然而，葡萄酿造业并不同我们的消费联系在一起。我们南方的所有邻国不生产葡萄酒。由于我们的对外贸易部门的领导不得力，这些邻国的人们不得不饮用在他们的气候下有害的饮料，例如啤酒，在潮湿气候下饮用啤酒会使人发胖和虚弱。他们多半把烧酒当做兴奋剂来饮用，而这种酒是对头脑和神经有害的毒品，使人变得萎靡不振，精神忧郁。然而，与他们为邻的这个国家却能向他们提供大量适合他们气候的有益的饮料。

我们同其他国家在双边贸易中的分歧，使双方都失去了本应得到的许多好处。竞争或对妨碍各国之间双边贸易发展的利益的不正确理解，给双方都造成了损失。更明智的国家本身应当对发展贸易关系道路上的障碍加以清除。

我们应当取消那些危害我国对外贸易、妨碍我国农产品销售并使其生产缩减的赋税；这些有害的赋税妨碍了商业和农业的恢复；损失了由这些赋税所得的资金，却能从商业和将要到来的丰收中得到百倍的补偿。

为了相信这一点，让我们仔细考察一下葡萄园种植业的产量，并假定人口增长至少同农业进步的程度是相适应的。出发点是葡萄种植园扩大到 300 万亚尔邦：每亚尔邦要求 100 利弗尔用于葡萄酒酿造者的生活费、支架、酿酒桶和收割的支出，那么，300 万亚尔邦则需要支出 3 亿利弗尔。这些支出由葡萄酒酿造者的产品来补偿，并且每年由土地财产的其他有关方面支付。由此可见，每年的实际产品是 3 亿利弗尔。除了这些支出以外，还应当提到每亚尔邦 10 利弗尔的租借费、10 利弗尔的土地税和 15 利弗尔葡萄酒酿造者的利润。因此，很明显，300 万亚尔邦的总产品达 4.05 亿利弗尔。

在 100 万人耕种 300 万亚尔邦葡萄园的情况下，他们每人生产 405 利弗尔。此外，在收割时能得 30 利弗尔的工资，总数等于 4.35 亿利弗尔。妇女和孩子种植大麻、纺纱、饲养家畜家禽等，他们生产的费用和盈利是每天大约 10 法郎，或每年 200 利弗尔，因此总产品是 2 亿利弗尔；如果再加上 4.35 亿利弗尔，那么，在不同年龄的男女人数增加到 250 万人的情况下，这个部门每年生产的补充财富将达到 6 亿利弗尔以上。

令人难以理解的是，有人主张在一些省份禁止种植葡萄，并要求严格加以执行。他们说，在葡萄园收成不好的年份，葡萄酒酿造者的生活是很艰难的，因为现在已经不敢再说搞不到种植谷物的土地了。所以他们现在只是为葡萄酒酿造者的命运担忧。确实，这种人道的感情同农民所受的赋税重压是很难调和的。实际上，葡萄酒酿造者在收成不好的年份是很困难的，但是，这是因为他们极端贫困和受到压迫的缘故。因此，在他们完全破产之前，难道不应当寻求其他资源，以免他们被无可挽回地毁灭掉吗？我们将对他们的这种态度的其他看法放在一边；但是在利用人时，当国家的利益和个人本身的利益同样明显的时候，人们会比那些想为他们决策的人更好地理解自己的利益，所以难于提出公然违背公共福利的令人信服的借口。

所幸现在被赋予管理各省之责的那些人的观点和良好意图，无疑是倾向于恢复发展农业和商业进步所需的自由。他们力图建立征税工作的正确秩序，以便在政府实行普遍改革以便有效地恢复农村以前，唤起耕作者的信任。

在管理国家时，任何时候都不应忽略以下各点：土地产品和人们工资的价值，只有通过价格才能确立；没有合理的价格，国家就不能富裕；国王的收入应当在这个（价格）基础上加以调节；贸易国家的周转只有在它同别国联系的程度上才能实现。因此，当国内年产品减少时，政府的全部注意力应当坚定不移地放在：不使农产品价格低于国外的通常价格。它只有全力促进对外贸易才能在这项事业中取得进展。国家的富裕状况，全看政府在这方面能有多大作为。对进出口的这种赋税，妨碍国内贸易和对外贸易的各种禁令和规章，都会减少国家的财富基金和国王的收入；给粮食产品的贸易和生产带来损害的各种赋税，则是极为有害的。

收税时应从最大可能总产量出发，从其相互作用各个部分对价格水平的影响出发，从它们对增加人口和农产品生产的影响出发；而不应当以个别产品的价格和数量为基础；应当研究它们之间相互支持的作用。

葡萄酿造业应被视为农业经济的一个辅助部门，它具有很大的意义，要求给予特别的注意；也应当这样来看待饲养耕畜和饲养提供肥料的牲畜的工作。葡萄园是由于种植特种作物而获得价值的土地，从所生产的葡萄酒的价格中减去费用，就可以决定它所提供的收入。但是，为了保持收入水平，就应当使价格能够补偿酿造葡萄酒的费用；征税就应当从这个基础出发。如果税收是适当的，它会有助于葡萄栽种数量的分配；如果税收数量过大，其结果就是耕种面积的减少，而这会损害国家和国王的财富。

对房屋和其他财产征税，可以很容易地按照租赁房屋所支付的房租的比例来决定和规定。

在作了上述考察之后，不难明白，对所有的征税对象实行比例征税对全体人民是有利的，它可以不经投机商人这个中介，为王国创造巨额收入；此外，还有其他一些我们将在下面谈到的好处。

对集中生产手工制造品和商品的工业，难以实行按比例征税。但是这种不便不像随意对土地征收土地税那样具有破坏性，因为手工劳动制造品的生产不像农业那样是财富的首要源泉。它不创造收入，而是仅仅补偿手工劳动的价格，并且要通过土地所创造的收入而存在。正是这些收入支付了手工业者的劳动；居住和生活在王国的企业家、手工业者、商人和工人的人数，是同土地所提供的收入相适应的。

我不打算讨论制成品的外销问题；如果去掉丝织品和毛织品，那么这事对一个大国来说是微不足道的。但是，生产丝织品和毛织品，以及同我们所生产的产品的贸易有关的手工业工场，不应当混同于手工制造业，也不应当混同于奢侈品生产，后者需要外国原料，特别是丝。法国已经广泛地使用丝，并且已经损害到了我们的羊毛贸易、牲畜的繁殖和土地的施肥。我们的工业为我们自己消费所生产的一切产品，不需要特别保护，它是由我们自己的人民支付的。这种生产在农业经济能够提供大量收入的国家总是能够繁荣起来的，因为土地所有者能够用这些收入保证为企业家、手工业者、商人、工人和仆人提供报酬，从而将他们吸引和留住到新的地点。当农业和农产品对外贸易繁荣时，也就不必担心不完全按比例的税收会对这些职业造成损害了，因为对手工业制品和商品的需要总是能够保证手工业工场主、手工业者、商人、工人和仆人的工作和利润，同国家的收入和支出相适应；他们将以所得的报酬补偿对他们所征的税。要知道，税收是落在了收入上。对这些经济部门来说，重要的只是正确地分配税收；这里所要关心的只是同征税有关的且或多或少要由国家负担的费用的大小，因为这些费用对国王和国家同样都是损失。

对这些经济部门征税所需的费用较少，但使其平均分配却很复杂。随意征税的坏处在于它不公平，而不在于它对国家有害，因为生产我们消费品的工业由于国家的财富而得以保存；然而如果不能完全消除不公平现象，那也会使工业大为衰落。一些城市请求将赋税在它们的各个行会之间分配。在这种情况下，行会本身会将赋税在它的各个成员之间分摊，采用这种办法的所有成员对此感到满意。城市可以采用这种征税形式，不过应当让它们有自己选择的自由，因为城市居民的征税不涉及农业，只同城市本身相关，所以它们应当有可能决定哪种形式对它们的负担最轻。

商人和手工业者在城市里为数很少，对他们可以采用所谓“按职务征税”的形式，只需注意不要使小商人赋税过重就行了。对他们征的税在王国收入中并不是重要部分，无需严格征收。可能的话，对那些限制谷物、葡萄酒和牲畜的真实贸易者，应当一概免税；应当对这些商业加以保护，因为它们对农业很有益。这一点在下面讨论贵族可以从事的贸易形式时将会提及。

对农民、雇工和短工的征税同样要合理；务使农村下层的税收负担不要过重，要使他们对自己的税额感到放心，这是很重要的。在任意征税所造成的心中无底的情况下，他们不可能对自己的工作抱有任何期望。他们甚至害怕因为工作所得工资会引起税收的增加，他们甚至不相信能从自己的工作中得到任何好处；他们不知道他们还能不能保有自己的床铺和其他日用品；他们沉湎于贫穷和懒惰；这种漫不经心的态度对国家是很大的损害。如果农民不可能吃好的食品，穿好的衣服，消费同其地位相适应的其他生活必需品，如果他们达不到他们的劳动和努力所应得的富裕水平，如果他们不能在安排子女生活中有所帮助，他们就会失去勇气。他们会变成无益之人，他们几乎任何工资都挣不到，什么也不生产，什么也不出售；什么也不购买；他们靠自己土地上的劣质产品生存，因而，既不会以自己的开支，也不会以自己的产品来促进王国财富的增长。这种损失对国家具有重大意义，因为众多的人购买他们的必需品会大大地增加消费。由此可见，不应当为了扩大国王的收入而加重税收。

国王的巨额收入只能靠国家收入的更新来创造。换句话说，要靠农业的更新来创造，而要达到这一点，只能靠增加耕作者的财富，还要靠农民：用工资刺激他们进行劳动，并使他们相信他们能够拿到工资。

财富来自农业，也应当从城市重新回到农村；如果能做到为了农业而精心加以保存，它们还能充满农村，因为在耕种土地中使用这些财富的人发现，这对他们自己是有利的，并且愿意将它们永远保存在自己手里。这会促使国家财富每年的更新。手工业制品生产和对外贸易将同这些财富的增长成比例地发展。这样一来，通过纳税（没有经过包收捐税者）得来的基金给国王提供的收入，就足以抵偿政府的各项开支，并维持国家的实力和王位的荣誉。

税收落在什么对象上的问题是没有任何意义的。它们总是落在同一个基金上，因为总是要靠来自土地的收入支付的。因此，经济的领导者应当全力以赴地增加这种收入，不断地获得这种收入；与此相关的所有其他优点，就会自然而然地显现出来，并取得更大成就。

殖民地的产品

盐、烟草、我们的殖民地的商品和其他的外国商品，同样能促进国库收入的增长；惟应避免对它们征税时花费巨额的费用，因为这些费用总是落在国家身上，对国王和人民是纯粹的损失。盐、烟草以及在我们的殖民地生产并在法国消费的产品，可以在它们的产地或在它们进入王国时，由专门税务管理机关对它们收税，不过这些机关不宜过大，其开销不应太多。此后，上述商品即可自由交易。这种税收不会引起大笔费用，不会成为负担，也不会引起欺诈行为。在那些享有消费免税盐权利的地区，仍可按较低价格购买盐，因而他们不会对这种措施感到不满，这些措施是为了公共福利而设置的，并且不会对他们造成损害。况且他们能在取消其他赋税方面得到完全的补偿，对他们来说，这些赋税的负担要比稍微提高一点盐价的负担大得多。

在免除了土地税的城市里，居民所消费的殖民地产品不应当免税，因为这些城市的居民同支付土地税的城市居民一样，为这些产品的进口支付费用，这才是公平的。要知道，不缴纳土地税的是大城市，那里居住着大土地所有者、食利者、富商和手工业者，他们全都应当促进国库收入的增长。如果免除了这些城市的进口税，就会促使更多的人和财富聚集到城市，这会对农业地区和小省城造成损失。

什一税接近 5 000 万利弗尔，在农业得到恢复的情况下，它能超过 1 亿利弗尔。这个增长部分由农场主的支出所构成，而且在过去没有被征过税；在获得什一税的人还没有利用这个增长部分以前，其中一部分可以用于国王的利益。

如果有必要使国王的收入进一步增加，那么可以保持人头税；由于人口随着国家财富的增长而增加，人头税会进一步增加。

这种税收形式能保证给国王以巨额收入，并意味着大大减轻人民的负担，并消除会导致国家破产的两种有害现象：由于征税费用而使赋税过重；对国民收入的基础征税，破坏国家财富的源泉。耕作者耕种土地的能力，对于获得收入来说，与被他们耕种的土地本身同样重要。征税如使耕作者变得贫困，其作用与冰雹毁坏庄稼是一样的。如果国家拥有适于耕作的土地，如果国家拥有能够成功地以自己的产品进行贸易的优势，如果耕作者富裕，如果他们的财富能得到保护并能将它用于土地耕作，那么，这样的国家将永远生活在富足之中。正确地安排赋税不会使国家贫穷，因为对国家来说，国王的收入同土地所有者的收入同样有益，土地所有者的支出给国民以工资，并使他们的财富得以增加。

包收捐税

我不知道是否应当在此回答一种不同意见，这种意见只有见识浅薄的人才觉得有说服力。这种意见认为，不应该取消普遍的包收捐税制度，因为取消了这种制度，国王就不可能在他急需资金的时候，要求金融家向他提供巨额财源。在一个繁荣的国度，对于这种会使国家破产的资金是没有任何需要的；国王会求助于更富裕得多的财源，即自己臣民的财富，他可以征收非常的和临时的捐税，而不至于使国债增加。例如，可以通过增加什一税使国王的收入比现在增加 2 倍，而臣民的负担可比现在实行包收捐税制的负担减轻一半。如果国王在紧急情况下还需要付息举债，那么他可以通过自己臣民的财富很快找到所需资金。如果他需要预收赋税，那么上述反对意见也是没有根据的，因为当事情涉及到足使国家破产的事务时，什么时候都可以找到所需要的包收捐税者。从规定的赋税中捞取好处是一件有利的事，总会有许多人愿意为国家预付资金的，他们要有靠山才能从国家取得包收捐税的资格。不过，应当希望一个繁荣的国家永远避开这种危险的财源。

从事贸易的贵族

现在提出一个对国家重要的问题，即容许贵族可以自由地从事贸易而又不失其贵族的权利。但是过去对这个问题的讨论是很一般的和不明确的，而且出现了许多不同意见，有赞成的，也有反对的；所涉及的商业也是一般的，没有任何的限制。持不同观点的人都能为自己找到一些理由，因为所讨论的这个问题本身作为一个整体，就为相互对立的观点提供了基础，而这些观点又是值得重视的。

争论中指的主要是贫穷的贵族，因此，涉及的不是他们难以胜任的批发商业，而是与其不富裕的能力相适应的小型商业，他们需要从中得到报酬，以便他们在履行主要是事先规定的从军义务时，能够维持自己和家庭的生活。

在观察王国中为数很多的没有财产的贵族时，不得不承认，他们需要某种收入和体面的能挣钱的工作。但也不能否认，商人或城市商人又同他们的身份不符。从事这些行当对他们完全是有失体面和完全不方便的，这一点已经作了很好的说明，但是，还有其他一些条件会对国家造成很大的损害。

完全没有必要再增加城市中商人的数量了，那里现有的商人已经太多了。所有的农村居民都想迁往城市，因此那里的商业非常分散，而从事商业的人又异常之多：一个商人就能代替许多小商贩，一个人就能把许多人的事情全做了。这种状况给国家的人力带来了极大损失，而且不能合理地使用他们的才能。

如果城市中的商人人数因贵族的加入而增加了，那对国家的损害还会加重。在农村，不富裕的贵族必须耕种他们拥有的少量土地。如果允许他们到城市来当小贩和经商，那就会有很多人离开农村，这对农业是很有害的。

然而，最好使这部分对国家来说重要的人群不苟且度日，使他们能有资金并过上体面的生活，甚至因此而使他们变得对国家有益。

耕种土地对拥有合法土地所有权的这个富贵人群的地位总是相称的。但是，如果（拥有土地所有权）这个条件在他们从事耕种时没有任何改变，那么这个条件对这些贵族来说没有多大意义：这些贵族的可耕地很少，他们也未必能从中搞到足够的资金来维持自己家庭起码的生活。

但是，在按比例征收人头税，以便减轻其他农村居民缴纳土地税的条件下，如果允许这些贵族出租土地，就会使他们的物质状况得到改善，使他们有可能雇用仆人，而不必亲自耕种。他们有助于使农业恢复活力，使得这个工作对他们自己和国家都有益。

良好的土地耕作需要大笔支出，而丰富的收成要靠耕作者的财富来创造。贫穷的贵族无力支付这种费用，以至于使他们所做的一切努力得不到任何结果；因此还应使他们得到所需的资金，而这只有允许他们从事农业贸易，即从事同谷物、牲畜、羊毛、干草和葡萄酒相关的农产品贸易，才能实现。

无论怎样促进农村的贸易都不会过分，因为它有助于销售农产品。农村贸易越活跃，它对构成国家收入源泉的农业经济的促进作用就越大。随着农村商业的发展，耕作者在等待销售自己产品时不会感到匮乏；在谷物价格过低时，他们不会被迫用谷物去喂养牲畜；他们总能通过销售自己的产品来补偿耕种土地的各项开支。

在农村商业是由许多富裕商人经营的情况下，当耕作者和葡萄园种植者的产品丰裕，而他们又等不到有利销售时机时，这些商人可以将其买下，而且由于商人的竞争，能使价格保持在优价的水平上。对耕作者来说，这种贸易是销售自己产品的一种手段。商人能给全体人民带来好处；其中一些人能将产品和葡萄酒储藏起来，以便在歉收之年销售，这些人为王国储备了有助于渡过困难年份的物品。

如果生活在农村的贵族投身到农村的商业中去，他们会带来巨大的益处；而他们在这项事业中也不曾失去尊严，因为他们可以让仆人操办，自己亲自要干的只是以知识和意图给仆人以帮助。这样一来，由于农村贵族有可能得到所需的资金而过上更好的生活，又能为在军事工作和土地耕作上提供费用，所以，他们就能借助于他们的特权而促进国家的繁荣，这些特权是为保证他们过上与其地位相称的生活而事先规定的。

有人认为，只有当王国的农业恢复了，当对土地所征收的税收是现在税收水平的 3~4 倍，足以补偿甚至超过国王得自普遍包收捐税制的收入的损失时，才能取消普遍包收捐税制。但是，在法国当前的农业状况下，对财产的征税尽管已经很高了，仍不能代替普遍包收捐税制所提供的收入。因此，在农产品仍然像现在这样有限的情况下，取消包收捐税制是不可能的。

然而，这些收入是由国家支付的，而国家同时还担负着同征税相关的巨额费用。毫无疑问，如果国家所支付的仅仅是这些收入，而不包括征税的费用，那么，它的负担就会少得多，不会感到现在那样负担沉重。随着包收捐税制的取消，税收不会很快增加；相反，由于新的征税方法的实施，预计它还会有所减少；它将变得负担更轻，强制性更少，对消费、生产和农产品贸易的损害更小。

普遍包收捐税制大约能提供 1.1 亿利弗尔。烟草，盐，运进被征税商品，在不征土地税的城市运进农产品，总之，由包收捐税者所征的所有形式的税，大约也就是他们向国王支付的那个数额。但是，在这个新制度下，在全国不需要现在那么多的工作人员，而且居民的税收负担也将不会那样沉重。因此，包收捐税制的取消所涉及的，也只是在人们之间分配一个不大的数额，而人们现在支付的税却要大 3 倍。目前税收负担最重的是葡萄种植者，因为对葡萄酒要征收间接税；还有支付土地税的城市，因为在饮料税上要有大笔支出。

正如我们已经指出的，以亚尔邦多少为基础征税的葡萄园的土地税稍有提高，其收入便可高于包收捐税者对葡萄园所收的间接税的收入，并给国家带来更大的好处，因为目前征收这种间接税要在管理上花费巨额的支出。

如果在这样做了以后还要分配某个数额，那么，可以对应当征收土地税的城市征收土地税和人头税，而对不支付土地税的城市征收进口税和人头税。不是最必需的生活必需品的农产品和商品的进口税可以提高一点，对这些城市的富裕居民征收的人头税也可以提高一点。同时，对应当支付土地税的城市征收的土地税可以相应地有所增加，对这些城市中拥有特权的居民确立人头税，但免除包收捐税中对他们征收的税。我再说一遍，这不会真正地增加城市所付的税；相反会比现在大为减少。

在各城市之间这样分配税收，同对农村征税的意义相同。因为一切的税收负担最终都是由土地收入负担的；还因为土地所有者，特别是大土地所有者，几乎都住在城市里。因此，他们虽然是按城市的法规来支付税收的，但实质上是用他们在农村的土地财产收入来支付的。商人和手工业者的开支，也是用得自土地所有者的收入的数额来补偿的，而他们的商品和制成品的价格也会随着他们支出和税收负担的增加而增加。结果，城市赋税的增加，一部分转移到土地所有者的收入上，一部分转移到农村居民的工资上，这些居民在城市购买他们所需的商品和制成品。严格地说，商人、手工业者和工人，只是预付了向他们征收的税款，因为他们通过价格把这些税款转移到购买自己的商品和制成品的购买者身上，或者在取得报酬时得到补偿，结果总是对土地产品征税。

取消对国家是很大负担的包收捐税制，改而将包收捐税者向国王支付的收入简单地支付给国王，会使赋税大为缩减。所有付税的人都是从同一来源即土地提供的收入取得他们所需的数额，但是它们却流进了财富和人汇集的城市。国家促进了这种不合理的分配，从而加重了农村居民的税收负担，照顾了城市居民。这种政策使农村失去了耕种土地所需要的人和财富，使国家收入减少。城市因此受到了损害，国家减少了人口，国家也变得贫穷了。王国最终归结为几个大城市，这些城市得以维持，完全要靠生活在其中的大土地所有者、金融家和少数富裕的商人。这样的城市虽然保证了为数不多的人口的富裕生活，但是对一个大国来说，这个资源是太少了。由此可见，在城市和农村之间不正确地分配赋税，从国库本身的观点来看，对国家是很大的损害。因此，重新配置赋税，实行负担最轻的征税形式，绝对不向农业本身征税，而只向农业提供的收入征税，向靠农业生活的那些职业征税，这是很重要的。

这种向农村居民征收土地税的方法，不会触及用于农业的财富，值得予以很大的注意，因为国家的福祉有赖于成功地实施这些措施。如果所有土地都出租了，那么，确定土地税额的可靠和方便的方法，就是根据契约规定的租借费按比例征收的。根据目前的土地税、人头税和其他形式的税，土地税额大致上可规定为每 1 利弗尔租借费征收 10 苏，即土地税和人头税加在一起等于租借费的一半。在行政当局监视地方官员或收税员遵照比例征税制的地方，这个规则可以相当准确地予以执行。

但是，大部分土地是由与土地所有者分享收获的对分制佃农耕种的，在这种情况下，耕作者仅以自己的劳动参与农业。大部分费用落在土地所有者身上，因此难于确定对分制佃农的收入，也难于确定费用的大小。这时候土地税就得从归对分制佃农所有的那部分收获中征收。用这种方式耕作的土地的生产量很少；对分制佃农所得的那部分谷物只够他养家糊口。如果估算一下这部分谷物的价值，那么，很明显，他能支付的土地税和人头税，不会超过每利弗尔 2～3 苏，即接近于他的收获量的 1/6 或 1/7。①

如果这个比例能够得到坚持，对分制佃农是能负担得起的，不过，它只适合于生产一种谷物的对分制佃农。如果耕种粮食作物只占对分制佃农经营的很少一部分，且他们基本上是经营草地、牧场和畜牧业时，要决定按比例征税的产品就更困难了，因为畜牧业有很大风险，所以在解决这个重要问题时要格外谨慎。因此，一些省份决定测定牧场、草地和可耕地的面积（亚尔邦），依其价值分成若干等级，并在此基础上确定实际的土地税。但是，在这种场合要消除对同一征税对象计算两次的可能性。要知道，如果为用于耕种土地的耕畜供应饲料的草地和牧场是按照它们的价值征税的，如果把这些草地和牧场的产品，同消费这些产品的耕畜所耕种的土地的产品混同起来，那么同一个产品就被征了两次税。因此，应当弄清楚，对分制佃农是怎样利用草地和牧场产品的，以便确定这些产品是否被用于饲养不耕地的

① 参看：《谷物论》中关于土地税的注释。——原注

牲畜，然后确定它们在耕畜所提供的收入以外所提供的收入，这样才能规定公平的征税比例。

所有这些烦琐细碎的手续执行起来是很困难的，但这些困难在省上内行人的帮助下可以克服。即使不能达到完全的成功，终究能够接近于实行按比例地和稳定地征税，由此出发，土地所有者和对分制佃农就会以这样的方式经营，即使付出耕作费用的人总能得到补偿。这个重要的成就是随意的和不稳定的征税所完全不可比拟的。

以面积（亚尔邦）估价土地，不可避免地会出现巨大的变动。如果高收成耕作被低收成耕作所替代，产量就会急剧下跌；如果相反，低收成耕作被高收成耕作所替代，产量就会增加 1～2 倍。[①]

因此，在我国农业的状况下，不可能用估价土地的办法，为按这些土地产品的比例征税确立一种稳定的和不变的基础。随着耕作性质的变化，它们完全可能提供与现在不同的产量，而土地的价值会随其产量的变化而变化。当政府能够轻易地在法国推行高收成耕种的时候，现在不能不能通过估价土地来确立与产品成比例的稳定的和不变的土地税。应当找出一种办法，使国王的收入能随农业的改善而不断地增加。

臣民关心的不仅是拥有自己的财产；他们同样关心国王的政权对其财产的保证和保护；但是，这个政权有赖于它的财富。结果是，国王越富，它对国家的敌人的危险也就越大，因此，国王的收入能随其财富按比例地增长，[②]这对于臣民自身来说是重要的。

有必要再考察一下使土地税随着农业的改善而增加的征税形式。在目前状况下，以面积（亚尔邦）估价土地，不能作为确定土地税的

---

① 参看：《农场主论》和《谷物论》。——原注

② 增加国王的收入对于保证支付国债来说是必要的。此外，军人的薪水太低会妨碍雇用自愿兵，不得不提高他们的待遇，而这会逐渐使农村毁灭，并且减少国家的收入。然而，除了促使臣民增加收入以外，政府没有别的办法增加国王的收入，因为如果它增加税收，就会造成危害，使国家破产。法国如此衰败，完全是政府失误所致。法国依仗自己的位置、河流和土地，在本国农产品自由贸易条件下，应当成为一个富裕和强盛的国家。——原注

稳定和不变的基础。农业的不断改善会不断要求作出局部的重新估价，这要考虑到各种详细情况，并造成了许多不便。因此，只根据土地年产品来确定土地税是更简单和方便的办法，这样就能使土地税根据土地产品本身及时地作出调整。不过这个产品甚至在对土地所有者有利的情况下，也会使税收增加 5/6，但在定出普遍和不变的规则之前，税收还不会增加。

在当前的混乱情况下，每个耕作者都知道，只有他们付出的费用和进行的劳动才能增加产量，但同时也担心产量的这种增加会招致税收的任意增加，使他们破产。谨小慎微促使他们不会同当地所有其他耕作者的做法拉开距离；因此，政府的过错使国王和国家蒙受了巨大损失。

租借费为按产品比例确定税额提供了基础，因为在订立契约时，土地所有者和农场主在同一程度上考虑了自己的利益。

如果能够按照出租给农场主的土地的租借费来确定税收，并且在对不出租并由土地所有者自己耕种的土地征税时，考虑到两种收获，多半就能取得正确的结果。

高水平土地耕作不仅能提供较多的产量，而且在费用方面也比低水平耕作更有利。因此前者提供的土地税也会比后者多 1～2 倍。几乎所有高水平耕作的土地都是出租的，因此租借费能够作为确定税收的基础。至于不出租并由土地所有者耕种的土地，则在每个地方都能依照其价值，即依照当地出租土地的租借费来确定其产量。

如果除了耕地以外，还有其他提供特殊收入的财产，那么，运用同样的方法，依照其在当地的价值对它作出估价。

可能会担心土地所有者和农场主为了隐瞒租借费的真实价格而骗人，但是，如前所述，这是可以避免的。①

在高水平土地耕作占优势的地区，行政长官们在真正努力地实施着按比例征收土地税；他们在这方面的成绩是在农场主的事业不断受到阻碍的条件下取得的。这种阻碍表现在：他们自己的农产品贸易受到限制，税收负担每年改变，而且计件工资过高。

小农经营耕种的土地，可以不按照这样确切的税额征税，但是，

---

① 参看：《谷物论》中关于土地税的注释。——原注

如前所说，应当避免任意征税带来的各种弊端，对这种土地，应当根据归对分制佃农所有的那部分收获量的比例征税。要从当地谷物的通常价格出发，按照对分制佃农的土地质量来评估土地税。如果有超过饲养耕畜所需的其他土地，例如草地和牧场，则能作出估价，并比例于其价值征税。不需要耕作的草地和其他土地的价值，不会发生可耕地价值那样的波动，这些可耕地的价值要取决于当地通常的经营性质。因此，对这种土地的估价，为真正的或比例的征税提供了稳定的基础。同时，在对可耕地按比例征税时，应以经济的性质为指针，因为它是不会改变的；假定小农经营被大农经营所取代，那么就要依据土地提供的产品来征税，同时首先要考虑到这些土地所需要的大笔费用。

假定耕作者能够拿出必要的费用，小农经营的产量也能接近大农经营。[①]但是，他们满足于自己的经营方式，恰巧是因为他们无力拿出这种费用；结果小农经营总是处在一种不变的状态中。如果人们的甚至行政当局的偏见，在要求公共福利的压力下，最终对输出粮食作物及其在各省之间转运的必要性作了让步，或者，王国破产的危险促使政府通过公共的、不可违反的法律来确立粮食作物的自由贸易，那么，耕作者在预期工资的刺激下，会提高法国农业的收成。大农经营会普及，小农经营会带有更现代的性质。由于以人造草场饲养牲畜，整年将耕畜饲养在围栏里，这就创造了一种能提高收成的经营方式。随着农业产量的显著提高，比例土地税也能得到相应提高。但这要做得极为谨慎，以免吓着耕作者：在任意征收土地税的情况下，他们的劳动和费用带给他们的只是增加税收，这会导致他们破产。他们对此已经习惯了。光在口头上说支付更多的与其增加的收成相应的税对他们也是有利的，这不可能让人相信，应当使他们依据经验了解这一点。

因此，比例土地税不应当紧跟农业取得进步之后立即上涨。应当让耕作者深切感觉到农业进步的好处，使他们认识到，比例土地税不会夺去他们的盈利，虽然支付了较高的土地税，但是他们在高水平耕作下得到的报酬还是要多于低水平耕作的报酬。

还应当指出，付款额的增减会完全消除了比例税的意义和必要

---

① 参看：《谷物论》中关于土地税的注释。——原注

性。这种付款是调整土地所有者和对分制佃农之间关系的障碍，因为每年变动定价会使支付土地税的农民感觉没有信心。

例如，租赁土地9年的农场主，对他们是否有能力支付租借费和土地税就没有任何把握。由于在租赁合同期内可能提高赋税，所以他们是冒着破产的风险来租赁的。因此农场主的状况变得极为脆弱，王国内农场主的人数急剧减少，致使土地所有者几乎到处都不得不把土地租赁给低水平耕作者。为使农场主对自己的事业有信心，为使他们的人数增加，有必要保持税率不变；这是增减国王收入的可靠方法。任意提高土地税给国家的收入不多，给农业的损害却很大。

然而，土地税进款的变化又是不可避免的，因为冰雹等自然灾害在这里或那里发生，势必要减少此地的税收而增加彼地的税收。但是，难道国家就不能承担起这些偶然的损失而不破坏税收秩序吗？类似的灾害几乎每年都会在国内不同地方发生，它们酿成的损失数额几乎是不变的。把土地税提高一点，以弥补国家的损失，不是比用不定期增税给耕作者添乱更好吗？要知道，在耕作者与土地所有者的交易中，对这种增税是很难预料到的。

国家为了自己的利益，应当促进耕作者地位的安定和稳固，并在他们遭受巨大损害时给予应有的帮助。如果实行比例税对行政当局来说过于复杂、困难和麻烦，可以改由各省分摊赋税数额，这会比私人代理更好地应付此类事务。这个问题极为重要，不可忽视，因为国王的力量、王位的荣耀、国家的繁荣和人民的幸福都取决于这个问题的解决。①

财政部长最重要的任务是很好地领导农业并切实保证它的地位，因为它是整个国家经济的基础。苏利把自己的注意力放在大自然的产物上，另一个人却把自己的眼界局限于手工业生产。前者注意的是树干，后者只抓住了它的枝叶。一个看到了一个大国的经济基础的深处，另一个却不能摆脱一个小贸易国家工业发展的图景。一个引导国家走向富裕，另一个则使它走向毁灭。②

① 参看：《关于地方州会备忘录》。——米拉波注

② 参看：《农场主论》和《谷物论》（这里所说的“另一个人”是指柯尔倍尔）。——法文本注

农业国经济统治的一般准则*

准则三十条

一

应当存在一种惟一的至高无上的权力，它凌驾于社会的所有个人以及各种不公正的个人利益事业之上；因为支配和服从的目的是保障所有人的安全与合法利益。有一种观点认为在统治中应当存在一种力量的平衡，这种观点是有害的，它只会给上层的纷争和下层受压迫留下余地。社会分裂为不同层次的公民，其中一些人行使凌驾于其他人之上的君权，破坏了国家的整体利益，引发了不同阶级公民之间个人利益的冲突。这种分裂极大地破坏了农业国的统治秩序；农业国应当把所有的利益加以协调，其主要目的是保障农业繁荣，而农业繁荣是国家及其所有公民一切财富的源泉。

二

应当按照自然秩序的一般法则来构建国家，这样建设的统治形式才是最完善的。想做一个政治家，只研究人为的法律是不够的；指望走上行政管理职位的人，还必须研究对社会中结合在一起的人最有利的自然秩序。还必须把实践知识以及经过实验和思考所获得

---

* 该文包含两部分：（一）准则 30 条；（二）对其中 15 条准则的注释。——中译本注

的见解，与一般的统治科学结合起来，以便最高当局（它总是受不说自明原则的指导[①]）构建最好的法律并使其得到遵守，保障所有人的安全，使社会达到最大可能限度的繁荣。

三

君主和国民绝对不应忽视一个事实：土地是财富的惟一源泉，只有农业能使财富增长。因为财富增长保证了人口的增长；人口和财富使农业繁荣，贸易扩大，促进工业，以及使财富增长和永存。王国政府所有部门的成功都有赖于这个丰富的源泉。

四

必须保障土地财产和动产合法所有者的所有权；因为保障所有权是社会经济秩序的主要基础。所有权缺乏保障，土地就不会被耕种。如果预付支出的人不能保证得到基金和产品，所有者和农场主就不会为改善和耕种土地作出必要的支出。只有持久所有权得到保证，才能促使劳动和财富用于改善和耕种土地，用于商业和工业企业。只有保障其臣民财产的君权，才有权第一个分享土地即财富的惟一源泉的果实。

五

赋税不应太重，以致破坏国民的收入，或者同国民的收入不成比例；赋税应当随收入的增加而增加，而且应当直接落在土地财产的纯产品上，而不应当落在工资上和产品上，否则就会增加收税的费用，破坏贸易，每年破坏一部分国民财富。也不应当对农场主的财富征税；因为王国的农业预付应被视为以极大关注给予保护的固定财产，以保证赋税、收入和各阶级公民的生活资料。否则，赋税就会变成掠夺，使国家迅速衰落。

① 此为米克注。

六

耕作者的预付应当充足，使每年土地耕作支出能够再生产最大限度产量；如果预付不足，耕作的支出就会相应增加，生产较少的纯产品。

七

全部收入都应当返回到每年的流通中，并且贯穿流通的全过程；绝对不要让它变成货币财产，或者变成货币财产的收入至少应当被返回流通的收入所抵消。否则，这些货币财产就会限制国家一部分年收入的分配，阻滞国家的货币，影响耕作者预付的回收，手工业者工资的支付，以及从事各种有偿职业的不同阶级人们的消费。货币财产的这种中断会减少收入再生产和赋税。

八

政府的经济政策只应鼓励生产支出和原产品贸易，而对不生产支出可不加干预。

九

一国如拥有广大可耕地，并能进行大宗原产品贸易，就不应当将货币与人力过多地用于奢侈品的制造业和商业上，以免损害农业耕作和支出；因为最重要的是王国要有大批的富裕耕作者。

十

收入如不能以货币或商品收回，则其任何一部分都不应流入外国。

十一

应当避免居民逃往国外，否则他们会把他们的财产从本国带走。

十二

富裕农场主的子女应当留在农村，农村就会有农民；如果他们在农村受到困扰而放弃农村，迁居城市，他们就会带走他们父亲用于土地耕作的财富。*农村最应当吸收的与其说是人，不如说是财富。*用于耕作的财富越多，所需要的人越少，它就越繁荣，带来的收入就越多。例如，在耕种谷物的场合，比较一下由富裕农场主经营的大规模耕作，和由贫穷的对分制佃农用公牛和母牛拉犁进行的小规模耕作，情况就清楚了。

十三

每个人在他们的土地上应能自由地进行耕作，按照他们的利益、他们的资金和土地性质进行生产，以便从土地上获得最大可能的产品。绝对不应鼓励土地耕作中的垄断，因为它会损害国家的一般收入。有一种偏见，鼓励大量生产主要必需品，而忽视其他生产，结果损害了这种或那种产品的市场价值；这种偏见是受了一种短见的鼓励，它没有看到互相对外贸易的影响所及，可以提供一切东西，并决定各国进行最有利耕作的产品的价格。在一个国家，为了预防饥馑，反对敌人，维护君主的光荣和权力，还有国家的繁荣，*最主要的必需的财富，除了用于耕作的财富，就是收入和赋税了。*

十四

要鼓励喂养家畜，因为它能为土地提供生产大量农作物的肥料。

十五

耕种谷物的土地应该尽可能地集中到由富裕农民经营的大农场上；同小农场相比，大农业企业的搭建和维修建筑费用较低，成本相对较少，而纯产品较多。小农场太多不利于人民。由纯产品供养的人口的地位最有保障，他们对分成不同阶级的人所从事的不同职业和工作也最为有用。在能借助畜力、机械和水力等进行的工作中实施有利的节约，对人民和国家是有利的，因为纯产品越多，给其他服务和工作的报酬就越多。

十六

对原产品的对外贸易不应有任何障碍；*因为有怎样的市场，就有怎样的再生产。*

十七

应该通过修建道路、疏通运河和海运，使产品和制造品的经销和运输通畅；因为贸易成本节约越多，土地收入增加越多。

十八

国内产品和商品的价格决不要跌落，否则，相互对外贸易对该国不利。*有怎样的市场价值就有怎样的收入*：**丰富而无价值不等于财富；稀缺加昂贵等于贫穷；又多又值钱才是富足。**①

十九

产品价格低廉对下层阶级有利，这种说法是不可信的；产品低价会使下层人民的工资减少，削减他们的福利，减少他们工作和获得报酬的机会，破坏国家的收入。

二十

不应减少下层公民阶级的福利，否则，就会使他们不能充分消费只能在国内消费的产品，这会引起再生产和国家收入的下降。

二十一

所有者和从事有偿职业的人，不应当热衷于不生产的储蓄，因为它会将他们的一部分收入或利得从流通和分配中挖走。

---

① 参看《谷物论》中“关于谷物价格”一节。——米克注

二十二

完全不要鼓励装饰性奢侈，因为它会损害用于农业经营和改善农业的支出，损害生活必需品的消费支出。正是这些支出维持着原产品市场及其适当价格，维持着国家收入的再生产。

二十三

不要让国民在同国外的相互贸易中蒙受损失，即使这种贸易对销售进口商品从自己同胞身上赚了钱的商人有利。因为这些商人的财产增加了，就会减少收入的流通，损害分配和再生产。

二十四

人们不可被同国外相互贸易的表面利益所欺骗，仅以贸易的货币差额来判断，而不考察买卖特定商品所得利润的大小。因为损失常常落在获得货币余额的国家身上，这种损失会损害收入分配和再生产。

二十五

应当维持完全的自由贸易，因为最可靠、最正确、对国民和国家最有利的国内和国际贸易政策，是竞争的完全自由。

二十六

应当更关心收入的增加而不是人口的增加；高收入会带来更多的福利，而人口超过收入会带来对生活资料更大的压力，前者当然要比后者好。人民富裕了，他们就会有更多资源满足国家之需，也会有更多资金使农业更繁荣。

二十七

政府应当致力于使国家繁荣所必须的经营，而不是一味地节约；因为财富增加了，很高的支出可能不算太多。但是，不要把浪费与简单的支出混同起来，因为浪费能吞噬掉国家和君主的全部财富。

二十八

金融机关，无论在征税还是在政府支出中，都不要搞货币财产；它会从流通、分配和再生产中夺走一部分收入。

二十九

满足国家非常之需的资金，只能求之于国家的繁荣，而不能指望金融家的信贷；因为货币财产是一种隐秘的财富，它是不认国王和国家的。

三十

国家应当避免签约举债，这种债务会创造食利者收入，使国家背负贪婪的债务，通过可背书的票据中介和贴现，进行金融贸易或交易，使不生产的货币财产越来越多。这些财产使金融与农业分离，它剥夺了农业为改善土地财产和土地耕作经营所必需的财富。

对准则的注释

准则三注释

（土地是财富的惟一源泉，只有农业能使财富增长）

与外国的相互贸易可以带来商品，这些商品是用国家的货币收入或实物换来的。因此，在详细计算国家收入时，不能把它们作为一个单独的项目，否则就会计算两次。对房租和货币利息收入也应这样看；因为从支付者的角度看，这些房租和利息构成了来自（他的）其他源泉的支出，但置于生产基金中的土地收入除外，而这部分收入包括在土地收入的产品中。因此，土地和耕作企业的预付是农业国收入的惟一源泉。

准则五注释

（赋税不应太重，以致破坏国民的收入……）

合理组织的赋税，即没有因不良的评估形式而退化为掠夺的赋税，应该被看做是取自农业国土地纯产品的一部分收入；否则它就不会遵循任何法规，同国家的财富成比例，不会同收入，以及同纳税对象的状况成比例，在行政当局意识到它以前毁灭一切。

土地纯产品分给三个所有者：国家、土地所有者和什一税获得者。其中只有属于所有者的那部分财产是可以转让的，而且其售价也不会在比例上高于它所生产的收入。所以，所有者的所有权也就不会越过这个限度。向其他拥有财产份额的所有者进行支付的不会是他，因为他们的份额不属于他，他也从未获得这些财产，而且这些财产也不能转让。因此，这种（土地）财产的所有者不能把通常的赋税看做是对他的份额的征收，因为支付这部分收入的不是他：他并没有获得这部分财产，这部分财产也不属于他，这部分财产将赋税支付给应该接受赋税的人。只有在财产安全遭遇危险的场合，所有的所有者为了自己的利益才会拿出一部分财产作为临时献金，以应付国家紧急之需。

但是，要永远记住，在任何情况下赋税都只能对收入征收，即对土地财产年纯产品征收；不要对农民的预付、对劳动者[①]或者对商品的销售征收，否则就会造成损害。对农民的预付征收，不是征税而是掠夺，只会灭绝再生产，使土地退化，置农场主、所有者和国家于死地。对劳动者的工资和商品销售征收，那就会是任意妄为，征收费用超过赋税，被无规律地转嫁到国家或君主的收入上。必须把征税和收税加以区别；[②]征税若是收税的3倍，就会侵蚀收税本身。因为在所有国家，对商品征税的支出都出自收税。因此，这种税是虚伪的和破坏性的。

---

① 此为米克注。

② 此为米克注。

对依靠工资为生的劳动者征税，严格地说也就是对他们的劳动（由雇用他们的人支付）征税；同样，对犁地的马征税实际上也就是对耕作支出本身征税。对人而不是对收入征税，是由工业和农业的费用本身来负担的，它会以双重损失转嫁到土地财产收入上，迅速导致收税的覆灭。对商品征税也是如此，因为它也要由收入、收税和耕作费用负担，是一种绝对的损失，在一个大国这不可避免地是一笔巨额的费用。

然而，这种征税方式对于以转口贸易为生的沿海小国来说又是不得已而为之的，它们没有土地可以征税。在农业衰落、土地收入不足以提供赋税的大国，征这种税也总被看做是临时的权宜之计。但是这种恶毒的计谋意味着加重负担，迫使人民节约消费，限制劳动，毁灭再生产，以臣民和君主陷入灭绝的境地而告终。

人们经常谈论建立一种税，以什一税的形式从收获物中支付；这种税肯定是与收获的总量（包括费用）成比例的，但是它同纯产品毫无关系。土地越贫瘠，收成越差，负担就越重，因而它是不公正的和灾难性的。

赋税应当直接落在土地财产的纯产品上；这种税在从土地上汲取财富的国家中无论采取什么方式，总是由土地财产支付的。与纯产品成比例且直接对持续再生产源泉征税的方式，是最简单和最规范的，对国家最有利，也是纳税人负担最轻的税收方式。

简单地对收入源泉征税，即对构成国家收入的土地纯产品征税，在有些国家变得很困难，这些国家的农业由于缺少预付而衰落，连作为依据土地质量作持久和适当调整结果的土地勘测都没有，其耕作之差，产量之低，与耕作悲惨状况无异；因为管理较好而使耕作有所改善，但又会直接使这种土地勘测变得很不可靠。

如果对土地、土地产品、人及其劳动、商品和耕畜设定统一的税收，它们将表现为6个相等的项目，一个加在另一个上，但它们由同一个基础支持着，尽管分别支付。但是所有这些加在一起提供给国王的收入，要比单一的真实的[①]赋税少得多。这种单一的真实的税收是单独地和没有经费地对纯产品设定的，而且其数额等于可以被看做是真实的6项税收相等。这种由自然法则提示的单一税能大大增加国王的收入，然而其费用却比6项合一的费用少5倍。后者会完全破坏土地产品，而且消除了任何恢复秩序的可能性。这种税收模式从国王的观点来看实际上是错误的；从国民的观点来看是一种灾难；对于一般民众来说，随着农业增长的下降，人们更会越来越不可避免地这样想了。

然而，我们至少必须尽快地从废止对农场主任意征税开始，否则，这种毁灭性的税收终会使王国的收入消失殆尽。对土地财产征税中最难以调节的是对小农经营的税收，他们没有地租可作为尺度，提供预付的是所有者自己，纯产品很少而且不稳定。这种耕作方式，在赋税破坏了农场主的地方是由对分制佃农来进行的，它也是对衰落农业所采取的最后手段，应当加以认真研究。因为少额的税收负担会吃掉他们的预付，使耕作破灭。因此，我们应当对以下两种土地加以仔细区别：一种是归入这种小农耕作的土地，相对于它的产量，耕作费用很高，常常没有任何利润；另一种土地是由富裕农场主经营的大农耕作，他们能保证给所有者固定的收入，就像比例征税一样作为一种精确的法则。如果这种比例税没有从地租中扣除，就像通常发生的那样，当农场主在签约以前就知道税额的话，那么这种税收就应当由所有者支付，而不是由农场主支付。如果国家有必要增税，也应当只由所有者支付；政府这时常常是自相矛盾的：它要求农场主履行他们的签约义务，同时事先没有料到的赋税又使他们无法履行这种义务。在所有场合，支付赋税都应当以土地财产的价值作为担保，而不是以用于耕作的财富的价值作为担保。如果土地被用于某种公共服务，而不是用于国家和国王的财富的再生产，则赋税绝对不应从土地的自然和必要功能中抽取。所有者依据政府为他们制定的法规，为保证他们的

① “真实”一词，用于纯产品的税收，显然是指实际上完全为君主所征的税，而不像其他税收形式那样，要扣除高额的征收费用，还要考虑到对农业生产的破坏性影响。——米克注

收入和税收，应当想方设法将土地只租给富裕农场主；而且政府的政策应能保证农业成功。农场主不再为契约期内的税收而着急，农场主的人数会增加；小农经营便会一个接一个地消失；所有者的收入和赋税将会随着富裕农民土地产品的增加而增加。

有这样一个国家，[①]因为免除了农业的各种赋税，所以能将其权力和确保繁荣结合起来。负担赋税的所有者在战时还要负担临时性的补助金；但是土地耕作没有延误，土地市场仍然繁荣，土地产品市场价值由于原产品自由贸易总有保证。在这样的国家，农业和家畜饲养在长期和费用最高的战时也没有任何削弱；和平到来时，所有者发现他们的土地一直得到了很好的耕种和经营，他们的高收入仍能得到很好的维持和保证。由此可以容易看出，过高的税收和掠夺性税收是有区别的：按照征收的方式，它可以是掠夺，但并不过高；或者是过高，但不是掠夺。

准则六注释

（耕作者的预付应当充足）

应当指出，如果没有提供耕作支出所必需的财富，最肥沃的土地也将一钱不值；一个国家农业的衰落不能归咎于人们懒惰，而是由于他们贫困。如果由于政府的政策错误，耕作的预付只能带来很少的纯产品，费用就会很高，收入很少，人口几乎全是在农村工作的下层民众，他们对国家没有任何好处，贫瘠的耕作状态迫使他们生活在贫困之中。

过去有**这样一个**王国，[②]每年预付再生产的纯产品，包括对农民的赋税在内，平均只有 25%；这 25% 的纯产品在扣除农民每年的回报之后，要在什一税、赋税和所有者之间分割。如果原预付充足，耕作就很容易达到年预付的 100%，甚至更多的纯产品。然而这个国家在其年预付的纯产品上至少背负着 4/5 的**赤字**，这还没有计算为补

---

① 魁奈在这里想的可能是英国。——米克注

② 魁奈心里想的显然是法国。——米克注

偿粗劣耕作方式的高额费用而在土地耕作收入上的损失，这些土地需要多年轮休，地力才能恢复，使收获达到一般年景。在这个时期，大部分人口生活在贫困之中，他们的活动不能给国家带来利润。**劳动的纯产品如何，要看超过费用的预付的纯产品；能用于收入、赋税和各阶级生活资料的纯产品究竟怎样，要看土地财产的纯产品**。预付越不充分，人和土地对国家带来的利益就越少。由于耕作方式不良而生活贫困的农民，对维持穷国的人口是不利的。

在这样的国家，各种赋税几乎全都任意地落在农场主、工人和商品之上。他们直接或间接地负担着耕作支出的预付，土地财产所负担的普通赋税大约是3亿利弗尔，还有大约同样数目的行政费用和收税费用等等。近些年来，从对生产财产的什一税总额和土地产品判断，土地产品对国家的纯产品不超过4亿利弗尔，其中还包括什一税和其他基督教会收入。对一个地大物博的国家来说，这一点产品真是太可悲了！禁止谷物出口；生产受限于国内的消费；一半土地荒芜；禁止耕种葡萄；国内谷物贸易受控于任意的调控制度；国内各省的谷物贸易继续被禁；产品的市场价值始终不稳定。

生产支出的预付被任意征税和直接负担所侵蚀，损害了再生产和赋税本身；农民子弟逃离农村；产品的赋税过重提高了它的自然价格，从而大大增加了国家因商品和工作价格提高而增加的开支；这反过来引起农场主回报的减少，土地财产纯产品的减少，赋税的减少和耕作的减少，等等。另外，对农场主任意征税所引起的掠夺，引起了持续的下滑，加之缺乏自由贸易，使被耕种的土地萎缩，甚至荒芜，以致耕作支出的产出不超过25%，土地税也包括在内；而且这也仅仅出自王国现存的1/4大农耕作的收益。①我们这里不必追究这个迅速衰落的过程，为了预见其悲惨后果，只需估算一下如此众多的破坏性原因彼此交错且相互影响的后果就够了。

人们已经认识到了所有这些混乱和弊端；纠正这些混乱和弊端的荣耀为更明智的大臣保留着。但是，国家的这种需要和特殊情况，并

---

① 参看《谷物论》中的例证，说明一国每年要损失其耕作产量的4/5。——米克注

不总是能同政治经济的良好管理所要求的改革的观点相吻合，尽管从君主和人民的一般利益来说，这种改革是很必要的和很迫切的。

准则七注释

(返回流通的财产)

我们所理解的返回流通的财产，不仅是指被毁坏的财产，而且还是指那些变成活动的和被利用的不生产的或休闲的财产。例如，可被用作大型农业企业、商业和有利可图的制造业的预付，或者用于改善土地财产，其收入每年返回流通。的确，正是靠着这些活动的在企业中被合理利用的财产，国家才能稳定，国家才能保证拥有巨额财富，用于每年大量的再生产，维持适度的人口，保证国家繁荣和君主的权力。但是，我们并不这样看待那些货币财产，它们来自货币利息，但不是取自生产基金，也不为那些无用的官僚和特权等所得；它们的不生产流通决不妨碍它们成为国民所用的财产的负担。

准则八注释

(对不生产的支出不加干预)

为国民提供手工业品和工业品的劳动花费了货币，但它不是收入的来源。这些产品销往国外赚不到任何利润，除非这些国家的手工业劳动因其生活资料价格便宜而低廉；但这个条件对相关的土地产品是很不利的。因此，这样的条件在对外贸易自由和无障碍的国家是看不到的，自由的对外贸易维持了农产品的销售和价格，也冲掉了从手工业产品对外贸易中获得的微薄利得，这种利得是以土地产品低价的损失为基础的。在这里，不应把该国所得的纯产品和收入与商人和手工业企业主的利得等同起来；这些利得，从国民的观点来看，应该归入费用之列。例如，如果富裕农场主耕种土地只能为他们自己生产，那是不够的。

有些穷国，大部分奢侈手工业品是靠排他性的特权维持的，并且禁止国民使用其他手工业品。这种禁止对国民总是不利的，一旦这种垄断的精神和错误被扩大到耕作和土地产品贸易中，损害就更大，在这些地方富有活力的竞争对扩大国家财富是绝对必要的。

我在这里不谈对小海洋国家来说至关重要的转口贸易。一个大国绝不应该为了做一个运送者而放弃犁耕。决不要忘记上世纪的一个大臣，①他为荷兰人的贸易和令人眼花缭乱的奢侈手工业品所迷惑，竟将他的国家带到了无人不谈贸易与货币，但对货币的真实用途和国家的真实贸易却一无所知的癫狂状态。②

这位大臣的好心是值得尊敬的，但他成了自己思想的俘虏，试图以手工劳动来生产财富，以致伤害了财富的真正源泉，使一个农业国的整个经济组织脱离了正轨。谷物对外贸易被禁止，以便压低手工业者的生活费用；国内的谷物销售被强行纳入一种取消各省之间贸易的调节体系。工业的保护者们和城市的法官们为了使谷物保持低价，因支持引起其土地耕作普遍下降的低劣耕作制度而损害了他们的城市和省份。凡此种种，使得一个农业国里只有靠土地产品才能得以维持的土地财产收入、手工业品、贸易和工业，统统遭到了损害。因为只有这个产品为贸易提供了供出口的剩余，为所有者支付了收入，为从事有偿活动的人支付了工资。引起移民和财富外逃的各种原因，加快了这个破坏过程的步伐。

人与货币离开农业，转移到丝绸、棉花和外国羊毛制造业上，结果损害了本国羊毛业生产以及牛群和羊群的扩大。装饰性奢侈受到鼓励，发展极为迅速。各省的长官迫于国家的需要，不再为农村每年再生产所需的财富提供任何保证，结果使大部分土地退到小规模耕作上，土地变得荒芜，失去了价值。土地所有者的收入成了商业贸易的牺牲品，这种贸易对赋税却无所贡献，而提供赋税对农业来说也因为负担太重已变得不可能；赋税的范围越来越扩大到人、食品和粗产品贸易中；赋税因收税费用的增加和对再生产的破坏性掠夺而大为增

① 柯尔倍尔。——米克注

② 参看《经济表》（第二版）中“苏利《王国经济准则》”第17条及其注释。——米克注

加；一种靠掠夺各省而养肥首都的金融制度迅速成长起来。借贷取息的交易创造了一种重要的收入，它以货币和从货币中得到的收入为基础，从国民的观点来看，它不过是一种虚拟的产品，可是它逃避了税收，破坏了国家的基础。这种以货币为基础、看上去很丰厚的收入，是靠影响着一般民众的破坏性奢侈的光环维系着的，它越来越削弱了真实财富的再生产和国家的货币资财。啊！真是不幸得很，这么久了，人们竟然不知这种普遍无序的原因，**大难临头了**！但是，今天政府已经接受了比较明智的原理；它知道到哪里去找王国的财源，也知道了实现王国丰裕的手段。

准则九注释

（不应当将货币与人力过多地用于奢侈品的制造业和商业上，以免损害农业耕作和支出）

一个国家只应该进行有原料的手工业生产；而从国外购进低于国内生产的成本价格的手工业品，通过这种购买鼓励了相互贸易；因为如果各国试图光卖不买，这就取消了对外贸易，也抵消了比出口手工业品有利得多的农产品出口的好处。①农业国应当以手工业品的顺差贸易（它能有利地从国外购买）来促进农产品的对外贸易。这就是商业的全部秘密，不要担心这样一来你会变成**别国的附庸**。

准则九注释（续）

（最重要的是王国要有大批的富裕耕作者）

英国的古德曼斯－切斯特镇在历史上有一段趣闻，那里的农民在国王路过时抬着 180 架牛犁随行，以他们在农业上的成功向国王表示敬意。在我们的喜欢浮华的居民看来，这未免有些滑稽可笑。我们至今仍能看到一些愚蠢而自负的人无视这个事实：正是富裕的农民和从

① 参看《经济表》第二版中“苏利《王国经济准则》”第 20 条及其注释。——米克注

事农产品贸易的富裕商人，在鼓励农业，进行着农业经营，控制、指导和保证着国家的收入，他们是独立的人，他们是仅次于因出身、名望、教养而杰出的所有者之后，构成国家公民中最诚实、最值得称道和最重要的阶层。然而，正是这些农村中值得尊敬的农民，这些主人，这些家长，资产者却只知轻蔑地称之为乡巴佬，甚至想要教资产者读书写字，以便给他们的事业带来安全和秩序；并想要教扩大他们生活各方面的知识的学校教师远离这些乡巴佬。

有一种看法，认为这种教育会使他们充满虚荣之心，并热衷于法律诉讼。法律对这些朴实的人不应该加以保护吗？他们敢于反抗那些久居城市而自觉高人一头，认为应该享有特殊名誉和欺压乡下人的优越感的人。这些城里人的要求是愚蠢可笑的，他们只是一些由农村的财富的支付养活的人。在一切收入有保障的职业中，没有一种比从事农业更好，更有利可图，更使人愉快，更适合于一个自由民的了。①……对我来说，至少，我倾向于认为，没有比农业更幸福的生活了，不仅从有利于整个人类所履行的义务来看是这样，而且从它给人类提供的适合于人性，甚至适合于上帝的使命的一切所带来的喜悦、丰裕和丰富来看，也是这样。②

准则十二注释
（把财富吸引到农村，扩展大农经营和避免小农经营）

大农耕作中仅由1个人操纵1架马拉犁的工作量，相当于6个人操纵3架牛拉犁的工作量。小农耕作因缺乏引进大农耕作所需要的原预付，年预付相对于几乎等于零的纯产品来说显得太多，白白浪费了10～12倍的土地。如果所有者找不到合适的农场主，这些农场主能满足适当耕作的支出，能为土地支出作出预付，那么，土地几乎全都

---

① 西塞罗：《论公职》，罗也布古典丛书，1938年，第55页，英译者W. 米勒。——米克注

② 西塞罗：De Senectute，罗也布古典丛书，1938年，第69页，英译者W. A. 法可诺。——米克注

归于无用；这些土地的产品在冬季几乎完全喂了牛，而夏季则要为放牧耕牛留出一部分土地；收获物中的纯产品几乎全无价值，以至于轻微的税收就使放弃剩下的耕作成为必要，事实上这正是许多地方发生的事情，皆是居民贫困所致。据说小农经营在一些穷国占了土地的3/4以上，还有1/3以上的耕地抛荒。但是，政府应当设法阻止这个衰落过程，并采取措施使事情走向正轨。[①]

准则十三注释

（绝对不应鼓励耕作的垄断，应当允许每个人在其土地上自由地进行合意的耕作）

有一个时期在法国出现了一种引人注目的[②]观点，认为应当禁止种植葡萄，以扩大种植谷物面积，当时正值谷物对外贸易被禁止，国内各省之间的谷物交易甚至也在禁止之列，种植的谷物仅限于各省自己消费，大部分土地都撂荒了；而当时葡萄园的破坏在更大程度上加重了土地的荒芜。但是，远离首都的省份却反对扩大种植谷物面积，因为缺乏市场会导致浪费土地。这对所有者和农场主造成损害，使土地赋税枯竭。各种因素给国家的两个主要耕作部门都带来了损害，而且越来越严重地损害了土地财产的价值；一部分土地所有者损害另一部分所有者的利益，以取得耕作上的特权。这些就是禁止和阻止土地产品贸易对这样一个国家所造成的灾难性后果。这个国家各省有河海相连，全国各地的产品可以方便地运往首都和所有其他城镇，而且方便的出口也为剩余产品市场提供了保证。

种植葡萄是法国农业最有利可图的行业，1亚尔邦葡萄园的纯产品的价值，平均大约是1亚尔邦最优土地种植谷物的纯产品价值的3倍。还应指出，包括在每个耕作部门总产量中的支出，在种植葡萄的场合比种植谷物的场合更有利，因为在种植葡萄的场合，支出所提供

---

① 参看《经济表》（第二版）中“苏利《王国经济准则》”第9条及其注释。——米克注

② 此为米克注。

的利润和工资要多得多；酒桶和木桩的支出促进了木材的销售；栽培葡萄的人在农忙时节没有工作，正好能够为农民所用，收割庄稼。此外，靠在土地上劳动谋生的这个阶级的人数变得很多，这会扩大谷物和酒类产品市场，维持它们的市场价值，成比例地扩大土地耕作，而土地耕作的扩大又增加了财富。财富增加促进了国内各阶级人口的增长，人口增长又支持了各农业产品的市场价值。

还应指出，原产品的无障碍对外贸易，因为摆脱了关税负担，对于领土辽阔的国家是很有利的，这样的国家能够改变耕作方式，以便获得各种高价值的产品，首先是那些在邻国无法生产的产品。因为土壤和气候的关系，我们的酒和烈酒销往国外是一种拥有特权的贸易，理应得到政府的特别保护。不要对它多次征税，为了征税而征税，这会非常有害于这些产品的销售，而这些产品占了我们对外贸易的大部分，它关系到能否保持我们王国的丰裕。赋税应当单一地和统一地向生产这些财富的土地征收。在考虑对一般税收收入的损失补偿时，应当注意到这样一个事实：这些产品销往国外需要得到有利价格的保护；因为将可以看到，虽然国家以有利价格减轻了这些产品的赋税，但它会从这种贸易对其他各种财富源泉的有利影响中得到完全的补偿。

准则十三注释（续）

（除了用于耕作的预付以外，对于保证国家繁荣来说，最必需的财富就是收入和赋税了）

农业国的繁荣靠什么？持续和不断增加的收入和税收；自由而无障碍的国内外贸易；对每年来自土地的财富的享用；对收入和赋税的充裕的货币支出。丰富的产品得自大量的预付；消费和贸易维持着产品的销售和市场价值；市场价值是一国财富的尺度；财富调节着能够承担的赋税，而且提供了支付它们的货币。这些货币应当在贸易交易中流通，绝对不应当将其储存起来，对农产品的使用和消费造成损害，它应当贯穿在生产和相互贸易之中，以使那里的真实财富持续下去。

铸币是财富的一种形式，用于支付其他财富，**对国民来说它是买**

卖之间的中介，一旦把它从流通中抽走，并且不再返回作为财富交换的媒介，它就不会再对国家财富的持续不断增加起作用了。它被储存得越多，作为储存代价的财富不能更新的就越多，就会使国家越贫穷。只有当货币继续用于财富交换时，它才是一种积极的确实有利可图的财富形式，因为货币本身只是一种不生产的财富。除了用于买卖以及用于支付收入和赋税以外，货币对国家没有其他用处，而这些支付又会使同一货币返回流通继续进行这些支付，以及进一步履行它在贸易中的职能。

因此，农业国的货币总量只应大体等于土地财产的纯产品量或每年收入额，达到这个额度的货币量，对国民的使用来说已是足够有余了。过多的货币对国家来说是完全无用的一种财富。尽管赋税是用货币支付的，但提供赋税的并非货币，而是来自土地的每年再生产的财富。国家的繁荣富强正是在于这种不断更新的财富，而不是像庸俗的观念那样以为是靠国家的货币资财。用货币资财去补充持续更新的财富是决不可能的，但是，在贸易中，货币资财却可以用书面保证得到补充，这种保证是以国内和转往国外的财富作为担保的。对货币的渴望在人们中间是很急切的，因为他们渴望得到代表其他财富的一种财富形式。但是，这种渴望使货币脱离了它的适当用途，国家不应沉溺其中。一国所期望的货币量应当同其收入成比例，这种货币量可表示收入被持续更新的丰裕状态，还可表示对它的使用是有效的和完全有保证的。被称为**贤明君主**的查理五世王朝时期的货币丰裕就属于这种类型，随之而来的还有该王国其他形式财富的丰裕。从这位国王的大量财产目录所列的财富项目就可看出这一点，这还不算存在他金库中的 1 700 万利弗尔（按照我们今天的货币价值计算，约合 3 亿）。而当时法国国王的地产还不及现在法国的 1/3，其财富之巨可想而知。

因此，货币并不构成一国真实的可消费和可再生产的财富，因为货币不能生出货币。不错，1 埃居如被适当使用可带来价值 2 埃居的再生出财富，但是，增加的是生产而不是货币。因此，货币不应停留在不生产者手中。货币放在彼得的口袋还是放在保罗的口袋，对国家来说并不像人们所想像的那样是一件无关紧要的事情，重要的是不要把货币从那些用它为国家带来好处的人手中拿走。严格说来，如此使用的货币完全没有所有者：他属于国家的需要，国家将其用于流通是为了再生产出财富，而财富才能使国民得以生存并为君主作出贡献。

一定不要把这种货币与作为借贷取息的有害交易对象的基金相混同，后者避开了各种年收入应该给国家的支付。我坚持认为，可以满足各种需要的货币，[①]在所有个人的场合，则有其特定的目的。预计用来支付现行赋税的货币属于赋税；预计用于满足某些购买需要的货币就属于这种需要；使农业、贸易和工业活跃的货币属于这种用途；用于支付到期或即将到期债务的货币就属于这种债务，等等。货币是国民的，个人无权将其扣下，因为它不属于哪一个人；不过，正是以这种方式分散的货币，构成了真正富裕国家的货币资财的主要部分，货币在这些国家总能得到有利于国家的使用。人民甚至还会毫不犹豫地按其所花费的价格将其出售，即允许将其携出国外购买他们需要的商品；外国也不是不知道这种交易的好处，要交换就得用货币购买商品，用商品购买货币。因为货币和商品只有同其市场价值成比例，才能构成财富。

离开流通并被扣下的货币量不多，而且借款稍有增加，它立刻就消失了。然而，正是这种休闲的货币欺骗了下层民众；这些庸俗之辈将这些休闲货币看做是国民的财富和满足国民需要的重要手段，甚至是满足大国需要的重要手段，而这个大国实际上只能由其每年财富的纯产品才能致富，而这些财富是每年从其土地上再生产出来的，可以这么说，这些财富通过更新货币而引起了货币的再生产，继续促进了货币的流通。

另外，当一个王国因其贸易而繁荣富裕时，通过交易它可拥有其他国家的财富，纸币到处都可代替货币。丰富的产品及其销售为到处使用别国货币提供了保证；货币在耕作良好的国家也不会短缺，它会被用于支付君主和所有者的收入，这些收入是用土地每年再生产出来的可交换产品的纯产品提供的。但是，虽然用于支付这些收入的货币并不缺乏，我们却不要错误地以为可以对货币流通征税。[②]

---

① 此为米克所注。

② 参看前面“准则三注释”等处对赋税的论述。——原注

货币是一种捉摸不定的财富。赋税只能对可支配的财富，对总是能够再生的可以触摸的和能够交换的财富的源泉征税。君主的可以再生产的收入正是在这里，也正是在这里，他能够发现满足国家各种急需的可靠手段。政府的目光不能短视地停留在货币上，而应当看得更远，专注于土地产品的丰富和市场价值，以增加收入。正是每年财富这个看得见的部分，是国家的实力和繁荣之所在，也是吸引臣民在此定居的原因。货币、工业、商人的贸易和交易仅仅构成了一个人为的领域，如果缺乏土地产品，这个领域只能是一个共和国：康斯坦丁堡本身从未控制这些产品，它只限于掌握同转口贸易相关的动产，在专制制度之下，它从这个共和国所赢得的是在其相互交流和商业财富自由国度中可观的能力和独立。①

准则十四注释
（鼓励饲养家畜）

饲养家畜的利益，是通过销售、利用和使用国内的羊毛，通过大量消费肉、奶制品、牛油、干酪等获得的，最重要的是通过人数最多的下层阶级的消费获得的。因为家畜市场和饲养家畜的人数只同这种消费成比例；这些家畜给土地提供的肥料促成了丰收，丰收又促进了家畜本身的生长。在生活资料丰富的王国，充裕的农产品和家畜完全去除了人们对饥馑的担心。在这样的国家，家畜给人民提供的食物减少了他们消费的谷物，这使他们能把更多的谷物销往国外，通过如此有价值产品的贸易持续地增加它的财富。下层民众富裕对国家的繁荣必然是一种贡献。

就所有者的收入来说，来自家畜的利润和来自耕作的利润是混合在一起的，因为在农场主的预付不会被任意的赋税毁灭的国家里，按照农场契约支付的租金是同农场通过耕作和家畜增值所能生产的产量成比例的。但是，如果向农场主征税，土地收入就会趋于下降，因为

---

① 参照本书《农村哲学》（摘录），对最后一句也许会有更广泛的理解。——米克注

他们不敢为购买家畜而预付，担心这些活生生的家畜会被抽取毁灭性税收。因为缺少足够的家畜为土地提供肥料，致使耕作下滑，耕种贫瘠土地的费用就会吞掉纯产品和收入。

从家畜中得来的利润对土地产品的贡献是互为因果的，在依照所有者收入来计算耕作产量的价值时，这两者是分不开的。因为提供收入和税收的纯产品的获得，通过家畜比通过人的劳动要多，如果单用人的劳动，其回报只能勉强抵消其生活资料费用。但是，购买家畜需要大笔预付：这就是政府应当更关注吸引财富而不是更关注吸引人力到农村的原因。有财富的地方就不会缺人；而没有财富的话，就会出现普遍的衰落，土地贬值，国家变得没有资源和实力。

对准备用于土地耕作的财富必须有完全的保证，产品贸易还必须有完全的自由。孕育财富的财富不应当承受赋税的重担。另外，应当对农场主及其家属免除一切个人赋税，对从事重要职业的富裕居民也要予以豁免，免得他们把在乡间享用的财富搬到城里，在那里享受不明智的政府（偏爱家庭佣人）赋予他们的特权。生活安逸的资产者，首先是那些靠公众挣钱的零售商人，这样的人在城里太多了，对国家是一种负担。我要说的是，这些资产者将会在受到保护和受人尊敬的农村找到健康和令人尊敬的职业，把子女放在农村要比放在没有这些职业的城市里好。他们的财富随着他们返回农村，会使土地肥沃，财富增加，保证国家的繁荣和实力。

关于在农村耕作土地的贵族，有一点需要指出，他们中的许多人没有足够土地可供使用他们的耕犁和才能，这对他们的支出和活动是一种损失。能否抛开贵族的体面，允许他们租用土地以扩大耕作和有利于国家的活动，特别是在税收负担（正在变得不适当）不再落在个人或耕作者身上的国家？在城镇中租房子对贵族来说是否不合适呢？支付地租不涉及对任何人的依附，支付衣服、年金和房租也是如此。还有，应当注意，在农业上，土地所有者和耕作必要的预付的所有者，都是同等的所有者，双方具有同等的品格。贵族以扩大其农业企业而对国家的繁荣作出贡献，他们在这里还会发现维持他们及其在军队中任职的子弟的支出的手段。贵族和农业在任何时代都是结为一体的。在自由国度，去除了任意的和个人的赋税以后，土地租金本身是完全公平的事情。难道贵族本身支付的附加在财产上的赋税玷污了贵族和农业吗?

准则十六注释

(有怎样的市场,就有怎样的再生产)

如果停止了谷物和其他原产品的对外贸易,农业就要受到人口状况的限制,而不是人口会通过农业而增长。原产品销往国外增加了土地收入;收入增加了,会使所有者的支出增加;支出增加了,会吸引人们来到这个王国;人口增加了,会增加原产品的消费;消费的增加和国外销售的增加都会促进农业预付、人口和收入增加。

自由和无障碍的进出口贸易,会使谷物始终保持一种更均等的价格,因为更均等的价格就是在通商各国通行的价格。这种贸易通过将富余国家的剩余提供给缺乏的国家,总能消除各国每年收获物的不平等,使产品和价格回到几乎相同的水平上。这就是没有土地的通商国家能像耕种大片土地的国家一样确保它们的面包的原因。价格上稍有优势,就会把商品吸引过来,使价格的均等得以持续重新确立起来。

情况表明,除了外销和价格提高以外,单是价格的持续同等就能使土地收入增加 1/10 以上;价格持续同等增加和保障了耕作所需要的预付;它避免了因价格过高而引起的人口减少;它还避免了农产品贬值而造成的浪费。另一方面,禁止对外贸易所引起的后果是:经常缺乏必需品;同国民需求密切相关的农业引起价格波动,以致引起丰年和歉年的收成发生波动;有限的农业抛荒了大部分土地,使之失去了任何的收入;市场不确定使人担心农场主停止耕作预付,压低租金水平;这种下降愈演愈烈,以致使国家遭受终会导致国家完全毁灭的潜伏的危机。

假定为了防止谷物短缺,我们设想禁止销往国外,也不允许商人为了备荒而在丰年将谷物储满仓库;我要说的是,这也就禁止了扩大这些自由的储藏,而在自由储藏的地方,商人之间的竞争会排斥垄断,会使农民在丰年销售他们的产品,而在歉年也能维持丰裕。这些胆怯的行政管理原则,对于一个只能靠销售自己产品致富的国家来说是非常陌生的，如果基于这些原则，我们就必须得出结论，还应该尽可能地禁止该国的谷物消费，并将其下层阶级的食品限于马铃薯、荞麦、橡子，等等；我们还应当采取如此不恰当和灾难性的措施，以防止将谷物从富足有余的地方转送到短缺的地方或已经用罄之地。多么地虚妄！多么专断！这就是这些任意的和灾难性的政策带给我们的东西！土地耕作会变成什么样子？收入、赋税、人们的工资和国家的强盛又会怎样呢？

准则十八注释

（原产品低价格使贸易对该国不利）

例如，假定我们从国外购买一定数量的商品，其价值相当于 1 塞蒂的谷物，价格是 20 利弗尔；如果政府强令谷物价格降到 10 利弗尔，那么，购买同样数量的这种商品，就必须支付 2 塞蒂谷物。

准则十八注释（续）

（有怎样的市场价值，就有怎样的收入）

应当对具有使用价值但没有市场价值的物品和两者兼而有之的财富加以区别。例如，路易斯安纳的未开化人使用过很多物品，如水、木材、猎物和地上的果实，等等，但它们并不构成财富，因为它们没有市场价值。但是，在许多贸易部门出现在他们和法国人、英国人和西班牙等人之间之后，这些物品的一部分就获得了市场价值，从而变成了财富。王国行政的目标应该是使国民同时拥有尽可能丰裕的产品和尽可能大的市场价值，因为借助于大量财富，就能通过贸易取得他们所需的同其财富状况相适应的其他东西。

准则十九注释

（产品便宜对下层阶级没有好处）

例如，谷物高价如能持久，就比低价对农业国的下层阶级更有利。一个劳动者的日工资，通常自然是以谷物价格为基础的，其一般数额是1塞蒂价格的1/20。据此推算，如果谷物价格持续稳定在20利弗尔的水平上，那么，劳动者一年就能获得大约260利弗尔。他们以其中200利弗尔供养自己和家属，其余60利弗尔留作他用。另一方面，如果1塞蒂谷物只值10利弗尔，那么他们只能得到130利弗尔。他们会花费100利弗尔在谷物上，其余30利弗尔留作他用。正是因为如此，我们看到谷物昂贵的省份的人口比谷物低价的省份的人口多得多。

同样的好处，在其他各个阶级的场合，在耕作者收益、所有者收入、赋税和国家繁荣方面，也都可以得到。因为，在所有这些场合，土地产品可以充分补偿工资和食品增加的费用。从成本计算和产量增加的计算可以容易地理解这一点。①

准则二十注释

（不应减少下层阶级的福利）

为了替农村居民的悲惨状况辩护，敲骨吸髓者们抛出了一个所谓的公理：**农民应该贫穷，免得他们懒惰**。傲慢的资产者准备采纳这个野蛮的公理，因为他们不太重视另外一个更专横的公理，即**无力储蓄②任何东西的人干活只求糊口；一般来说，所有能够储蓄的人都是勤勉的，因为所有的人都渴望财富**。受压迫的农民懈怠的真实原因是，在贸易受限制致使产品丧失了价值，以及其他原因毁灭了农业的国家，工资和就业的水平太低了。困扰和折磨，产品低价，工钱不足

① 例如，参看《第一经济问题》中的计算。——米克注

② 此为米克所注。

以鼓励他们干活，所有这些使他们成了懒人、偷猎者、流浪汉和抢劫者。强化贫困不是使农民勤劳之道，只有使他们的收益得到保证和享用，才能给他们以勇气与活力。

以人道感情为指导，接受过高等教育、具有远见的当政者，应当愤然拒绝那些只能导致农村衰败的令人厌恶和毁灭性的公理。他们不是不知道一个事实：正是农村居民的财富孕育了国家的财富。农民穷则国家穷。

准则二十二注释

（生活资料消费的高水平支出，维持着产品的适当价格和收入的再生产）

这里说的是适用于农业国的原产品消费支出的高水平。但是，应以不同的眼光来看待没有耕地的小贸易国，它们的利益迫使它们节省各种开支，以便保存和增加贸易所需的财富基金，并以低于他国的成本进行贸易，其目的在于确保它们在国外销售中的竞争利益。这些小贸易国应被视为大贸易国的代理人，因为对于大国来说，更有利的做法是通过小贸易国的中介，而不是自己同各种不同的贸易部门打交道；在后一种场合，如果它们引起了同外商更高水平的竞争，它们的花费就会更多，所能得的利润就会更少。因为只有通过最大可能的竞争，向世界所有商人开放，一个国家才能确保本国产品的优价和最有利的市场，防止本国商人的垄断。

准则二十六注释

（要比注意增加人口更多地注意增加收入）

各国都想在战争中成为强者，但却忽视进行战争的各种资源，庸俗之人以为此种资源仅由人构成，认为拥有人口众多便是国家强盛之本。一直没有被充分理解的是：进行战争所需要的人力并没有人们乍一看所想像得那么多；庞大的军队对那些在战斗中比敌人消耗更多人力的国家来说，必定是（而且通常是）更致命的；没有支付赋税部门的支持，军事部门是既不能维持也不能行动的。

某些思想浅薄的人认为，国家的巨额财富是人口众多的结果。但是他们忘记了，人只有通过财富才能获得财富，只有在人和财富之间保持适当比例的限度内才能获得财富。

国民总认为他们没有足够的人口：但是他们没有注意到，没有足够的能维持大量人口的工资；他们没有注意到，没有财产的人，只有在他们以自己的劳动确实能得到使他们维持生活的利得时，才对国家有利。由于缺乏利得或工资，农村中有些人为了生计可能生产一些价格很低的产品，这些产品不需要大量开支或持续很长时间的劳动，也不要很长时间即可收获。但是，这些人，这些产品以及生产这些产品的土地，对国家来说一钱不值。为了从土地上得到收入，农村的劳动就必须在支付工人工资以外还能提供纯产品，正是这个纯产品才能使国家所需要的其他阶级的人们得以生存。这不能寄希望于穷人，他们只能靠双手或其他不充分的资源种地；他们只能靠放弃耕种谷物来维持生计。耕种谷物，对于没有资金，只能靠他们的双手获得食物的人来说，所需要的时间、劳动和支出都太多了。

你不应将你的土地委托给这些穷苦的人。使你的土地得以耕种和肥沃的是动物；产品的市场价值构成了你的收入，而确保产品市场价值的是消费、销售，以及自由和无障碍的国内外贸易。你应当让富人去掌管农业企业或农村贸易，使你自己致富，使国家致富，并生产出无尽的财富。凭借这些财富，你才能享用丰富的土地产品和工艺品，维持强有力的抵御敌人的防卫，并且为各项公共工程提高充足的开支；这些公共开支旨在方便国民，使你的产品贸易畅通，使你的边防巩固，维持强大的海军，美化王国，将希望挣钱的人吸引到国内并定居下来。因此，农业和产品贸易的政治管理，是农业国的金融部门和其他所有行政管理部门的基础。

庞大的军队并不足以提供强有力的防卫。士兵如果得到了良好的训练和很好的培养，变得强壮、愉快和勇敢，就应当给他们良好的待遇。除了人力强壮以外，陆战和海战还需要利用其他的资源，以及比士兵的必需品多得多的其他开支。因此，维持战争的与其说是人，不如说是财富，只要具备能给人以良好待遇的财富，就不怕在军队需要时没有人。国民所拥有的能使财富每年再生产的财富越多，每年用于这种再生产的人就越少，它所生产的纯产品就越多，政府也就能将更多的人力用于服务事业和公共工程；同时，用于维持他们生计的工资越多，这些人依靠他们的职业和支出（会使其工资返回流通）对国家就越有用。

单以杀人取胜，而没有引起其他伤害的战争，对敌人的削弱是很小的，如果它还拥有已经丧失的人员的工资，而这些工资还足以吸引其他人的话。10 万待遇良好的军队可与拥有百万人数的军队相匹敌，因为被待遇所吸引的军队是不会被击败的。士兵们会勇敢地自卫；他们大不了一死；他们还不乏准备面对战争危险的后继者。维持军队荣誉的是财富。赢得战斗、占领城市、博得荣誉、英勇献身的英雄，不是征服者。历史学家们在他们的军事论著中如果只限于描述轰轰烈烈的事件，而忽视相关国家的基本资源和政策状况，那么，战争中那些具有决定性的事件，对子孙后代就没有什么教育作用，因为一个国家的实力在于纳税者的持久的福利和爱国情操。

人们应当以同样的眼光来看待促进财富增长的公共工程，例如开凿运河、修整道路与河川等等，这些工程只有在纳税人状况良好的情况下才能兴办，他们能够满足这些支出，但却不会对国家每年再生产发生破坏性影响。否则，如此大规模的工程，尽管非常需要，也会由于横征暴敛而变成破坏性事业，其后果是无法用这些超过资源承载能力[①]和负担沉重的工程的效用所能弥补的：因为一个国家衰落了，那是不易恢复的。与日俱增的破坏性的原因，会使政府的一切关注和努力化作泡影，因为它只注意了限制后果，却没有注意原因。1699 年出版的《路易十四治下的法兰西详情》的作者[②]完全证实了当时的情况。作者把王国开始衰落的时间定在 1660 年，并且描述了到他写作时为止的整个过程。他指出，1660 年到 1699 年间，土地收入从起初的 7 亿利弗尔（相当于我们今天的 14 亿利弗尔）减

① 此为米克所注。

② 布阿吉尔贝尔。——米克注

少了一半。他认为造成如此巨大衰退的原因，不在于赋税的多少，而在于不公正的征税形式和毫无秩序。不难断定，这样的行政不改，减少之势必继续下去。路易十四时代赋税上升到7.5亿利弗尔，可是收进国库的不过2.5亿利弗尔，[①]征税之混乱可见一斑，这意味着纳税人每年要被夺走5亿利弗尔的享乐，农场主每年被任意征收的土地税所造成的损失还没有计算在内。对各种支出不断增加的破坏性税收，由于“重新呼出”[②]而扩及赋税支出本身，以致损害了君主的利益，因为他的大部分收入变得徒有虚名。因此，我们看到，行政管理的形式如能加以改善，赋税收入在短时间内便可大为增加，而这些破坏性税收的废除，谷物、酒类、木材和服装等等对外贸易的复兴，则会使臣民富裕起来。但是，在当时人们对农业国的经济管理还毫无概念时，有谁敢于进行这种改革呢？在当时这会被认为是要推倒大厦的支柱。

① 参看：M. D. de 鲍莫的《法国通史备忘录》。——米克注

② 参看《第二经济问题》对“repompement”一词的注释。——米克注

魁奈雕像

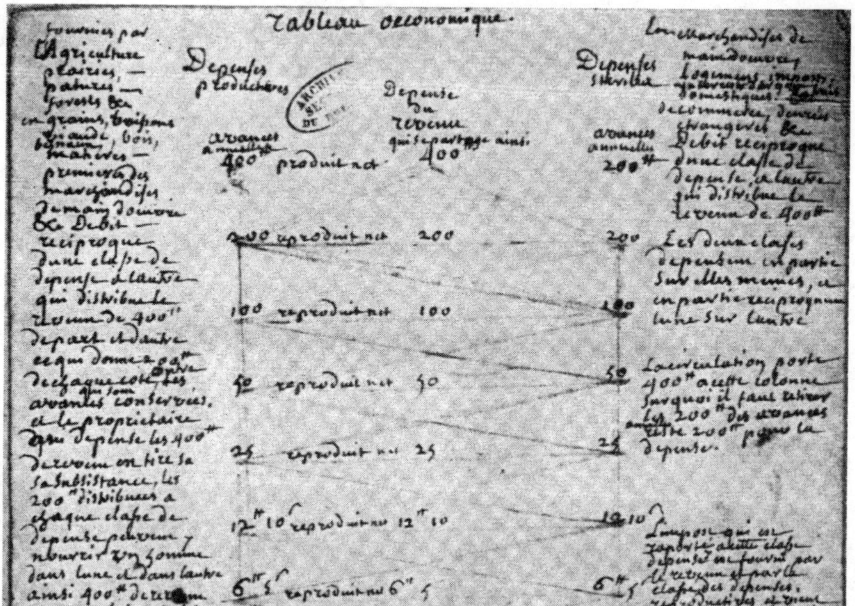
Tableau oeconomique.

Depenses productives | Depense du revenu qui se partage ainsi: | Depenses steriles

avances annuelles 400ᴴ — produit net — 400ᴴ — avances annuelles 200ᴴ

200 reproduit net 200 — 200

100 reproduit net 100 — 100

50 reproduit net 50 — 50

25 reproduit net 25 — 25

12ᴴ 10ˢ reproduit net 12ᴴ 10ˢ — 12ᴴ 10ˢ

6ᴴ 5ˢ reproduit net 6ᴴ 5ˢ — 6ᴴ 5ˢ

3ᴴ 2ˢ 6ᵈ reproduit net 3ᴴ 2ˢ 6ᵈ — 3ᴴ 2ˢ 6ᵈ

1ᴴ 11ˢ 3ᵈ reproduit net 1ᴴ 11ˢ 3ᵈ — 1ᴴ 11ˢ 3ᵈ

15ˢ 7ᵈ reproduit net 15ˢ 7ᵈ — 15ˢ 7ᵈ

8ˢ reproduit net 8ˢ — 8ˢ

4ˢ reproduit net 4ˢ — 4ˢ

2ˢ reproduit net 2ˢ — 2ˢ

2 reproduit net

revenu total 400ᴴ reproduit avec les frais d'agriculture de 400ᴴ

《经济表》(第一版)原表

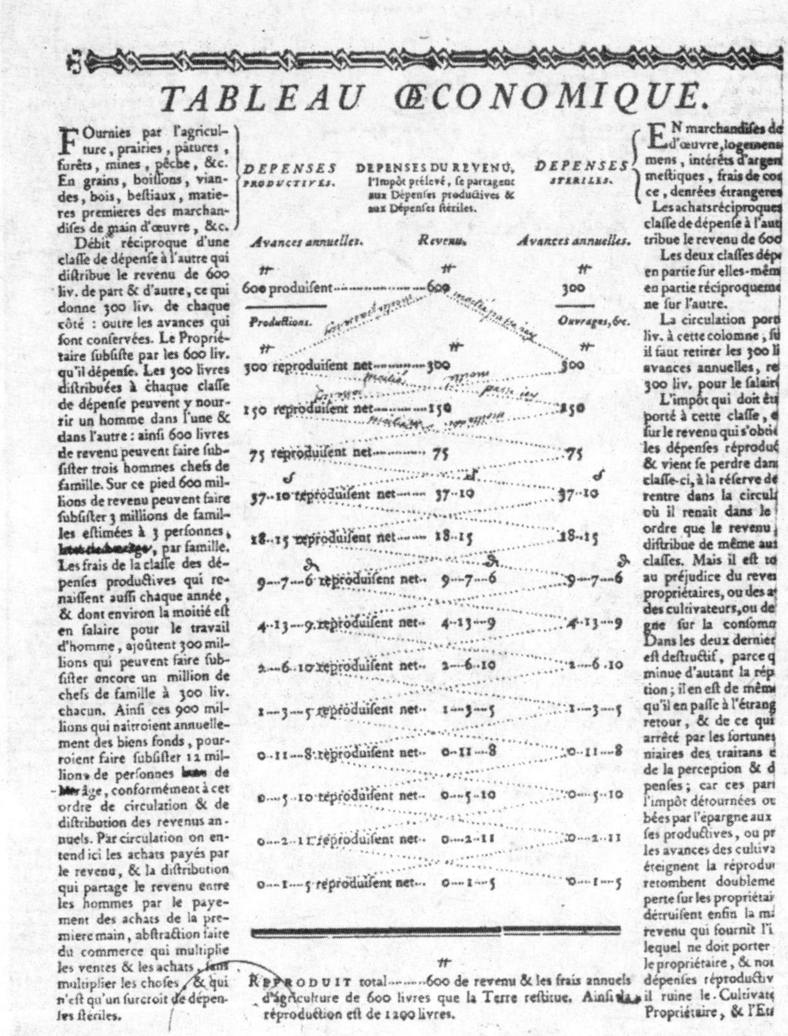

TABLEAU ŒCONOMIQUE.

Fournies par l'agriculture, prairies, pâtures, forêts, mines, pêche, &c. En grains, boissons, viandes, bois, bestiaux, matieres premieres des marchandises de main d'œuvre, &c.

Débit réciproque d'une classe de dépense à l'autre qui distribue le revenu de 600 liv. de part & d'autre, ce qui donne 300 liv. de chaque côté : outre les avances qui sont conservées. Le Propriétaire subsiste par les 600 liv. qu'il dépense. Les 300 livres distribuées à chaque classe de dépense peuvent y nourrir un homme dans l'une & dans l'autre : ainsi 600 livres de revenu peuvent faire subsister trois hommes chefs de famille. Sur ce pied 600 millions de revenu peuvent faire subsister 3 millions de familles estimées à 3 personnes, [illegible], par famille. Les frais de la classe des dépenses productives qui renaissent aussi chaque année, & dont environ la moitié est en salaire pour le travail d'homme, ajoûtent 300 millions qui peuvent faire subsister encore un million de chefs de famille à 300 liv. chacun. Ainsi ces 900 millions qui naitroient annuellement des biens fonds, pourroient faire subsister 12 millions de personnes [illegible] de [illegible] âge, conformément à cet ordre de circulation & de distribution des revenus annuels. Par circulation on entend ici les achats payés par le revenu, & la distribution qui partage le revenu entre les hommes par le payement des achats de la premiere main, abstraction faite du commerce qui multiplie les ventes & les achats, sans multiplier les choses, & qui n'est qu'un surcroit de dépenses stériles.

DEPENSES PRODUCTIVES.	DEPENSES DU REVENU, l'Impôt prélevé, se partagent aux Dépenses productives & aux Dépenses stériles.	DEPENSES STERILES.
Avances annuelles.	Revenu.	Avances annuelles.
600 produisent	600	300
Productions.		Ouvrages, &c.
300 reproduisent net	300	300
150 reproduisent net	150	150
75 reproduisent net	75	75
37..10 reproduisent net	37..10	37..10
18..15 reproduisent net	18..15	18..15
9...7...6 reproduisent net	9...7...6	9...7...6
4..13...9 reproduisent net	4..13...9	4..13...9
2...6..10 reproduisent net	2...6..10	2...6..10
1...3...5 reproduisent net	1...3...5	1...3...5
0..11...8 reproduisent net	0..11...8	0..11...8
0...5..10 reproduisent net	0...5..10	0...5..10
0...2..11 reproduisent net	0...2..11	0...2..11
0...1...5 reproduisent net	0...1...5	0...1...5

REPRODUIT total.........600 de revenu & les frais annuels d'agriculture de 600 livres que la Terre restitue. Ainsi la reproduction est de 1200 livres.

En marchandises de main d'œuvre, logemens, vêtemens, intérêts d'argent, domestiques, frais de commerce, denrées étrangeres

Les achats réciproques d'une classe de dépense à l'autre distribue le revenu de 600

Les deux classes dépensent en partie sur elles-mêmes, en partie réciproquement l'une sur l'autre.

La circulation porte 600 liv. à cette colomne, sur quoi il faut retirer les 300 liv. des avances annuelles, reste 300 liv. pour le salaire

L'impôt qui doit être porté à cette classe, est pris sur le revenu qui s'obtient par les dépenses réproductives & vient se perdre dans cette classe-ci, à la réserve de ce qui rentre dans la circulation où il renait dans le même ordre que le revenu, & se distribue de même aux deux classes. Mais il est toujours au préjudice du revenu des propriétaires, ou des avances des cultivateurs, ou de l'épargne sur la consommation. Dans les deux derniers cas il est destructif, parce qu'il diminue d'autant la réproduction; il en est de même de ce qu'il en passe à l'étranger sans retour, & de ce qui est arrêté par les fortunes pécuniaires des traitans & des frais de la perception & des dépenses; car ces parties de l'impôt détournées ou dérobées par l'épargne aux dépenses productives, ou prises sur les avances des cultivateurs, éteignent la réproduction, retombent doublement en perte sur les propriétaires, & détruisent enfin la masse du revenu qui fournit l'impôt, lequel ne doit porter que sur le propriétaire, & non sur les dépenses réproductives, où il ruine le Cultivateur, le Propriétaire, & l'Etat

《经济表》(第二版)原表

TABLEAU ECONOMIQUE.

Objets à considérer, 1°. Trois sortes de dépenses; 2°. leur source; 3°. leurs avances; 4°. leur distribution; 5°. leurs effets; 6°. leur reproduction; 7°. leurs rapports entr'elles; 8°. leurs rapports avec la population; 9° avec l'Agriculture; 10°. avec l'industrie; 11°. avec le commerce; 12°. avec la masse des richesses d'une Nation.

DÉPENSES PRODUCTIVES relatives à l'Agriculture, &c.	DEPENSES DU REVENU, l'Impôt prélevé, se partagent aux Dépenses productives et aux Dépenses stériles.	DÉPENSES STÉRILES relatives à l'industrie, &c.
Avances annuelles pour produire un revenu de 600.tt sont 600.tt	Revenu annuel de	Avances annuelles pour les Ouvrages des Dépenses Stériles, sont
600.tt produisent net	600.tt	300.tt
Productions	moitié passe icy	Ouvrages, &c.
300.tt reproduisent net	300.tt	300.tt
150. reproduisent net	150.	150.
75. reproduisent net	75.	75.
37..10.s reproduisent net	37..10.	37..10
18..15. reproduisent net	18..15.	18..15
9....7...6.d reproduisent net	9...7...6.d	9...7...6.d
4..13...9. reproduisent net	4..13...9.	4..13...9
2..6..10. reproduisent net	2..6..10.	2..6..10
1...3 5. reproduisent net.	1...3...5.	1..3.. 5
0. 11...8. reproduisent net	0...11...8.	0..11.... 8
0...5..10. reproduisent net	0...5..10.	0...5...10
0...2...11. reproduisent net	0...2..11.	0...2...11
0...1...5 reproduisent net	0...1...5	0...1....5

&c.

REPRODUIT TOTAL ....600.tt de revenu; de plus, les frais annuels de 600.tt et les interets des avances primitives du Laboureur, de 300.tt que la terre restitue. Ainsi la réproduction est de 1500.tt compris le revenu de 600.tt qui est la base du calcul, abstraction faite de l'impôt prélevé, et des avances qu'exige sa reproduction annuelle, &c. Voyez l'Explication à la page suivante.

《经济表》(第三版)原表

魁奈致米拉波的信（之一）*

我一直想制作一张经济秩序的基本表，以容易掌握的方式表现支出和产品，并对政府可能带来的有组织和无组织状态[1]提出一种明确的概念。你会看到我是否已达到了目的。不久你还会看到其他一些表，它们是介于现在和未来两者之间的。除了节约以外，高等法院再未提出什么治理国家的方略，我对此深为惊讶。它好似一位管家，却对其主人寅吃卯粮并催促其筹措资金之事并不知情：这位管家没有说要主人节约，但指出不要再将役畜用于四轮马车或者应将这些牲畜关进马厩。它还指出，如果万事顺遂，主人仍可开支浩大而不致破产。我们的这些规劝者看起来不过是一些平庸之辈，对于自己谈论的事情其实知之甚少，因此对公众无所裨益。你上次来信说到个人努力难有成效，但我们务必不要丧失信心，因为骇人听闻的危机即将到来，有必要求助于救治的知识。再见！

---

* 这封信显然写于1758年末或1759年初，译自法国国家档案馆的原文。该文的法文原文复印于鲍尔1895年3月发表于《经济杂志》一篇文章的附录。——米克注

① 此为米克所注。

经济表（第一版）*

论国民年收入分配的变化

从前面的表可以看出，在 4 亿利弗尔年收入的正常流通秩序中，这 4 亿利弗尔是以 6 亿利弗尔预付取得的，并且被分配给 400 万个家庭。土地所有者有 100 万，他们的平均支出估计每人 400 利弗尔；从事有酬劳动或职业的家庭有 300 万，其中每人支出平均 200 利弗尔。但是，在这种分配中有如下各项假定：（1）4 亿利弗尔收入全部进入年流通，并且贯穿流通的全过程，决不会形成货币资产，这种货币资产会妨碍该国一部分年收入的流通，截留王国的货币资财或财政，损害收入的再生产和人民的福祉；（2）没有哪一部分收入额转到外国人手中而没有换回货币或商品；（3）该国不会在同外国的相互贸易中遭受损失，即使这种贸易对这样的商人极为有利，他们将自己进口的商品卖给本国人并从中获利。还因为这些商人资产的增加表示进入流通的收入减少了，而这对分配和再生产是有害的；（4）在考察与外国的相互贸易的利益时，不要被单纯以相关的货币差额作的判断所欺骗，而不去考察特定商品的买卖所带来的或多或少的利润，因为损失常常落在获得货币余额的国家身上，而且

* 《经济表》（第一版）包含两部分：（一）一张以 400 利弗尔为基础的《经济表》及相关说明文字；（二）题为"论国民年收入分配的变化"的注解（22 条）。第一部分译自：库钦斯基和米克编译著的《魁奈的经济表》的英译表，伦敦，纽约，1972 年；第二部分译自米克编译著的《重农主义经济学》，哈佛大学出版，1963 年。

这个损失还会损害收入的分配和再生产；（5）土地所有者和从事有偿职业的人，不会将其收入或利得的一部分，通过不生产的储蓄的方式，从流通和分配中取走；（6）金融管理机关，在征收赋税或政府开支时，决不会从流通、分配和再生产中窃取一部分收入，形成货币资产；（7）赋税不是对国家收入总额的破坏或不平衡。赋税的增长应同国家的收入的增长相适应。赋税应当直接落在土地所有者的收入上，而不应落在产品上，否则，会增加税收成本并损害商业。此外，赋税不应取自农场主对土地财产的预付，他们的财产应当受到妥善保护，以便偿付耕作费用；（8）农场主的预付应足够支付或至少能够提供100%再生产的耕作费用。因为如果预付不足，耕作费用更高，纯产品就会减少。在法国这种预付只能生产大约30%的纯利润；（9）农场主的孩子应当定居在农村，使农村总有农民，如果他们因为烦恼而放弃农村，流入城市，他们就会把他们父亲的本来用于耕作的财富带到城里去了；（10）避免逃离的居民将其财富携往王国以外；（11）提升原产品对外贸易完全没有障碍。有市场才有再生产；（12）王国的产品和商品的价格决不要跌落，因为这会使相互的对外贸易对该国变得不利；（13）人民不要相信产品廉价[①]对下层阶级有利，因为产品低价会使他们的工资减少，福利下降，他们所能得到的工作或有偿职业减少，并减少国家的收入；（14）下层阶级的福利不会减少，否则他们就无力充分地消费只能在国内消费的产品，从而减少国家的再生产和收入；（15）鼓励增殖家畜，因为家畜能为土地提供丰产所需的肥料；（16）完全不鼓励装饰类奢侈品，因为这只能不断损害生活资料类奢侈品，后者支撑着原产品的市场及其适当的价格，支撑着国家收入的再生产；（17）政府的经济政策应当专注于扩大生产开支和原产品的对外贸易，对不生产开支则不加干涉；[②]（18）满足国家各种急需的手段，只能寄望于国家的繁荣，而不能寄望于金融家的信用，因为金融财产是国王和国家都不知晓的一种隐秘的财富形式；（19）国家要避免欠债，否则会形成食利者收入，[③]出现以证券交易为中介

① 此为米克所注。

② 此为米克所注。

③ 此为米克所注。

的金融汇兑商业，以此为基础的贴现更会引起不生产的货币财产的急剧增加。因为这些收入和非正常的收益比农业收入更吸引人，所以会使人们放弃和远离改善土地财产和土地耕作所必需的财富；(20) 拥有广大耕地和进行大规模原产品贸易手段的国家，不要把货币和人力过多地使用在奢侈品的制造和贸易上，以致伤害农业的劳动和支出。对王国来说，使农民富裕起来是比任何其他事情都更为重要的事情；(21) 政府与其更注重节约，不如多干事关王国繁荣的事业。因为增加了财富，所以过高的开支也可能不算多余；(22) 与注意增加人口相比，应当更注意增加收入。高收入带来的福祉，要比人口太多对生活资料需求造成的压力更可取。当人民处在幸福状态时，国家会以更多的资源满足国家的需要。

无疑地，有些王国不具备这些条件，但也有一切皆优的。的确，没有这些条件，大国形同小国；有了这些条件，小国也可等同于大国。于是就发生了各国之间在政策版图上追求权力均衡的现象。

魁奈致米拉波的信（之二）*

德·帕利侯爵夫人告诉我，你还陷在 Z 字形（《经济表》）里不能自拔。的确，它和许多事情相关，要掌握它们彼此协调起来的方式，或者不说自明地理解它，都是困难的。人们能从这个 Z 字形（《经济表》）看到发生了什么，但却看不出它的一般适用性，①不过，对你来说这是不够的。

从表中可以看到，使用 400 利弗尔年预付的农业费用，生产了 400 利弗尔收入，而 200 利弗尔用于工业生产的预付，并没有生产出超过支付给工人的工资的什么东西，工资却还要由农业生产的收入来提供。

这项收入，作为土地所有者支出的结果，大体上被平分了：一半回到农业，用于支付和购买面包、酒、肉类和木材等；得到这一半收入并靠它生活的人，被雇用在土地上进行劳动，他们在农产品的形式上更新同样金额的价值。于是同样的收入得以持续。你也许会说，你所看到的更新，只是它的一半。但是，你还没有看到其他的分配：余下的数额将会重新回来。这些农民同时靠这些数额来生活；但是，他们的劳动，由于大地的恩赐，能生产出比他们的费用更多的东西，我们把这个纯产品称为收入。

土地所有者收入的另一半被土地所有者用于购买制造品，以维持

---

* 米克指出，该信的英译文译自存于法国国家档案馆的原件。他又指出，鲍尔发表于《经济杂志》1895 年 3 月文章的附录曾收录了该信的法文原文。——中译本注

① 此为米克所注。

他们对衣服、家具、器物和其他物品的需要，这些被消耗或被毁坏的东西是不会自己原样恢复的。制造这些东西的工人的劳动产品，并没有超过使他们得以维持生活并使他们对产品的预付得以恢复的工资。这里存在的只是为支持那些只能生产他们自己花费的人的支出，这些支出是通过农业生产的收入支付给他们的。因此，我称它是不生产的支出。

任何时候都要记住一个公理：商品成本如不能得到补偿，这个交易就必须放弃。这毫无例外是真的。但是，如果商品费用能至少被补偿的话，这就必须区分一下这些费用是否被用于养活人。因为有些费用不是用于养活人的，只有当能生产出和他们的利益相关的纯产品时，这些费用对他们才是有意义的。我想把木材从远处运到巴黎，我必须要算计一下运费是否会吞掉所有的利润。养马而完全没有任何人的费用，同养活人的费用属于不同的类型，必须加以区别。从这个观点来看，不能把这些养马的费用放进我的 Z 字形表中。在这个表中，财富被认为同人相关，而人又同财富相关。这个关系是《经济表》的主要目标之一。第二个目标是收入的分配过程，它应保证收入与人的生活资料一起被返回。你从《经济表》中首先可以看到，土地所有者的支出如何被分配于农业和工业；然后你能看到，到达这一方或那一方的每一笔数额，如何从这一边被重新分配到另一边，直到最后一枚货币。属于工业阶级的工人将其工资的一半在他们自己阶级内部花费，以满足他们对制造品的需求；另一半则返回农业，以购买他们的生活资料。你可以看到同样的事情也会发生在农业上：农民用其获得数额的一半购买生活资料；另一半投向工业以满足他们对制造品的需求。这与土地所有者收入的支出的比例相同，但也有不同之处：这两个阶级都是从对方获得一定数额，又以同样方式将这个数额交还给对方，而全部数额都是在农业上被再生产的。你还可以看到，通过 400 利弗尔收入的分配，这个数额达到了 800 利弗尔，它被土地所有者实际上以同样的方式分配于农业和工业，无论在哪里它们都被用来购买人们需要的必需品和享用品。

但是，我们的 Z 字形表所考察的另一个问题是，使人所推动的机构运转起来所需要的预付，以及这些预付在一定条件下与收入的关系。你可以看到，在农业方面，有些收入以及被更新的用作费用的预付，看到这些预付的一部分被用作工资，以供养进行耕作的人和靠这些工资生活的人。你由此便可立即看出有多少财富和多少人，看出他们如何被雇用，他们的相互关系和他们的相互影响，以及农业国家经济统治的本质。这种Z字形表，如能恰当理解，省略了无数细节，将密切联系的错综复杂的思想呈现出你的眼前。如果要用论说的方法来掌握、了解和认识这种思想，就会遇到极大的困难。另外，如果不是将这些思想用《经济表》固定下来，也极易被人遗忘。现在，这些思想及其相互关系就不会一闪而过。无论如何，现在可以很容易地将它们的秩序和相互关系，作为一个整体，在一张简单的图表中构思出来。这样，我们就能够从容不迫地、毫无遗漏地来观察它了。我将送给你第二版，依照习惯的方式，经过了增订和扩大。但是，你不必担心，这种家庭理财小册子[①]的篇幅不会很大。为使想法得到更好表达，我将它印刷了3份。不过，我认为发表它的合适的地方是你为伯尔尼协会提供的评奖论文的末尾，还可以加一篇你写的序言，如果你觉得值得的话。论文本身就已经是一篇很好的序言。不过，因为你在论文上已经遇到过一定的困难，所以你会比我更好地预测可能出现的障碍，因为你自己已经遭到了他们的反对。在第二版（表）中，我将收入改为600利弗尔，以使每个人的份额稍多一点；而从400利弗尔出发，份额显得太少。这个萎缩和消瘦王国的众多贫穷子民的不幸，同在这样一个医生指导下会加给他的不幸是极为类似的：他没有停止放血，但却把补充铁质补剂的事忘得一干二净。不过，对于像你这样卓越的公民，我就不再对此说什么了，免得使你过于伤感。望你在安静的乡间好好休息。再见！

---

① 此为米克所注。

经济表（第二版）*

苏利《王国经济准则》摘录

从前面的表可以看出，在6亿利弗尔年收入的正常流通秩序中，这6亿利弗尔是以9亿利弗尔年预付取得的，[①]并且被分配给400万个家庭。土地所有者有100万，他们的平均支出估计每人600利弗尔；[②]从

---

* 《经济表》（第二版）包含：（一）一张以600利弗尔为基础的表及相关说明文字；（二）题为“苏利《王国经济准则》摘录”的注解（23条）。该版本已发现两本印刷本，其形式有所不同：一本藏于法国国家图书馆〔夹在该馆所收藏的《经济表》（第三版）的副本中〕，是一个Z字形连接线图表，其中有魁奈亲手所作的少许修改，而且页面的右边沿残缺，致使右栏文字不全。本书收入了本表的影印件；另一本藏于法国国家档案馆〔也是夹在《经济表》（第三版）的副本中〕，内容完整，但无作者修改手迹，也没有用Z形线将数字连接起来。该版中译本《经济表》据库钦斯基和米克编译著《魁奈的经济表》译出，这个英译表既包含了完整内容，又加进了魁奈的修改，还添加了连接线。“苏利《王国经济准则》摘录”的注解（23条）据米克编译著《重农主义经济学》译出。——中译本注

① 如果在6亿利弗尔收入上再加租税，租税假定是2亿利弗尔，那么，年预付至少要12亿利弗尔，这还不算农民在创业之初所必需的原预付。应当注意的是，即使最肥沃的土地，如果没有满足耕作费用所需的财富，它也会变得没有价值。一国农业的衰落不应归咎于人们懒惰，而是因为他们贫困。——原注

② 6亿利弗尔收入可能在较少的土地所有者中间分配。在这种情况下，土地所有者人数越少，他们收入的支出超过他们每人所能消费的数额就越多。但是他们会乐于赠与，或者拉别人与他们一起消费其收入支出所提供的东西，这样分配支出的方式与很多土地所有者局限于较少的个人支出的方式几乎相同。其他阶级人们利得的不平等也应这样看待。——原注

事有酬劳动或职业的家庭有300万，其中每人支出平均300利弗尔。但是，在这种分配中有如下各项假定：

(1) 6亿利弗尔收入全部进入年流通，并且贯穿流通的全过程；决不会形成货币资产，或者，至少，形成的货币资产和返回流通的货币资产相互抵消了，否则，这些货币资产就会妨碍该国一部分年收入的流通，截留王国的货币资财或王国的财政，损害收入的再生产和人民的福祉。

(2) 没有哪一部分收入额转到外国人手中而没有换回货币或商品。

(3) 该国不会在同外国的相互贸易中遭受任何损失，即使这种贸易对那些将自己进口的商品卖给本国人并从中获利的商人极为有利；这些商人资产的增加表示收入的流通的减少，而这对分配和再生产是有害的。

(4) 在考察与外国的相互贸易的利益时，不要被单纯以相关的货币差额所作的判断所欺骗，而不去考察特定商品的买卖所带来的或多或少的利润。因为损失常常落在获得货币余额的国家身上，而且这个损失还会损害收入的分配和再生产。

(5) 土地所有者和从事有偿职业的人，不会因受政府不可预测的担忧的驱使，将其收入或利得的一部分从流通和分配中取走，而投入不生利的储蓄。

(6) 金融当局在征收赋税或政府开支时，决不会从流通、分配和再生产中窃取一部分收入形成货币资产。

(7) 赋税不是对国家收入总额的破坏或不平衡；赋税的增长应同国家收入的增长相适应；赋税应当直接落在土地所有者的收入上，而不应落在产品上，否则会增加收税成本并损害商业；此外，赋税不应取自农场主对土地财产的预付，他们的财产应当受到妥善保护，以便偿付耕作费用和避免收入损失。

(8) 农场主的预付应足够支付或至少能够提供100%再生产的耕作费用；因为如果预付不足，耕作费用相应更高，纯产品就会减少。①

(9) 农场主的孩子应当定居在农村，使农村总有农民；如果他们因为烦恼而放弃农村流入城市，他们就会把他们父亲的本来用于耕作的财富带到城里去。必须使被吸引到农村的人不如财富那么多。使用在谷物耕作上的财富越多，它所要求的人更少，农村就更繁荣，土地纯利润就更多。富裕农场主进行的大规模耕作，与使用公牛和母女拉犁的贫穷的对分制佃农所进行的小规模生产相比较，情况就是如此。②

(10) 避免逃离的居民将其财富携往王国以外。

(11) 完全没有障碍地提高原产品的对外贸易；有市场价值，才能有再生产。

(12) 王国的产品和商品的价格决不要跌落；因为这会使相互的对外贸易对该国变得不利；**有市场价值，才能有收入**。

---

① 在这种国家，除去租税，预付平均只能生产大约 20% (纯产品)，这些纯产品被用于什一税、土地所有者和农场主的利得、他们的预付和风险的利息。它大约短缺 3/4。

赋税几乎全部落在农场主和商品上，最终还是落在支出的预付上，预付所承担的赋税、利得和行政费用等在 5 亿利弗尔上下，可是预付能给国家带来的收入，以什一税判断，只有大约 4 亿利弗尔。生产的支出被赋税逐渐吞噬掉了，从而损害了再生产。赋税加到产品自然价格上的额外负担，使商品价格增加了 1/3，花在这些商品上的收入是 4 亿利弗尔，这意味着商品的实际价值减少到 3 亿利弗尔；这同样会损害到对外贸易和对返回流通的赋税的使用。

与外国的相互贸易，要以国家的收入来支付，以货币或易货的方式取得商品。所以我们不能把这种贸易当做一项独立的项目，否则就会出现重复计算。房租和货币利息收入也应当这样看待；因为对支付这些租金和利息的人来说，这是支出。但是对土地征收的收入是一个例外，因为这是对生产基金的征收；但是这项收入包括在土地收入的产品中。——原注

② 在大规模耕作中，单独一人使用几匹马拉的犁，与六个人使用三匹马拉犁相比，功效是一样的。在小规模耕作的场合，因为缺乏引进大规模耕作所需要的预付，每年的支出过多，很难得到任何纯产品。有这样一个国家，其领土的 3/4 以上被迫进行这种小规模耕作，而其余 1/3 土地还被荒废着。但是这个政府正在试图阻止衰退进程，·并重新使它走上正轨。参看《百科全书》中的“农场主论”、“农场论”和“谷物论”等条目。——原注

(13) 人民不要相信产品廉价对下层阶级有利；因为产品低价会使他们的工资减少，福利下降，他们所能得到的工作或有偿职业减少，并减少国家的收入。

(14) 下层阶级的福利不会减少，否则他们就无力充分地消费只能在国内消费的产品，从而减少国家的再生产和收入。

(15) 鼓励增殖家畜，因为家畜能为土地提供丰产所需的肥料。

(16) 完全不鼓励属于装饰品的奢侈品，因为这只能不断损害属于生活资料的奢侈品，后者支撑着原产品的市场及其适当的价格，支撑着国家收入的再生产。

(17) 政府的经济政策应当专注于扩大生产开支和原产品的对外贸易，对不生产开支则不加干涉。①

(18) 满足国家各种急需的手段，只能寄望于国家的繁荣，而不能寄望于金融家的信用；因为货币财产是国王和国家都不知晓的一种隐秘的财富形式。

(19) 国家要避免欠债，否则会形成食利者收入，出现以证券交

---

① 为供国民使用而从事制造品和工业商品的劳动明显是一种花钱（米克）的事情，但它不是收入的来源。这种产品销往国外不能带来任何纯利润，除非该国制造业劳动的价格因其工人生活资料价格低廉而低廉；这个条件（指农产品价格低廉。——中译者注）对土地产品是非常不利的，而且，在对外贸易自由和无障碍时，支持原产品销售和价格的国家不存在的这个条件，却恰好能把得自制造品对外贸易的一点纯产品冲掉，把基于土地产品价格低廉的损失而取得的收益冲掉。在这里不要将该国所得的纯产品或收入，与商人及制造业的利得相混同；这些利得，从国家的观点来看，应该算做费用。例如，如果富裕农民耕种土地只为他们自己生产，那是不够的。有这样一些王国，它们的大部分制造业得以维持，仅仅是靠排外特权，或是通过禁止国民使用外国制造品，把负担压在国民身上。农业和土地产品贸易的情况就不是这样，最富有活力的竞争会使领土广大的国家的财富增加。我这里说的不是小海洋国家所从事的转口贸易，我说的是大国不应该放弃耕犁而变成一个运货者。决不应当忘记上世纪的一位大臣，他迷恋于荷兰的贸易和华美的奢侈制品，把国家带到了混乱的地步，以至于人们只知谈论不反映货币真实用途和国家真实贸易的贸易和货币。——原注

易为中介的金融汇兑商业，而以此为基础的贴现，更会引起不生产的货币财产的急剧增加；这种货币财产会使金融远离农业，夺走农业所需的改良土地和耕作土地所需的财富。

(20) 拥有广大耕地和进行大规模原产品贸易手段的国家，不要把货币和人力过多地使用在奢侈品的制造和贸易上，以致伤害农业的劳动和支出；对王国来说，使农民富裕起来是比任何其他事情都更为重要的事情。①

(21) 每个人可以在他的土地上自由耕种那些合乎其利益、能力和土地性质的产品，以便从中获得尽可能多的产品；决不应鼓励土地耕作上的垄断，因为它会损害国家的一般收入。有一种偏见会导致鼓励放弃最必需品而倒向次必需品，会导致损害这种或那种产品的市场价值。这种偏见是受了某些没有充分认识对外贸易效果的短见的鼓舞，实际上，对外贸易什么都可以提供，还能决定每个国家以最大利润为目标所能耕种的产品的价格。为了抵御贫穷，对抗外敌，维持君主的荣耀和权力，最需要的就是收入和赋税。

(22) 政府与其更注重节约，不如多干事关王国繁荣的事业；因为增加了财富，所以过高的开支也可能不算多余。

(23) 与注意增加人口相比，应当更注意增加收入。高收入带来的福祉，要比人口太多对生活资料需求造成的压力更可取。当人民处在幸福状态时，国家会以更多的资源满足国家的需要，有更多的手段使国家更繁荣。②

---

① 一个国家只应该从事那些它有原料并能以比别国较少费用进行生产的制造品生产；它应该从国外购买那些价格低于本国生产费用的制造品。这种购买可以鼓励相互贸易；因为如果各国什么都不想买，却想把什么都卖出去，那么对外贸易和出口原产品的利益就会化为乌有。——原注

② 各国关于战争的占上风的观点认为，国家的强盛在于人口众多；但是国家的军人是靠纳税人维持的。有人可能认为，一国巨额财富是通过大量人口取得的；但是，只有依靠财富，并且在人和财富之间保持适当比例的限度内，才能获得并连续不断地获得财富。各国总是以为它们没有足够的人口，但它们不懂得，现在的工资对支持更多人口来说是不充分的，而只有在人们的收益能维持他们生活的国家时，人口才能充足起来。——原注

没有这些条件，要使农业能生产 100%（纯产品），像我们在《经济表》中假定的那样，或者如同英国那样，这只能是一种幻想；但是，在《经济表》中起作用的这些原理的真确性，却不会因此而减弱。

经济表(第三版)*

经济表的说明

生产的支出是用于农业、草地、牧场、森林、矿山、渔业等等的支出，以便使谷物、饮料、木材、家畜、手工业制品原料等财富得以永存。

不生产的支出是用于手工业制品、住宅、衣服、利息、仆人、商业费用和外国产品等方面的支出。

---

* 经济表(第三版)包含:(一)一张以600利弗尔为基数的表;(二)“经济表的说明”;(三)“苏利《王国经济准则》摘录”(24条)。这里的表据库钦斯基和米克编译著《魁奈的经济表》的英译表译出。“经济表的说明”据米克编译著《重农主义经济学》译出。“苏利《王国经济准则》摘录”(24条)比第二版注解(23条)新增了一条，其他各条完全相同或基本相同，故全文从略，这里译出的是米克在《重农主义经济学》中对它们所作的比较。欲知其详者，可参看前述库钦斯基和米克编译著《魁奈的经济表》。该八开本专著不仅收录了“苏利《王国经济准则》摘录”(24条)正文，而且首次发表了魁奈本人所作篇幅远超过正文的注解；两位编译著还为这个“准则”的正文、魁奈的注解及“经济表的说明”，撰写了篇幅宏大的专业性注释。这些内容构成了一个不能分割的整体。在这些内容之前，则是两位作者分别对《经济表》的版本和《经济表》各“版”特别是“第三版”发现史的说明和深入研究。《经济表》“第三版”原表和原文均以法文和英文对照排印；还附有“第一版”和“第二版”的原表和各“版”的英译表等。——中译本注

售出耕作者在去年用农场主投在土地耕作上的600利弗尔**年预付**生产的纯产品，即可向土地所有者支付600利弗尔**收入**。

不生产阶级的**年预付**300利弗尔，用于商业资本和成本，用于购买生产手工业制品的原料，以及手工业工匠的粮食和其他生活资料，直到它完成工作并销售了它的产品为止。

土地所有者将其收入的一半，即600利弗尔，用于从生产支出阶级那里购买面包、葡萄酒、肉类等等；另一半用于向不生产阶级购买衣服、家具和日用品等等。

支出到这一边或另一边的多少，要依支出到生活资料类奢侈品或装饰类奢侈品哪个占优势而定。我们这里假定的是一种中间状态，即再生产支出年复一年地重新带来相同的收入。但是，很容易估计到，年收入的再生产会因不生产支出或生产支出在多大程度上占优势而发生变化。这一点从表中就很容易得出来。例如，假定土地所有者、手工业者和耕作者的装饰性奢侈品各增加了1/6，那么，再生产的收入（现在是600利弗尔）就会减到500利弗尔。另一方面，如果同一程度的增加发生在消费支出或原产品的出口上，那么，再生产的收入就会从600利弗尔增加到700利弗尔，依此类推。由此可见，一个富裕之国，如果过度沉湎于装饰类奢侈品，就会因其奢侈而很快灭亡。

依照表的秩序，已经回到生产支出阶级手中的300利弗尔收入，以货币形式转作他的预付。这些预付再生产300利弗尔纯产品，这代表了土地所有者一部分收入的再生产；依靠返还给这个阶级的剩余货币额，使每年的总收入得以再生产。我说的是，在过程开始时，通过向土地所有者的售卖而回到生产支出阶级的这300利弗尔，由农场主将其一半花费在这个阶级本身所提供产品的消费上，另一半花在衣服、家具和工具等需要向不生产阶级支付的产品上。于是，300利弗尔连同纯产品被再生产出来。

土地所有者收入的一半，即300利弗尔转到不生产阶级手中，不生产阶级将其一半用于向生产阶级购买生活资料产品和它的产品原料以及进行对外贸易；另一半在不生产阶级内部分配，以维持和补偿它的**预付**。这个流通和相互分配持续进行，以同样的方式，将从一个支出阶级手中转移到另一个支出阶级手中的货币额，分配到最后一分钱。

经济表(第三版)

考察项目：(1) 三种支出；(2) 它们的源泉；(3) 它们的预付；(4) 它们的分配；(5) 它们的结果；(6) 它们的再生产；(7) 它们的相互关系；(8) 它们与人口的关系；(9)它们与农业的关系；(10)它们与工业的关系；(11)它们与商业的关系；(12)它们与国家财富总额的关系。

生产的支出	收入的支出	不生产的支出
与农业等相关	税后分为生产支出和不生产支出	与农业等相关
年预付	年收入	年预付
生产 600利弗尔收入要求 600利弗尔		为不生产支出的劳动
600利弗尔生产的纯产品	600利弗尔	300利弗尔工业品等
300利再生产纯产品	300利	300利
150利再生产纯产品	150利	150利
75利再生产纯产品	75利	75利
37利 10苏再生产纯产品	37利 10苏	37利 10苏
18利 15苏 再生产纯产品	18利 15苏	18利 15苏
9利 7苏 6德再生产纯产品	9利 7苏 6德	9利 7苏 6德
4利 13苏 9德再生产纯产品	4利 13苏 9德	4利 13苏 9德
2利 6苏 10德再生产纯产品	2利 6苏 10德	2利 6苏 10德
1利 3苏 5德再生产纯产品	1利 3苏 5德	1利 3苏 5德
0利 11苏 8德再生产纯产品	0利 11苏 8德	0利 11苏 8德
0利 5苏 10德再生产纯产品	0利 5苏 10德	0利 5苏 10德
0利 2苏 11德再生产纯产品	0利 2苏 11德	0利 2苏 11德
0利 1苏 5德再生产纯产品	0利 1苏 5德	0利 1苏 5德

……

再生产总额……收入 600 利弗尔；加上每年费用 600 利弗尔和农民原预付的利息 300 利弗尔，使土地恢复生产。这样的再生产是 1 500 利弗尔，包括构成计算基数的600利弗尔收入，但未计入赋税和每年再生产所需的预付，等等。参看下页“说明”。①

流通给不生产支出阶级带来600利弗尔，其中300利弗尔留作**年预付**，另300利弗尔作为工资。这笔工资等于这个阶级从生产支出阶级那里获得的300利弗尔，而这笔预付则等于转移到这个不生产支出阶级手中的300利弗尔收入。

另一个阶级的产品额是1 200利弗尔，为使支出秩序不致过于复杂，这里抽去了赋税、什一税和农民预付的利息，这些将被分别加以考察。价值1 200利弗尔的产品处置如下：收入的所有者购进其中价值300利弗尔的产品。300利弗尔的价值转到不生产支出阶级手中，其中一半即150利弗尔在这个阶级内部消费于生活资料，另一半即150利弗尔用于这个阶级进行的对外贸易支出。最后，300利弗尔的价值在生产支出阶级内部，由生产该产品的人们消费；300利弗尔价值被用于饲养和维持家畜。这样，在1 200利弗尔价值的产品中，由这个阶级消费600利弗尔，这个阶级的600利弗尔**预付经由**售卖给土地所有者和不生产支出阶级而以货币形式回到生产支出阶级那里。产品总额的1/8进入对外贸易，或用于出口，或者用于为该国生产出口产品的工人购买原料和生活资料。商人的销售为购进外国的商品和金银条块所抵消。

不同阶级公民之间分配和消费原产品的秩序，就是这样；对一个繁荣农业国对外贸易的用途和范围，我们所应秉持的观点也是这样。

通过从一个支出阶级到另一个支出阶级的售卖，600利弗尔收入被分配给两边，每边300利弗尔，外加维持未动的预付。土地所有者靠支出600利弗尔维持生活。分配给每个支出阶级的300利弗尔，连同加给它的赋税和什一税等产品，能够各维持两边中一个人的生活：600利弗尔收入加上额外的数额能够维持一家3口人的生活。依此推算，6亿利弗尔收入能够维持300万家庭的生活，每家以老小4口人计算。

---

① 图中“箭头”为译者所加；原图这几条线上顺着箭头方向有“半数向这里转移”几个字。——中译本注

生产支出阶级的**年预付**，每年也会更新，其中大约一半用于饲养家畜，另一半则作为工资支付给从事这个阶级的劳动的工人。这项年预付的各种开支，会增加3亿利弗尔的支出；再加上它所负担的其他产品，又可以维持100万个家庭的生活。

这样，除去赋税、什一税、农民的年预付和原预付的利息，土地财产每年更新的这9亿利弗尔，按照年收入的这种分配和流通秩序，能够维持老少1 600万人的生活。

这里所谓的流通，是指各个阶级的人用其分得的收入所进行的直接购买，而没有经过贸易，贸易虽然增加了买卖，但没有增加什么东西，增加的只是不生产开支。

一个国家的土地所有者通常如能获得6亿利弗尔的收入，那么，该国的**生产支出阶级的财富**可以计算如下：

向土地所有者支付6亿利弗尔的收入，预期要从年产品中缴纳3亿利弗尔的赋税和1.5亿利弗尔的什一税（包括向适合征收什一税的各种耕作部门所收的费用在内），合计为10.5亿利弗尔。还应加上再生产的年预付10.5亿利弗尔，还有这些预付的10%利息1.1亿利弗尔，总共为22.1亿利弗尔。

在一个有很多葡萄园、森林、牧场等等的王国，用犁耕种大约只能获得这个22.1亿利弗尔的2/3。

假定在理想状态下，用马拉犁进行的大农经营，则需要33.334万架犁（每架犁可耕地120亚尔邦），需要33.334万人扶犁，还要用4 000万亚尔邦土地。①

以5 000万利弗尔到6 000万利弗尔的预付，法国可以将这种类型的耕作扩大到6 000万亚尔邦以上。

我们这里说的不是使用牛拉犁的小规模经营。如果使用这种经营，则4 000万亚尔邦土地就需要100多万架犁和大约200万人，而所能获得的产品仅为大规模经营的2/5。这种小规模经营是耕作者缺乏原预付所需的财富不得已而为之的，它大多只能收回费用，因而这

---

① 魁奈在这里假定，如同他在《谷物论》中所说的，法国耕地总面积是6 000万亚尔邦。——米克注

种耕作是以土地财产本身为代价的，还要用过多的年预付去维持众多耕作者的生活，结果会耗尽几乎全部产品。这种徒劳无益的耕作制度是国家贫穷和走向衰落的标志，它同经济表的秩序毫无关系。经济表秩序是基于如下条件：在原预付基金的支持下，半数用犁耕地的土地[①]年预付可以生产 100%（纯产品）。

投放 1 架犁到耕地[②]上的原预付总额，在大规模耕作下，在第一次收获前的两年劳动期间，所需要的首次基金，即用于支付家畜、器具、种籽、食品、维修保养和工资等等，估计是 1 万利弗尔。那么，33. 334 万架犁所需的预付是 33.3334 亿利弗尔（参看《百科全书》中的"农场论"、"农场主论"、"谷物论"等条目）。

这些预付的利息至少是 10%，因为农产品常常遭灾，十多年就会至少损失一年的收成。此外，这些预付还要求一大笔维修和更新费用。这样，农民创业所需要的原预付的利息总额是 3. 33322 亿利弗尔。[③]

牧场、葡萄园、池塘和森林等，不要求农场主大量的预付。这些预付的价值，包括由土地所有者负担的耕种和其他工作原预付在内，可以估作 10 亿利弗尔。

但是，葡萄园和园艺需要巨额年预付，可以将这些年预付和其他部门的年预付加在一起，以平均数计入上述年预付总额。

纯产品，年预付及其利息，原预付利息的年再生产总额，依据经济表的秩序，可以估计为 25. 43322 亿利弗尔。[④]

---

① "Qui est réglé l'état de moitié de l'emploi d'une charrue"，魁奈在这里和下一段显然是以"charrue"指用犁耕地的面积，即用 1 架犁一年所能耕种的土地数量。他在这里实际上说：表中所描绘的每年农产品总量，是以在大农经营下每 1 架犁耕地所能生产的收获量的估价，乘以犁耕地数量，再除以 2 得出来的。除以 2 是必要的，因为假定每单位土地在一定年份就要休耕。参看米拉波为《人民之友》（1762 年版）所作的注解（第 6 卷，第 174 ~ 175 页），以及对上述著作第 179 页和第 194 页上的表的脚注的评论。——米克注

② "Charrue"，参看上一个脚注。——米克注

③ 这个推测应当是 3. 33334 亿利弗尔。——米克注

④ 即上述年再生产总额估计 22. 1 亿利弗尔，加原预付年利息 3. 33322 亿利弗尔。——米克注

在预付和市场既定条件下，法国的土地就可以生产出这么多甚至更多产品。

在上述25.43322亿利弗尔中，有5.25亿利弗尔，即年预付再生产的半数，被用于饲养家畜，余额应是（如果赋税全部返回流通，而且赋税不落在农民的预付上）20.8322亿利弗尔。

对人的支出，平均来说，100万个家庭是5.4585亿利弗尔，或每家562利弗尔，各种偶然灾害使这个数目减到530利弗尔。①在这个基础上，这个国家就是富裕的，它的人民生活在安乐的环境中。

土地每年为人们的福利生产25.43322亿利弗尔，其中10.5亿利弗尔为纯产品，如以年利1/30②的比率计算，则财富总额应是334.55亿利弗尔，还要加上原预付43.3334亿利弗尔，③总额达367.8834亿利弗尔。加上的年产品是22.105亿利弗尔。④

生产支出阶级的财富,包括费用在内,总额是403.3166亿利弗尔。⑤

---

① 5.4585亿利弗尔这个数目显然代表了下列各数的1/4：(1) 年收入；(2) 生产阶级的原预付和年预付的利息；(3) 生产阶级用于工资的年预付。这显然远未达到400万个家庭所分配的总收入，所以，紧随其后所计算的“每个家庭”的收入也就不能代表今天我们所说的每家的收入。另外，562和530这两个数字也有些模糊不清。也许530应当是505，因为:(1)可能发生的“偶然事件”会使相关数额减少10%；(2) 562减去10%大约是505；(3) 505大约是5.4585亿利弗尔的百万分之一。——米克注

② 即百分之三又三分之一。魁奈看来是想按照这个利率得出一个能带来10.5亿利弗尔纯产品的资本额。如果这样，那么所得出的33.455亿利弗尔显然不对。在《人类之友》第6卷的相应处给出的数字是正确的：31.5亿利弗尔。——米克注

③ 原预付应当是33.3334亿利弗尔，由此才能得出总额367.8834亿利弗尔。——米克注

④ 这个数字应该是22.1亿利弗尔。——米克注

⑤ 魁奈是怎样得出这个总额的，不是很清楚。也许他决定，他应将原预付的利息也包括到上述总额3.33322亿利弗尔之中。367.8834亿利弗尔+22.1亿利弗尔+3.33322亿利弗尔=393.31662亿利弗尔，这十分接近魁奈在这里实际所想得出的总额403.3166亿利弗尔，但在这样做时，犯了另一个简单的算术错误。——米克注

家畜的价值和产品一直没有分开计算，因为它们被算到农场主的年预付和年产品总额中了。

我们在这里计算了土地，因为，相对于它的市场价值，土地可被视为某种类似于动产的东西，它的价格取决于耕作所需财富的其他项目的变化。土地如果退化，则其农场主的财富减少，土地所有者就会在同一限度内失掉其土地财产的市场价值。

不生产阶级的财富构成如下：

(1)不生产的年预付总额5.25亿利弗尔。①

(2) 这个阶级为建设手工工场，为购置工具、机械、磨坊、铁匠坊和其他工作所需的原预付20亿利弗尔。

(3)富裕农业国的铸币与货币，约等于它每年从土地产品中经由商业媒介所获得的纯产品10亿利弗尔。②

---

① 这显然是指不生产阶级年预付3亿利弗尔，加上相应的赋税和什一税。——米克注

② 或大约1 860万马克（旧时欧洲大陆用作金银的重量单位，约等于8盎司。——中译者注）白银。应当指出，英国的货币数量大约也维持在这个比例上，在英国财富的现状下，它的货币量大约是2 600万镑，即1 100万马克。如果这个国家由于战争而急需货币，不得不借巨额债务，那么这不是由于它缺乏货币，而是由于它的支出超过了收入。当货币用于借款时，其债务不亚于对收入增加的负担，而如果收入的源泉本身逐渐被消耗，引起财富年再生产的减少，这个国家就会灭亡。应当从这个观点来考察一个国家的状况；一个国家的财富如果不断更新，并不短缺，那么它的货币总是活跃的。在从1450~1550年的大约100年间，欧洲的货币量曾大为减少，从这一时期商品价格可以看出这一点。但是这个较小的货币量对各国来说无关紧要，因为这种财富形式的市场价值到处都一样；还因为，就其货币与其收入的比例来说，它们的条件也是相对一样的，到处都用统一的白银价值来计量。在这种情况下，人们会更相信应以价值补偿数量，而不是以数量补偿价值。我们一直以为美洲的发现导致了欧洲金银的丰裕，但是在美洲的金银涌进欧洲以前，银价相对于商品来说就已经跌落到今日的水平。但是所有这些一般的波动完全没有对各国货币状况发生影响，其货币数量总是同其得自土地财产的收入以及得自对外贸易的利得成比例。在上世纪路易十四时代，1马克银

(4)400 万个家庭的 400 所房屋或住宅的资本价值，以每所房屋的价值平均 1 500 利弗尔计，总价值为 60 亿利弗尔。

(5)400 万所房屋的家具设备等价值，以 400 万家庭平均一年的收入或收益计算，为 30 亿利弗尔。①

(6)购置或继承的银器、珠宝首饰、宝石、镜子、图画、书籍和其他耐久的手工制品，在一个富裕国家可能总值 30 亿利弗尔。

铸币值 28 利弗尔。因此，1 860 万马克当时值大约 5 亿利弗尔。这约略也就是现在法国货币的储存量，而这时的法国比路易十四时代末期要富裕得多。

1716 年，普遍重铸的硬币数量不到 4 亿；1 马克银铸币值 43 利弗尔 12 苏。因此,全部重铸硬币数量不足 900 万马克,还不到 1683 年和 1693 年普遍重铸量的一半。货币总存量的增加是硬币年生产的结果,而硬币生产的增加应限在国家收入增加的限度之内。自从重铸以来,铸币年产总量可能是很大的,然而,与其说这增加了铸币的总存量,不如说更多地被用于补偿因走私、各部门的贸易逆差以及在外国使用货币等其他方面所带来的货币流失；四十四年多以来每年流出的这种货币总量，如果适当计算一下，就会发现是非常可观的。货币单位的提高(长期以来它被固定在 54 利弗尔)并不能证明这个国家的货币存量有了很大增加。这种观点同对一国铸币数量的通俗看法是难以符合的。人们相信正是货币构成了一国的财富。但是,如同其他产品一样,只有在比例于其市场价值的意义上,货币才构成财富;而且它也不比获得其他商品来得困难，只要付出其他商品就能得到它们。一国的货币数量受限制于对它的使用,而这些使用又要受到买卖费用的调节;这些年费用又要受其收入的调节。因此，一国的铸币存量不应多于其与收入的比例；数量过多对它是没有用处的;它应以剩余货币与其他国家进行交换,以获得对它具有更大益处或能为它提供更大满足的财富;拥有货币的人,即使是最节俭的人,总会关心从中获得某种利益。如果发现货币在一国能以高利贷出,这就证明货币数量最多仅符合我们上面所描述的比例，因为需要它或想使用它的人愿意为它付出这样的高价。这就是长期以来一直调节着法国货币利率的情形。——原注

① 与前面的计算相对照，魁奈在这里看来是在按社会的总收入考虑问题的。他可能是在把下列各项加总：(1) 10.5 亿利弗尔收入；(2) 由这个收入在生产阶级和不生产阶级之间流通所产生的 10.5 亿利弗尔的利息；(3) 1.1 亿利弗尔生产阶级年预付的利息；(4) 大约 3.33 亿利弗尔生产阶级的原预付的利息；(5) 用在工资上的生产阶级年预付 5.25 亿利弗尔。以上各项的总额稍高于 30 亿利弗尔。——米克注

(7)海洋国家的商船和军舰及其附属设备的价值；此外，各种火炮、武器和陆战所需的其他耐久物品；房屋、装饰建筑和其他耐久公共设施。所有这一切加在一起，可达 20 亿利弗尔。

我们在这里没有把那些供进出口之用，或是存放在商人的商店和仓库里，或是供自己每年使用和消费的手工业商品计算在内，因为它们已经按照经济表设置的秩序，被包括和计算到年产品和支出之中了。

不生产阶级的财富总额为 180 亿利弗尔。

总计为 590 亿利弗尔。①

假定误差是 1/20，则总额应为 550 亿利弗尔到 600 亿利弗尔之间。

我们这里说的是一个富裕国家的情况，其领土和预付能够每年不间断地生产 10.5 亿利弗尔的纯产品。如果一个农业国在走向衰落，那么所有这些要靠年产品予以维持的财富项目，就会由于生产支出所要求的预付的减少而遭到破坏或损失其价值。由于下列 8 个主要原因，预付在短期内就会显著萎缩。

(1) 坏的征税制度，它会侵蚀耕作者的预付。Noli me tangere（不许动我）——这就是这些预付的箴言。

(2) 征税费用使赋税负担过重。

(3) 装饰性奢侈过多。

(4) 诉讼费用太多。

(5) 土地产品缺乏对外贸易。

(6) 原产品国内贸易和耕作缺乏自由。

(7) 对农村居民的人身骚扰。

(8) 每年纯产品没有流回到生产支出阶级手中。

① 这是生产支出阶级的财富和不生产支出阶级的财富之总和。——米克注

《经济表》“第三版”与“第二版”：苏利《王国经济准则》摘录之比较

第三版(24条)	第二版(23条)或《重农主义》(30条)
准则1, 2, 3:	与第二版准则1，2，3实质上相同。
准则4:	与第二版准则4实质上相同，但是，在末尾增加了一句：“在从外国购买原产品和出售给外国的手工业制品的相互贸易中，损失通常会落到后面这种商品身上，因为售卖原产品会带来更多的利润。”
准则5, 6:	与第二版准则5和6实质上相同。
准则7:	与第二版准则7相比，更像《重农主义》①准则5。
准则8, 9, 10, 11:	与第二版准则8，9，10，11实质上相同。
准则12:	与《重农主义》准则18实质上相同。
准则13, 14, 15, 16, 17, 18:	与第二版准则13, 14, 15, 16, 17, 18实质上相同。
准则19:	很像《重农主义》准则30。
准则20:	与第二版准则20实质上相同。
准则21:	这是新增的一条准则，第二版中无此条。它与《重农主义》准则15类似，但是在“因大农业企业和小农业企业相比……纯产品则多得多”之后则是如下字句：“因为小农业企业经营无效，且以牺牲土地收益为代价，所以，许多这样的家庭，其活动的范围和手段难得使它们达到实行富裕耕作的地步。这样的农家过多，不如增加收入对人民有利，因为……”，以下所说，如《重农主义》准则15所述：“其地位最为确定，而且对于各种职业和不同种类劳动（它们把人们分成不同的阶级）确实最为有用的人民，是以纯产品为生的人民……”等。
准则22:	类似于第二版准则21。
准则23:	与《重农主义》准则27实质上相同。
准则24:	与第二版准则23实质上相同。

① 见本书《农业国经济统治的一般准则》一文，该文原载杜邦编《重农主义》一书。——中译本注

农业哲学(第七章)*

(米拉波的著作第七章)**

支出的相互关系

第一节　本章的基本思想①

我们已经考察了支出的性质和本质，研究了它们的作用；现在要讨论支出和产量的关系，以及支出与构成社会大厦的骨骼和基础的经济及动产的各部分的关系。本书前六章已经说明了事物的性质及其自然进程；后六章将提供一副支出的相互关系的图画。

让我们从支出的相互关系开始。我们将详细研究支出的不同性质、作用和规模；研究它们与不同类型再生产的关系，与经营者收入

---

* 原题《农业哲学》,副题“米拉波的著作第七章”,为区别于摘自该书其他章节的内容，故改之。——中译本注

** 这一章是魁奈为米拉波《农业哲学》所撰写的，该书于 1763 年 11 月出版。魁奈最初想将这一章标题为“大经济表”，而不是“支出的相互关系”，以确切反映本书的基本思想内容。本书的主要注意力集中在支出的流通上。米拉波直接参与了《农业哲学》第七章的写作。这一章是全书最富有独创精神的重要一章。魁奈所作的算术计算是准确对待整个社会再生产问题的典范。将《农业哲学》第七章译成俄文尚属首次。——俄译本注

① 据推测，这一节是米拉波写的（参看《魁奈和重农主义》，巴黎，1958 年，第 2 卷，第 687 页）。它对理解后面的内容很重要，所以我们将它全文发表。——俄译本注

的关系，与生产阶级和不生产阶级代表者的报酬的关系，等等。一句话，研究它们相互适应和相互作用的一切方面，以及它们在整个经济中的作用及其不同特点。这个论题是重要的，只有用简化的方法，追寻事物的自然关系，从原因到结果，并且暂不考虑政府不适当干预的结果，才能达到目的。因为只有清楚地说明了经济目标的所有组成部分，才能得到简单的真理。首先应当了解再生产肌体的进程。这就需要解剖它，用解剖学家确立的组织法来说明再生产一切部分的相互作用，说明它们的联系及其相互作用的结果。

在自然界，一切都只是通过相互作用而存在的。有人说，各种力量都处在相互斗争状态中；但是，相反，它们是彼此支持和相互作用的。每一个试图占上风的因素，都会给对立因素以抗衡和积极反应的力量。力量的凝聚与作用是斗争和对立的结果，而自然创造物的产生和持续则是大自然的伟大力量集中和凝聚的结果。这种令人惊异的结构的体系和进程，最终是由造物主事先决定的。伟大的法则预先决定了一切，它遍布于各个部分并支配着全体。①

第二节　初步的说明②

支出分成不同集团，它们都想从收入中取得最大的部分，甚至是收入的全部。整个经济科学的目标，在于通过研究保证人类社会能够恢复和更新支出的自然规律，以使收入能够最大可能地再生产。为了解决这个简单而又艰难和必须解决的任务，有必要说明支出的本质，特别是它们之间的相互关系。

表中所示的支出和产量的相互关系

这些相互关系，如果可以这样说的话，在《经济表》中已经作了规定并进行了相当清楚的讨论，其基本的相互联系已被完全揭示出来

① 米拉波的这些自然神论思想同魁奈本人的观点是相吻合的，魁奈本人则是笛卡尔（1596～1650）和马勒·伯朗斯（1638～1715）的拥护者。魁奈试图把人类社会看做是由自然法则所支配的世界的一部分。——俄译本注

② 由此往下，无可争辩，都是魁奈所作。——俄译本注

了，所以，如果没有清楚地认识花费的变化对经济秩序的整个体系的作用，就不可能推测这些花费的数量，或者这些花费的分配的某种变化。实际上，这种作用事先即由表的下部所提示的年再生产总额，按照通商各国之间通行的价格精确地决定了。这个总额的增减取决于所讨论的花费的变化是有利还是有害。如果在这种比例关系或以货币计算的销售价格上只变更了一个数字，那就会影响到表的所有部分，一切就得重新计算，并得出全新的结果。

从表中可以看出，生产支出是财富的根基。假定预付 2 000 利弗尔作为年生产支出，而完成土地耕作所需的一切条件也都具备，这些费用就可以提供 100% 的收入，并再生产出同样数量的每年由不生产阶级预付给生产阶级的费用和资金；这些费用和资金是预先支付给生产者的资本，即原预付的利息之源泉。在表上方列出了现存的财富，它的花费每年可以生产出同样数额的财富。由此可见，如果生产阶级预付 2 000 利弗尔，它就能够提供 2 000 利弗尔的收入，并补偿不生产阶级 1 000 利弗尔的预付；悉数回归到生产阶级的这 5 000 利弗尔的花费，由于它生产地利用这个阶级预付的资金，就能重新生产出 5 000 利弗尔。

由此可见，农业国的富强取决于使财富每年得以恢复的预付的保持和增加。因此，如果这些预付不足以保证再生产出最大可能的收入，那么这个国家就会丧失从自己土地上能够得到的产品。如果预付少到只够恢复自己而没有收入，那么，不生产阶级事先的预付就会消失，全部产品就会仅限于耕作者及其工人所必需的生活资料数量。这种国家的人们不能不限于仅靠生活必需的粮食为生，它只能生活在与其他国家隔绝的状态，而不受外人的影响。伊洛特人给斯巴达人的生活资料可能是低劣、贫乏和有限的，但是，毫无疑问，如果斯巴达的土地仅能为耕作者提供必需的食物，那么，要么斯巴达人灭亡，或者他们把奴隶赶走，自己耕种土地。这样一来，他们自己就可能变成了伊洛特人，而忘却了体操训练、共同进餐和保卫祖国。

政府和土地所有者应当与拥有这些资金的耕作者本身一样地关心保存经营土地的资金

土地所有者和政府时常缺乏远见，农业的衰落在他们看来只是耕作者的贫困而已；他们以冷淡的态度对待这个问题，他们不理解，首先遭到破产的将是他们自己。因为在普遍破灭时，最后的麦穗毕竟至少还是由耕作者得到的。因此，国家要注意耕作者的状况，而人们常以静止的眼光来看待他们的状况；只有当国家通情达理地关注改善他们的状况时，他们的状况才能得到保障。各行其是的耕作者只需要最简单的生活资料，但是，国家就应当使土地生产尽可能多的产品，并使产品有尽可能高的售价。要知道，收入和财富就是以这个价格为基础的。实际上，如果售价不能超过耕作费用，那么，不管产品多么丰富，就既不会有任何收入，也不会有任何财富。当所有的人都不得不在土地上工作时，除了食物以外，土地甚至不能给予任何其他产品，他们将失去进行交换和满足其他需要的一切可能性；谁都不想去生产对他们无用的多余的产品。所有人都是平等的和独立的。自然的力量将失去它的意义，因为所有的人都会致力于压制这种力量以求安全。这种力量的代表也不可能联合起来以保障自己的优势。问题在于，在产品和服务不能得到报酬的地方，我说的是不能得到补偿的地方，也就不会有商业、债务、雇主、仆役、军队和政府。这种社会状态只能是暂时的，因为它常常会遭受邻国的侵略，或者会变成野蛮的游牧民族，它的居民散落在各方。

售卖价格创造财富

农业国应当力求使产品有更高的价格，使价格尽可能地保持在更高水平上，由于物价昂贵能促进产品的增长，并由此带来最大的繁荣。因为物价昂贵不会使转卖人（如果他们充斥全国）受到损失。然而，正是担心物价昂贵会带来不安限制了人们的思想，并且成了农业国衰落的原因。由于他们不知道如此重要和轻易可以得到证明的真理，深受关于财富源泉的错误意见之害，结果降低和破坏了自己产品的价值，自己害了自己。例如，土地如能提供粮食作物好收成的国家，担心粮食产品物价昂贵是荒谬的；而在没有土地的国家自然也就不会采取任何措施去消除可以预见的灾难。上述担心会导致运用一系列办法去反对粮食物价昂贵，而通过促进高价格，利用商业的有利条件和自己辽阔的土地，国家就能达到高度的繁荣富强。

以货币表示的售价是各国采用的财富的共同尺度

单纯的土地产品还不能构成国家的收入，这些产品还必须具有超过其耕作费用的出售价格。只有价格和费用之间的这个差价才构成收入或纯产品。超过费用的这个差价越大，国家收入就越多。但收入和赋税是以货币来表现的，因此，所有费用和所有产品都应以货币来估价。总之，以货币表示的出售价格是政治经济学上一切计算和计量的基础，也是得出国家财富的各种比例关系的基础。因此，政府的一切降低出售价格的措施，都不能不给国家和所有者带来损害，不能不破坏各国的经济体系和财富的比例关系。如果拒绝以各国采用的以货币表示的价值来考虑，那你就失去了度量自己的财富和其他国家的财富的手段，而“财富”一词也就失去了自己的意义。因此，为了评估国家每年创造的财富，也为了确定这些财富在本国和其他各国在贸易和实力上的对比关系，就应从总体上研究这一切错综复杂的关系。这包括：(1) 产品数量；(2) 以货币表示的产品价格。这两个条件同其他三个条件是相关的：(1) 土地质量；(2) 农业特点；(3) 产品贸易状况。这三个条件中的前两条决定产品数量，第三个条件决定产品价格。因此，不能准确地决定这五个条件，也就不可能确定国家的实际收入。如不利用这些有利条件，政治和经济的管理者就不可能保持和增加国家的收入，因为它们与收入和国家每年创造的财富密切相关。

农业国所有权的重要条件

上述五个条件本身与其他条件有关，而且有着重要关系。研究这些错综复杂的关系，自然会导致分析经营资金、产品、收入、人口、通过费用而得的丰富报酬、收入的使用以及所有这些动力的经济作用。对所有这些问题的研究应以表上所表示的土地面积和财富的计算为基础。那个计算决不是想像的，它同良好管理的王国的财富水平是吻合的。1698 年，英格兰实行粮食产品对外自由贸易，废除了人头税和随意征税，从而顺利实现了农业的复兴。根据土地调查资料，仅英格兰一个王国，土地面积核定为 5 000 万英亩，其租税在和平时期定为每利弗尔收入 2 苏，它能给国库提供 1 900 万利弗尔。可是，由于耕作的进步，这种租税今天已经减少到所有者纯收入每利弗尔 7 德尼了。由此可见，这种收入，在 1678 年只有 1.9 亿利弗尔，今天已近 8 亿利弗尔，其他租税还没有计算在内。1 英亩土地约合 9/10 法国亚尔邦。因此，5 000 万英亩土地约合 4 500 万亚尔邦，接近法兰西王国国土面积的 1/3。如果根据新的土地调查资料，仍像过去一样对收入征 1/10 的税，那么，它们可给国库大约 8 000 万利弗尔，战时加倍，可达 1.6 亿利弗尔，这还不包括得自苏格兰和爱尔兰的收入，不包括来自殖民地和商业的收入。由此可见，我们所假定的富裕状况远不及我们现在所说的状况；下面还要详细论及这一点。但是，如果在法国上述富裕水平下，将被征税土地纯产品的 2/7 作为国家收入，即使没有任何其他租税，王国也能大大胜过其他国家。由此可见，我们根据在时间上很接近于我们的事实所作的论证，说明在表中所计算的收入，并没有任何的夸张。关于法国不同时期的财富和人口状况的例证，更具有决定意义。总之，我们假定的基础没有任何虚构。

土地丰收的前提，首先是足够的经营预付，它保证了经营土地者的利润；然后是改善土地品质所需的各种费用，而且这种费用的大部分要由土地所有者负担。然而，要使这些花费顺利实现，就需要土地所有者和耕作者具备他们还没有的知识。可是他们却不会致力于在当前土地品质不完善情况下，为使各种费用得以顺利花费所需要的调查、研究和试验。用王国各省英明的政府所管理的农业学校，①应当研究这个问题，还有经济科学的各种问题。它们不应涉及农业技术问题。一个国家，如果它的富裕农业经济能保证提供繁荣的一切条件，如果农业能够提供不低于 100% 的纯产品，耕作者就不应忽视他们所

① 18 世纪 60 年代初，曾经出现过王国农业协会，这种协会很像我们的“大经济协会”，但它是在政府部门的监督之下开展活动并为政府效劳的。魁奈对它们采取了否定态度。——俄译本注

需要的知识。在采取这些异常的与通常方法看似相背的然而却是有利的和应当采取的方法之前，应当在王国各省使农业借助于已有的方法达到高水平。

第三节　商业与其费用的关系，商业与土地收入的关系

我们已经谈过商业，还要不时地说到它，因为这里一切都同商业、收入和支出有关。一个共同的问题，在进一步的考察中，会联系到它的不同方面加以理解。我曾肯定地说，商业应从其支出或费用方面加以研究，同时也要联系到它的收入加以研究。在考察商业所引出的费用时，应当对以下两种费用加以区分：一种是从纯产品中取得的农业所有者的费用；另一种是从所有者所获得的收入或纯产品中所支出的费用。应当注意到两点:一寻求减少商业费用的方法，应能使一些省的消费增加，这些省的产品在直接出售时得到的利润很少，或者应当寻求更有利的销售地点，以减少运输费用。二必须区分两种消费：一种消费的费用在国内粮食产品的商业中归于农业所有者，并减少了它所提供的收入；另一种消费的费用是由所有者的收入支付的，在国内单纯地不间断地流通。因此，一些商人只从货币流通出发来考虑自己事业的成功，而另一些商人则有更远大的眼光，他们在指导自己的事业时着眼于消费和粮食产品的丰裕或短缺。

被农业交易费用所吸收的一部分收入的扣除及其同土地产品的关系

任何产品在王国的不同地点或省份是按不同价格出售的。那么，这些产品在王国的实际价值是多少呢？1 立方俄丈木材从远处或近处运到巴黎，都卖 40 利弗尔。如果运费只有 3 利弗尔，而生产费用是 34 利弗尔，那么所有者可按 34 利弗尔出售；如果运费是 34 利弗尔，而生产费用是 3 利弗尔，那么所有者的卖价就不能高于 3 利弗尔。然而，不能说这些木材在后一种情况下的价值比前一种情况的价值低，因为它在巴黎的价值总共是 40 利弗尔，包括运输费用 34 利弗尔，生产费用 3 利弗尔，还有支付给所有者的 3 利弗尔。运输费用的

价值与支付给所有者的价格一样是真实的，因为它是支付给赶车工的报酬和饲养马匹的支出。但是，这 34 利弗尔不应当混同于所有者的收入，因为它没有从纯产品 3 利弗尔中拿走什么。如果有人说所有者的收入因（支出）这 34 利弗尔而减少了，那么，我们要指出，这些费用并不是用来支付个人收入的。因此，这种（运输）费用不应当包括在所有者的实际费用之中，它们现在并不构成所有者收入的一部分，因为它们是商人用来补偿商业费用的。同时，也不能说这种（运输）费用是从在巴黎购买这些木材者的收入中扣除的，因为商人并不是按高于 3 利弗尔的运输费用购买的，他们在巴黎的木材买价甚至可能比从近处运来的木材价格还贵。因此，这项费用是以牺牲纯产品或所有者的收入为代价，由森林所有者来清偿的。因此，这种费用应当归到不生产阶级身上，假定它们也参与到按这个阶级所得的收入的来源分配费用的秩序的话。但是，由于这个（所有者）阶级是直接从土地上得益的（除了收入或纯产品以外），所以，它（运输费用）应当归到生产阶级的支出上，但是，又不应将运输费用混同于包含在表中的这个阶级用于生产的费用。从表中可以清楚地看出，用于生产的费用的恢复能保证农产品每年的更新。同时还应当区别粮食产品贸易的费用和手工业产品贸易的费用，因为后一项费用不能直接或没有中介就归到不动产上。直接出售手工业制品者所得的报酬，是由购买者立即支付的。换句话说，这项支付直接间接来自所有者的实际收入，这可以从与此收入相关的费用的分配秩序看出来。

这些说明是有必要的，以便清楚地认识与土地相关的整个体系，理解土地经营支出的总和，以及采取经济管理的不同措施。它们有助于在各种不同的经营费用中，如表所示，区分出与所有者相关的费用，由生产阶级及不生产阶级代理人的报酬所引起的费用。表只限于一个国家，而且是与各种费用相关的国家。所有这一切都统一在一个共同的分配体系中，因为只有收入构成财富，只有财富才能分配。一切东西都有一定之规，其中任何一部分都不能任意使用，否则就会危及农业国财富每年的再生产。

但是，我们必须研究用于经营的财富和它所引出的支出及其再生产，因为所有这一切同每年收入的再生产存在着联系；某种财富的增加或减少，会对其他各种财富发生相应影响。

再生产由支出而不断更新，支出由再生产而更新

任何时候都应记住，存在三种每年花费的财富：(1) 生产阶级每年预付的财富 2 000 利弗尔；(2) 纯产品或收入 2 000 利弗尔；(3) 不生产阶级每年预付 1 000 利弗尔。这表明年消费产品是 5 000 利弗尔。这也表示每年支出是 50 亿 (利弗尔)；但是，这没有包括其他每年特别的支出，例如，我们前面已经说过的、同生产和真实收入的支出没有直接关系的、因而不能放到表中的支出。我们也没有计入不生产阶级预付中用于购买原料的可恢复的支出，它同我们已经说过的 5 000 利弗尔一起，在表中构成 6 000 利弗尔支出。实际上，从货币流通的观点来看，这构成 6 000 利弗尔支出，但这不是 6 000 利弗尔消费。因为，如前所述，上述可恢复的原料是对已经消费原料的补偿，而不是已被消费的原料。后者可以被补偿，但它不能补偿别的东西，因为已经被消费了，也就不存在了。总之，不生产阶级的预付构成两种支出：(1) 预付每年消费的原料；(2) 预付购买为补偿消费的原料。我们这里对每年消费和恢复的说明是以大国为假定的，其土地被良好耕作，能保持其经营方式。商业在这种王国是自由和方便的，这使其产品能够得到更高的价格。因此，英明的领导和正确的政治经济能为繁荣创造必要的条件。

起初可能觉得，在以每年生产的财富为基础计算国家每年的支出时，在国外的买卖会带来很大的混乱。但是，如果知道不出售自己的产品就不能购买，困惑就消失了；而且很清楚，在国家支出受调节的体系中，购买是以出售为假定的，所发生的实质上是一种交换。因此，在研究与国家财富每年再生产相关的支出时，可以不考虑它的对外贸易。

由此可见，对于进一步研究每年的支出来说，详细说明这些财富每年再生产的秩序就够了。因为过去的消灭了，然后才能恢复。因此，可以说，消费和收入是同一个概念。

第四节 详细说明“表”中所示的支出和产品的关系

表的下部表明，根据该表所提供的与收入相关的支出分配体系，再生产的收入等于花费的收入。此外，土地还要补偿每年花费的耕作预付，并给予耕作者年预付和原预付资本额的10%（作为这些资本的利息）。但是，在这个完全的再生产中，并没有不生产阶级每年预付存在的余地，因为在这个阶级的支出和补偿中，这些预付没有得到恢复；而这个阶级在与收入相关的支出的年分配中，是提供了原始基金的。同时，这个基金也没有因自己的支出而消失，它每年还会作为原料转移到生产阶级手中；且它会完全转移到生产阶级手中并保留在那里。因此，表中所说从一个阶级转移到另一个阶级的数额中没有它们。同时，转移到生产阶级的这些基金的支出，也不会是无用的。因为，从那笔基金的支出中产生了生产阶级预付的年利息。因此，这个由5 000利弗尔财富所构成并年年消费的原始基金，会按比例地参与到5 000利弗尔财富的再生产中，每年加以恢复；换句话说，它会参与到2 000利弗尔年预付、1 000利弗尔不生产阶级预付和2 000利弗尔的再生产中，它们共同构成5 000利弗尔的消费支出，并导致了5 000利弗尔的再生产。

正如我们所看到的，由于通过购买而进行的收入分配，又由于资金从一个阶级转移到另一个阶级，使每年被再生产的5 000利弗尔又回到生产阶级手中。生产阶级向所有者支付2 000利弗尔，（自己）花费2 000利弗尔，并保留1 000利弗尔作为年预付利息。后面这个利息部分，用作补偿原预付，以及弥补各种可能的意外所造成的收获上的损失。同样很明显，不生产阶级流通了3 000利弗尔，其中1 000利弗尔是支付给这个阶级的代表者的报酬，1 000利弗尔是从这个阶级自有基金中所作的预付，还要收回由储蓄创造的1 000利弗尔，这笔金额将用于购买原料并被不断更新。由此可见，在这两个阶级之间流通的财富数额是8 000利弗尔，其中5 000利弗尔由生产阶级创造的产品所构成；2 000利弗尔是货币资金，用于支付收入和不断参与同5 000利弗尔产品买卖相关的流通；1 000利弗尔是不生产阶级的预付，它由2 000利弗尔的货币资金的流通而回到不生产阶级手中，其中1 000利弗尔用于购买原料，以补充每年消耗的原料。总共获得上述8 000利弗尔。

但是，在这8 000利弗尔中，只有5 000利弗尔是每年被再生产的，因为2 000利弗尔货币资金是不消费的，总是留在流通中以支付买卖。不生产阶级预付的1 000利弗尔也是一样。这个阶级不断地补偿它。换句话说，这个阶级每年把这笔钱贷出，每年又把它收回，它们得每年从获得的2 000利弗尔中取出这1 000利弗尔；而作为报酬留给自己花费的只有1 000利弗尔。生产阶级也会得到2 000利弗尔，但是区别在于，生产阶级在花掉它的同时会把它再生产出来，并用它补偿它每年花在再生产上的预付基金。这2 000利弗尔支出，也就是再生产收入的费用。可见，生产阶级代表者的支出是不生产阶级代表者支出的2倍。所有者的支出是2 000利弗尔。总起来说，每年生产的消费是5 000利弗尔，它们被再创造出来，被重新购买，被重新恢复，每年被重新消费和流回到生产阶级手中。

在表中，收入是生产阶级预付的100%，假定收入在年度内被支出，它会完全转移到生产阶级身上；同时由于资金不断地从一个阶级转移到另一个阶级，它也会整个地重新落到不生产阶级身上；由于每年再生产而使这全部收入被完全地再生产出来，上一章结尾的表就说明了这一点。

什么时候都不应忽视的一点是，用不生产阶级预付的1 000利弗尔向生产阶级所进行的购买，使生产阶级能够再生产出耕作者预付的利息。因此，如果经济生活秩序的某种破坏引起了不生产阶级预付的减少，那么，这就会影响生产阶级预付的利息的再生产，而这种利息的再生产的减少等于不生产阶级预付的减少。因此，当这些预付减少，从而不足以支付耕作者预付的利息时，利息就要靠收入来补偿。

第五节　谷物的支出和产量的关系

土地产品的绝大部分得自耕作经营，其余则得自其他类型的土地耕作或经营。在法国1.2亿或1.3亿亚尔邦（1亚尔邦等于100波歇，1波歇等于22弗塔）土地中，约有6 000万亚尔邦可耕地，其余则是森林、草原、葡萄园、荒地、宅地、河川、湖泊和道路等。

我们已经得出结论，6 000 万亚尔邦土地可以用大农经营使用 50 万架犁耕种获得高产，每架犁可耕的 120 亚尔邦可分为 40 亚尔邦的三等分，实行轮耕，其中一份播种小麦，一份种燕麦，第三份休耕、施肥，以备秋播，再下一年春播。

以货币计算谷物产品（不含与农业相关的畜产品）

为了以货币计算每亚尔邦土地的谷物产量，我们假定，对外自由贸易使王国各省的谷物价格与各国间贸易所达到的价格水平持平，即 1 塞蒂秋播作物（重 240 弗塔）在平常情况下约值 1/3 银马克，或者值我们的 18 利弗尔。照此计算，如果每亚尔邦土地平均提供 6.5 塞蒂秋播作物（包含什一税在内），其全部产量可值 117 利弗尔。春播作物收获量约值秋播作物的 3/8，即 45 利弗尔。因此，每一块可耕地[①]年产量约值 6 490 利弗尔。但我们这里是以小麦价格估算的。然而，即使王国农业处在繁荣状态，按照我们的假定，秋播作物中约有 1/4 是黑麦，其价格仅为小麦价格的 2/3。因此，上述 6 490 利弗尔应该减到 6 120 利弗尔，还要扣除用作下期秋播和春播的谷物（种籽）。这样，每一块可耕地年产量约为 5 500 利弗尔，50 万块可耕地总产约为 27.5 亿利弗尔。

牲畜给庄稼人提供的产量

还有一种与农业相关的产品，这就是饲养家畜（羊、公牛、母牛、猪、家禽等）所得的产品。在这里只提一下这些产品，因为它们消耗了支出，所以完全不反映在纯产品或收入中。[②]但是，它们对于土地经营和人口还是有意义的，因为它们所消耗的费用，或是成了耕

① 这里和下文所谓“每一块可耕地”，似应指“每一块犁耕地”，即指使用一架犁所能耕种的土地面积，大约是指 12 亚尔邦。参看“经济表的说明”正文与脚注。——中译本注

② 魁奈否认畜牧业能够创造纯产品，尽管畜牧业被他看做是农业的一个部门。不过在一些地方，他又说到畜牧业创造的纯产品。——俄译本注

畜的饲料，或是成了家畜饲养者的报酬和粮食。这是耕作的补充，可以单独加以考察，估价约为4.5亿利弗尔。

将此4.5亿利弗尔加上前述27.5亿利弗尔，总产量是32亿利弗尔。

其余土地的产品我们称之为草地产品；它们各式各样，而且除了葡萄园以外，所需农业劳动甚少。其中包括：森林、草原、牧场、沼泽、果园、荒野、山地以及其他未开垦的牧场，还有采石场、矿山、海洋渔场、河流，等等。它们所提供的形形色色的产品大体可被看做是农产品，估价大约60亿利弗尔。

大部分草地，除了羊群以外，用于饲养其他可以赚钱的家畜。它们是马、公牛、羊和其他供自己食用或出售给屠宰商的放牧家畜的牧场。因此，出自草地经营的家畜产量，至少不会少于得自土地经营的家畜的产量。不过，草地经营中没有土地经营中那样多的耕畜。因此，在草地经营中用于保护和看管家畜的人手较少，因为在荒野中可以用较少的人来看管家畜。然而，我们仍然认为，这种畜牧业的产品只能抵消饲养的费用，抵消支付给在草地经营中工作者的报酬，以及抵消耕畜饲料的费用。因此，可以说，农业和草地畜牧业产品整个来说只能抵消费用，并完全被费用所吞没。但是，它有助于其他形式的产品，也有利于从这些产品中获得报酬的居民。可以肯定地说，这种家畜饲养不可能提供任何纯产品或收入，否则就要损及其他产品或损害居民了。但是，尽管家畜不能提供影响收入的产品，但多少有助于人们的食粮，满足人们的其他需要。因此，从整个家畜饲养所获产品能有大约9亿利弗尔的售价，算在60亿利弗尔每年所创造的国民财富之中。

当我们论及表中的50亿利弗尔产品时，与其相关的问题不限于生产和费用之间的简单关系，它还会涉及到更复杂的关系。这些关系包括：产品与费用及与纯产品或收入的关系；（产品）与生产费用及与花销和支出的关系；（产品）与生产预付和收入的关系；（产品）与每年财富的分配以及各个阶级人们的报酬的关系。因此，在进行经济表的计算之前，应当考察获得收入的各个因素。

支出和农业产品关系的详情细节

每一块可耕地年产量以 5 500 利弗尔计算，耕作者以其中 2 142 利弗尔补偿自己年预付，以 1 216 利弗尔作为自己年预付和原预付的利息，两项合计 3 358 利弗尔，尚余利润 2 142 利弗尔。但是，需以其中 4/7 即 1 224 利弗尔交给所有者，2/7 即 612 利弗尔缴税，1/7 即 306 利弗尔缴纳什一税。由此可见，每 1 亚尔邦土地，众所周知，一般每年生产 45 利弗尔，其中 10 利弗尔要交给所有者，2 利弗尔 10 苏是什一税，27 利弗尔 10 苏重新回到农场主。

这里对什一税的计算是一个大约数，因为它是很不规则的：它没有一个固定税率，而是与总产量联系起来的，但总产量与纯产品并不总是保持同一的比例关系。在贫瘠土地上，什一税远远超过纯产品的 1/7，在收获量仅够补偿费用的土地上，其征收数额会达到 2~3 倍，达到总产量的 1/3。但是，考虑到免税的产品以及什一税征收的不规则，总的来说，什一税会与纯产品保持我们所说的比例。

关于农场主的收入，我们只论及其年预付及其利息的再生产，完全没有谈到他对他的整个企业的操心、劳力和风险的报酬。因为这项报酬包含在年预付的支出以及家畜所生产的产品中，这些产品为他补偿了饲养拉 1 架价值 600 利弗尔的犁的耕马所用燕麦的费用。这样就减少了原本应当包括在年预付支出中的但哪一边也没有加入的经营费用。由此可见，这个数额在缩减了年预付的意义上对耕作者是有利的。它是对其个人劳动的补偿。总之，他从一块地（charrue）①上的进项是 3 958 利弗尔，其中 1 816 利弗尔是利息和报酬；其余是对其年预付的恢复。他不会一年就将这 1 816 利弗尔全部花掉，因为他应当为防备收获或家畜上的意外，以及养育子女而节省一部分开支，不过节省的这些开支能为他带来收入和增值，如果他将它用到自己的农业经营上的话。

由耕作者、农场主和土地所有者经营的农场，估计有 2 架犁耕种

① “charrue”一词直译“犁”，但是在一些地方的意义又有改变，用以代表农业上的地块。——俄译本注

的土地。在这些条件下，在我们假定的富裕状态下，会有大约25万农场主或耕作者。生产阶级用于支持这些耕作者及其家属的支出，大约是每家600利弗尔，等于2架犁经营所获报酬1 200利弗尔的一半。总起来说，25万农场主从年预付总额10.71亿利弗尔中能够取得3亿利弗尔，农场主将其中的一半即1.5亿利弗尔支付给土地所有者，另一半则支付给不生产阶级。

在支付了耕作者和从事农业的其他人的报酬以后，还余下7.71亿利弗尔，其中一半支付给生产阶级，另一半则支付给不生产阶级。

如果将这7.71亿利弗尔在从事土地耕作的各户主之间划分，每位户主500利弗尔，那么就能够作为报酬支付154.2万位从事土地耕作的户主。加上25万个农场主，总共是179.2万人。

如果每家以4口人计算，那么，179.2万个户主意味着716.8万人。如果179.2万个户主分到25万个农场，每个农场有2个地块，那么，每个农场有7个户主，其中经营者1人，工人6人。工人中有耕作者、饲养员、打场者（脱粒工)、割麦人、铁匠、马具匠、大车工、短工等，他们相互之间可以代替，等于6名经常性工人。

应当记住，正像我们所假定的那样，在一个由于良好和切实管理的王国，人民生活富足，农产品高价，农场主进行富裕经营，至少能提供相当于年预付费用的100%纯产品或收入。

以上计算的结果

总产量……………………………………………2 750 000 000 利弗尔

纯产品，一块犁耕地为2 142利弗尔，每亚尔邦

为17利弗尔10苏，含税和什一税，

合计…………………………………… 1 071 000 000 利弗尔

年预付总额………………………………1 071 000 000 利弗尔

仆人和工人报酬总额…………………………771 000 000 利弗尔

25万农场主的报酬，以每犁耕地600利弗尔

计算 ……………………………………… 300 000 000 利弗尔

以每犁耕地1 216利弗尔计算，预付利息 … 608 000 000 利弗尔

人 口

户主：经营者或农场主……	250 000 利弗尔	1 792 000 利弗尔
工人及仆人…………	1 542 000 利弗尔	
以一家 4 口计算的人数…………………………		7 168 000 利弗尔

第六节 其他农业部门的支出和产量的关系

草地经营没有土地经营那样多的经营者或企业家，然而，有自己经营管理的大型葡萄园所有者。如果我们假定，葡萄园的一半由因经营而获利的经营者或所有者来经营，那么，在法国这样的国家，人民生活富裕，国内外贸易自由，经营葡萄园应当有利可图，可以设想会有 150 万亚尔邦土地由其所有者经营管理着。假定他们每人平均经营 10 亚尔邦的土地，那样的企业家就有 15 万人；他们的年预付以每亚尔邦土地 100 利弗尔计算，共计 1.5 亿利弗尔，从中获利不会少于 10%，不过没有从总产品中分出来，否则，他们会将自己的财产出租给葡萄种植者，免得自己负担昂贵的开支却得不到任何利润。因此，他们从 1.5 亿利弗尔的预付中所得的利息应当是 1 500 万利弗尔。另外一半葡萄园分散在较小企业家手中。这些葡萄园虽然是由葡萄种植者自己经营的，但除了他们的劳动报酬以外，也要得到同样的利息，由此获得 1 500 万利弗尔，与上述所有者自己经营所获得的 1 500 万利弗尔加在一起，合计 3 000 万利弗尔。这是 3 亿利弗尔得自年预付提供纯报酬以外的数额。

在这种情况下，交给所有者并缴纳赋税和什一税的纯产品，应当不少于预付的 100%。但是，在一些国家得不到这么多纯产品，它们作为赋税上缴而被国有化了，从而损害了赋税本身，损害了所有者的收入和土地的品质，损害了消费，最后损害了国内和国外贸易。然而，可以轻易地证明，在我们设想的国家中，葡萄种植者的总产品至少可以达到 6.3 亿利弗尔。

在一些省份，听说经营 1 亚尔邦葡萄园要在自己的劳动、收获和酒桶等的预付上至少花费 100 利弗尔，有人会感到惊奇。这是因为这些地方的粮产品没有价值，葡萄依着树长，很荒芜，不会有什么费用。但是，我们说的是大国：由于人口稠密、商业发达而粮产品很贵；葡萄酒酿造者能等待有利时机出售葡萄酒；免除了破坏性赋税而增加了直接出售之利；富裕和利润活跃了农业经济，并能为获得大量高质量的产品而作必要的预付。

栽培葡萄需要人的劳动，因此，这项作物所需年预付的3/4以上用于支付劳动。如果这项支付的总额是1.25亿利弗尔，那么，按每个户主支付500利弗尔计算，则可支付45万个户主的报酬。从这个计算可以得出结论，有90万人从事葡萄栽培，他们一年工作6个月。实际上这项工作也只需要在这段时间进行。人们在其他几个月从事其他工作：收获季节收割；冬季则从事林业等其他事务。

葡萄种植的计算

总产量	630 000 000 利弗尔
纯产品	300 000 000 利弗尔
作为工资和其他费用的年预付	300 000 000 利弗尔
工人工资总额	225 000 000 利弗尔
预付的利息	30 000 000 利弗尔

人　口

户主	450 000 利弗尔
以一家4口人计算的人数	1 800 000 利弗尔

其他农业经济部门

在农业的草地经营部门中,还有其他一些经营者和企业家。例如，有经营林木买卖的，有从事饲料批发和家畜屠宰交易的，有在草地、牧场、荒地、山地大量放牧家畜的所有者，还有矿山、采石场、渔场所有者，搞运输的，还有从事粮食原料产品交易的，等等。按照这些人获得报酬的方式以及他们从年预付的进款来说，这些农业从业者总的来说可以归到农业经营的范畴。

林业的支出与产量的关系

在法国这样高度繁荣的国家，各省人口众多，需求保证了销售。林业收入如《赋税理论》一书所说的，估价可达3亿利弗尔；经营支出也是这个数额。两项合计 6 亿利弗尔。这个数额由 2.4 万企业家所促成，每个企业家需支出 2.5 万利弗尔而作年预付和支付所有者之用。每个企业都会有风险，也会要求在顶多一年内收回预付资金，林业也是一样，因而应当拿出 10% 即 2 500 利弗尔（作为利息）。如果加上 1 200 利弗尔作为管理企业的报酬，就是 3 700 利弗尔。这样一来，2.4 个企业家就是 8.888 亿利弗尔。[①]

经营林业所需的人数与栽培葡萄的人数大体相当，即 90 万人。然而可以减到 45 万人，因为他们也是一年中工作 6 个月，而且是在日子短的时期。他们的工资可达 2.25 亿利弗尔。

关于林业的计算

总产量	688 800 000 利弗尔
纯产品	300 000 000 利弗尔
年预付	300 000 000 利弗尔
工人工资	225 000 000 利弗尔
企业主工资，按每人 1 200 利弗尔计算	28 000 000 利弗尔
2.4 万企业主基金的利息 10%，按每人基金 2.5 万利弗尔计算	60 000 000 利弗尔

人　口

户主：	企业主	24 000 利弗尔	474 000 利弗尔
	工人	450 000 利弗尔	
以一家 4 口计算的人口数			1 896 000 利弗尔

草地经营的支出和产量的关系

草地经营所需费用甚少，不仅因为草地本身不甚重要，而且因为此类工作者大多都在从事其他职业，特别是土地经营。大体可以设想，约有一半草地不进入其他企业；其费用可以认为是 5 000 万利弗尔，也就是给人们的工资是 5 000 万利弗尔。我们现在只限于决定这些企业的纯产品。在高度繁荣的法兰西王国，可以认定纯产品等于

① 显系 8 880 万利弗尔之误。——俄译本注

2.5亿利弗尔，它所需要的经营费用是5 000万利弗尔；同时有一半草地进入农场主经济，我们认为每个企业主的基金等于1万利弗尔；需要2.4万个企业家，他们和其他农业企业家一样，要求取得预付10%的（利息）和工资。

草地经营计算

总产量	338 400 000 利弗尔
纯产品	250 000 000 利弗尔
年预付	50 000 000 利弗尔
工人工资	50 000 000 利弗尔
农场主工资	14 000 000 利弗尔
预付的利息	24 000 000 利弗尔

人　口

户主：企业家或农场主	24 000 利弗尔	124 000 利弗尔
工人	100 000 利弗尔	
以一家4口计算的人口数		496 000 利弗尔

由此可见，在年预付和纯产品的关系方面，草地经济是一般秩序的例外。

经营支出大体等于产量但纯产品或利润很少的其他部门

应当注意，还有这样一些企业，几乎全部产量皆被其费用所吸收；属于这类的企业包括：海洋渔业、矿山、采石场等，它们只能为从业者提供工资。所有这些企业所能提供的产量加在一起也就是3亿（利弗尔），而能提供的纯产品不会超过8 000万（利弗尔）。但这些企业以自己的产量最少养活了40万作为一户之主的工人，其中的2万经营者会得到2 000万利弗尔的利息和报酬。

这两个部门，一个是草地部门，几乎全部产品都是纯产品；另一个则几乎全部都是经营费用，它们在一定意义是互补的，从而最终恢复了生产阶级的纯产品和经营费用之间通常的关系……

对后面这些部门的计算

总产量……………………………………… 300 000 000 利弗尔

年预付……………………………………… 200 000 000 利弗尔

纯产品……………………………………… 80 000 000 利弗尔

工人的报酬………………………………… 200 000 000 利弗尔

预付的 10% 的利息………………………… 20 000 000 利弗尔

人　口

户主：企业家…………………	20 000 利弗尔	420 000 利弗尔
工人…………………………	400 000 利弗尔	

以一家 4 口计算的人口数………………………… 1 680 000 利弗尔

在生产量的费用得以补偿，但不能获得纯产品或利润的畜牧业中，支出和产量的关系

我们认定，农业经济中草地部门所提供的有利可图的家畜产量(等于土地部门中的家畜产量，其价值为 4.5 亿利弗尔)，与花在该部门耕畜的费用以及保护和照料家畜的工人的报酬 4.5 亿利弗尔相抵消。这两部分家畜的总产量可值 9 亿利弗尔，其中 6 亿利弗尔用于维持这两部分耕畜，2 亿利弗尔用于 40 万牧人或户主的报酬，1 亿利弗尔是给 80 万农村饲养家畜工人的报酬。草地部门耕畜的原预付应当不低于 20 亿利弗尔，年预付应当是 1.5 亿利弗尔。这两部分的 10% 的利息是 2.15 亿利弗尔。由此可见，经营者或企业主从自己的家畜中可以获得 2.15 亿利弗尔，每人平均得到 1 000 利弗尔，即草地部门的利息总额在 21.5 万个经营者中平分。

畜牧业费用和产量部分估价结果

总产量……………………………………… 900 000 000 利弗尔

这个 9 亿利弗尔总产量被下列费用所吸收：

用于牧人和工人报酬的年预付………… 300 000 000 利弗尔

各种经济中带来利润的耕畜的费用…… 600 000 000 利弗尔

草地部门经营者的利息①……………………215 000 000 利弗尔

人　口

户主：经营者……………………	210 000 利弗尔	610 000 利弗尔
牧人……………………	400 000 利弗尔	
以一家4口计算的人数………	2 440 000 利弗尔	
农村饲养家畜工人……………	800 000 利弗尔	
	3 240 000 人	

有额外利润的土地产量抵消了农产品贸易的费用

为补偿运送粮食原料的费用而从利润或纯产品中扣除的生产阶级的产量,不到7.6亿利弗尔,其中3亿利弗尔用在拉车或运货马匹的饲料上,1亿利弗尔是给从事这项交易的人的报酬,这些经营者和企业主有10万人之众,他们每人获得预付的10%利息2 400利弗尔,还有报酬1 200利弗尔,总共是3.6亿利弗尔。

生产劳动的这两个要素,即我们现在论述的生产畜牧业和农产品贸易,促进了利润的创造,但是它们没有提供利润,所以没有被放进表中。这个表所要说明的是支出分配的秩序,还有收入通过自身的支出而实现的再生产。它们不提供收入,自然也就不包含在说明收入的分配和再生产的表中。因此,对它们加以估价,并包括到一般的年再生产中,以便完成对产量和支出相互关系的研究,这就足够了。

关于农产品贸易的计算

年预付：对运货与拉车的马匹的支出………	300 000 000 利弗尔
马车夫的报酬………………………	100 000 000 利弗尔
10万企业主的报酬，每人1 200利弗尔……	120 000 000 利弗尔
预付的10%的利息…………………………	240 000 000 利弗尔
农产品国内贸易支出总额…………	760 000 000 利弗尔

① 后面这个项目，不是靠吸收了9亿利弗尔支出的总产品抵偿，而是由用在与土地经营无关的经济部门的耕畜所提供的利润来补偿的。——原注

人　口

户主：企业主	100 000 利弗尔	300 000 利弗尔
马车夫和其他工人	200 000 利弗尔	
以一家4口计算的人口数		1 200 000 利弗尔

关于产量和支出关系计算的总结果

利润或纯产品	耕地	1 071 000 000 利弗尔
	葡萄园	300 000 000 利弗尔
	森林	300 000 000 利弗尔
	草地	250 000 000 利弗尔
	矿山、采石场等	80 000 000 利弗尔
	总计	2 001 000 000 利弗尔
年预付	耕地	1 071 000 000 利弗尔
	葡萄园	300 000 000 利弗尔
	森林	300 000 000 利弗尔
	草地	50 000 000 利弗尔
	矿山、采石场等	200 000 000 利弗尔
	总计	1 921 000 000 利弗尔
仆人及工人的报酬	耕地	771 000 000 利弗尔
	葡萄园	225 000 000 利弗尔
	森林	225 000 000 利弗尔
	草地	50 000 000 利弗尔
	矿山、采石场等	200 000 000 利弗尔
	家畜	300 000 000 利弗尔
	总计	1 717 000 000 利弗尔

企业主的报酬	耕地	300 000 000 利弗尔
	森林	28 000 000 利弗尔
	草地	14 400 000 利弗尔
	农产品贸易	120 000 000 利弗尔
	总计	463 200 000 利弗尔

年预付和原预付利息	耕地	608 000 000 利弗尔
	葡萄园	30 000 000 利弗尔
	森林	60 000 000 利弗尔
	草地	24 000 000 利弗尔
	矿山、采石场等	20 000 000 利弗尔
	草地部门的家畜	215 000 000 利弗尔
	农产品贸易	240 000 000 利弗尔
	总计①	1 197 000 000 利弗尔

总产量	耕地	2 750 000 000 利弗尔
	葡萄园	630 000 000 利弗尔
	森林	688 800 000 利弗尔
	草地	338 400 000 利弗尔
	矿山、采石场等	300 000 000 利弗尔
	生产性家畜	900 000 000 利弗尔
	农产品贸易	760 000 000 利弗尔
	总计	6 367 200 000 利弗尔

① 将此 11.97 亿利弗尔乘以 10，则预付总额为 119.7 亿利弗尔。——原注

人口总数

生产阶级的户主①	土地所有者	1 000 000 利弗尔	5 177 000 利弗尔
	企业主	635 000 利弗尔	
	仆人和工人	3 542 000 利弗尔	
	以一家4口计算的人数	20 708 000 利弗尔	21 508 000 利弗尔
	仆人	800 000 利弗尔	
		总计	21 508 000 利弗尔

不生产阶级的户主	高级雇用劳动或每人得 2 000 利弗尔的企业主	300 000 利弗尔
	低级雇用劳动或每人平均得 500 利弗尔的手工业者②	1 800 000 利弗尔
	总计	2 100 000 利弗尔

以一家4口计算的人口数……………………… 8 400 000 利弗尔

两个阶级的人口总数………………………… 29 900 000 利弗尔

再生产与支出的相互关系

每年再生产量……………………………… 6 367 200 000 利弗尔

从20亿利弗尔收入中的支出……………… 1 000 000 000 利弗尔

工人、对分制佃农和仆人的支出…………… 883 000 000 利弗尔

---

① 原文如此。——中译本注

② 每个工人——户主的报酬定为500利弗尔，是根据属于生产阶级和不生产阶级的全体仆人和工人的报酬平均计算出来的；一般报酬在不同种类的仆人和工人之间是很不一致的。但是，整个来说，考虑到对生活资料的需求，以及存在不同职业和不同能力（贫困除外）的差别，可以认为，在产品价格处于高水平的国家，其报酬不应低于500利弗尔。——原注

农场主或企业主的(支出)	粮食	231 600 000 利弗尔	
	维持原预付	598 500 000 利弗尔	
	被生产地使用或支出的部分利息，因为整个储备或储蓄是连续不断地使用或支出的	598 500 000 利弗尔	
	家畜饲料	900 000 000 利弗尔	
不生产阶级的支出	预付自己的费用及商品出口	1 437 066 667 利弗尔	2 155 600 000 利弗尔
	生活资料	718 535 333 利弗尔	
	年产量支出总计		6 367 200 000 利弗尔

为了使我们的详细计算不致显得只是简单的假设，我们拿一个国家作为范例，这个国家的农业实际上已经完全达到了所要求的高度富裕水平，根据其谷物价格、农业耕作状态、土地面积及其品质，我们能估算出它每年再生产的财富。我们选择了英国，因为它的土地由富裕的耕作者耕种，还因为在这种情况下，能够具备估算其农产品所需要的一切条件。

英格兰王国本土的土地收入

英格兰本土的土地面积被认为是 5 000 万英亩，或 4 500 万亚尔邦，因此可以假定其中大约 3 000 万亚尔邦能提供生产物。

又假定这些土地整个来说具有中等肥沃程度，因而在良好耕作下可以提供 6 塞蒂小麦，含什一税，扣除种籽。假定这 3 000 万亚尔邦土地分成三份，实行轮作：一部分种小麦，一部分播种春播作物，一部分休耕。英格兰没有休耕一说，但我们仍作此假定，以使我们得出的结果比较低。

根据上面的计算，小麦收获量应当是 6 000 万塞蒂，春播作物收获量也应当是 6 000 万塞蒂。我们将春播作物打个对折，以使 1 塞蒂秋播作物和春播作物等价。因此，小麦和春播作物的收获量应是 9 000 万塞蒂，按每塞蒂价格 21 利弗尔计算，可得 18.9 亿利弗尔，其中一半即 9.45 亿利弗尔是纯产品或利润，另外一半由耕作者重新收回。根据这个国家农业的状况，其农产品价格优惠，所以预付应能提供150%的纯产品。

我们知道，在英国，谷物的收获量远不如我们想像得那么多；因为那里的很多土地用作人工草地种植亚麻、大麻和啤酒花草等等，以获得比种植谷物更多的收入。这样，我们的计算又一次比实际情况要低。此外，我们还没有计入自然草地、森林、渔场和矿山等，这一切可以得到3 000万亚尔邦良好耕作的中等肥沃土地的谷物量。如果能够播种谷物的土地被用作（例如）人工草地，无疑地，耕作者当然就要算计投到这些作物上的费用并将它们收回。因此，谷物的价值在国内是（例如）人工草地所能提供的产品价格的指标，假如它们更喜欢种植人工草地的话；而人工草地所能提供的产品的价值，也可显示与其类似的自然草地和牧场等产品的价值。总之，谷物价格可以作为评价人们更喜欢的其他产品的基础，而我们的计算是以谷物为基础的，而且只计算了2/3面积，以使计算结果宁低勿高。

但是，如果我们记得其他学者所说的话，就会觉得我们的估计可能显得过低了。这些学者强调指出："在英格兰本土5 000英亩土地中，只有不到300万英亩是不毛之地；其中还包括山地、沼泽、湖泊、海湾滩地、港口沿岸等。"然而这个评价可能还是过于乐观了，还应当加上宅地、道路和河流等。还要考虑到，这里只涉及狭义的英格兰的面积和收入，而没有考虑英帝国的其他部分。因此，这里得出的收入数额，可能还不及王国所有各郡总收入的一半。①

---

① 为了更准确地估计英国本土的土地价值，我们在这里据《不列颠岛地理》，将该王国所有各郡的地理情况概述如下。——原注

英格兰南部

萨福克（Suffolk）

人口很多。空气温暖而有益于健康。土地肥沃，特别是西北部。滨临海岸，多沙而湿润。富产大麻和裸麦，饲养的家畜很多。有四十多个牧场，饲养多种家畜。

埃塞克斯(Essex)

有很多河流灌溉，空气润湿。土地肥沃，生产小麦和番红花。森林很少。牧场极好，饲养很多家畜。

在英国，向消费和房屋征收的消费品税或间接税是 1.59 亿利弗尔，1500 万利弗尔为税务机关所得，总共是 1.74 亿利弗尔。这些税收，如下面所说，自然要由所有者的收入负担。

肯特 (Kent)

这是英国最好和人口最多的郡之一。靠近法国的部分是沙丘，大多是不毛之地，但其他部分多属低洼和沼泽之地，可变为肥美牧场。该郡其余地区很好，森林很多，富产小麦。

苏塞克斯(Sussex)

土地肥沃，富裕。有许多铁矿山。

萨里(surrey)

空气相当干燥，良好。土地有些地区肥沃，有些地区贫瘠。小麦丰富，有牧场。

米德尔塞克斯(Midlesex)

令人愉快和肥沃之地。

哈福特 (Haxford)

英国最肥沃的郡之一。

剑桥 (Cambridge)

南部耕种良好。富产小麦和番红花。还有很多好牧场。北部布满沼泽，家畜品种良多，还有鸟兽和鱼类。

贝德福德 (Bedford)

这个郡的北部得乌苏河灌溉之利，该河流经该地区时多河湾，提供了良好小麦收成。牧场富足。

白金汉(Bawkingham)

这个小郡有很肥沃的牧场，特别是爱尔斯贝利河谷，那里牧养很多牝羊，供应优质珍贵的羊毛。

沃里克 (Warwick)

土地美好肥沃。北部有一些森林。

沃塞斯特(Worcester)

从北到南贯穿全境的塞维纳河，使这里的土地变得肥沃和丰产，特别是收场，饲养着很多家畜，收获大量谷物。

赫里福德 (Hereford)

土地肥沃，得到几条河流的灌溉。有若干森林和山地。能生产生活所需的各种物资，主要的是谷物和畜群，特别是羊群，羊毛品质优良。这里酿造高达 1.74 亿利弗尔的消费品税和间接税，破坏了耕作年预付和收入之间的正确比例关系。

大量英格兰最好的苹果酒。

蒙穆斯(Montmonth)

有一些森林。其他部分的土地很肥沃，有很多小河灌溉。有很多山地。

格洛斯特 (Gloucester)

土地优美肥沃。饲养很多牝羊，羊毛品质优良。此外还有森林，生产铁和钢。过去曾有葡萄园，现在则种了苹果，由苹果酿造了优质的苹果酒。

牛津 (Oxford)

这个省土地优美而肥沃。这里有受两条河流灌溉的美好平原和良好的牧场。这两条河汇合成泰晤士河。

南安普敦 (Southampton)

这里受两条河流和许多支流的灌溉，土地肥沃。收获小麦很多。牧场极好，羊毛质地优良。

多塞特 (Dorset)

极其优美的地方，盛产谷物，牧场丰富。家畜和鸟兽极多，河川产鱼，大麻质地良好，产量很多。森林并不大，但产上等质地的桅材。这里有石材和大理石采石场。

索默塞特 (Sommerset)

英国最优美、人口最多的省之一。有很多河流灌溉，土地良好肥沃。谷物果品，特别是牧场很丰富，饲养着很多畜群。

德文 (Devon)

空气很好，土地肥沃。盛产小麦良好牧场，家畜和羊毛丰富。有锡矿和铅矿，森林不多。

康沃尔 (Cornwal)

郡内遍布有名山地，其中有锡矿和铜矿，以及大理石和石盘的采石场。土地不如英格兰其他地方肥沃，但在溪谷地区有谷物收获，收成良好。不仅在整个沿海地区，而且在河川中盛产鱼类。居民多从事渔业，特别是将沙丁鱼和鲱鱼大量卖给法国、西班牙和意大利。这里人口相当稠密。

英格兰北部

诺森伯兰 (Northumberland)

东边临海，环境良好，土地肥沃。有很多的山地和森林。很多地方还完因此，为了保持先前的土地耕作水平和先前的每年再生产（这在预付能带来 150% 的英格兰是能办到的），农场主由于负担了首先落在土地耕作上的间接税而蒙受了损失，所以他们应当支付较低的租借

全没有开垦，也无人居住。这里所采掘的大量煤炭输送到英格兰其他地区，特别是伦敦。

达勒姆(Durham)

西部为山地所覆盖。有煤炭、铅矿和铁矿。南部较低，滨海地区风景优美，土地肥沃。

坎伯兰（Cumberland）

空气清新适于健康。虽然有山，还有很多湖沼和小河流，但土地相当肥沃。鱼产丰富，有一些煤炭、铜矿和铅矿。

威斯特摩兰（Westmorland）

这个小省条件甚差，居民不多，到处是山地和岩石，湖沼和溪流很多。

约克（York）

英国最重要和最大的省之一。土地优良，种植谷物。家畜和鸟兽丰富。饲养很珍贵的马。有很多河流。

兰开斯特(Lancaster)

有河流灌溉，土地为粘土质。富产大麦和优质小麦。牧场良好，因此牛长得特别大。

马恩岛（Isle de Man）

土地广大，而且相当肥沃。但木材不足，故以泥炭作燃料。

切斯特（Chester）

有河流、小溪及湖水灌溉。有森林和山地。土地肥沃。有很美好的平原，牧场里羊和马满圈。当国王经过这个郡时，居民背着耕犁，列队随行，充分表示出他们在农业上的成功，向国王表示他们的感激之情。

德比（Derby）

土地肥沃，谷物丰富。到处都是牧场，饲养很多家畜。有森林。一些山上有方石和大理石采石场，打出很多水车用臼石和建筑用石材。有煤炭和铁矿。铅矿山很著名，铅质最优良最纯粹。

斯塔福德（Stafford）

有几条河流灌溉，但土地并非各处都一样良好。南部盛产小麦，但北部是不毛的山地。有良好的牧场。有可以煮盐的泉水。

费。这意味着，他们可以向土地所有者少缴纳消费品税所征收的1.74亿利弗尔；而且，只有在他们的预付通过产品稳定的高价能够再生产出先前每年的财富额，他们才能减少数额等于间接税的

诺丁汉(Notingham)

有几条河流灌溉。东部土地肥沃，西部多森林。出产煤炭。

林肯 (Lincohn)

广大而美丽。南部土地低洼，多沼泽。开有小运河。因此，这个地区谷物不很丰富，但鱼类和鸟兽很多。北部和西部，地势比较高，收成远比其他地方丰裕。

诺福克(Norfolk)

东部与北部临海。土地状况各异：有些地方肥沃，另一些地方只生长石南科植物和一些林木。沿海岸线地势平坦，盛产谷物。沿海多鱼类，特别是鲱鱼。其他还出产羊毛、蜂蜜、番红花。羊毛工厂的生产量达10万镑(等于法国货币230万利佛尔)。

拉特兰 (Rutland)

土地肥沃。牧场良好且出产丰富。

亨廷顿 (Huntingdon)

地貌多样：西南部多山，北部是沼泽。中部有美丽的平原，富产谷物。过去有很多森林，现在消失了。

北安普敦 (Northampton)

土地肥美。有丰富的谷物和家畜。也有森林。

莱斯特 (Leicester)

因谷物和牧场而丰裕。有很多放牧场，饲养着很多家畜。也有煤炭，但森林极少。

希罗普 (Shrop)

土地相当肥沃，居民很多。

威尔士

威尔士公国 (Principauté de Galles)

这里山岗起伏，比英格兰其他郡的大部分地方肥沃度较差，但物产并不感到不足，有谷物，也有家畜，特别有很多山羊。有木材和煤炭。以下各郡是该公国的组成部分：

安格尔希 (Anglesey)

土地良好，有丰富的谷物和牧场。牧场饲养很多家畜。

1.74 亿利弗尔租借费。这从下列两张表中可以看出来。

从前面的脚注中可以看出，中等以下的土地只占英格兰本土面积的 1/8；1/8 是劣等地；中等和中等以上土地占 6/8。因此，就肥沃程度来说，英格兰本土的土地总体上是中等以上的。此外，众所周知，那里土地耕作良好，谷物价格较高。因此，对我们来说，具备了估价和计算这个王国的收入一切必要因素。

表明消费品税和间接税减少了英格兰的土地收入的表

生产阶级年预付	收　入		不生产阶级年预付
6.3 亿利弗尔	9.45 亿利弗尔		3.94 亿利弗尔
	4.74 亿利弗尔	4.74 亿利弗尔	
收入的一半支付给这个阶级	从其中征收的消费品税	从其中征收的消费品税	收入的一半支付给这个阶级
	0.87 亿利弗尔	0.87 亿利弗尔	
	剩余	剩余	
	3.86 亿利弗尔	3.86 亿利弗尔	
不生产阶级向生产阶级转移的支出	3.5 亿利弗尔	3.5 亿利弗尔	生产阶级预付的一半支付给这个阶级
合计 7.36 亿利弗尔。这是生产阶级缴纳了消费品税后所取得的全部数额。这个税由生产阶级的一切商品和报酬因该税引起的价格上涨而抵偿。			合计 7.01 亿利弗尔。这是不生产阶级缴纳了消费品税后所取得的全部数额。生产阶级和土地所有者阶级向不生产阶级补偿了这个税。

卡纳封 (Carnarvan)

因受海洋气候影响，沿大洋和南部地方情况良好。有丰富的家畜、鸟兽和木材。

登比 (Denbigh)

这个小郡多山，居民少。有铅矿。

弗林特 (Fliongt)

年总产量等于支付给生产阶级的数额，即

生产阶级取得的数额……7.36亿利弗尔	间接税进款1.74亿利弗尔除外，这项税收有时离开流通，有时回到流通。它们将在下面计算。
生产阶级的预付…………6.3亿利弗尔 不生产阶级用于向生产阶级购买原料的预付，是不生产阶级所取得的数额的一半，即……3.5亿利弗尔	
再生产……… 17.16亿利弗尔	不到18.9亿利弗尔；相差1.74亿利弗尔。这个差数，由于赋税支出，又进入流通。见下表。

这个郡并不大。有很多山，还有相当肥沃的溪谷。

梅里奥尼思（Merioneth）

山丘起伏的小郡，土地不很肥沃，居民不多。

蒙哥马利（Montgomery）

周边全是山，当中有非常美丽和肥沃的盆地。

布雷克诺克（Brecknock）

山地与平原交错。山地属不毛之地，但平原肥沃，并已被很好地耕种。

卡迪根（Cardigan）

这个郡有丰富的谷物、家畜、鱼类和鸟兽。

拉德诺（Radnor）

这个小郡的土地贫瘠，遍地是山。

卡马登（Carmarden）

富庶肥沃。有煤炭和铅矿。

彭布罗克（Pembrock）

这个地方肥沃。

格拉摩根（Glamorgan）

北部山地环绕，但南部极其肥沃，故被称为威尔士的乐园。

耕作者取得的数额………9.45 亿利弗尔
缴纳的消费品税和间接税 1.74 亿利弗尔

11.19 亿利弗尔

收入的剩余………………5.97 亿利弗尔

间接税对农业经济的有害影响，只有通过重新恢复耕作者支出和土地所有者收入之间的正确比例关系，才能被消除。

土地所有者和农场主应当根据各自利益，采取措施，建立如下表所示的秩序。

表示农场主所取得的数额和所有者的收入之间关系的表，为了补偿 1.74 亿利弗尔间接税，农场主扣除了他支付给所有者的收入，使后者从 9.45 亿利弗尔减到 7.771 亿利弗尔

生产阶级年预付 6.3 亿利弗尔	收　入 7.71 亿利弗尔，不是 9.45 亿利弗尔		不生产阶级年预付 3.94 亿利弗尔
收入的一半支付给生产阶级	3.86 亿利弗尔	3.86 亿利弗尔	收入的一半支付给不生产阶级
不生产阶级的代表者转移给生产阶级的支付	3.94 亿利弗尔	3.15 亿利弗尔	生产阶级预付的一半支付给不生产阶级
由消费品税征收的货币以及支付给生产阶级的货币的回流	0.87 亿利弗尔	0.87 亿利弗尔	由消费品税征收的货币以及支付给不生产阶级的货币的回流
	合计 8.67 亿利弗尔 生产阶级取得的总数	合计 7.88 亿利弗尔 不生产阶级取得的总数，他把收入的一半还给生产阶级	

年再生产总额等于支付给生产阶级的总额，即

生产阶级取得的总数……8. 67 亿利弗尔

生产阶级的预付…………6. 30 亿利弗尔

不生产阶级向生产阶级

购买原料的预付……3. 94 亿利弗尔

再生产……………1. 891 亿利弗尔 去掉数目不大的尾数，如前所说，再生产量是1. 89 亿利弗尔。

流回到农场主的年预付，以及年预付

和原预付的利息……9. 45 亿利弗尔

每年征收的消费品税和

间接税………………1. 74 亿利弗尔

合计……… 1. 119 亿利弗尔

收入的余额……………7. 71 亿利弗尔 不是 9. 45 亿利弗尔；差额是间接税 1. 74 亿利弗尔。

7. 71 亿利弗尔的收入，由于战时

对土地征税加倍所负担的直

接税………………… 0. 38 亿利弗尔

济贫税…………………… 0. 3 亿利弗尔

合计………0. 68 亿利弗尔

除去直接税和间接税，战时土地

所有者纯收入的余额…7. 03 亿利弗尔

应当注意，我们计算的结果是很偏低的。因为我们假定，1/3 土地没有价值，未曾耕种；1/3 土地是休耕地或处于休耕期。可是，英国没有这种情况。我们以谷物价格为基础来估价所有产品，然而每亚尔邦良好草地和牧场的收入都会高于每亚尔邦良好耕作的谷物收入。可见，我们的计算给出的显然是一个过低的结果。但是有一个错误是应当指出的。

英国禁止出口粗羊毛，这使手工业工场企业主能以远低于自由贸易条件下的价格购买粗羊毛。初次售价的这种损失完全转到土地所有者身上；但是政府认为，毛织品业主不但得益于计件工资，还得益于手工业工场的发展，使很大一部分人口就业，大大促进了每年农产品的消费。这些想像的优越性对从事农业劳动的人们总是有吸引力的，但是，经过正确地估算，可以看出它们都是虚构的。

假定粗羊毛初次销售的损失，使英国整个农业经济的收入减少1亿利弗尔，即从9.45亿利弗尔减少到8.45亿利弗尔。现将这两种情况制成表比较如下：

生产阶级年预付 6.3亿利弗尔	收　入 是8.45亿利弗尔，而不是9.45亿利弗尔		不生产阶级年预付 4.1875亿利弗尔,不是3.93亿利弗尔。因为不生产阶级的预付应当等于这个阶级收入的一半
收入的一半用于这个阶级	4.225亿利弗尔，不是4.725亿利弗尔	4.225亿利弗尔，不是4.725亿利弗尔	收入的一半支付给不生产阶级
不生产阶级收入的一半用于这个阶级自己，另一半作为生产阶级的预付	4.1875 亿利弗尔，不是3.93亿利弗尔	3.15亿利弗尔	生产阶级预付的一半用于这个阶级
		1亿利弗尔	为了这个阶级的利益，从收入中的扣除额
这个阶级取得的总数	8.4125亿利弗尔，不是8.655亿利弗尔	8.375亿利弗尔，不是7.87亿利弗尔	这个阶级取得的总数

总再生产额等于生产阶级所取得的和支付给他的数额，即

生产阶级的进款…………………………………… 8.4125 亿利弗尔
生产阶级的预付…………………………………………6.3 亿利弗尔
不生产阶级支付给生产阶级的预付……………… 4.1875 亿利弗尔

总再生产………………1.89 亿利弗尔

因此，耕作者所收回的 9.45 亿利弗尔，即
预付 6.3 亿利弗尔，
利息 3.15 亿利弗尔，
因粗羊毛价低而使企业主所受的损失 1 亿利弗尔，余额为 8.45 利弗尔。

不生产阶级所取得的数额只增加了 5 000 万利弗尔，其余 5 000 万利弗尔则是国家的损失；和这种损失相适应的是则是人口的减少，而土地所有者损失了 1 亿利弗尔的收入。

第七节　对本章的说明

我们已经详细分析了一国的产量，并依照表及其计算对产量作了估价。①这种计算可以伸缩，依被考察的国家和社会的实际可能性、土地及其自然特点而定。但是所有这类看法总要服从于这里已经坚定指出和确立的基本原理。上述尽可能详尽的计算，可能会使那些以为随便读几本轻松读物即可掌握科学的人感到枯燥乏味。这种方法是学不到什么重要知识的。这里呈现的是一棵完整的成长中的生活之树，既然我们致力于对它进行追寻和探索，那么，想要享用其果实的人起码就不能懒得沿着路标前进。

重要的是不仅要确定支出的各种相互关系，而且要确定它们的存在、性质、规模和意义；同时要研究生活资料的分配，说明各自所得的份额。

---

① 该书法文本（参看：《魁奈和重农主义》，巴黎，1958 年版，第 2 卷，第 725 页）指出，这一章出自米拉波的手笔。考虑到该节对这一章作了很好的总结，有助于读者理解本章内容，我们还是收了这一节。——俄译本注

所有这些问题都在关于支出相互关系的这一章进行了讨论，对受大自然安排并按大自然这个共同母亲的计划而计算的财富，作出了经济评估。这一章因讨论详尽而枯燥乏味，其他各章则不是这样。然而，这却使全书其他各部分能专注于阐述原理，并对业已确立的原理加以发挥。但是这一章包含着计算的基础，像是家庭核算书，尽管不太引人入胜，但还是要反复翻阅和参考。

这一章说明了支出和农业、商业、工业的关系，支出和推动了每个部门及其整体的财富的关系，还说明了支出和人口及生活资料的关系，以及每个部门对内与对外支出的关系。由于确定了所有这一切要素的相互关系，使本章得以决定并明确指出了社会生活全部要素的作用如何凝聚于一点，通过再生产创造了不间断的流通。

我们清楚地看到，如果对使用各种支出的地方不加选择，投资时吝啬，一时或成年地滥用支出，那么，这些自以为是的做法就会增加耕作经营的资金，给贸易增添障碍，使它偏离正确轨道，损害工业，减少人口，破坏粮食系统和减少粮食资金。我们看到，如果耕作以牺牲收入为代价，将很大部分产品归于自己，就会妨碍支出的正常运作，给巩固整个大厦并保障其存在的所有其他部门带来损害。我们看到，如果把商业放到首位，把商业的利得视为国家的收入，那就会对事物的本质造成一种错误的看法，把支出看做是收入，而把税收看做是支出，把商业的利润看做是幸福。我们看到，如果认为工业的成果就是财富的增加，把保护工业看做是国家的首要义务之一，那就会把支出投到错误的方向，引发破坏最重要原动力（农业）而造成的一切不幸。我们看到，如果在评估人口时只看人数不看职业；在评估职业时不看该职业的贡献；如果在评估贡献时不看由其保证的生活资料；如果在估价生活资料时不看消费的粮食产品的售价，而恰是这种售价才能维持和扩大自己的劳动和增加收入，那么，就会使本末倒置，使国家大厦变成颠倒的金字塔。最后，我们看到，如果生活资料被看做是物质，而不是看做是财富；如果评价生活资料是按其数量，而不是按其售价；如果看其数量或总产量，而不是看其纯产品，那么，这种观察粮食总产量的方法，就会导致放弃收入所能带来的一切优势，从而损害促进创造和巩固国家的可能性，留下的只是一个供养人口和保留社会的狭小建筑；但这些人口和社会却没有了可以作为交易对象的财富。这种做法是不切实际的，因为粮食作物没有价值，也就消灭了耕作者恢复自己支出的可能性，消灭了所有者和国家的收入，消灭了社会各阶级人们赖以生存的报酬；它还会毁坏工业、手工业、技艺和武力，消灭国家防卫，使人民陷于贫困，迫使居民逃往国外。

这一章除了提出一些重要的知识以外，还说明了各种不同年产品是如何分配的。评价社会财富的问题被归到分配问题之中，这两者由于再生产的需要而彼此不可分。再生产和支出的更新，取决于不间断的支出，取决于相应的投入以及它的方向，还有平均和正确地布局于社会的各动脉上。因此，有必要对众多的通道进行彻底研究、追踪、识别和确定，并构建一种完整的结构，以坚信其工作的正确性。正是因为如此，这一章的讨论是困难的，但是它很重要，因为它能给人内心以启发，认识政治不幸的缘由；同这些政治上的不幸作斗争的困难，在于不认识其中包含的原理。

最后，如果说解剖想像中的政治肌体需要如此费力，那么，这当然不是说只有手执解剖刀才能保持它的健康。使人类陷于绝望境地并倾向于使其充斥整个秩序的种种不幸，决不会源自私下表现出来的用花言巧语掩饰的贪婪，至少在大多数场合是这样。相反，大部分的这种不幸首先要以人们并不知晓世界本身如何运动来解释。意大利人说，世界自然地变动，此话蕴涵深刻。只有确立了有序认真、负责的管理，一切都按自然进程运行，我们才能看到根植于生活本身的我们的一切原理得以实现。政府需要做的只是保证实现这些原理的道路畅通，清除道路上的障碍，给竞争者以自由，只有这样才能保证国民富裕。

但是，重要的是确立和证明各种原理，在可以轻易证明和作为一切行为基本动力的各种问题上消除错误观点，因为所有的人都想同样地生活与行动。人们在社会衰败时期常有议论管理、发泄不满的倾向。这些牢骚只是反映了一些人因受贿、软弱而失职的不安；也反映了一些无所事事、游手好闲者的冷漠，因为类似的纷争破坏了他们愉快宁静的生活。但是也有一些牢骚出自明智和勤劳者之口，它们是完全有根据的。然而，对这些人加以引导，给他们以确凿的证据，容易使他们不安的心情限于应有的限度之内。首先应使每个人专心于自己的事务；总是专注于自己的事情，对别人不感兴趣的人才是好公民。基于公民的这些活泼的、质朴的和自然的知识，为社会奠立基础的最初立法者们才得以建立起富有活力的制度；这些制度虽经长期和可怕的冲击，却依然稳定。但是，就靠在安静的办公室里凭空想像，并依其管理事物进程，指导人们的经济生活，只能以错误代替真理，最终使秩序崩溃，迅速走向灭亡。错误规章从此充斥事物的全部进程。关于生活资料的花言巧语，只能提供虚假的思想，而人们不能靠幻想生活。如同病人家中谁都认为自己是医生一样，在一个衰落的国家，每个人都会成为逻辑思辨政治家和修整家。试图打破占统治地位的偏见的努力，只会使一些最简单和最重要的事物变得有了疑问，并会引起对立的争论。在这种混战中，人们想听的不是某个天才的意见，胜利只能（而且仅仅）属于基于正确与合理计算的能够接近真理的原理。迷途旅行者经过遥远和迂回的道路应会回到起点，同样，为使我们回到自然所要求的简单道路上，不致走上由科学假设所误导的错误道路上，需要作出理性和透彻的探索。这就是我们著作的全部任务。航海中不会要求海员总是目不转睛地盯着罗盘，但还是需要不时地查看，以免偏离正确的方向。

现在到了转向其他问题，研究我们清单中其他各部分的时候了。我们将从其中最重要的问题即人口问题开始。

农业哲学（摘录）：给农业协会的报告*

农业恢复的进展，农业衰落原因的消除使农业得以恢复，给农业协会的报告

在一个农业处于衰败状态的王国，种植谷物所获得的产量：①

收入	什一税……	0.50亿利弗尔
	土地税……	0.38亿利弗尔
	所有者的收入……	0.76亿利弗尔
	总计……	1.64亿利弗尔

年预付约为…… 4.50亿利弗尔

年预付产生1.64亿利弗尔纯产品，约占年预付的35%。

收入和年预付的总产量是…… 6.14亿利弗尔

原预付是年预付的4倍，总额为…… 18.00亿利弗尔

---

* 译自《农业哲学》，1764年版，第2卷，第315～330页。——米克注。米克说："我在现存于法国国家档案馆的米拉波《农业哲学》（米拉波档案779号）3份底稿中，没有查到这份引人注目的《报告》；在米拉波的其他文档中也未发现它的草稿或相关资料。插在《农业哲学》第九章之后的这个部分很可能是事后想到的，我们还不能绝对肯定它的作者。不过，正如米拉波所说的，他发现'计算所需要的机械应用很令人厌烦'，可见他绝对不像是如此复杂'计算'的作者。米拉波的说法，以及所有的证据、风格及其他等等因素，都说明作者是魁奈"（摘自：米克编译著：《重农主义经济学》，第38页注）。

① 参看《百科全书》中"谷物论"条目。——原注

年总产量	上述总产量……………………………	6.14 亿利弗尔
	年预付和原预付的利息不很多，因为只在大规模经营蓬勃发展的国家才能获得；还要加上对间接税和徭役等的补偿；总共估计不少于……	6.46 亿利弗尔①
	总计…………………………	12.60 亿利弗尔

谷物耕种的总财富	年总产量………………………………	12.60 亿利弗尔
	总财富原预付…………………………	18.00 亿利弗尔
	总计…………………………	30.60 亿利弗尔

如果谷物价格由于自由贸易而上涨 4 利弗尔，年总产量就会由此增加大约 3.6 亿利弗尔，这会使现在的 12.6 亿利弗尔总产量增加 1/4，达到 16.2 亿利弗尔。然而，年预付还不足 5.26 亿利弗尔，因为总耕作费用没有因为价格提高 4 利弗尔而增加 1/6 以上。这个计算是以 0.9 亿塞蒂谷物，每塞蒂平均 14 利弗尔为基础的。②每塞蒂增加 4 利弗尔会使价格上涨到大约 18 利弗尔；依照这个价格，0.9 亿塞蒂的价格可达 16 亿利弗尔。③谷物价格在首都近郊提高得很少，但在外省可能要提高 4 利弗尔以上，普遍提高到 18 利弗尔，这是出口自由的结果。

---

① 这一补偿的大部分为耕作者所获得；给他们补偿间接税是不可能的，因为它可能已被融进补偿中了。用耕作费作补偿意味着产量的消灭和衰落进程的不断加剧。——原注

② 谷物收获量远低于这里设想的收获量。农业处于衰落状态时，占优势的是利用牛耕的小规模耕作。这种耕作的年预付大都用在草制品的消耗以及为耕牛预留的牧草上了，这些支出应当从 12.64 亿利弗尔谷物总产量的收入中扣除。还有其他一些靠用犁耕作的土地的产品，例如大麻、亚麻、马铃薯、甜菜、芜箐甘兰等等，所以，在 12.64 亿利弗尔的总产量中，实际的谷物产量也就是 6 000 万塞蒂，这个数字与上述计算是相吻合的。——原注。本注释中的 12.64 亿利弗尔可能应是 12.6 亿利弗尔。——米克注

③ 这里的“16 亿利弗尔”可能应是“16. 2 亿利弗尔”。——米克注

预付…………………………………………………… 5.50亿利弗尔

年预付和原预付的利息，只有在蓬勃发展大规模农业的国家才能获得，会随着谷物价格提高而提高；但也增加了对间接税和徭役等的补偿，不过这些间接税和徭役的增加同谷物价格的提高并不是同一比例。两项合计……… 6.76亿利弗尔

收入与什一税和土地税，合计………………………… 4.18亿利弗尔

总计……………………………16.44亿利弗尔①

耕作者的收入将是……… 12.60亿利弗尔，不是10.96亿利弗尔

什一税将是…………………… 1.24亿利弗尔，不是0.50亿利弗尔

所有者的收入将是………… 1.72亿利弗尔，不是0.76亿利弗尔

土地税将是…………………… 0.88亿利弗尔，不是0.38亿利弗尔

总计……16.44亿利弗尔，②不是12.60亿利弗尔

如果允许谷物国内外贸易完全自由，而且有保障，它就可以完全恢复过来，其效果则至少需要5~6年时间才能逐步地完全地感觉到。

如果取消了间接税和徭役等等，用不了几年，一切就会回到农业支出和产量的自然秩序上。

① 这个总产量数额16.44亿利弗尔，比上一段描述的16.20亿利弗尔多出0.24亿利弗尔，理由显然是上一段设定的年预付是5.26亿利弗尔，在表中上升到5.50亿利弗尔，所以总产量增加了相等数额。收入的数额（4.18亿利弗尔）当然也就是从总产量中减去年预付和利息等的差额。——米克注

② 这个总数是对的，但其中的个别数字显然不对。情况可能是这样：耕作者的收入应该是12.26亿利弗尔（预付5.50亿利弗尔+利息等6.76亿利弗尔=12.26亿利弗尔），魁奈错算成了12.60亿利弗尔。然后从总产量16.44亿利弗尔中减去12.60亿利弗尔，将余额按该报告开始时所制的原表大体相同的比例，分配于什一税、所有者收入和土地税。这样分配的数额当然就是4.18亿利弗尔，如表所示。——米克注

耕作者的预付将是……………………	9. 65 亿利弗尔	耕作者的收入 14. 47 亿利弗尔
耕作者的年预付和原预付的利息将是……………………………	4. 82 亿利弗尔	
所有者的总收入和土地税将是……………………	7. 86 亿利弗尔	
什一税将是…………………………………………	1. 79 亿利弗尔	
总计………………………………	24. 12 亿利弗尔[①]	

现在，扣除什一税后，收入的 2/3 属于所有者，另外 1/3 属于国王。所有者将会有 7. 86 亿利弗尔的 2/3，即 5. 24 亿利弗尔，而不是 1. 72 亿利弗尔。交给国王的土地税是 2. 64 亿利弗尔，[②]而不是 0. 88 亿利弗尔。这里没有计入葡萄园和牧场等其他财产的土地税，因这些财产而缴纳的间接税（没有任何减少）会大大超过现在给国王缴纳的税额。现在的税收几乎完全被间接而破坏性的估价而提高了，重新达到了相当于土地收入的 2 倍或者 3 倍，甚至 4 倍等等。国王因其土地财产收入份额减少所受的损失大大超过他从间接税上所获得的收入，间接税毁灭了土地所有者。但是，收入的增加（增加数额最初是 6. 72 亿利弗尔以上，扣除什一税后，只剩 1. 14 亿利弗尔）会完全

---

① 没有说明这个数字是怎样得出来的。一般的想法看来是这样的：取消了间接税和徭役等，对它们的补偿通常会为耕作者所得，并增加到他们的年预付中。为了估算年预付的这个增加额，必须算出上表的 6. 76 亿利弗尔中包含了多少这种补偿，即必须从其中减去它所包含的利息额等。魁奈可能一直把年预付设定为 5. 26 亿利弗尔（如前面一段所示）；并假定原预付是它的 4 倍，即 21. 04 亿利弗尔；又依据这些数字得出原预付和年预付总额的 10% 的利息。(5. 26 亿利弗尔 + 21. 04 亿利弗尔）的 10% 是 2. 63 亿利弗尔。从表所示利息加补偿的 6. 76 亿利弗尔中减去 2. 63 亿利弗尔，我们可得出 4. 13 亿利弗尔利息。将 4. 13 亿利弗尔加到表中的年预付 5. 50 亿利弗尔，可得 9. 63 亿利弗尔，非常接近魁奈在表中给出的 9. 65 亿利弗尔。有了新的年预付 9. 65 亿利弗尔这个数，你便可依据重农主义通常关于年预付、利息和纯收入在“自然秩序”中的比例关系的假定，很容易地算出相关的数字。纯收入（含赋税和什一税）等于年预付，利息等于年预付的一半。——米克注

② 实际上是 2. 62 亿利弗尔。——米克注

返回给所有者，而国王只能在9年间逐步获得，土地租赁契约经过9年才能全部更新。每个农场主在契约期满以前却可从纯产品的增加中受益，而且这种利得将会按比例地增加用于耕作的财富。但是，契约每年都有期满的。假定每年更新契约1/9，这意味着9年间收入增加的1/2会转到所有者和国王手中，农场主则获得另一半，并依契约期满日期不同而有所不同。

纯产品每年新增总额是6.72亿利弗尔，即从新收入额中减去原收入1.14亿利弗尔含税后的余额。这个新增总额每年是6.72亿利弗尔，9年总共是60.48亿利弗尔，其中一半即30.24亿利弗尔归所有者和国王，另一半留给农场主，结果就是用于耕作的财富新增了30.24亿利弗尔。不过，每年用于耕作的财富的这种连续不断增加，也会带来新增纯产品的效果，而纯产品的增加又会进一步增加耕作财富和所有者的收入及赋税。为了对财富的这种连续的和累积的增进有直观的了解，有必要列出一张从代表第一个收入增量的6.72亿利弗尔开始的算术进度表，旨在说明，农场主将他们通过得自收入增量的利得（6.72亿利弗尔这个数额代表其第一个增加的利得），年复一年地增加到耕作时，经过9年的积累，总共增加了多少年预付额。知道了耕作者年预付累积增加的结果，我们就能很容易地得出每年的年预付再生产出的实际收入额。下表的目的就在于得出年预付在9年间累积增加的总额，在此期间农场主每年可从6.72亿利弗尔所代表的第一个利得的增量中获得越来越多的利润。

请看表明耕作者的进程的表。[①]

---

① 这张表在一些方面同现代哈罗德一类模型有令人感兴趣的相似之处，可能需要作一些解释。它假定，所考察的9年期中的每一年的纯产品是6.72（单位：亿利弗尔，下同），它高于这9年期开始前的纯产品；而且纯产品的这个“第一增量”只能逐步地化为租金，每年更新1/9契约。该表目的在于表明，农场主怎样从这“第一次增益”的投资中获得纯产品的第二次增加，而纯产品的增加又将如何“进一步增加耕作者的财富、所有者的收入以及税收。”

假定新增纯产品6.72第一次出现在1761年，并在当年悉数为耕作者所得。他将其用于投资，并依照4:1的比例分为原预付和年预付。于是原预付

耕作者的进程表

耕作者利润的增进（单位:亿利弗尔）					所有者收入的增进（单位：亿利弗尔）	
年份	最初的增益 每年随纯产品增量的陆续增加而提高	增加的原预付 由每年增益的4/5及其后续增量所组成	增加的年预付 每年因加进上年的年预付而增加	增加的纯产品 其中1/7缴纳什一税，6/7留给农场主	年份	增加的纯产品 它陆续增加到所有者、国王和什一税获得者的收入中，每年因新增年预付以及最初增益6.72亿利弗尔的1/9而增加
1761	6.72	5.37	1.35			
1762	5.98 1.15 } 7.13	5.72	1.43 1.35 } 2.78	1.15	1762	0.75 1.35 } 2.10
1763	5.24 2.37 } 7.61	6.08	1.52 2.78 } 4.30	2.37	1763	0.75 2.77 } 3.52
1764	4.50 3.68 } 8.18	6.55	1.63 4.29 } 5.92	3.68	1764	0.75 4.29 } 5.04
1765	3.75 5.07 } 8.82	7.06	1.66 5.92 } 7.68	5.07	1765	0.75 5.92 } 6.67
1766	3.00 6.58 } 9.58	7.67	1.91 7.68 } 9.59	6.58	1766	0.75 7.68 } 8.43
1767	2.25 8.22 } 10.47	8.38	2.09 9.59 } 11.68	8.22	1767	0.75 9.59 } 10.34
1768	1.50 10.01 } 11.51	9.21	2.30 11.68 } 13.98	10.01	1768	0.75 11.68 } 12.43
1769	0.75 11.99 } 12.64	10.19	2.55 13.98 } 16.53	11.99	1769	0.75 13.98 } 14.73
1770		61.23		14.17	1770	0.75 16.53 } 17.28或18.41 （扣除什一税）

增加了5.37，年预付增加了1.35。假定这个新增年预付1.35用于生产时能"再生产100%"，即带来1.35新增纯产品。这个新增额的1/7缴纳什一

这个 18.4 亿利弗尔（去掉什一税后）的2/3，或 9.88 亿利弗尔

税，但是余额 1.15 被假定留归耕作者处置，耕作者则将其投资于 1762 年（表中数字的微小误差忽略不计，下同）。

在 1762 年，纯产品“第一增量”6.72 再次出现，但是这次它不像 1761 年那样全部为耕作者所得。按照假定，1762 年会有 1/9 契约到期更新，于是 6.72 的 1/9 即 0.75 化为租金，只有 5.98 留在耕作者手中。这样，1762 年他可用的投资额是 5.98 加上年余额 1.15，即 7.13。这个数额一如前例，按照 4:1 的比例分为原预付和年预付，分别为 5.72 和 1.43。与 1761 年以前相比，所使用年预付的总额增至 1.43 + 1.35 = 2.78。这个新增年预付 2.78 用于生产时，再次“100% 再生产”，新增纯产品 2.78。这个数额的 6/7 即 2.37 照例归耕作者处置，并被投资于 1763 年。

表中一处重要偏差在这里变得明显起来。如果依照假定，1/9 契约在 1762 年到期更新，那么，很明显，这 2.37 全部数额在 1763 年实际上不会留归耕作者处置，它的一部分会化为租金。事实上，如表最后一栏所示，租金每年都在增加。1762 年的租金，不仅增加了上一段考察的 0.75，而且有新增的 1.35，这个 1.35 正是耕作者 1761 年的年预付超过 1761 年以前的年预付的那个数额。换句话说，在最后一栏中，魁奈似乎假定，由连续追加的年预付所产生的纯产品的连续第二次增量化为租金只有一年的时滞。这显得与以下假定不一致：(a) 按照该表其他部分的假定，第二次新增纯产品会悉数为耕作者所得（更准确地说，少了总数的 1/7），耕作者会将其用于下一年的投资；(b) 假定每年有 1/9 契约期满更新。关于第 (a) 项指责，也许可以对表中最后一栏 1.35，2.77，4.29……16.53 数字的含义作不同的解释，从而为魁奈解脱，即不解释为 1762 年，1763 年，1764 年……实际的租金 1.35，2.77，4.29……高于 1761 年以前的租金，而是说在 1769 年底，所有契约到期更新之后，由纯产品第二次增量所产生的新租金是 16.53。但是这等于说第 9 年以前契约没有更新，从而认可了第 (b) 项指责。可见，为使表完全一致，有必要基于以下假定重新构建这张表：每年更新 1/9 契约的结果，化为租金的不仅有纯产品“第一增量”的 1/9，2/9，3/9，……，而且有由连续增加的年预付所产生的纯产品第二增量的 1/9，2/9，3/9，……。这个结果与魁奈的表所显示的结果没有实质的区别。的确，第 1 栏和第 2 栏的数字到一定点会停止增加并开始下降；但是第 3 栏所显示的年预付的增加，最终达到的数字，预计可能会低于魁奈的 16.53。换句话说，魁奈的表所说明的过程的本质并没有因为必要的技术性修改而受到影响。

将给土地所有者，4.93 亿利弗尔收入是给国王的，不包括其他的土地收入。[①]

但是，这个为数 14.81 亿利弗尔的增加额，在实际上不会有我们刚刚解释的算术进度所显示的那么多。

第一，我们一直假定年预付在 9 年期间每年生产 100% 的纯产品，事实上这只有在土地长期处于良好耕作状态，而且肥料充足的场合才能出现；但是这里的土地一开始就处于相反的状态，疏于耕作和耕作者的贫穷造成了土地的退化和枯竭。上述算术进程是基于这样的假定：土地从一开始就处在良好耕作状态（而这只有在经过 8～9 年

让我们来解释一下这个表，但是假定，与纯产品的"第一增量"相区别的"第二增量"，直到第 9 年末之前都不化为租金。依此假定，耕作者 1763 年可用的投资额是 2.37，再加"第一增量"6.72 中没有在该年化为租金从而每年再投入的部分。因为另有 1/9 契约在 1763 年到期更新，只有 6.72 的 7/9 即 5.24 留在耕作者手中，所以，可用的投资总额是 5.24 + 2.37，即 7.61。租金与 1762 年相比预期增加 0.75，换句话说，1763 年的租金比 1762 年多出 0.75，而比 1761 年前多出 1.50（依照我们的假定，忽略了魁奈指出的相对于 1763 年新增的租金 2.77）。耕作者将 7.61 可用投资额再次依 4: 1 比例分为原预付和年预付，所以原预付预期增加 6.08，年预付预期增加 1.52。年预付的总增量，与 1761 年以前相比，现在是 1.52 + 2.78，即 4.30。

这个过程依此方式一年一年进行下去，直至第 9 年末所有契约到期更新为止。此时，纯产品"第一增量"的全部数额均已化成了租金，由此而得的年租金的总增量（与 1761 年前相比）当然是 6.72。依照我们的假定，由年预付连续增量所产生的纯产品的"第二增量"的总额，现在也化成了租金。因为在 9 年期年终，年预付将按我们的假定提高到 16.53（与 1761 年前相比），这个 16.53 将加到第一个原因所带来年租金的增量上。租金将是 6.72 + 16.53，或 23.25，高于 1761 年前的数额。魁奈在文章的下一句暗示，年租金的总增量（或者更严格地说，年纯产品）将是 15.63 + 0.75，即 17.28。这显然是错误的：16.53 代表 1769 年的租金与 1761 年前租金的差额，而 0.75 代表的则是 1769 年的租金与 1768 年的租金的差额。——米克注

① "14.81 亿利弗尔"是表的最后一栏下方括号中的两个项目之和，为什一税而少了不到 1/7。参看上一脚注的最后一段。——米克注

努力之后才能达到），这种状态一直延续到所考察的进程期末，还剩下的不多几份契约也已到期满更新之时。很容易看出，这个实际的进程还没有使纯产品增长到该表所示的增量的一半。

第二，这个进程假定，取消了所有的间接税。但是，为了使国王在考察期一开始就有收入，直到他所分享的纯产品增量至少能达到充分满足其需要的水平，需要有一种尽可能简化、不复杂，也没有成本负担的补充的间接税。尽管可以假定取消了所有的间接税这个有利条件，但这个补充的间接税就已经从我们的算术进程表中减去了纯产品增量的1/4以上。

第三，要恢复处于休耕状态的退化的土地，除了原预付和年预付以外，还需要投下初始资金用于清理和修缮废弃的建筑，并在已被毁坏的地区建设新农场。这些不可避免的费用会再次减缓增加纯产品进程1/8以上。

第四，与这个进程完全同步增加能获利的耕畜和家畜，增加人口，对这个进程来说极其重要，然而缺乏这些不可缺少的条件会使增加纯产品的进程再次放慢。我们列出的这些障碍说明，在这9年期间，新增的年预付和原预付不会多于表中所示进程的1/10。于是这个进程会在农场主的所有契约更新完毕时停止下来，因为此后新增的纯产品不会再用于增加农场主耕作土地的财富。当所有契约更新时，增加纯产品和耕作财富的进程也就终止了。

然而，如果上述简单算术进程的快速预付，发生在拥有广大领土的生机勃勃的殖民地，该殖民地有耕畜劳作，还有富裕都市所提供的大量预付的协助，那么，这个殖民地在短时间内就能取得很大的进展。（1）因为新开垦的土地能带来大量产品。（2）因为这些土地赋税很少，甚至没有。（3）因为耕作者本人也就是所有者，所以得自耕作的利润在任何时候都会被继续用于增加耕作所需的财富。因为很显然，如果农场主的契约期是18年，而不是我们假定的9年（这不利于所有者和税收），如果我们所列举的各种障碍在前9年完全消除了，那么，我们的算术进程实际上在随后的9年中即可实现，甚至能越过一个大国的界限。但是，我们的算术进程应当基于农场主契约的正常条款，应当考虑到契约期间将会延缓农业进步的各种障碍，尽管我们看到了良好管理能够带来的巨大好处。因此，如上所说，我们的算术进程至少会延缓 9/10。在这个计算中出现的新增年预付 15.18 亿利弗尔，事实上只会有 1.51 亿利弗尔，加上此前已经存在的年预付 9.65 亿利弗尔，总共是 11.16 亿利弗尔。我们现在来看表示第 10 年即所有契约都到期更新这一年农业状况的一张表；但是，首先要求 6 年完全恢复谷物自由贸易，并能完全感受到它的效果，这就需要总共 16 年。但是在这 16 年期间享用新增财富是没有限制的；因为农场主每年都用掉了他们的年预付；他们还在原预付上作了支出；所有者的收入（当契约更新时会按比例增加）重新返回到国家支出每年的流通中。下表说明，当所有的契约完成更新之时，在每年财富增加的终点其支出的最终状况（假定没有出现未可预见的偶发事件）。

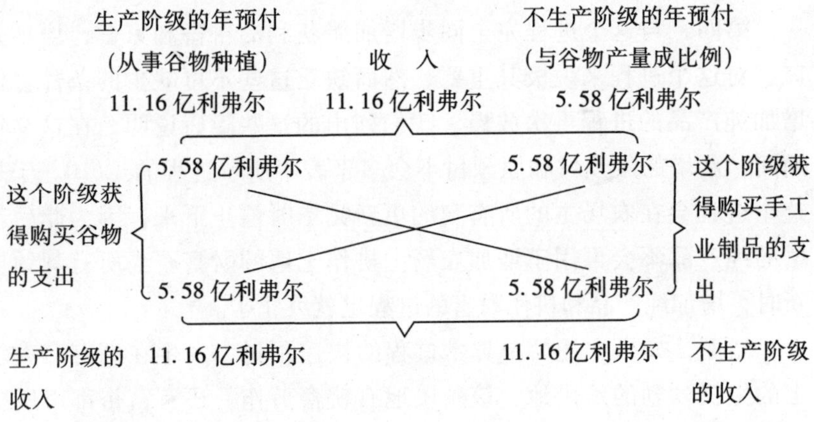

谷物总再生产等于每年回流到该产品耕作者的各项数额的总和，即

生产阶级在谷物生产上的预付……………………… 11.16 亿利弗尔
这个阶级的收入…………………………………………… 11.16 亿利弗尔
不生产阶级的预付，用于向生产阶级购买原料… 5.58 亿利弗尔

总计………………27.90 亿利弗尔

谷物再生产总额27.90亿利弗尔中:

耕作者的预付…………………………11.16亿利弗尔		16.74亿利弗尔
原预付和年预付的利息………… 5.58亿利弗尔		
差额即收入………………………………………………		11.16亿利弗尔
	总计………………	27.90亿利弗尔

来自这部分土地财产的收入

…………………………11.16亿利弗尔，不是1.64亿利弗尔

这些收入只来自谷物耕作，

其中2/7缴纳赋税…… 3.18亿利弗尔，不是0.38亿利弗尔

1/7缴纳什一税…………… 1.59亿利弗尔，不是0.50亿利弗尔

4/7给所有者……………… 6.39亿利弗尔，不是0.76亿利弗尔

总计……………11.16亿利弗尔，不是1.64亿利弗尔

表中包含的谷物生产的**财富总量**:

总产量……………………………………………………	27.90亿利弗尔
为收入用的货币额①…………………………………	11.16亿利弗尔
不生产阶级的预付，由该阶级代理者完整保存…	5.58亿利弗尔
总计………………	44.64亿利弗尔

尽管在静止状态下，即在当年收入等于上年收入的情况下，所有者、赋税和什一税吸收了全部纯产品，但是，如果一国的土地品质和领土有条件的话，还是存在一些能使农业得到进一步发展的办法，虽然这些办法的作用是很缓慢的。②（1）减少装饰性奢侈品，这可同

① 魁奈这里无疑采用了重农主义通常的假定：一国的货币资财等于其收入。——米克注

② 在法兰西王国，当年预付能产生100%的纯产品时，谷物耕作纯产品很难超过12亿利弗尔，这意味着年产品总量约为30亿利弗尔（含费用）。如果一切条件具备，通过计算有可能对达到这一状态的时间得出某种概念。——原注

比例增加生产阶级的支出。(2) 适当利用农场主的原预付和年预付的利息，农场主以此可以进一步改进他的农业经营。(3) 不断改进土地，使之再次达到良好状态。(4) 耕作利润能够吸引新的富裕的农业企业主从城市来到乡村。(5) 其他土地财产的改进和增加，可对一般繁荣多有贡献；(6) 所有者收入的提高，应使他们能对自己地产的恢复和改进作出贡献。对农业恢复进程的这种论述，应能使我们易于理解，为什么在苏利氏治理时期要迅速和不断地增加预付了。

自然权利*

第一章　什么是人的自然权利

人的自然权利可以大体上定义为**人们拥有适于他们使用的物品的权利**。

在考察人的自然权利之前，我们必须考察人自身的不同体力和智力情况，以及人与其他人的不同关系。如果在试图解释人的自然权利之前不研究这些问题，我们甚至不能了解什么是人的自然权利。①

哲学家们一直没有回溯到关于人的自然权利的这些初步的问题上来，因而他们提出的看法各不相同，甚至互相矛盾。他们中的一些人，以某些确定的理由，不承认存在自然权利；而另外一些人，则依据更多理由肯定了它的存在。他们各有各的道理。但是，在一个生物和相同生物经历某种变化时，一个真理会排斥另一个真理，就像在一个有机体和相同的有机体的场合，一种组织会有效地排斥另一个组织一样。

---

* 本文首次发表于《农业、商业、财政杂志》1765 年 9 月。标题是“Observations sur le Droit Naturel des Hommens Réunis en Société”，同年发表的另一个版本标题为“Le Droit Naturel”；该文稍有改动收于杜邦的《重农主义》一书。现据《魁奈和重农主义》，巴黎，1958 年，第 2 卷，第 729 ~ 742 页译出。——米克注

① 关于自然权利的某些讨论类似于哲学上关于自由、正义和非正义的争论：人们一直试图将这些相对的属性理解为似乎是绝对的实体。但是，除非我们将它们与它们必然依赖的相关性结合起来，我们就不能对它们获得完全和确切的概念；没有这些相关性，它们就只能是理想的和无效的抽象。——原注

有些人说，人的自然权利是不存在的。他们说得对。①

有些人说，人的自然权利是自然界教给所有动物的权利。他们说得对。②

有些人说，人的自然权利是确保人的力量和智慧的权利。他们说得对。③

有些人说，自然权利限于每个人的个人利益。他们说得对。④

有些人说，自然权利是规范所有人权利之根本的最高的法律。他们说得对。⑤

有些人说，人的自然权利是每个人有权无限地拥有一切。他们说得对。⑥

有些人说，人的自然权利是由默认的或公开的协议所限制的权利。他们说得对。⑦

有些人说，自然权利既不确保公正，也不确保不公正。他们说得对。⑧

有些人说，自然权利是正义的、最高的和基本的权利。他们说得对。⑨

但是，如果是对所有场合而言，他们没有一个说得对。

可见，在研究这个重要问题，即受理性支配的人的所有义务的自

---

① 参看本章末尾的例证。——原注

② 这是朱斯提尼安的定义。同其他定义一样，有一定的真实性。——原注

③ 参看第三章的例证，第五章的注释。——原注

④ 参看第二章例证及注释。——原注

⑤ 参看第四章的例证。这个命题稍加发挥就是我所采纳的命题。——原注

⑥ 这是柏拉图著作中诡辩学者特拉西马克的体系，因霍布斯而复活；霍布斯之后又被《自然权利和政治学原理》一书作者再次提出。第二章有对此命题的描述和反驳。——原注

⑦ 参看第五章的例证。——原注

⑧ 这是单独一人在孤岛上的情形，他对该岛产品的自然权利无所谓正义或非正义的问题，因为正义和非正义是一个相对的概念，因此，当没有一个人居于别人之上并指使别人时，就不可能存在。参看第四章开头。——原注

⑨ 参看本章之末和第四章开头。——原注

然原理时，哲学家们并没有越出不合逻辑的推论和不完整的论证。

没有力量和智慧的儿童，无疑也有生存的权利，这种权利是以自然界向父母昭示的义务为基础的。伴随这种义务的是一种自然的爱，这种爱对父母的作用比确立这种义务的自然秩序思想的作用更强烈，这使儿童的权利有了更有力的保障。然而，人们不可能不知道，这种由感情引起和保证的义务，也属于公正的秩序之列；因为父母所作的无非是把他们自己得自父母的东西转给他们的子女。与某项正义的权利相应的训诫都有合理的实质。

如果有人问我，什么是正义？我的回答是：**它是经由理性之光所认识的一种自然的和至高无上的法则，它不证自明地决定了什么属于自己，什么属于别人**。

如果儿童的父母双亡，没有任何其他求助对象的儿童，就会不可避免地成为他无行为能力的牺牲品，他不能享受这种自然权利，这种权利也就不复存在了。因为一种相对的属性在相关物阙如时也就不可能存在了。享用眼力在无光之处是不可能存在的。

第二章　人的自然权利的范围

人的自然权利不同于他的法律权利，或人为的法律所赋予的权利的地方在于，它是通过理性之光不证自明地被认可的，而且，这种不证自明的性质使它与任何的强制无缘；而被实在法所定义的法律权利，即使我们只是通过法律的简单暗示认可的，却因为对侵权的惩罚而要受到这种法律的约束。

这些不同的条件使我们看到了自然权利的整个范围，以及它区别于法律权利的特征。

法律权利常常会限制自然权利，因为人的法律不像造物主的法律那样完善，还因为人的法律有时要受不自觉的动机的影响，而其正义性并不总是被理性之光所认可，结果贤明的立法者不得不将他们自己制定的法律废除掉。各国不断采用大量矛盾和荒谬的法律明确地证明，常被采用的各项实在法背离了不变的公正的法规，背离了最有利于社会的自然秩序。

一些哲学家迷恋于**每个人有权拥有一切**这样抽象的自然权利概念，他们把人的自然权利局限于人们彼此完全独立的状态；局限于人们之间的战争状态，从而为每个人提供确保无限权利的各种手段。这些哲学家声称，当一个人的一部分自然权利，即他拥有适于他使用的各种东西被契约或法律当局剥夺时，也就损害了他的一般权利；此人会发现他自己因其契约或强制当局而从属于他人。他已不再处于简单的自然状态或完全独立状态之下；他本人已不再是他的权利的惟一审判者；他被置于别人的判断之下。于是，他们认为，他已不再处于纯粹的自然状态，从而不再属于自然权利的范围之内。

但是，如果我们仔细地观察一下**每个人对一切的自然权利**这个抽象思想的空洞性，我们就会看到，为了确认自然秩序本身，我们必须把人的自然权利归结为**对人能得以使用的东西的权利**，这样一来，这个所谓一般的权利实际上是极其有限的。

从这个观点来说，刚才指出的那种议论不过是毫无意义的诡辩和智力游戏，它与所解释的如此重要的问题是完全不相称的；我们很理解的是，每个人的自然权利实际上应当归结为人们通过自己的劳动所能分享到的权利。因为**人对一切的权利**类似于一只燕子对空中飞舞的昆虫的权利，也就是说，这种权利实际上限于它通过自己的劳动或在它的需求驱动之下进行搜寻所能抓到的东西。

在纯自然状态下，可以把适合于人使用的东西归结为自然界自发产生的东西，而每个人只能通过他自己的劳动即通过他的努力，在这些自然物质上分享一部分，从而实现他的不确定的自然权利。由此可以得出如下结论：（1）他对一切的权利只是一种理想；(2）他在自然状态下所能享用的份额，只能通过他的劳动获得；（3）他对适合于他使用的东西的权利，应该从性质和正义两方面加以考虑；因为从性质来说，如果不能确定实际占有，那么这种权利就是不确定的；从正义来说，因为它是通过劳动获得的，没有侵犯别人的所有权，可以确定这就是拥有了有效的自然权利；（4）在纯自然状态下，迫切需要通过自己的努力来满足需要的人，不会浪费时间去相互争斗，这只会妨碍他们从事取得生活资料的活动;[①] (5) 自然权利，包括属于性质的和属于正义的在内，扩及人们可能发现彼此相关的一切领域。

第三章 人的自然权利的不平等

我们看到，即使在纯自然状态或完全独立的条件下，人们也只能通过劳动，即通过为取得需要之物所做的努力，才能享受到他们对所需要的东西的自然权利。这样，**每个人对一切**的权利被归结为人们为自己所能取得的份额，不管他们以狩猎为生，或以打鱼为生，或以地上的天然产物为生。但是，为了进行这些努力并取得成功，他们必须具有相应的体力和智力，还要具备能使他们行动和成功满足需要的工具和手段。在纯自然状态和独立条件下，他们所能享受的自然权利是极其有限的。在这种状态下，我们可以想见，在他们之间还不存在旨在相互帮助的合作，存在的倒是恃强凌弱的不公正。当他们进入社会，并能在他们之间为了相互利益达成协议时，他们就能增加所能享受的自然权利；如果社会制度根据自然权利的基本规律，可以不证自明地被确认是对人最有利的秩序，那么他们还能保证自己享受到全部的自然权利。

但是，考虑到个人不同的体力、智力以及其他条件，就会发现人们在享受人的自然权利方面存在着很大的不平等。这种不平等的首要原理就是不认同正义和非正义；这是自然规律的安排；人类不可能洞察上帝创造宇宙的目的，或把握上帝为保护和发展他的事业而构建的永恒法则的意图。但是，如果我们仔细解读一下这些法则，至少可以发现，**实际的恶**的**实际原因**本身，也是**实际的善**的原因。雨使旅行者感到麻烦，但却能使土地肥沃；如果我们能够不带偏见地思考，就会看出，这些原因引起的善比恶要多得多，而且这些原因只是为善而构

① 有一个谚语说的就是这种情况，它可被用于生活在纯自然状态下的任何人："如果你需要它，就去追求它，无人让你止步。"这个法则也适用于动物：它们处在同样情况下也不会相互争斗，因为这会妨碍它们通过努力获得食物。——原注

建的；它们偶然引起的恶，则是它们借以带来善的最重要财产的不可避免的后果。这就是在与人相关的自然秩序中，这些规律只为善而结合在一起的原因：它强加给我们一项义务，即利用我们的深谋远虑尽可能地避免已经预见到的恶。

我们必须非常审慎地不要把那样一种恶强加到实际法则之上，这种恶所表现的是一种正义，是对破坏最重要的实际法则（它们是为了行善而构建的）行为的惩罚。如果政府背离了保障农业成功的自然法则，我们敢把缺乏面包以及随之而来的人口减少和穷人与不幸增加的事实，归咎于农业本身吗？

背离自然法则是折磨人的实际罪恶的最普遍和最一般的原因；即使有很多手段可以避免这些罪恶的富人，也会因其野心、感情甚至享乐给自己招来许多不幸，这只能怪他们自己行为不轨。这种思想很自然地使我们想到实际的和道德的罪恶的其他原因，它与实际的原因有所不同，这就是人们不恰当地运用他们的自由。自由是人的本性，人们总想把它扩大到它的界限以外，这在人们看来决没有错。即使由于人们不恰当地运用自由，造成了自我伤害，破坏了健康，丧失了财富，毁灭了家庭，人们也会抱怨自由之神没有给他们更多的自由，而不觉得他们自己有什么矛盾。[①]他们得认识他们的行为不当；他们得

---

① “更多的自由”是什么意思呢？它是否意味着可以更加恣意妄为，即更加不顾动机地任随其意愿而行动呢？不。因为这种不管不顾的独立性如果达到极端，就会使这种意愿处于一种无关紧要的状态，在这种状态下，自由是不存在的。在这个意义上不能使用“更多的自由”这个词。这个词与不合理动机所支配的意愿这种状态也甚少干系。这两个极端圈定了自然地使用自由的范围。

自由是同有效与合理动机相关的一种能力，它能使彼此平衡和缓和下来，并呈现出各种矛盾的利益和吸引力，这些利益和吸引力或多或少可用理性和关心加以解释和衡量。这种深思熟虑的状态存在于许多行动中，在这些行动中，通过内心反省在或大或小的程度上实现了自由。但是，为了对自由得出更准确的概念，我们不要将心智的深思熟虑状态与意志的最终行动混同起来，这种意志是简单的、明确的，并会多多少少加快达到自由的目的。或多或少做出实行自由行动选择的从来都完全不是自由的行动，且是某种意愿

学习适当运用对他们来说如此宝贵的自由；他们得抛开各种轻漫和不轨的行为，这是他们运用他们的自由时给自己招来麻烦的根源。他们从本性上说是自由的，有理性的，尽管他们有时不完全这样。因为盲目地缺乏理性地运用他们的自由，他们可能做出坏的选择；而理性的

的绝对的决定。

这些观察对于任何一个不太注意思想方法的人来说都是熟悉的。接下来我们可以向那些否认存在自由的人提出一个问题：他们能否确定他们从来没有深思熟虑过？如果他们承认他们深思熟虑过，那么我们还要进一步问：他们为什么要深思熟虑？如果他们承认这样做是为了选择，那么，他们就是承认在动机和决定之间行使了一种智力。它们在实际存在这种能力的问题上是一致的；至于争吵名称将是毫无意义的。

但是，在这个名称之下，我们不能把相互矛盾的条件结合在一起，即一些条件能够同样引起所有的现存的动机，另一些条件则会使动机不复存在，因为这种条件排斥了来自偏好、选择和决定的各种理由。如果是这样的话，那我们称之为自由的那种能力的所有实验和用途，总之，所有的基本性质都不会存在了；那个名称也就成了不可思议的抽象，犹如棍棒没有两端一样不可思议。如果为了使人自由而剥掉了人的意志的所有决定的原因，那也就抹去了这个意志；因为每个意志行为都有某种希求，所希求的这种东西本身又引起了某种意愿。因此，破坏了动机也就破坏了自由本身，即破坏了能够解释和衡量与人的意志一致的对象的能力……

不再详述这个谬论了，让我们就此作出结论。我们看到，只有明智之人才关注改善他的自由。其他人总以为，当他们的需要得到满足时，他们就完全自由了；他们十分在意的只是掌握增加他们选择层次的办法，但是，这不可能扩大他们的自由，只能扩大他们对自由的轻率利用。只有一种食品供某人食用时，他只能在吃与不吃之间，还有吃多吃少之间作出选择；但是，如果此人面对 20 种食品可供选择时，他就可能将自由选择扩大到所有的食品上，选择对他最有吸引力的，而且对他选择的食品也可吃多吃少。缺乏教养的人所关注的是不断扩大利用他们的自由，无节制地满足他们的情欲，指的就是这个意思。这就迫使生活在社会中的人制定刑法，以遏制放纵享用自由的行为。他们将通过影响他们的各种动机来扩大他们的自由，使他们彼此平衡，激励深思熟虑，这可以说是自由的或深思熟虑的积极工具。这种自由或深思熟虑可以通过限制轻率和无理地利用自由的动机而得到扩大。——原注

选择可使他们做出好的选择和明智的行动，使他们能遵循构建宇宙的实际法则行事。①

因此，实际的善和恶，以及道德的善和恶，都根源于自然法则。一切事物都有其不变的本质，以及同其本质不可分离的特点。其他法则会有其他的基本特点，但与自然之神赋予其作用的那种完美性较少一致。自然之神所构建的法则，如设想为一个整体，是正义和完美的，和它所设想的秩序和目的是一致的。因为它本身就是法则和法规的创造者，因而高居于法则和法规之上。但是，它们的目的是行善，一切皆应服从于它们所设想的目的。有理智的人具备预期和理解它们的能力，所以能从中得到最大的好处，避免任何违背至高无上的法则和法律的行为。

由此可以得出结论，每个人都拥有自己的自然权利，这是大自然令人感激地赋予他的有利于他的各种能力，在大自然安排的条件下，他既不会损害自己，也不会损害别人；如果没有这种条件，谁也无法确保能够持续利用他的能力或者享受他的自然权利。这就使我们来到下一章。

第四章　从相互关系看自然权利

人可以从孤立和群居两种状态加以考察。②

如果我们把人放在相互之间不可能有交往的情况下加以考察，我们就会看到他们必定整个来说处在纯自然的完全孤立的状态，他们之间没有如何正义与不正义的关系。但是，这种状态只存在于他单独一人生活的时期；要么就必须假定他同他的妻子一起生活在他的避难所，可是这就完全改变了他孤立状态的假定，因为他与妻子以及与由此而来的子女的关系，就会形成一个亲属、正义、义务、安全和相互

---

① 狂妄行为有许多不同的种类和程度；但是，任何一个大脑结构有病而狂颠之人也要受实际法则的支配，这种法则不允许他们做出最好的选择或者随心所欲地行动。——原注

② 此为米克注。

扶助的秩序。

每个人在遭受痛苦时都负有自卫的义务，只有在他不能履行这种义务时才会受苦。这迫使他首先履行这个义务而不是其他义务。但是，所有与他相关的人在遭受相同痛苦时也都要履行相同的义务。最强者应当是一家之主，这是自然秩序的一部分；但是，家长侵犯与他一起生活、具有共同利益的人的自然权利，这就不是自然秩序了。在每个人享受自然权利时，存在着一种补偿秩序。[①]每个人必须对家庭其他成员有利，必须按其能力为社会福利做出贡献，并按照与自然昭示的义务相一致、与合作制度相一致的公平分配秩序，接受家长的调节。每个人以不同方式对社会做出贡献，但是，一个人提供了服务就会减轻另一个人提供的服务；这样分配服务的结果，每个人能更彻底地完成他的工作；相互补充的结果，使每个人对社会福利的贡献几乎相等。因此，每个人应能完全享受他的自然权利，并同社会协调一致所带来的利益相一致；那些不能对社会做出贡献的人，也应当分享这个特定社会能为他提供的福利。这些法则使他们知道自己该怎样生活，也指导着家长的行为，使自然秩序和正义秩序在社会中结合为一体。家长还应受满足、温情和同情心的激励，这也说明自然之神在为人设定法则时，就是要他们负起相互扶助的义务。

如果我们观察生活在群居状态下的人，他们之间相互的交往是不可避免的，但是还没有任何的实在法把他们结合在君权之下，或使他们服从于某个政府，我们只能把他们看做是生活在类似人烟稀少地区的野蛮部落，他们靠地上的自然果实为生，如果他们侵入富裕的邻国，就有成为强盗的危险。因为在这些国家，他们不能靠农业或捕猎鸟兽为生，没有确保财产的监护权力。但是，至少对于个人的安全还是会有一些私下或公开的协议，因为在孤立状态下，人们彼此的担心会引起不安，但是对他们共同利益的关心，会使他们从对这种担心中解脱出来。每个地区的人经常见面，彼此习惯了相处，信任逐渐建立起来，相互帮助，通婚使他们更加亲近，在一定程度上他们结成一个单独的部落，为共同防卫而结为一体；但在保证他们相互之间的个人

① 此为米克注。

安全、保证每个人对他们拥有和保持的住所和少量果实及工具的所有权的条件下，他们又有完全的自由和独立。

如果他们的财富更多更分散，或更有被掠夺的危险，则这种部落制度就不能确保他们的财产所有权。他们会觉得需要引进明文规定的或协议的实在法，需要君权迫使他们遵守这些实在法；因为单靠公德心很容易被侵害的财富，却可能诱发一些缺少公德心的同胞破坏别人权利的欲望。

因此，社会形态取决于每个人所拥有的或可能拥有的或多或少的财产，人们需要确保对这些财产的保护和占有。

因此，依赖或宁可说处在实在法和监护当局保护之下的人，能够大大增加他们作为财产占有者的能力，从而大大增加他们的自然权利的运用，而不是限制这种权利。

第五章　在君主统治下结合成社会的人们的自然权利

一些社会是君主政体，另外一些则是贵族统治以及民主政体。但是，结合成社会的人的自然权利的性质，不是决定于这些不同的政体，因为法律在这些不同政体下会有很大变化。决定臣民权利的政府法律，几乎总是会被归结为实在法或人为制定的法律。这些法律并没有构成自然权利的实质和不变的基础，它们的变化是如此之大，以致不可能据它来解释人们在这些法律下自然权利的状态。试图开始进行这种解释也是没有意义的，因为在法律和监护权不能确保财产和自由时，既没有任何正面意义上的政府，也没有这种意义上的社会；有的只是政府外表下的独裁和专制；实在法和独裁保护确保的是强者的腐化，损害的是弱者的财产和自由。的确，纯粹自然的状态也比这种暴虐的社会状态要好，后者经历了数不清的无序的变迁以及结构、权力和统治者的变化。这种事态似乎是不可避免的，以致专门研究这些变化的人彻头彻尾地相信，这是一种不可避免的秩序，即各种统治应当有其开端、发展、顶峰、下滑和衰亡。但是，他们还应当看到，这种秩序是极不规则的，这种转变是有快有慢的，有多少是整齐划一的，有多少是各不相同的，有多少受到了未曾料到的正面或负面事件的干扰，有多少是有计划的或偶然的，有多少归之于统治者的慎重或错误、鲁莽或无知以及明智或放纵的感情。无论如何，统治者应当从中得出结论，不良统治的不可避免性并非自然的不变的秩序的结果，不是统治的**原型**的结果。

为了理解时间和空间的秩序，为了控制航海，保护贸易，必须观察和精确计算天体运动规律。同样地，为了理解结合成社会的人的自然权利的范围，有必要研究构成最好的统治基础的自然法则。这种统治是人们应该服从的；对结合成社会的人来说，它是最有利的自然秩序和实在秩序。

结合成社会的人应该服从自然法和实在法。

自然法是实体的，也可以是道德的。

我这里所谓实体法则是指：**在不说自明最有利于人类的自然秩序下，规范所有实际事件运作的法则**。[①]

我这里所谓道德法则是指：**在与不说自明最有利于人类的实在秩序相一致的道德秩序中，调节人类一切行为的法则**。[②]

这些法则结合在一起，构成了所谓**自然法**。所有的人和地球上的一切权力都得服从上帝创造的这些最高法律的支配。它们是永恒不变的，无可争辩的，也可能是最好的；[③]因而它们构成了最完美统治的基础，也是所有实在法的基本规律。因为实在法不过是有关不证自明最有利于人类的自然秩序的行政管理法则。

实在法**是由最高当局制定的各种可靠的法律，旨在设置行政管理秩序，确保社会安全，督促遵守自然法，维持和改善国民的风俗习惯，调节国民在不同情况下的个人权利；在不同观点和信念引起疑问**

---

① 此为米克注。

② 此为米克注。

③ 对人最有利的自然秩序，对其他动物不一定是最有利的；但是在人的无限权力中包含着使其命运尽可能好的权利；这种优势缘于人的理性；理性则是自然秩序的一部分，因为人的理性是自然之神赋予的，自然之神通过形成宇宙的秩序中由他制定的各种规律来决定理性。——原注

的场合，决定实在秩序；在公正分配上做出决定。但是，构成其他一切实在法之基础的原始实在法，**是私人和公共教育自然秩序各项法律的制度**，它高居一切人为立法、各种民法以及政治的和经济的及社会行为法律之上。没有这种基本制度，统治和人的各种行为就只会变得失常、黑暗、混乱和无序。因为不理解自然法应是人为立法的基础并支配着人的行为，所以，也就没有关于正义和非正义、自然权利、实在秩序和道德秩序的不证自明的知识；不懂得公共利益和个人利益之间的区别，不了解国家盛衰真实原因的本质；没有关于道德的善和恶的不证自明的知识，不了解支配者的神圣权利及其服从社会秩序命令者的义务。

因此，自然立法在于阐明自然法，而自然法则构成了这样一种秩序，它对结合成社会的人不证自明可能是最有利的，或者我们也可以简单地说，它对君主是最有利的，因为实际上对君主最有利就是对臣民最有利。只有理解了这些最高的规律，才能保障帝国持久和平与繁荣；一个国家越是更多地应用这门科学，就越受自然秩序的支配，它的实在秩序也就越正确。在这样的国家不会制定不合理的法律，因为政府和人民立刻就能看出它的荒谬。

社会的基础是人的存在，以及提供给当局保卫他们所必要的财富。如果制定的实在法违背再生产的秩序，违背王国土地财富每年有规律地流通，这就只能是无知使然。如果理性之光照耀政府，那么，所有有害于社会和君主的实在法就会消失。

我们这里所说的是通过研究自然法则加以实现、扩大和完善的理性。单纯的理性不比兽性高出多少；理性的本质仅是一种能力和秉性，凭着这种能力和秉性，人们能获得所需要的知识，凭着这些能力和秉性，借助于知识的帮助，人们可以为自己带来实在的和道德的利益，这对人的本性来说是至关重要的。理性对于灵魂，犹如眼睛对于身体：没有眼睛就不能享受光明，没有光明人就什么也看不见了。

单有理性还不可能告诉人们该如何行动；人们必须通过自己的理性来获得他所需要的知识，并且通过他的理性去运用这些知识，使其行动得当，为自己带来需要的好处。无知是人在没有教养和孤立状态下的一种原始属性；在社会中无知是最为有害的缺点。在社会中无知甚至是一种罪恶，因为人以理性求索时，应当将自己的层次提到荒蛮状态之上。在社会中，就无知所引起的罪恶的性质来说，还是一种极其可怕的罪恶：因为无知恰是人类所遭遇的种种不幸，以及不顾造物主、永恒之光、最高理性，以及一切善行的首要原因所表现出来的种种卑鄙可耻的最一般的原因。

但是，受到启蒙和指导的理性，对自然法则不证自明的知识已经理解的理性，就会变成实现可能最好的统治所必要的法则，遵守这些最高法律将会大大增加人的生活以及维持监护当局所需要的财富，监护当局保护着结合成社会的人的财产权和人身安全。

因此，不证自明的是，每个人的**自然权利的拓展，是同人们自己努力遵守可能是最好的法律的程度成比例的，这些法律构建了对结合成社会的人最有利的秩序**。

这些法律对构成人的自然权利一部分的自由丝毫没有限制；因为这些最高法律的利益显然就是自由最佳选择的目标。人们在理性上不可能拒绝遵守这些人们应当遵守的法律；否则，人们的自由就会变成既有害于自己又有害于别人的自由。那只能是疯子的自由，在良好统治之下，社会的实在法必定会对这种人加以制止和救助。

答 M. X. 先生*

（关于工商业利益和所谓不生产阶级生产性等）

先生：

刊登在贵刊 9 月 15 日那期第 156 页上的短评，成了很值得加以认真争论的话题。M. X. 先生在这个短评中，与其说是对《经济表》的原理作了解释，不如说是对它进行了激烈的攻击。你在反驳这些专门的特殊的议论时提出的论点，在我看来，至少可以与他相匹敌。我很希望你自己或者其他人撰写一本《试论价格》，这个计划其实在你的议论中已经提出来了；我觉得这对结束目前这场争论是必要的。但在这部尚需经过深思熟虑才能完成的著作问世之前，我认为预先给予 M. X. 先生一个答复还是很有用的。我们之间深厚的友谊，使我坚信他在向你发表他的短评时，想的只是探求真理；我在回答他时也怀有同样的愿望。现在就从引用你的短评开始，其中包含所提到的问题。

你说，依据《经济表》，“**生产阶级**包括从事获得适合人类享用之土地产品的劳动的一切人。这些劳动以产品在第一手售出而告终。通过销售，这些产品或者作为原料转到不生产阶级手中，以生产这个阶级的产品，或者作为商品转到商人手中，再运到或转售到消费地。在第一手销售之后，经过转运商或于**不生产阶级**成员的劳动，商品的价格提高了，但这并不是财富的增加；出现这种增加仅仅是因为要对不

* 魁奈的这个《答复》写于 1765 年 11 月，并于同年发表于《农业、商业、财政杂志》。后收入《魁奈经济学和哲学著作》1888 年；重印于《魁奈和重农主义》，巴黎，1958 年。首次俄译文发表于 1896 年出版的《摘录》，译者 A. B. 格尔布诺夫，编者 A. H. 米克拉舍夫斯基，我们对该译文重新作了编辑和校订，转载于此。——俄译本注

生产阶级成员的劳动予以补偿，这要从进行第一手销售的产品的价格中支付。对不生产阶级成员支付的这个报酬，或者来自土地所有者的收入，或者来自事先规定的**生产阶级**交给**不生产阶级**的生产费用额。因此，这项报酬愈少，留给国家和人民的收入额就愈多，这或是由于报酬的减少使第一手销售价格下降，或是由于它使产品本身份额减少。生产阶级从当年产品第一手销售中所获得的数额，是该年再生产财富的尺度。工商业不能使财富增加到这个界限之上，相互贸易的农业国总是受这个规律的支配。没有哪个国家会把自己的财富给予其他国家，交换是等价的。因此，商人的活动不会增加这些国家的财富；从事商业和工业活动的费用不可避免地使产品价格上涨，但是商人相互支付了这种涨价。费用增加了，但补偿这部分费用的财富并没有增加。商业费用增加所引起的价格上涨，对于在相互买卖中彼此补偿这些费用的国家来说，不会变成财富的增加。在各国之间的相互贸易中，每个国家只有在它完全卖出的条件下才能购买；因此，相互买卖会使它们的财富回到交换贸易之前各自的水平。甚至可以说，它们的财富水平应当有所降低，因为每个国家都要支付其他所有国家的费用；但是，要知道，它们要相互补偿这些费用，结果导致它们同时回到过去的财富水平。这是假定它们同样注意自己的利益，不然就得假定它们依次是欺骗的牺牲品，但对我们来说结果还是一样。无论如何，进行大量手工业品贸易的国家得不到好处，尽管它们的费用增加了。在这种情况下所发生的仅仅是对生产这些制造品的费用的补偿；用于这些产品的费用不会导致财富的增加，用于生产产品的费用也不例外。只有生产才能保证纯产品，而纯产品不仅要养活以支出为生的消费者以外，还要以其余额养活其他消费者。这就是《经济表》所说的支出进程，这也是从事经济科学的学者们之间发生很大争论的对象。”

刊登于去年 11 月贵刊的论文作者，却不想在这种看来对立称呼的意义上区分**生产阶级和不生产阶级**。在他看来，通过对购买者的销售价格，在这些阶级之间就形成了一种循环的生产联系，这种联系使它们双方同时得利。《经济表》中所谓生产阶级实际上仅仅生产了产品，但并没有使它具有成为财富的价格。他说，只有《经济表》中所说的不生产阶级，以其对生产阶级生产的产品的购买，才使它具有销售价格，《经济表》的所有计算都是以此为基础的。只是不生产阶级的这种购买，才使国家财富得以形成；因此，这个阶级不是不生产的。毫无疑问，把生产阶级概念局限于从事第一手销售者，显然是站不住脚的，因为产品只有销售了，这个阶级才能获利。因此，我们不能说不生产阶级有负于这些产品。不生产阶级显然与其他阶级一样也是生产的，因为只有通过它才能使从第一手销售的产品形成销售价格。因此，（《经济表》的）生产阶级的界限只划到了生产土地产品的劳动完成之时，而没有划到来自第一手销售的这些产品销售之前。然而，只是到这个界限之前，生产阶级才生产了它能生产的一切；而它在第一手销售时能够卖出从其生产中引出的价格的，却是所谓不生产阶级。因此，所谓不生产阶级与生产阶级一样，也是生产的。

这一番议论看似极为合情合理，富于技巧，令人信服，也好像完全改变了对《经济表》计算的解释。但是，如果问作者，按照他的理解，不生产阶级究竟生产了什么，他该怎样回答呢？是不生产阶级向生产阶级购买产品所支付的货币吗？但是，众所周知，不生产阶级是通过事先售卖了它的产品才获得这些货币的，它不生产货币。此外，大家知道，不生产阶级在售卖时总想尽可能地获得更多货币，而在购买时则尽可能地少支出货币；因此，该阶级会尽可能促使购买产品的价格大为降低，而尽可能促使出卖价格上涨；从这个观点来看，它之所以成为生产者，不是作为购买者，而是作为出卖者，它是形成财富的出卖价格的创造者。依照这种观点，因为促使形成了出卖产品的销售价格，才是生产的和生产的阶级。但是，所有这一切都是奇谈怪论：价格决不是由买者和卖者的利益支配的。在买和卖时，这些利益是相互对立的，因此，卖者和买者，个别地看，决不是产品价格的创造者。认为个别来看的不生产阶级，是生产阶级所生产的产品的出卖价格的生产者，这种说法是不可理解的谬论。大家都知道，产品市场价格形成的主要原因，是它的稀缺或丰富，以及卖者和买者之间或强或弱的竞争。因此，产品的实际价格在产品售卖之前，甚至在完成第一手销售之前就形成了。

在《经济表》中，对生产阶级所引起的产品的售卖价格，正是以不生产阶级本身在完成自己的购买之前就要服从的这个绝对价格为基础来计算的。实际上，农场主在签订向所有者在租赁期间支付租金的契约时，就是根据一周年所形成的价格来定的。不应把这个计算基础看做是**应当推翻全部经济制度，重建新制度的结果**；这个看似崭新的体系其实同土地一样古老。作者想摆脱困境，继续强调说，**不生产**阶级至少促成了向生产阶级购买产品销售价格的形成。但是他应当注意到，**不生产阶级**不能促成这种价格的形成，就像**生产阶级**不能促成向**不生产阶级**购买产品价格的形成一样。因此，购买的双方是平等的，双方的作用最终导致价值与相等价值相交换，而这种价值，正如我所强调的那样，无论从哪一方来看，在交换以前就存在了，因而在交换中什么也没有产生。因此，**不生产阶级**在向生产阶级购买时，**没有创造**这个产品的任何价值；生产阶级向不生产阶级购买的情形，也是如此。这两个阶级在同一程度上依次是买者和卖者，服从于同样的条件和同样的交换规律。作者也许认为，我没有理解他的意思，就是说，不生产阶级之所以作为卖者是生产的，因为它所出售的产品的价值甚至在它出售之前就存在了，因此这里发生的只是等价交换。但是，这涉及到应当把再生产产品的价值和纯粹的费用支出的价值加以区别；这些费用不能成为产品，而且它们的补偿，在不借助自然产生的财富再生产进行的情况下，只是作为一种新的、单纯的费用支出，而不是作为产品来补偿了。不生产阶级在自己的销售中能出售的只是用在支出上的单纯费用的价值。无疑，专门用在支出上的费用与生产无关。同样，只能出售这些费用价值的不生产阶级，不能制定售卖产品的价格，这也是显而易见的。

无疑会有人问，售卖自己产品的手工业者，例如，出卖一双鞋的鞋匠，难道不是将制鞋的原料以及他自己的劳动连同这双鞋一起出售吗？难道该劳动的价值，不是决定于满足他及其家庭在他生产这双鞋时所必需的产品和商品的价值吗？这里显然存在的只是消费，而完全不是生产。人们会争辩说，**难道这里不是生产了一双鞋吗**？不。这是因为，如果你将制作这双鞋的原料同这种劳动的方式加以区别，你就会发现那仅仅是将原料加工成一定的形式；而鞋匠劳动的价值仅由他所消耗的食物费用所构成。如果你问鞋匠，这种方式值多少钱？他会回答说，它值制作鞋的劳动。工人在任何时候说的都一样，应当支付给他的方式、劳动和费用；这些说法对他来说不过是同义语。也许还应当说，**这个劳动至少生产了他为了这项工作和家庭所必需的生活资料**。但是，我们不想滥用名词到这种程度，竟然把消费和生产等同起来。

实际上，这里所说的生产是财富的再生产，而简单的消费则是财富的毁灭。把这两种对立的观念结合在一个概念里是困难的，这样做充其量只能得到一种十分复杂的、需要加以发挥以免造成误会的概念。对工人如要准确地加以表达，就应当说他**挣得了**生活资料，而不是说他生产了生活资料。但是，**这里没有发生不生产阶级对生产上所使用的原料的生产吗**？这需要仔细加以考虑。

手工业者没有生产他的制成品的原料，这是不难指出的；他购买原料并将它加工成产品。从这方面来说他是一个转卖商人；他的转卖所得或是来自产品购买者，或是来自原料售卖者。在后一种情况下，原料售卖者由于产品售价降低是要遭受损失的。总之，这里不存在生产，只有最终的买者或最初的卖者的费用支出。**但是，难道原料没有从手工业者对它的使用中获得销售价值吗？例如，生产亚麻布的织工如果没有使用亚麻，亚麻还有什么效用？还有什么售卖价值呢**？

应当承认，在这种抽象的场合，亚麻完全可能没有任何价值，而耕作者也就不再生产它了。但是，生产亚麻的土地不会没有任何用处的，因为能生产亚麻的土壤，也能生产其他高价值产品；甚至不需要任何不生产阶级成员加工制造的产品，例如黑麦、葡萄酒等。耕作者向购买他的这种或那种土地产品的人出售产品，至于生产什么产品，对他来说是没有关系的，只要土地经营有利可图就行。即使某种产品的价格由于不生产阶级进一步加工而提高了，同时耕作者也扩大了这种产品的生产，这种产品的价格暂时仍不能同其他产品的价格相比较。由此可见，原料经不生产阶级加工而提高价格，是不能持久的。但是，难道生产多种产品不会使土地耕作更有保证更有利可图吗？而且，某种有用产品生产得越多，难道不是使财富相应增加了吗？在这种情况下，如果能说点什么的话，那就是把土地用于各种不同的有利可图的作物，也不可能增加产品总量。土地品质各不相同，只有耕作不同作物才能保证土地经营有利可图，这是没有疑问的。但是，**除了预计用于生产奢侈品的原料以外**，还有多种多样的产品适用于各种不同品质的土地。由土地产品提供的生产奢侈品的原料是极少的；如果不再制造这种奢侈品了，为其提供原料的土地仍会被用于耕种其他作物。我说的是**生产奢侈品的原料**，因为在所有由耕作生产了很多财富的国家，任何时候也不会短缺生产所需要的原料。

只有需求是勤劳之父；需求促使手工业者从事劳作以取得生活资料；需求还促使所有有购买能力的人去获取自己需要的产品。政府不必劳神费力强化促使人们从事劳作的动机，因为不生产阶级的存在总是同国家财富保持着适当的比例。我说的是**同国家财富成比例**，因为不生产阶级什么也不生产，工作只是为了需求，它只有在生产阶级所生产的财富的基础上才能生存。但是，如果需求如此强烈，使人们只有从事工业和转卖商品的劳动才能生存；如果不生产阶级的劳动一般地不如生产阶级的那样繁重；如果不生产阶级把人们吸引到城市，而城市里的居住条件又比农村的好；如果古代谚语 eati qui haurbes bitant（住在城里是幸福的）无疑仍然是对的，那么，不生产阶级就必定是人数最多和最富裕的国民了。如果所有这一切是真的，那么，对这些想法就不能不予以更多的思考了，即这个阶级大大扩大了它的劳动和工业；它使用了相当多的原料来生产它的产品；对原料的这种使用扩大了生产阶级为它提供的产品的销售，提高了这些产品的价格。从这个观点来看，不应当将这个阶级完全看做是不生产的。我们首先要指出，即使从这个观点来看，也应当注意到，它也不可能使自己的产量增加到它能销售的数量以上，它销售的规模只能同生产阶级劳动每年再生产的国民财富数量相适应；如果它使从生产阶级购买来的原料的价格提高了，那么，它也应当使制成品的售价作相应的提高，从所观察的角度来说，这其实只是财富的虚假增加。同时，向生产阶级购买的原料，在借助大量土地产品所获得的产品中只占极小一部分，因此，它的价格的微小变动，对国家每年再生产的财富总额不会发生什么值得注意的影响。

公正地说，从这个一般的规则中，应将对农业有很大利益的羊毛加工排除在外，羊毛价格低廉对生产阶级是有影响的，但是这不仅取决于不生产阶级，而且，同样取决于它在制造纺织品时如何节约地使用奢侈品原料。但是，即使假定不生产阶级所用的原料价格上涨，促进了后来的加工制造，也不能认为通过在国外销售前面提到的这些产品而大大增加了财富，因为不生产阶级以自己的劳动所生产的这些产品的价格上涨本身，就会阻碍它在国外的销售。因此，原料涨价只对这样的国家有利，即这些国家没有方便农产品对外贸易的市场，产品的销售只有依靠工业才能得到保证；即使对于这样的国家，也不应该把手段和原因混同起来。但是，对于不得不诉诸这种手段的国家来说，这是不幸的；而对于具有对外贸易方便而不需要此种手段的国家来说，这是幸运的。后面这种国家的产品价格水平总是太高，使不生产阶级难以在国外销售中竞争，因而它不得不满足于国内贸易。

有一个论点不断被人提起，并被认为它最终证明了工业具有很大的生产性。但是，如果我们对它加以深入分析，就会发现它具有完全不同的意义，它能证明的东西与人们希望的正好相反。人们以为，国内消费者越多，土地产品的价格就会越高，越会使它具有财富的性质。因此，国内从事工业的人数越多，消费者也就越多。诸如此类。在方法上，我们拒绝它的大前提，我们只需指出，不要说有**更多的消费者**，而应该说**更发达的消费**。任何时候都不会缺乏消费者；然而大多数消费者没有能力消费他想消费的东西。只能吃黑面包、喝水的人吃不上白面包，喝不起葡萄酒；想吃肉的人吃不起肉；衣衫褴褛者不是不想穿好的；没有劈材取暖的人想买劈材，等等。总之，缺乏的常常不是消费者，而是消费能力。显然，不生产阶级用在制造奢侈品和购买外国原料上的费用和个人劳动节省得越多，用在新产品再生产上的储蓄劳动和费用就越多，就会生产更多的一般消费品，特别是食用品。在这种情况下，就有了更大量消费的空间，因为有了更多可供消费的产品。因此，消费者人数的增加，仅仅是增加了大量消费的可能性；只有各种农产品才能增加消费、收入、人口和国家的实力。但是，财富和消费越发展，越是感到需要不生产阶级的服务，而这个阶级的业绩是同它们所能得到的资金成比例的；要增加这些资金，显然就得靠生产阶级的成员，靠土地耕作的纯产品所有者即土地所有者，靠国家和有权获得什一税的人。由此可见，越来越多的手工业品，促进了交换，也大大扩展了消费。

在这种情况下，由于削减了不生产阶级过多的支出，甚至不生产阶级本身也扩大了；财富和消费品的丰富自然也增加了消费者人数，于是有人认为，以牺牲生产财富的费用和劳动为代价，把劳动和财富花费在不会带来新财富的工作上，也能增加财富额和消费者。这种议论具有决定性意义，因为它证明，**不生产的**阶级对**生产阶级**增加了很大的麻烦，而决不是给它和国家带来好处。没有什么可以说明，有比这个阶级的不生产性更好甚至更多的不生产性。事实是，用于制作、搬运和运输等等方面的费用增加得越多，给生产阶级带来的负担就越重。但也不能说，由于削减所有这些费用而使不生产阶级的人数越减少，**消费者**的人数就会越减少。因为生产阶级的劳动由于削减不生产阶级而增加得越多，它所能支持的**消费者**人数就越多。因此，使生产阶级繁荣和国家富裕的不是工业。使不生产阶级发展起来，并使国家强盛和人口增加的，只是生产阶级和该阶级所生产的财富。

至于说作者为了证明商业的生产性而谈到它的用途，他所能说的同他对运输产品需要的道路所说的不会有什么两样；他当然要证明这样一种论点，即道路带来了收成。以对现成思想的故意歪曲，能向不习惯于分析的人证明一切。他说，**如果国家对谷物出口不加保护，谷物就会贬值，等等**。只要假定对在路上跑的大车缺乏保护，即可轻易指出作者议论中的滑稽可笑，这样也就省得我们反驳他了。

商业出自物品的交换，这些物品是已经存在的，并且具有相应的彼此相关的销售价值。此外，还应存在交换的需求，没有这个条件，也就没有交换或商业；所有这一切都存在于交换程序之前。交换或商业不会产生财富，所以进行交换是什么也不能生产的；之所以需要交换，是为了满足需求，需求是交换的现实原因。因此，在这种情况下，应当把单纯的需求和生产的需求区别开来。如果说生产的需求是必要的，那么，也不应像作者所说的那样，必要的就是生产的。杂乱无章是诡辩的避难所，破除它的惟一办法就是分析。

关于商业*

第一次对话（摘录）①

M. X.：我的朋友，你仍然坚持认为，商业、技艺和手工业是不**生产的职业**。然而你又不能不承认，如果自由竞争在商业、技艺和手

---

* 魁奈这篇文章首次发表于《农业、商业、财政杂志》,1766年6月号。19世纪40年代，叶夫根尼·德尔将其收入《主要经济学家选集》一书。1888年重新发表于奥古斯特·翁根的《魁奈的经济学和哲学著作》。1958年重新发表于《魁奈和重农主义》。

惟一的俄译文发表于1896年魁奈《书摘》（A. H. 米克拉舍夫斯基编，A. B. 戈尔布诺瓦译）一书，我们对照原文对该译文作了一些校正，在此重新发表。魁奈该文对于理解重农主义的某些方面，特别是正确地反对重商主义方面，具有重要意义。魁奈认为商业是等价交换，因而没有也不会带来剩余。魁奈有力地强调说，交易中没有发生财富的增长，因此从事商业的劳动不是生产劳动。他试图在商业以外去寻求商业利润的来源。所有这些思想都是正确的和深刻的。它们是伟大的科学成就，在认识经济实际及其发展规律方面前进了一大步。然而，这些正确思想却被魁奈关于农业以外的其他所有劳动都是非生产劳动的教条搞乱了。魁奈从这些教条出发，不仅否认工业劳动的生产性，而且否认运输业劳动的生产性。他在这里的第二个错误还在于，他将商业利润归结为工资。但他在有的地方又纠正了自己的错误观点，他指出向商人支付这些“工资”的是生产阶级，也就是说，商业利润是来自作为惟一生产性劳动的耕作者的劳动。——俄译本注

① 该对话中的M. X. 与M. H. 相当于“第二次对话”（译自英文本）中的H先生和N先生，其中M. H. 和N先生一样，代表重农主义者，M. X. 和H先生一样，代表质疑者。该文篇幅很长，但在论证魁奈的重农主义基本观点

工业中居于支配地位，那么，商人和手工业者的竞争会迫使他们满足于国民为其服务支付较少的报酬。因此，你就不能否认这样一个事实：如果将商业放在自由竞争条件下加以观察，它能够**提供**或者**生产利润**。这里没有必要研究**“生产”**或**“提供”**的确切含义；大家同意说通过商业、技艺和手工业获得了利润，也就是同意说商业、技艺和手工业不是**不生产的**。简单来说，这就是我现在以最简单的方式提出问题时所坚持的观点。实际上，总不能强调说，**提供利润**能够用**不生产**一词来表示，总不能说提供利润是政府的特征，要知道政府只能通过商业、技艺和手工业才能试图保证给国民谋利。

M. H.：我高兴地看到，我的朋友，您终于领会到了观察我们的问题所涉及的观点。但是，在你所谈的情况下，使你感到惊奇的**利润**不能归于商业；同样也不能看做是人所共知的商人的功劳，不能看做是简单的交换的结果。你如此看重的利润只能归于储蓄，由于有这些储蓄，才有第一手售卖者和购买者——消费者的支出，即转卖商业的支出；获得这些支出只能通过商人之间的完全竞争，而竞争迫使他们满足于较少的报酬或利润。因此，你所说的利润，简单说来，不是别的，它只是第一手售卖者和购买者——消费者预防性的损失。这些预防性的损失不是通过商业而得到的真正产品或财富的增长，如果把商业仅仅看做是与转手支出无关的简单交换，或与转手一起的简单交换的话。相反，你可以看到，给转手增添了负担的商业总要昂贵一些，而且转手愈少，负担就愈少。为了获得最大利润，应当尽可能地避免这些负担，但这些负担不可能是财富的源泉。由此应当得出结论，商业无非就是价值与相等价值的交换，所谓商业支出只是沉重的负担，它难道不是**不生产的**吗？

M. X.：不过，我认为，我的朋友，你至少承认将产品从一国运到另一国的商人——转卖商之间的自由竞争，会使价格过低的国家的

方面不如“第二次对话”那样集中和深入；而且依照米克的看法，从对当今经济学家是否特别感兴趣的角度来说，也不如“第二次对话”重要，所以他没有将此文收进他的英译本。我们这里摘译了反映魁奈基本论点的最有代表性的几个段落。——中译本注

价格提高，使价格过高的国家的价格降低。因此第一手商人在前者获利，购买者——消费者在后者获利。商业因此而获得了双重的利润。你怎么能说它是**不生产**的呢?

M. H.：请停一下，我亲爱的朋友，你这里把各国之间自由贸易的影响，同贸易本身的影响混为一谈了。贸易不过是具有售卖价值的某种产品，同另一种具有相等价值的产品相交换；交换就其**纯粹形式**来说是没有盈利也没有亏损的，简单地说，竞争双方都没有输赢；尽管有些原因会压低一方的价格，抬高另一方的价格，使竞争的某一方遭受巨大损失，但这些原因可以同商业完全无关。价格过低，第一手售卖者吃亏，价格过高，购买者——消费者吃亏。因此，消除了这两个国家不等价的原因，也就避免了价格过低国家的第一手售卖者损失的可能性，也避免了价格过高国家的购买者——消费者损失的可能性。但是，所出现的这些价格的平衡只能保证双方避免损失，决不会创造任何真正的产品。这种平衡的价格不会增加产品量；它只是影响价格不相等的原因失去作用。从这个观点来说，商业本身简单地说是**不生产的**行业。当然，毫无疑问，在你所列举的转运产品中防止损失是必要的，就像海洋本身对通过海路转运产品是必要的一样。但是，由此得出结论说转运和海洋就是生产，那就是把这里所说的条件和生产产品以及能使产品在商业中流通的原因混同起来了，或者把上述条件与在商业以前就已经出现和常常存在的价格的原因混同起来了，商人的核算是要同这种价格相适应的……

M. X.：我想向你提出一个新的反驳，可能显得更合适些。如果生产阶级只是通过商人竞争而获得自己产品的销售价格，那么，公平地说，正如你多次强调指出的那样，就不能说这个阶级在它销售自己产品时是生产的。相反，它在这个第一手销售中是**不生产的**，就像不恰当地称呼另外一个阶级那样；但是，这个阶级实际上不是不生产的，因为在购买它的第一手销售的产品时，它是在出售自己的财富。

M. H.：……价格的形成总是在买卖之前。如果买者和卖者之间的竞争没有改变什么，那么，价格就是由商业以外的原因决定的。如果这里的竞争改变了什么的话，那也仅仅是与消费者的需求有关。

商人之间的竞争不会引起别的什么变化，只能使各国之间不同的价格相等化。过低的价格会依靠其他过高价格而被提高，结果会接近于一种一般的价格，好似使不同的尺度归结为一种共同的尺度，却不会增加被衡量的产品数量一样。在所考察的情况下，可以说**不生产阶级**对**生产阶级**什么也没有增加，因为在商业行为中所花费的一定数额的货币，此前由于其他完全不同的原因早就存在了，不应当将这些原因与在类似情况下发生作用，却不会增加原先已经存在的货币数额的那些简单条件混同起来。

转售商业所能做的也是改变价格，其目的在于获得**生产阶级**支付给它们的工资。普遍竞争使生产阶级得以避免损失，却使它们与商人和手工业者的利益相冲突，商人和手工业者总是企图低价买进。因此，不生产阶级绝对不会关心如何保证生产阶级的利润，而这个阶级支付了所有的费用，也试图避免这些费用；相反，不生产阶级常常在价格上弥补这种损失，生产阶级的竞争能够避免这种损失。

只有通过需求给予生产的价格，**生产阶级**才能以耕种土地的劳动再生产每年的财富。通过这种价格，生产阶级才能补偿自己再生产财富的费用，支付所有者的收入，支付国家和有权获得什一税的人，还支付**不生产阶级**的全部费用。（照这样说来）我们所说的这个（不生产）阶级似乎消失了，它不再由**生产阶级**不断再生产的财富来支付了。生产阶级能依靠自己的劳动独立生存；**不生产阶级**则不能仅靠自己的不生产劳动生存，它需要立即从这种劳动中停止下来，以便最好去从事耕种土地，或者去寻求土地产品，这些产品是以自然的方式生产出来的，是满足人的物质需求所必需的。整个工业局限于生产某些产品，以满足其生产工人的需要，或者某种特殊的不可避免的需要……

关于手工业劳动*

第二次对话

H 先生：在上次对话中，我们只限于讨论你把商业归入你称为**不生产**阶级的理由。但是，这个被你称为**不生产的**阶级，与你称为**生产的**（你把生产的意思局限于从土地上产生的财富）阶级相对照，必须包括其他各种不是直接用于生产这种财富以及第一手销售它们的劳动和服务。我承认，按照你的分类，把它们归入一个简单的一般名称而不是你所选定的名称之下是困难的；因为，贸易、科学、艺术、行政工作、军职、仆人、游手好闲的食利者，甚至乞丐，表现了如此多种多样与最严格物质意义的生产相关的对象、服务、劳动和职业，以至于我想像不出任何一个一般的能同这一切相吻合的名称。正是因为这个理由，我发现难以接受你的分类和你为了表达其意而用的名称。在我看来，你把土地所有者和你称为生产的和不生产的阶级区别开来是完全不恰当的。

N 先生：你应当记住，我的朋友，自然界的一切都是相互关联的，一切都是通过彼此连接的流转过程在运行。这些不同的运动必然相互联系在一起这个事实，意味着要对它们加以理解、辨别和解释，只有借助于抽象概念，这种概念不会引起物理世界中任何的调节和失

---

* 首次发表于《农业、商业、财政杂志》，1766 年 11 月号。后重印发表于《魁奈和重农主义》，巴黎，1958 年。现据《魁奈和重农主义》，第 2 卷，第 885～912 页译出。——米克注

调[1]，除了特殊和局部的方式以外，它也不会把任何东西包括进这个复杂的网络。在这里每一种关系只能通过原因和结果加以说明；我们辨别出的差异越多，我们越能简单地得出不多几个原因和结果；借助于这种因果分析，我们就可以在不忽视其作为一个整体的相互连接的情况下，通过它们在一般自然秩序中的不同功能，对它们的各个主要部分得出一个清晰的图画。在这里，我们限于分析对在社会中结为一体的人们最有利的物质世界，对人们的促进公共福利的职业加以全面解释，并且基于最引人注目的不同原因和结果对它们加以区别，以便把它们归入到基本的主要阶级之下。只有借助于这种抽象，我们才能解释和评价不同阶级的人们和社会秩序中的工作之间的相互关系，给予它们最切合其功能的名称，以便用确切的措词详尽地表述我们的经济科学。

生产或**再生产**概念在这里构成了区别公民主要阶级的基础，它被限定在如此严格地归结为现实的物质界限之内，以至于不能再认同日常语言中使用的庸俗表述。但是，不应当要求自然秩序去适应只能表现混乱和含糊不清思想的语言；而应要求这种表述同对自然秩序的确切理解相一致，其特点要受到现实的严格制约。

我注意到，在**生产阶级**和**不生产阶级**之间依照这种方式存在的区别，在你看来不可能在它们之间存在任何其他阶级，因为在正负之间，在**生产阶级**和**不生产阶级**之间没有任何中间地带。在所有其他关系都被排除的情况下，这样说是对的。但是，在现在的场合你能很容易看出：(1) 土地所有者不作任何预付，完全不从事耕作，所以不可能将他们列入**生产阶级**，然而，使土地耕作得以开始所必要的最初预付是他们提供的，他们的遗产仍需他们花钱维持，因此又不能把他们与**不生产阶级**混为一谈。(2) 在这两个极端之间，存在着持续不断的联系，这种联系是通过一个中间阶级的收入和支出的媒介来实现的。因此，这种社会秩序必然要以公民的这个第三阶级为条件，他们奠定了最初耕作的基础，他们是耕作的保障，他们作为**所有者**分配纯产品。

---

① 此为米克注。

特别应当从后一方面来考虑这个**混合**阶级同其他两个阶级的关系；其他两个阶级之间的交往是它们同这个阶级交往的结果。因此，要想明确和不间断地跟踪社会秩序不同部分之间相互交往的过程，必须从一开始就了解**所有者阶级**的特点。厘清这种特点决不会给你的思想带来混乱，相反应能使它变得统一和有序起来。

H 先生：如果我也把生产限于土地产生的财富上，那么，事情可能就像你说的那样。但是，我必须告诉你，我一直把手工业者的制造物品看做是真正的生产，尽管过去一段时间出现了许多旨在取消这种生产的论文。

N 先生：没有人想让手工业者通过劳动制造物品的生产消失；你无疑看到了这种物品还在生产。但是，你应当知道，你说的那些论文所谈论的并不是这种生产，即手工业者赋予他们物品中的材料以各种形式的那种简单生产，而是指财富的**真正的**生产。我说**真正的生产**，因为我不想否认在手工业者创造物品所用的原材料上增加了财富，他们的劳动实际上增加了他们物品中原材料的价值。[①]

H 先生：亲爱的朋友，你在这里所承认的，在我看来恰是有利于我的结论性的观点，因而我相信我们之间不必再进一步讨论下去了。但是，这种承认同时也使我产生了一种怀疑，使我不能完全放弃最早吸引我得出我的观点的那些先入之见。因为我不能想像你会就此打住，满足于这第一个论证，你无疑想借此论证就完全抛开那些庸俗的观点，这些观点是无用的，只能使问题变得混乱。但是我得承认，我不知道这种论证会把你引到哪里去。

N 先生：亲爱的朋友，如果你认为我想把你刚才提到的那些庸俗观点抛到一边，那么你就错了：这不是解决我们之间争论的最便捷途径。恕我直言，我相信影响着你的正是这些观点，而且，要不是我一

① 魁奈这里想说的是，由制造业者创造的仅是效用，它不能构成重农主义所说的“真正的生产”。并非仅仅增加原材料的价值就能构成“真正的生产”。“真正的生产”的本质意义，如下面的论证更清楚地显示的那样，在于应当是产生剩余价值的生产，即最终产品的价值超过原材料的价值，其数额应当大于创造产品所消费的生活资料的价值。——米克注

开始就指出这些观点之间的矛盾，[①]要你准备提防他们已经引导你陷进的那种流行的谬误，你还会继续以此观点同我争论。你声称，做了一双鞋的鞋匠增加了财富，因为这双鞋的市场价值大大超过了鞋匠所用皮革的价值。可见，市场价值给了产品以财富的性质；于是你相信你可以由这个事实引出一个不可反驳的论据，它能支持认为鞋匠的劳动构成了生产的观点，因而也就是维护了真正的财富生产的**现实**。

H 先生：按照你自己的原理，这个论据都不是决定性的吗？如果这是些你要我提防的庸俗观点，那么，我认为，正好相反，我倒是要提防一些迷人的诡计使我陷于困境，尽管我不会放弃追求对我来说极为明显的真理。

N 先生：看来，我没有错：我相信我们将不可避免地要仔细审查一番这种庸俗概念，而你却认为我要把它排除在我们的讨论之外。事实上，我不知道有其他任何理由可用来支持手工业者劳动能生产财富的观点；这是你提出并坚持的一个论题，如果不是我一开始向你提到这些看法，并指出通常用于表现它们的语言是模糊不清的，你还会再提出同样的看法。但是，亲爱的朋友，不用担心我想骗人，想用某些诡计使你陷于困境。我建议我们能坚持进行完全公开的讨论。我相信，我们如能在光天化日之下走得更远，你就能发现更多熟悉的园地，就会对通向我们将要到达目的地的道路愈发感到惊奇；因为你对这条道路是很熟悉的，而且好几次都快要走到我们将要到达的地方了；但是你对你所看到的各种不同事物却没有给予足够的注意。

我们必须将财富的**相加**即把各种材料相互结合到一起，与财富的**生产**区别开来。也就是说，我们必须把**原材料**和在此前现存消费物品上的支出**相结合**所带来的这种增加，与财富的**产生和创造**即构成新生财富的更新和**实际**增加区别开来。[②]

对财富的真正增加和虚假增加不加区别的人，每当论及手工业者所进行的所谓财富的生产时，就会不自觉地陷进持续的矛盾之中。

他们同意这样的看法：在手工业产品制造上节省的成本或工时越

① 此为米克注。

② 此为米克注。

多，而又不引起任何损害，则这些节省由于使这些产品的价格下降而变得更为有利。然而他们又相信，手工业者的劳动所进行的财富的生产，在于增加了这些物品的市场价值。这些矛盾的思想共存于同一个头脑之中，彼此不断冲突，但却无人觉察到这个矛盾。

花边织工的价钱高的劳动，增加了花边的原料线的市场价值，于是有人得出结论，织花边的劳动生产了增加的财富。对画出价格奇高的画的画家的劳动也被认为是这么回事；因为付给艺术家和手工业者的报酬越高，它就显得生产得越多。

一瓶饮料只值**1苏**，而制造它的原料值**1苏的1/4**：这瓶饮料的制造者的劳动是这个原料的4倍。因此，这里是财富的生产，它增长了大约3倍。于是，在你看来，如能发现一种方法，能在一年内利用两个人的劳动制造这瓶饮料，这将是很有利的；它如能在两年内使用四个人的劳动就更好。你还告诉我们，如果发明了一架机器，能够不花任何费用或者费用很低地织出漂亮的花边和画出精美的图画，这就非常不利了。事实上，印刷术的发明引起了关于减少了作家劳动的严重论争，然而，经过周密考虑之后，印刷术还是被完全接受了。所以，我亲爱的朋友，如果你能够的话，请将你的思想同这些矛盾协调一下吧！如果你做不到这一点，那么，通过手工业者的劳动进行所谓财富生产的问题就不值得再予以注意了。

H先生：我的朋友，你没有认识到，在**生产阶级**的劳动问题上，你陷入了同样的困境。在这种劳动上不是也想尽可能地节省吗？我们是否应当由此得出结论说，它不是**生产的**呢？

N先生：谈话中难免有离题和绕圈子的情况。

我亲爱的朋友，看来你是想用另一个困难来绕过这个困难了，不过这另一个困难立即可以解决。但是，还是先让我们最终解决一下所谓通过工业劳动生产财富的问题。我想你不会再坚持把这种生产同手工业者、艺术家、建筑者、手工艺人、企业主等给予他们的物品以某种形式的生产混为一谈了。你还有其他论据用来支持你的观点吗？

H先生：我完全明白，我们不应把来自手工业者劳动的财富的生产与他们的物品的生产相混同，或者与由于劳动成本而加于其上的价格增长相混同，劳动成本事实上总是与工人所需生活资料的支出不可分割的。但是，这种支出本身恰是手工业者的工业所带来的财富生产的结果，因为只有这种支出才引起了土地产品的销售和维持了它们的价格。按照你的意见，产品在第一手销售时的市场价值给了产品以财富的性质，这个市场价值还是土地年产品的财富的尺度。我所说的这种支出扩大了消费，增加了购买者之间的竞争，因而提高了产品价格，增加了国家每年财富、人口和消费。归因于工业劳动的财富的真正生产就存在于这种循环之中。

N 先生：关于你刚才所说的循环，你遗漏了相当重要的一点，这一点能让我们知道它的起源和大小。你认为它能进一步扩大到超过作为国家每年支出尺度的每年再生产吗？相反地，你没有看到这个尺度限制着**支付给**手工业者劳动的支出，因而就调节着这些手工业者能够向生产阶级**支付**的消费吗？

不说自明的是，我们这里所能有的只是财富没有任何增加的循环，是受到国家每年支出总额调节的循环；这个总额等于土地每年生产的财富总额。因此，艺术家和手工业者的劳动不能扩大到超过国家能够用在这方面的支出的比例，该支出应当同国家每年的总支出额成比例。

因此，这种劳动不可能增加国家每年消耗的财富，因为它本身要受这种财富数额的限制，而财富额只能通过农业劳动，而不是通过投入手工业者的劳动的支出来增加。因此一切支出和财富的起源和本源是土地的肥力，土地产品只能通过这些产品本身才能增长。只有土地给耕作者提供了这种预付，耕作者则使土地更肥沃，以便生产得更多。手工业者对此所能做的只是制造一些耕地所需的工具，在没有手工业者的情况下，耕作者就得自己制造这些工具。不管是谁，不管劳动者遇到什么情况，土地都应当事先生产出劳动者所消费的生活资料。因此，生产出这些生活资料的并不是他们的劳动。生活资料的消费也是什么都没有生产，因为消费只是毁灭掉土地事先生产的财富。劳动者企图增加劳动以增加他们的工资或消费，这是要落空的，因为他们的工资和消费不可能超过他们今天可得到的为他们自己、为耕作者、为组成国家的其他所有成员的消费所需的产品。

所以，你应当注意到，调节产品价格的不是手工业者的需求，这些人只能以其得到的工资进行支付。决定产品市场价值的是对产品的需求和产品的质量本身。

H 先生：你不是不知道，我的朋友，有些物品的价格大大高于它的成本的价值，例如，大画家的作品以及杰出艺术家的其他作品。

N 先生：你还可以加上政府赋予特权的那些艺术家的作品。因为你所说的这些艺术家享有同样的特权，他们的人数少，他们之间的竞争不会迫使他们压低他们的劳动价格，以惠及购买他们作品的人。但是，不要将这些人的劳动同那些需要很长时间和很多费用才能学到手的职业的劳动混为一谈，因为你在计算这些物品的价格时，常会忘记把这些高昂的费用算进去。

H 先生：拿手工业者多年劳动制造的这些物品（例如建筑、家具、图画等）来说，它们不也是国家总财富的一部分吗？对其所有者具有市场价值的这些物品，不表现财富的真正再生产吗？这些所有者肯定为它们支付了，但他们可以将它们再次卖出；购进和售出所呈现的总是双方的财富，因为这是具有一定价值的这种财富，交换另一种具有相等价值的财富。懒人的支出能产生这种财富吗？

N 先生：我亲爱的朋友，你这里所说的财富的生产只是财富的保存。购买这些物品的人的支出，不是为了直接消费，而是为了长久享受。但是，就这里支出的双方来说，任何一方的支出都不会比另一方的支出更有利；你以为用于直接消费的物品（例如日常生活资料）的支出的利益较少，但这些物品比其他物品更不可缺少，因而也更受偏爱。既然如此，你怎么能向我们证明一位画家的劳动比一位面包师的劳动生产得更多呢？我承认高价的图画代表了更大的财富，因为画家能让图画购买者为他的劳动支付很高的价钱。如果不是因为劳动的这种高价，那么，尽管这幅画值得赞美，但它也只能代表较少的财富。如果没有发明一种方法能以较低成本通过雕版和印刷复制图画，那么漂亮的图画也会卖出高价。你认为这些物品价格的降低意味着国家财富数量的减少吗？相反，价格的这种减少对国家不是有利吗？不是可以用同样的支出增加享乐并使之随心所欲地变化吗？支出的真正目的不就是把享乐扩大到消费支出和生活资料支出上吗？我想，你会同意说，**经济行为的理想境界在于以尽可能低的支出获得尽可能多的享乐**。但是，你所说的通过手工业者劳动进行的真正财富生产变成了什么呢？

H 先生：唉！我的朋友，你对你的思想解释得越多，我在你的经济学中发现的矛盾就越多。它不是教导我们说，财富是通过支出生产的，而每个人的支出都可以看做是对别人有利地使用吗？可是，另一方面，它又告诉我们说，**经济行为的理想境界在于尽可能地减少支出**。在我看来，按照你的原理，这个理想境界意味着王国繁荣和人口的毁灭。我知道，就我的个人利益而言，我想以小支出获得大享乐，而且每个人都会这样想。但是，个人利益与公共利益是矛盾的，而且是不可调和的；如果自然秩序在它发展的道路上不设置障碍，也就是说，如果个人利益本身不能通过它们的相互作用防止自我毁灭的话，它也会自我毁灭。人们的目光是这样短浅，贪心又这样强烈，如果他们不能通过迫使其盲目走向公共福利的必然性，将个人利益和公共利益彼此调整到正确的轨道上，他们就会继续走上歧途。你提出的美好准则，即**以最可能小的支出获得最可能大的享乐**，不也是受个人利益驱使的吗？

N 先生：我还应该增加别的东西，我的朋友。因为我不仅要求**尽可能少的支出**，而且还要求**尽可能少的令人不快的劳动和尽可能大的享乐**。在我看来这种愿望在人们中间是普遍的。能够合法获得这种利益的人能够尽其所能地从中获利，同时又不会给公共福利带来损害。手工业者必须工作以获取生活资料，而支付给他们的支出额总要比对他们劳动的迫切需要更加有限。富人们凭借他们的财产成为支出的分配者，他们以这些支出支付工人工资；如果他们自己工作，挣回他们以此方式支出的花费，①他们就会对工人造成很大的伤害；如果他们自己去从事令人

① 然而，必须再次对简单的手工工人和农业工人加以区别。如果所有者自己从事农业经营，并将他们的财富贡献给农业，他们就会扩大产品总量，从而增加支出总量，这首先有利于所有者自己，因为他们的财富增加了；对公民的其他阶级也有利，包括手工业者在内，在产品和财富这种增加的支出中，他们会分一杯羹。随之而来的首先是人口福利的大幅增长，然后就是更多的人口。此外，在农业和土地产品数量尚未达到最高水平的所有国家里，所有者为了自己的利益，也为了所有其他公民的利益，应当在他们的纯消费支出上尽可能地厉行节约，把节约的果实用于生产的支出，这种支出能够改良土地，增加土地产品，提供土地产品价值。——原注

不快的劳动，就会伤害他们自己，因为这意味着减少了他们的享乐。令人不快的任何事情都是对满足享乐的背离，他们**将不能以尽可能少的支出取得尽可能多的享乐**。然而，同样不错的是，为了将这两者结合起来，就要利用竞相提供劳动的人相互竞争的优势。①我说利用这个优势，是指以便尽可能节省开支，尽可能扩大享乐。不过，节省也是有限度的：所有的劳动都离不开支出，而人们从事劳动也只是为了满足他们的需要。竞争的确能降低劳动的价格，但是，一个人为了满足他的需要，不能不通过劳动取得报酬，这会强制性地阻止竞争所造成的劳动价格的随意下降。因此，**以尽可能小的支出得到尽可能大的享乐**这条公理，受着自然秩序中至高无上的君主和不可违抗的法则的调节，而这种秩序对社会中相互结合的人们是最有利的。如果你能彻底了解经济学原理的相互关系及其运用，你就不会觉得它有什么矛盾了。

H先生：即使就国内贸易来说，我同意你的这些原理，但你的原理对构成国际贸易一部分的手工业商品也是对的吗？

N先生：可以说是一个部门，或者也可以说是一个分支；但说的是贸易，而不是生产。

H先生：你的回答是完全不能令人满意的。笼统的概念，似是而非的公理和**形而上学——几何学**的抽象法，这就是你在讨论中同不像你一样行事的人进行辩论时常用的花招。如果你说得明白一点，你就会像别人一样承认，我们这里说的是工人的商品的售卖和生产，而且只是工人的劳动产生了这种商品的市场价值。

N先生：我的朋友，你觉得我的回答抽象，那是因为你还没有完全清楚地理解，这些商品的市场价值是由原料本身的价值和工人在生产期间所消费的生活资料的价值组成的，工人反复进行的这种市场价值的售卖，实际上不过是将已经生产的东西转卖出去。②你的目的是要我相信转卖就是生产吗？我要反过来说你的想法是极为奇怪的了。

H先生：我的想法一点也不奇怪，因为我完全真诚地相信，**有利的转卖就是生产**。

---

① 此为米克注。

② 此为米克注。

N先生：如果我再次对你说，贸易只是以价值与相等价值的交换，因而就价值来说，交易双方既没有损失也没有得利，你又会说我用一般的公理来作答了。

H先生：被归结为一般公理的这个贸易定义，只是一种未曾考虑大量相关现象的抽象，在贸易过程中，实际获利的是交易的这一方或那一方，或者双方都得利。你把制造业主看做是转售他们已经生产的商品的商人，这从我们正在争论的问题的角度来说没有离题；[①]但是我坚持认为，因为他们的售卖，他们又是我们产品的买者，因为他们在转售贸易中，他们会把他们劳动期间所消费的本国产品的价值卖到国外。

N先生：你能从这里得出什么结论呢？对我来说，我从这种贸易中所看到的只是价值与相等价值的交换，看到没有生产，甚至通过流通也能使这种交换有利于交易中的这一方或另一方，或有利于双方。事实上，总是应当假定对双方都有利。因为双方能享受的只是通过交换才能获得的财富。但是，这里出现的只是具有一定价值的一种财富同另一种具有相等价值的财富的交换，因此完全没有财富的真正增加。

H先生：因为你同意这样的说法，即在没有交换的条件下，他们就不能获得只能在交换条件下才能得到的财富，所以让我们把这个说法用到手工业品的对外贸易上。工人们把他们的产品销往国外而赚了钱，他们用这些钱购买你的产品以维持生活：他们通过这种贸易得到他们的生活资料，对他们来说这是很有利的；他们把得自国外的钱用于购买你需要出售的产品，对你来说这也是很有利的。

N先生：我要卖和手工业者要买的产品，在我卖之前和手工业者买之前，就已经存在了。它们决不是从我们的买卖或这些产品的贸易中产生的，这种贸易决没有生产出我需要售卖的和手工业者需要购买的东西。

H先生：这个回答令人失望。我们正在谈论的不是你所说的生产，而是另一种生产即财富的生产，一种可交换的产品是与其市场价

---

① 此为米克注。

值成比例的财富。购买者对产品市场价值的贡献与售卖者一样多。手工业者通过向国外销售产品而获利，如果这种利得与其销售量成比例，并提高了你销售给他们的产品的价格，那么，他们就是财富的生产者。

N 先生：你又提出了我们先前已经充分讨论过的问题。那次讨论表明，可交换产品的价格既不取决于买者，也不取决于卖者。如果取决于买者，买者不会促使价格上涨，因为以最低价格购买是他的利益所在；如果取决于卖者，那么惟有他才是他所售卖产品市场价值的生产者了，因为只有他对按最高可能价格售卖感兴趣。然而，买者却不得不以高于对他有利的购买价格购买，而卖者也不得不以低于他感兴趣的价格出卖。因此，存在着决定价格的其他决定性条件，迫使他们在成交时牺牲自己的利益。因此，他们的贸易决不是财富的生产，也不是他们交换产品的市场价值的生产，因为商品与支付它的货币在交换前就已经有价格了。

H 先生：我像你一样承认这个真理。但是，我说我们的手工业者从他的外销中获利越多，他能购买我们的产品就越多，你同意这个说法吗？购买者之间的更大竞争是产品市场价值上涨的原因之一；于是我们的手工业者与外国的有利可图的贸易就变成了增长的财富的生产，或我们产品市场价值的生产。

N 先生：这是没有疑问的。**我们的手工业者从外销中获利越多，他们能购买的就越多**；而且，在贸易产品缺乏市场的国家里，这可能是一件需要给予一定考虑的事情。但是，在对外贸易无障碍的地方，这个优势就会恰当地消除掉你所说的那个微不足道的源泉，因为它不会引起贸易国中流行的一般价格的任何变化。在这种场合，你的意见就把两个矛盾的说法结合在一起了。手工业者的竞争会使购买有所扩大，但它不可能引起产品价格提高，因为这种效果总会被另一种竞争所抵消，即被与对外贸易相关的进口所抵消，进口增加是销售增加引起的，而销售增加又是我们的手工业者购买的增加所引起的。所以，价格的提高要受到售卖者之间竞争的限制，它总是与同购买者的竞争成比例。另一方面，如果手工业者的花费更大，他们产品的价格将提高；外国人会发现购买它不再有利可图，我们的手工业者在对外贸易中将不再拥有竞争优势。我相信你不会采取关闭港口的荒谬措施，以阻止土地产品贸易，从而为我们的制造业者提供低廉生活费用；你太关注我们产品的销售了，以至于没有觉察到这种愚蠢措施的种种不利之处。因此，你的反驳无非是一套互不相容的条件。

H 先生：我懂得自由贸易的一般优势；但我确知你不相信完全的自由竞争应当扩大到手工业品的对外贸易上。因为不能怀疑，如果我们的手工业者将他们的产品销往国外，对我们是不利的；从外国手工业者那里购买产品也是不利的。

N 先生：我不理解你这种安排的微妙之处。你想做一个工业制成品的商人，但你又认为商人的销售是不利的。在手工业者产品的市场价值以及这个对外贸易部门的优势问题上，你完全改变了先前的观点，因为你相信购买外国手工业者的产品是不利的。如果这真是不利的话，那么外国还会购买你的手工业者的产品吗？你的贸易部门在我看来是非常靠不住的，因为要进行贸易至少必须有两方面。

H 先生：我们手工业者高超的技术和才能，促使外国购买他们的产品。

N 先生：你在这里拥有明确的特权，可是这种特权是普遍的和持久的吗？你真的不认为，由于各国拥有各种不同风味的物品，会提升两国之间的相互贸易吗？不认为只有通过自由竞争才能扩大这个贸易部门吗？如何将这件小事处理好，随你怎么想；但是，它是不会再来打搅你了：De minimis non curat praetor。

H 先生：但是，在我看来，你很少让只有通过贸易才能获得的货币来找你的麻烦。

N 先生：你不知道，我对它确实很少考虑，我更关注的是国家的繁荣。因为当你富足时，你不会觉得需要货币，你已经有了替代品。还记得我们的一个朋友吗？他很富有，但他完全没有货币，却购置了大量土地。没有货币不是他购置土地的障碍，他用有价证券很快就购买了土地；而且通过他的富裕债权人的有价证券的媒介，他可实现大笔的支付，其中只有一次用现金。

H 先生：雇用我们的同胞不是比雇用外国人更值得吗？

N 先生：是的，雇用同胞更合适，只要在支付劳动报酬时没有任何损失；否则，不仅雇用外国人合适，而且使用能够有利地替代他们的牲畜，甚至机器，也是合适的；由此而获得的利润能增加可支配财富，这种利润总能转化为该国人民的福利。

H 先生：为了节省成本，人们宁愿使用马和机器，而不雇用人，这不会使我们的货币流到国外。使用的马会消费饲料，这对饲料的销售是一种贡献；马本身就是商品，买卖马对我们是有利的。但是，如果雇用萨瓦人，而不是雇用王国的居民收割庄稼，他们就会把我们支付给他们的货币携出国外，这对我们农村的居民是一种损害；我们应当雇用他们，他们会将他们的报酬花在国内，这样，我们的货币也就不会流出国外了。如果我们购买外国手工业者的产品，即使他们的售价低于从我们的手工业者那里购买的价格，对我们同样也是一种损害。我在这里提出的与自由竞争条件下的外国商人相关的不同意见，已经多次向你提出了，但是在我看来你一直没有给予确切的回答。

N 先生：铸币是流通于各国的工具，如同它在各国居民中流通一样；货币通过贸易往来而流出和流入各国，除了作为买卖中介方便流通之外，它没有其他作用。因为交换的最终目的完全不是货币。在用货币交换的场合，基于价值与相等价值的交换，我们就能不受损失地得到我们需要的东西，我们想买的东西总是比货币更重要。我们在交换中买卖，为了方便交换，货币总是出现在买卖之间。货币在任何国家不会感到短缺，除非那个国家不进行可移动商品的交换。因此，我们应当考虑的不是货币，而是可用于买卖的对象，因为交易双方希望得到的利益只存在于这种交换之中。的确，它们用货币表现价值，因为货币是表现可交换物品的价值的尺度；但是它们知道得很清楚，大部分的交换，首先是最重要的交换，是在没有货币居间的情况下进行的；支付的承诺，只要有可靠的担保和背书，即可在交换中被接受，如同用货币进行交易一样，尽管没有货币，交易双方也不会遭受任何损失。一国在交换中的利益不是同货币捆绑在一起的，而是它能从交换中得到多少利益。因此，在使用货币的场合，让我们抽象掉货币，以便集中关注通过使用货币所能获得的利益，这种利益使货币能继续在各国之间和每个国家的居民中间流通。

H 先生：你的论证似乎很有理，但是它决没有改变这样一个事实：在假定条件下，当萨瓦人从我们这里拿走货币时，在我看来，要做出抽象货币是很难的。

N 先生：为什么我们要把货币给他们呢？

H 先生：因为在收割庄稼时，我们更愿意雇用他们，而不是雇用我们农村的居民。

N 先生：为什么我们更愿意雇用他们呢？

H 先生：因为我们对他们的劳动支付的报酬较低。

N 先生：这样一来，农民不是可以减少他们自己的开支吗？

H 先生：是的，但是，这会对我们农村的居民造成损害。

N 先生：这个回答是很含糊的。你还不如说，因为要忘记这些节约花费而获利的人，所以花费的如何节约对于已经从这种花费的支出中获利的人是有害的。但是，如果我们记得双方的利益，我们就必须决定，我们是否应当用一方的损害去补救另一方的损害，或者允许完全自由支出，以符合花费支出的人的利益。自然法则是赞成后者的，因为合法地处置他的财产是他的事情。另外，我们应当注意到，节约支出并不意味着支出的绝对损失，它不过是使支出的分配有利于从中得利的人，也有利于按照他们的利益分配这些支出的人。如果从已经节约的支出中得到其他好处，如果从事支出的人从这种节约中也得到了好处，那么，你会发现这对社会绝对是无害的。如果它对一些人有害，那么它对另一些人就有利。对于以工资为生的人来说，工资是根据分配给他们的支出来分配的，所以，工资的分配与支出的分配是一致的；没有政府操心，事情也不会失败。因为这肯定不是政府的事情。为此，能够调节的只是自由地选择岗位和职业。

H 先生：我必须说，我的朋友，你的回答很符合你的一般原理，但并不令人满意，因为它没有证明，在萨瓦人将其工资携出国外的情况下，国内仍会有相同数量的支出用于支付国内靠工资为生的社会成员。我还要说不会有相同数目的支出了，因为萨瓦人把挣的钱在萨瓦就花掉了。我非常愿意抽象掉流向国外的货币，但是我不愿意忘掉从我们的同胞手上拿走的工资。

N 先生：你的强词夺理打断了为消除你的不同意见而作的解释。不过，这至少也明确显示了仍然需要澄清的困难，并让我们回到支出的源泉问题上，而支出本身又是工资的源泉。一切支出和工资最初都是由耕作者和所有者分配的，因此，他们能够用于支付的财富量增加得越多，他们投入流通的工资就越多，他们为国王增加的收入就越多。我们一定不要忽视这两种情况。可是，你现在关注的只是如何将用支出来分配的所有工资保持在王国之内，却没有解释如何使用支出才最有利于国家的繁荣富强。但是，如果你注意到，耕作费用的减少，在不损害耕作本身或者还可能使之扩大的情况下，就表示了所有者和国王收入的增加，而这种增加又说明保障国家繁荣富强的可支配支出增加了，这就向你显示了必须计算在内的两个要素，其结果将消除你的困难。

如果说宁愿雇用萨瓦人收割庄稼有什么好处的话，那么，这种好处就意味着耕作成本的减少，收入的增加，以及随之而来的国家可支配支出的增加；另一方面，如果耕作成本上升到损害收入，那么，国家和人民都完全不能补偿这种损失。因为成本的支出肯定不是可支配的支出。的确，成本的支出分配工资，但是，可支配支出也分配工资。即使成本支出的减少更多来自工资的缩减，而不是来自可支配支出的增加，你也不应由此得出结论说，工资的缩减对国家是不利的。因为可支配支出以更有利的方式得到了使用。当耕作成本减少时，由于成本支出的节约而得到的利润，自然会被耕作者用于扩大他们的经营，这将会增加产品和收入。实际上，这里发生的不是支出的减少，而是收入的增加，后者会使工资大大超过萨瓦人压低劳动价格之前的水平。从节约成本的第一时刻起，拥有巨额可支配财富总额的国家就会变得更加强大和更加稳定。

这样，我们不知不觉地又回到了使用耕畜和机器、修建道路、利用河流和运河运送产品的问题上了，采取这些办法的目的在于减少支付给人们高额的工资成本和避免这些高额工资，其结果是增加收入，即增加可支配支出，它们使国家富足并以工资形式分配于国内。

成本支出虽然提供了工资，但绝不可能给这个国家带来富足，以至于可以不怕变穷，任由人们挥霍与享乐。因为成本支出一旦被指定用于工资，就不能随意挪作它用，否则就会使劳动停顿，除非有其他方法可以代替这种劳动。这使我们又回到了如何使成本节约最多，而又不损害国家财富每年再生产，并使这种再生产增加的问题；只有这种再生产才能提供各种支出，增加享乐，保障国家强盛。因此，你可以看到，你的不同意见使我们在同一个圆圈中不停地绕来绕去，它反复证明了你的意见的荒谬。因为它将扩大到通过压低消耗土地收入的工资来节约成本的各种方法上。人们从你的观点上可以得出结论，整个国家都应该从事增加成本支出的工作，而又不增加财富每年再生产，不为可支配支出预留任何收入。

H 先生：你至少会同意这一点：手工业者和你所谓**不生产阶级**的一切支出，会返回耕作者阶级手中；而且，正是这个支出维持着土地的价格。你也是根据这些产品的价格来计算耕作者的收入和所有者的收入的。简而言之，计算你所谓每年来自土地再生产的**财富**。但是，如果没有市场价值，即如果它们不能交换具有其他等量价值的财富，我的意思是说，不能交换除了原料以外的由手工业者劳动每年再生产的财富或产品，你能赋予它们一定的财富量吗？在这种交换中，两边可被称为财富的任何东西之所以被称为财富，只是因为它们相互之间是以等价的财富支付的。因为手工业产品是被支付的，正是因为这个原因，这些产品构成财富。农业产品也是被支付的，它不也是因为这个原因才成为财富吗？你能在工业品和农业品之间找出什么区别呢？即使你能找出一些区别（事实上，区别总是有的，甚至在同一种类的不同个体之间也会存在区别），在我们都同意的特殊条件对双方基本相同的条件下，你又能从中得出什么与我们正在争论的问题的要害相关的结论呢？

N 先生：我已经向你说过，所有这些论据都是依据模糊不清的语言提出来的。我要是也使用这种语言，我就会像你一样地说：手工业者的物品是产品，这些产品构成财富，手工业者能以其支付农业产品。但是，请允许我提醒你，**不生产阶级**的所有成员，虽然都取得了报酬，[①]但完全不制造任何物品；甚至乞丐和小偷，不可能被认为是生产财富的，也会以他们为自己弄到的货币，以等价的财富交换农产品。另外，我们同意这样的观点：手工业产品构成**财富**的比例越小，

① 此为米克注。

我的意思是，在生产和提高它们价格的支出上节约得越多，对于用土地产品交换这些财富的人来说，这些自然财富使他们担负的负担就越小。不过，我的朋友，你还问我，我能在工业品和农产品之间找到什么区别，以至于能使我得出前者不代表财富真正再生产或创造者的结论。这些区别我们刚才已经论证过了，并且在我们之间用不同角度的观点进行了极为详尽的讨论，难道你没有注意到吗？

H 先生：你总是说不生产阶级的当事人必须得到支付，以便他们能够支付他们向生产阶级购买的产品。我们在这里陷入了恶性循环，因为我也说不生产阶级当事人自己也必须支付，以便他们能够得到支付。两方面的每个人都被支付，每个人也都要支付。

N 先生：不错，不生产阶级当事人要支付他们向生产阶级购买的产品：你如果愿意的话，甚至还可以说，这些购买对于产品的销售和价格会起积极的作用。但是，能否由此得出结论说，用于支付他们购买产品的同样的货币，也被他们用于支付他们自己的工资？你这不是假定货币在单一的交易行为中被用于两个目的吗？[①]因为不生产阶级当事人用以支付他们购买产品的货币，是在价值与相等价值的基础上与生产阶级交换来的；不生产阶级从生产阶级中所得到的与生产阶级从不生产阶级中得到的一样多；你却声称不生产阶级以其用于购买产品的货币为自己支付工资，其结果是，它在与生产阶级交换时，既得到了它买的商品，又得到了它支付商品的货币。这岂不是意味着生产阶级把商品白白送给它吗？在这种情况下，不生产阶级就不能补偿自己了，这同你试图向我证明的东西是矛盾的。

毫无疑问，你的意思是：不生产阶级在价值与相等价值的基础上以货币与生产阶级交换后，这些货币就属于生产阶级，生产阶级反过来用这些货币向不生产阶级支付，以取得后者的服务和物品。在你看来，这就是货币所经历的循环或循环过程，货币从一个所有者转到另一个所有者，而所有这些所有者处于相等的基础上，[②]互相以货币回报对方。

---

① 此为米克注。

② 此为米克注。

但是，这里所谈的不单是货币问题，因为被消费的不是货币；我们还应该对不生产阶级消费的产品说些什么，这些产品是生产阶级每年再生产出来并卖给不生产阶级的。我们还要指出，说生产阶级把它们从不生产阶级那里得到的货币返还给不生产阶级，这是不对的，因为生产阶级是把货币交给土地所有者的，以支付它们应该支付的收入。因此，货币的循环与你所说的循环是不同的：它不是在生产阶级和不生产阶级之间简单和反复地沿着一个连续循环移动的。此外，如我已经指出的，我们不应当将我们的注意力集中在货币循环上，否则，我们就会忘记我们的主要目标，即通过生产阶级的劳动每年再生产出来的产品的分配。

于是，可以再次撇开货币，只考虑实际上能够没有货币干预而进行的分配。生产阶级能以其产品本身来支付它们从不生产阶级那里所得到的服务和物品，以同样的方法支付所有者的收入；所有者又可以产品支付不生产阶级的工资，给生产阶级还留下一部分收获物，这是为支付每年相同再生产所必要的开支；这种再生产产品又以同样方式每年在三个阶级之间进行分配。你知道在那个由印加人统治的地大物博的帝国里，就是以这种方式进行分配的。①

你能从这种形式的分配看到，它实际上是三个阶级之间年产品和消费的真正分配，这种分配直接和完全以消费告终，又以再生产重新开始。这种分配并不返回到生产阶级那里，因而你的循环也就消失了。

请看一眼《经济表》，你就会看到，生产阶级提供了货币，其他阶级用货币从它那里购买它的产品，把这些货币返还给生产阶级；它们在下年又回过头从生产阶级那里进行相同的购买。你可以毫不费力地想像你的金属货币如同票据一样多，这些票据表示每个人在年产品分摊中的份额；因为生产阶级能有规律地返回这些票据，以便在下年以相同方式表示这种分摊。因此，你所说的各国贸易中的价格，对你来说，在各国不过是调节生活资料在居民中分配的尺度，这些生活资

---

① 参看：魁奈的《对秘鲁印加人治理的分析》，第 2 卷，第 913 页。——米克注

料来自土地，通过耕作者的劳动获得；耕作者自己的份额则受每年被消费的产品分配的调节，而且你可以很容易地把耕作者的劳动与那些旨在转送、准备和使享乐及消费多样化的劳动和服务区别开来。因此，在这里看不到别的循环，只有引起再生产的支出的循环，以及引起支出的再生产的循环，这种循环通过货币循环来进行，货币则作为支出和再生产的尺度。因此你不应当把尺度和被衡量的东西本身混同起来，不要把一个循环与另一个分摊混同起来。

H先生：《赋税理论》[①]说得好："所有的人都是农民，因为每个人在他自己的职业上所做的所有贡献，都节省了农民的时间。裁缝为农民做了衣服，农民就不必为制作衣服而放下他的犁；裁缝的妻子做家务，裁缝也就不必放下他自己的工作，如此等等。"

N先生：你所引用的这本书对生产阶级和不生产阶级作了准确的区分，它所用的隐喻不会把你引向错误。它通过使它们彼此类似的条件，完全正确地把生产的劳动和享乐所必要的劳动结合起来；但是，你没有看到节省农民的时间不就是增加了生产劳动，而这种劳动随后又不仅生产了他自己的生活资料，而且还生产了裁缝的生活资料吗？裁缝的生活只能依靠耕作者的生产劳动的增长。如果耕作者中断了他的劳动，而去做他的衣服，那么他就不再能为别人生产生活资料了；因为他用在这种不生产劳动上的时间是从他的生产劳动时间中扣下来的。裁缝的劳动防止了这种无序的安排。但是，为了手工业者得以生存，它必须以耕作者双倍的生产劳动为假定条件，这就清楚地说明，手工业者的劳动确实是不生产的。

H先生：我开始明白了，手工业者的物品只有与其他事先已经存在的财富相结合，才能构成财富。而且，在质量相同条件下，它所花费的这种财富越少——**它们越少构成财富——它们越有利**。但是，我要再次回到我已经向你提过的关于在农业劳动（它从土地上产生财富）上也要尽可能地节省的不同意见。其目的不是相同的吗？这就是使这种财富花费较少的财富，或**使其较少构成财富**吗？在这种情况下，你又用什么区别来支持你的意见呢？

---

① 米拉波：《赋税理论》。——米克注

N 先生：可以把你不理解的这种区别明确地向你展现出来。

所有工作的人为了生存就得消费。但是，消费就得毁灭生活资料，有必要将它们再生产出来。耕作者的劳动再生产的不仅是他们自己毁灭掉的生活资料，而且还有其他消费者毁灭掉的生活资料。另一方面，手工业者的劳动不过为他们提供了一种权利，可以分享耕作者的劳动所生产的生活资料。

你可以看到，我们必须把耕作者的再生产产品分成两部分：一部分是他们自己的生活资料；另一部分是超过它的剩余。如果可能的话，在对再生产总额没有破坏性影响的条件下，第一部分下降，第二部分就会相应上升。例如，假定再生产是 20 利弗尔，耕作者的花费是 10 利弗尔，剩余也是 10 利弗尔；他的花费要是降低到 8 利弗尔，剩余就会上升到 12 利弗尔。

不管耕作者的费用如何，产品价格会受到产品数量和购买者竞争的调节，购买者的需求总是大于再生产总量。因此，耕作者费用的节省，虽能增加费用之上的剩余部分，但不会使价格下降，因此再生产**不会构成较少的财富**。

另一方面，在手工业者物品中，正如已经证明的那样，不存在超过支出的财富的增加，因此他的支出越节省，**他的物品就越少构成财富**。

这些论点都是你所熟悉的，它应能使你理解耕作支出的后果和手工业支出的后果之间的区别。首先是耕作者所生产的财富的价值和手工业者物品的价值之间的区别。在一定限度内，可以对手工业者和耕作者之间就其支出的价值作一比较，因为两者的支出都应计入与经济秩序相关的计算中；但是，对他们劳动的果实不能比较。区别是如此明显，无需进一步解释，即可消除你在手工业者支出节省和耕作者支出节省效果问题上的不同意见。劳动的费用决定着手工业品的价格，但它们之间的竞争又限制了它们的劳动费用。重复地说，这同土地产品的价格是不同的，后者不仅决定于耕作者的费用，而且还决定于其他许多原因，由于这些原因的存在，即使节省了耕作成本，仍能维持产品的市场价值。手工业者劳动的产品的价值只是它的费用：成本更多了，必然要有损失。[1]耕作者劳动的产品超过这种费用；它超过得越多就越有利，越能增加国家的福利。因此，构成你的不同意见的基础的那种比较消失了，你的不同意见也随之消失了。因为，我们在土地耕作费用上节省得越多，在不损害再生产的情况下，纯产品或土地所有者的收入就越多。土地所有者的支出是以他向**生产阶级**和**不生产阶级**的购买，以及**不生产阶级**向**生产阶级**的购买为基础的，目的在于能够再生产相同的收入和相同的支出。这就是你没有看到的区别，也就是你所说的**支持我的意见**的区别。

这些观察都是非常明显的，它们应能终结关于产品的销售和价格，关于各种工薪者（工人、制造业者、手工业者、商人、车夫、仆人等）的工资和消费的一切争论了。**你支付给他们的越多，他们中的每个人就越能扩大他们的消费。但是，工薪者将会更少，彼此竞争着要买你的产品的消费者也会更少，因为工资总额是有限的。因此，你支付给生产阶级的工薪者的越多，你能支付给不生产阶级的就越少；同样，你支付给不生产阶级的越多，你能支付给生产阶级的就越少**。这里的一切都服从于严格的法则，与此相关，议论应当服从于计算。计算了，你就不会再说，支付给工薪者的高费用将会扩大消费，从而扩大销售和产品的市场价格。你会看到，这种议论在个人场合和抽象意义上对你来说似乎具有决定性，但是就事情的一般秩序来说就完全站不住了。你将会再次感到在一切贸易部门实行最大可能自由竞争的必要性，以便尽可能地削减各种相关的繁重的开支。一旦你计算了自然权利所规定的这个普遍自由的后果，按照自然权利的规定，**在不侵犯别人权利的条件下，每个人都享有尽可能地改善自己境遇的权利**，你就会明白，普遍自由是增进公共的和个人的福利的基本条件，这是不说自明的。你就会害怕并进而抵制一切会导致伤害这种神圣自由的意见，自由可以被看做是对人类一切权利的概括。你就会抛开你对先前维护的这个体系的判断，这个体系是把来自**不生产阶级**工作的所谓

---

① 换句话说，在竞争条件下，手工业者产品的价格等于原材料成本加上手工业者制作产品期间的消费所必需的生活资料的成本。如果价格比这要高，那么，购买者就会遭受魁奈所说的“损失”。——米克注

生产，同来自**生产阶级**工作的真正的生产混同起来的人的体系。你将会看到，如果这种体系被局限于一种单纯和简单的抽象，它就会导致一种空洞、浅薄和与不说自明的事实矛盾的偏见，一旦人们想从中得出一些实际的结论（这是维护者的主要目的），它就变成危险的和有害的谬误了。很不幸，这种谬误只能导致太多的不公平，剧烈的压制，毁灭性的排斥，难于承受的垄断和破坏性的特权。最后，你会承认，这种**体系**如果没有实际的用途，其惟一的选择显然就是**无用**，或者，如果作为行动的原则，它就是极其有害的。而且，在两种情况下，仅凭语言庸俗模糊，同一词包含许多不同意义这一点，它就能被推翻了。我看你不是那种人，他们一直想借含糊不清的语言捞取好处，以便混淆我们争论的对象，并使我们一直在争论的问题得不到澄清。我们正在讨论的问题太重要了，而你又非常忠实于真理，所以你是不会求助于这种小骗术的。只是因为思想混乱，在科学上还很少有人知道该如何对待这个困难问题，加上受个人利益和流行偏见的影响，致使你认真地为这种诱人的意见进行了辩护；你现在无疑明白了，支持这种意见的流行偏见不用很久就会让位于真理。

关于货币利息的考察*

向别人出借资本，要求得到利钱或利息，如同某人以土地财产得到收入，或以转手贸易获得收益一样，是公平合理的。用货币可以得到带来收入的土地所有权，土地所有权就代替了用于购置这块土地并借此所有权每年带来收入的货币资本，这样一来，货币就在保留资本的情况下还得到了年收入。可见，按照最公平的制度的要求，以货币能够获得年收入，同时仍保留着保证这种收入的货币资本。我们说按照最公平的制度的要求，是因为带来这种收入的仅仅是用货币购置的土地，而没有向其他任何人索取分毫。所以，每个出借货币的人，公平地说，就是将能够给他带来收入的财富出让给别人，同时保留着被出让的资本。

人们也许会说，出借货币同购买地产完全不是一回事，因为后者是在不剥夺别人的情况下获得收入的。如果强调说用于购买土地的货币同样可以在不剥夺别人的情况下得到收入，人们会认为这不过是空洞的遁词。出借的货币不会给债务人带来债权人要求的收入，这是不必多说的。但是，这种反驳对债权人是无力的，甚至同他完全不相干。实际上，货币一旦借出，债权人就失去了他的财富的使用权，而这笔财富是在保持资本价值和不损害任何人的情况下为他带来收入的。债务人现在是这笔财富的所有者，就看他如何使用这笔财富，在不损害第三者的情况下给他带来应当支付给债主的收入了。但是，这

* 最初刊载于1766年的《农业、商业、财政杂志》。1888年收入《魁奈的经济学和哲学著作》。重新发表于《魁奈和重农主义》，第2卷。格尔布诺夫的俄译文收在1896年出版的《摘录》。本次发表的译文经过了校订。——俄译本注

个决定性的理由还证明了另外一点：这个收入显然有一定的界限，这个界限是由自然和公平的秩序确立的；还证明了债权人能够要求债务人支付收入的权利是有限的，要求收入超过这个界限是不公平的，国王的法律应以消除这种明显的不公平为目标。

由此可见，货币利息的水平，同土地收入一样，都服从于规范着两者的自然法则。土地提供的收入和以货币获得的收入，只是纯产品的一部分，它们是随同土地一起卖给地产获得者的。买卖双方都知道的这一部分纯产品决定着这块土地的价格。因此，购买土地后所能获得的这个收入的数量既不是随意的也不是不可知的；这个明显的受自然限制的尺度对买者和卖者来说都是一种法则。现在我们要说明的是，按照公平的秩序，上述法则还应当调节货币利息的水平或者不间断收入的水平，后者是由农业国中作为永久租金的货币带来的。

人们会说，把货币作为永久租金是有风险的，应当考虑这样投放货币是否有利。但是，即使有风险，对食利者来说也是极为有利的，因为他完全不必为获得收入而操心，并能过上安逸的生活。风险是到处都有的；如果我们这里所说的收入完全没有风险，那么大量的虚假收入就会大大超过国家的实际收入数量。这些虚假收入没有任何根基，只会使国家瓦解。因此，极为重要的是，要有一种与之对立的限制其发展的东西，否则土地就会贬值和荒芜，货币就只能被用来取息了。但是货币很快也就完全得不到了，因为没有矿山的国家只能通过土地产品得到货币。土地所有者、土地收入、食利者、利息和资本，都会掉进同一个深渊。

实际上，除了土地和水以外，没有什么东西能够带来收入。甚至可以简单地说，除了土地之外，其他东西均不能带来收入，因为没有土地，水是什么也生产不出来的。总之，按照自然的和道德的秩序，为获利而出借货币的动机，如果不是基于同以货币购买土地所能带来的收入相似的理由，这种利息就不可能站住脚，因为以货币是不可能在不损害别人的情况下公平地获得收入的。我并不忽视这一事实，即贸易能带来财富的虚假观念引起了许多强烈的不同意见，但是人们完全了解这个不可动摇的原则。我们不准备预先提出这些不同意见，以免引起多余的不合时宜的争论；我们下面只谈贸易中出现的短期借款，这种借款在性质上不同于为了设立永久租金而出现的借款。

众所周知，货币本身是非生产性财富，什么也不生产，它在交换中得到的是等价物。货币只能在这样的条件下带来收入：用于购买能够带来收入的土地，或者出借给借款人，而借款人将它用于同样的目的。货币能用于这种目的，这是不容置疑的；放款取息者有充分的理由假定，借款人有可能将借到的货币投到事业上，以满足每年对永久租金的支付，他有义务支付到不赎回租金及自愿归还资本时为止。

但是，在任意规定借出资本的利息的情况下，债权人就不能以同样的根据假定，债务人会在不破坏法律的条件下，有能力获得比土地收入多得多的收入，因为实际上只有土地才能带来收入，而只有这种收入才能作为对投向永久租金的资本索取利息的根据。这里不曾有过固定不变的实在法，能够确立一种为公平性所允许的货币利息水平；除了自然的即自然界所提供的能以货币取得的实际收入的状况之外，别的法律都不会容许这种利息水平。国王的法律只能规定一种界限，债权人不能借口债务人需要而破坏这个界限，同时让双方去商定一个较低的利息。但是，这个法律在有争论的事件中，对债务人有时也是有害的，因为关于利息高低的问题要由法官裁决，而法官对利息低于法定利息的债权人是不能判罪的，尽管这种法定利息有时会使债务人破产。与此同时，法官必须有确切的资料才能作出裁决，尽管依据地方行政法规也许能够作出更公平的判断，这种法规每隔十年就会修改一次，这些法规将颁布土地及其收入的实际的和最流行的价格。例如，各主要省会的地区公证人所作的一致估价，就可以作为每十年的行政法规，他们必须把这种估价上报地区法院办公厅批准，后者又将其摘要上报省高等法院。在法院对有关货币利息的诉讼的判决中，这些资料同定期规定的食品上市价格具有同样的效用。这些价格每逢集市就公布于地方法院办公厅，供办公厅在发生争议时，根据谷物价格来确定土地代役租的高低，以及债务人应向债权人支付收入的高低。

货币利息和土地价格及土地收入之间的这种相似关系，要求用同样的规则公平地解决债务人和债权人之间的争端。但是，有些放债取息的人会以贸易利益为由任意索取利息；这些人不会不反驳说，让货币利息的高度严格地服从于货币利息和土地收入之间的相似关系的原则，一定会破坏贸易。他们这种过于宽泛的贸易概念搞乱了一切，比如说，他们居然将与贸易完全无关的放债也归入贸易领域，以便将那些完全不许可的放债合法化，而其利息如果用于贸易，则会对贸易和社会都造成危害。他们最后的结论是，放债取息的货币的价格，应当同市场上的商品价格一样是自由的可以变动的，不过有一个条件，议定的利息就绝对不能改变。这就是想让不断变动的原因的影响仍然保持不变，因为地产的收入会依其购买价格而发生很大的变动。由高利贷者的贪婪及其同公平秩序不相容所引起的这些矛盾，是以虚假的商业利益为借口的，而对于这种商业利益，他们却只有自相矛盾的错误的观念。人们在不断地要求政府对贸易加以保护，而他们所说的始终只是转手贸易，而决不是能为国家带来收入的第一手贸易。然而人民的购买只能限于出售了自己的产品或收入的范围内，所以转手贸易总是同人们能够购买的量相适应的。在富裕的国家中，商人总是很多的；然而不是商业使国家富裕，而是财富使商人数量增加，并使贸易繁荣。不过，这是转手贸易的繁荣，这种贸易除了国家财富的吸引以外，不需要其他的刺激。但是，商人的贸易，国家的贸易，工业，奢侈品，国家的收入，贸易开支，所有这一切同贸易有点瓜葛的东西，都被一股脑儿归入到贸易这个含义不清的概念之中；在这种混乱的情况下，形形色色的放债取息都被看做是贸易的辅助手段；这种庸俗概念所庇护的总是高利贷者的贪婪之心。

为了摆脱这种混乱状况，在光明尚未驱散黑暗之前，我们暂且满足于指出以下几点：(1) 在贸易中几乎没有永久租金名下的借贷：商人的资金通过销售商品很快就能回到他们手中，使他们能够支付商品滞销时所需的短期借款；(2) 在商人之间，说实在的，存在着一种用出借取息的货币进行的贸易，这种贸易就像在市场上一样进行，而且只在他们之间；(3) 在商人之间最常见的借款是用商品进行的借款，要等到商品出售之后才付款，因而商人彼此之间只是经纪人，而商品本身构成了贸易中用于借款的资金的最大部分；(4) 商人们有法律咨询机构，只处理贸易领域的纠纷，因而贸易所特有的判例完全不影响对其他公民的纠纷的解决，而解决后者的判例也不会影响商人之间纯粹的贸易纠纷。由此可见，本人不是商人，而借款又是用作永久租金的债权人，没有任何理由以贸易为借口；他们这样只会搞乱决定用作永久租金的资本利息水平的自然法则。同样没有任何理由以贸易的利益为借口，认为用作永久租金的货币的利息水平应当根据债权人和债务人之间的竞争的大小而定，这只会使国家破产。因为在困难时期，债务人的人数会大大超过债权人的人数；利息随之大为提高，最后租金吞没了地产收入；土地耕作逐渐变坏，借款需求仍然高涨。随着收入减少，利息水平会过度提高，不动产的抵押迫使土地所有者放弃自己的土地，荒芜的土地成了食利者的惟一资源，由于破产者的贫穷，食利者自己也因此而破产。

然而，当利息超过它的自然水平时，过多的负担就落到了所有居民头上。商人在这种情况下就要随着利息的大幅度提高而增加贸易支出，而他们的打算是建立在货币以其给他带来的利息上的；这会减少第一手销售商品的价格，而提高商人转手贸易的商品价格；所有这一切的总和就形成了一种隐秘的普遍的勒索，由于人们极少注意这种现象发生发展的根由，所以它变得更加严重了。这种过高的利息破坏了前述相似关系，即只有在土地价格及其收入提高的情况下，利息才应当较高。所以，我敢说，利息提高的负担落在了人民和国家身上，因为它实际上超过了用货币购买土地所能带来的收入。这样一来，在货币的这种用途（即购买土地）和借出以取得难以置信的高利息之间的相似关系就消失了，因为利息超过取得收入所依据的自然价格就是掠夺，国家和全体人民都会遭受这种不公平。当国家在困难时需要借款进而成为高利贷的主要债务人时，这种过高的利息就更为有害。他们至少忽视了一点，由于过高的利息对国家和人民极为有害，因此高利息的这种诱惑对他们本身也是有风险的。实际上，要知道，国家就是人民本身，如果人民负担过重，力不能及，那么不按自然秩序办事，给人民沉重负担的人的力量也会削弱。企图直接减轻负担的各种举措不可能达到预期成效。在这种场合，有许多情况会影响农业国采取这些手段取得成功，还有许多要求会将事情搞乱。因此，风险最小的办法，是采取按照自然法则和要求确立秩序的公平呼声的规则，因为超过正常收入水平的虚假收入，是国家的寄生的瘤，它会给农业国的整个经济制度带来可怕的混乱。

经济表的分析*

表明农业国每年支出分配的经济表算术图式分析

农耕繁荣时，一切其他技艺必兴旺发达；土地一旦荒芜，则其他在陆地和海上工作的人们就会几近毁灭。

——苏格拉底，引自色诺芬[①]

国民分为三个阶级：**生产阶级、所有者阶级和不生产阶级**。

生产阶级是靠耕种土地每年生产国家财富的阶级，它们预付耕作上的各种费用，并且每年向土地所有者支付收入。我们把所有从事产品劳作的人，以及直到产品直接售卖所引起的各种费用，都包括在这个阶级之中；正是通过这种售卖才能判明国民财富的年再生产的价值。

所有者阶级包括国王、土地所有者和什一税所有者。这个阶级靠收入或耕作的**纯产品**生活，而纯产品则是在生产阶级从它们每年更新的再生产中，首先扣除了补充其年预付和维持其耕作的必要财富之后，每年向所有者阶级支付的。

不生产阶级包括从事耕作以外的其他服务和工作的人，它们的费

---

* 这个“分析”首次发表于《农业、商业、财政杂志》,1766年6月号。后经修订和增补，重印发表于《魁奈和重农主义》，巴黎，1958年。现据《魁奈和重农主义》,第2卷，第793~812页译出。——米克注

① 色诺芬：《经济论》（洛布经典图书馆，1923年版）第45页。——米克注

用是由生产阶级和所有者阶级支付的，而所有者阶级本身的收入也是从生产阶级中取得的。

为了明确地追踪和计算这些阶级之间的关系，必须注意到某种特定的场合，因为确切的计算不能以简单的抽象为基础。

让我们假定，一个大王国的土地以可能最好的方法进行耕作，[1]它每年的再生产价值是**50亿**利弗尔；这个价值能长久得以维持是以通商各国现行的不变价格作为保证的，在这样的国家存在不间断的自由贸易，而且用于耕作的财富的财产权是完全有保障的。[2]

经济表包括这三个阶级及其每年的财富，它们之间的交易是按照以下方式进行的：

生产阶级	所有者阶级	不生产阶级
预付	收入	预付
这个**阶级**的**年预付**20亿利弗尔。[3]它们生产了**50亿**利弗尔，其中有**20亿**利弗尔是**纯产品**或**收入**。	这个阶级**收入20亿**利弗尔。它用**10**亿利弗尔购买生产**阶级**的产品，用另外**10**亿利弗尔购买**不生产阶级**的产品。	这个**阶级**预付**10**亿利弗尔。**不生产阶级**用它向**生产阶级**购买原料。

① 这个说法明确地暗示，不仅王国的土地被完全耕种了，土地没有荒芜，而且已经广泛引进了最富有生产率的大规模农业。——米克注

② 这里有大约1.3亿亚尔邦不同品质的土地；使这些土地保持良好状态所需要的耕作财富总额大约120亿利弗尔；人口3 000万，他们依靠50亿利弗尔年产品过着合乎他们地位的舒适生活。

但是不要忘记，当人们过上和平生活时，人口通常就会超过土地产量；而国家的强盛和它的人口数量总是基于耕作所需财富足以维持富裕的农业这样的假定。维持这个用于耕作的财富基金，应当是经济管理的主要目的；因为国王和国家的收入完全依赖于它，正如为维持年再生产费用的正常分配秩序所说明的那样。——原注

③ 年预付包括每年花在耕作劳动上的费用；应当区别年预付和原预付，后者构成进行耕作的基金，大约是年预付的5倍。——原注

生产阶级把价值**10亿**利弗尔的产品卖给**收入所有者**，把另外价值**10亿**利弗尔产品卖给向**生产阶级**购买工业品原料的**不生产阶级**……………………………20亿利弗尔

收入所有者向**不生产阶级**购买花了**10亿**利弗尔，**不生产阶级**用这**10亿**利弗尔向**生产阶级**购买用于本阶级人们生活需要的产品……………………………10亿利弗尔

收入所有者和**不生产阶级**向**生产阶级**购买的总计……30亿利弗尔

在**生产阶级**因售卖价值30亿利弗尔的产品而获得的**30亿**利弗尔中，有**20亿**利弗尔应当作为当年收入交给所有者；它又向**不生产阶级**购买10亿利弗尔物品，不生产阶级保留这个数额，以补偿过程开始时它向**生产阶级**购买制造物品所需要的原料而花费的预付；这些预付没有生产什么；不生产阶级支出了它，它又回到不生产阶级那里，总是一年又一年地保留在那里。

用于制造不生产阶级物品的原料和劳动，使这个阶级售出**20亿**利弗尔，[①]其中**10亿**利弗尔花在这个阶级人们的生活资料上。可以看到，这里只有消费或产品的消失，而没有任何再生产；因为这个阶级只是通过不断支出它们的劳动报酬而维持生活的，所以，这种劳动与用在生活资料上的支出分不开。也就是说，**它同纯粹消费支出分不开，这种支出并没有再生产出这个阶级的消费所毁灭的东西，这些东西完全出自土地每年再生产**。另外10**亿**利弗尔被保留下来，用于补偿它的预付，下一年用来重新向**生产阶级**购买它制造物品所需要的原料。

生产阶级向**收入所有者**和**不生产阶级**售卖得到30**亿**利弗尔，它用其中20亿利弗尔支付本年度的收入，向**不生产阶级**购买价值**10亿**利弗尔的产品。

各阶级之间的这种交易过程及其基本条件，绝不是假设的。任何

---

① 不生产阶级使用价值10亿利弗尔的原料，消费价值10亿利弗尔的正在加工的生活必需品。依照魁奈的假定，这些产品的总价值可达20亿利弗尔。——米克注

想对它予以思考的人都会看出，它是对自然状况的真实复制；只是所用资料，如我们预先向读者说明的那样，只适用于这里研究的场合。

农业国繁荣与衰退的不同状态，会提供大量其他场合和其他一系列资料，其中每一种都可作为与其完全契合的某种特殊计算的基础。

我们一开始使用的数字，按照永恒不变的自然规律，确定在再生产总额 50 亿利弗尔，这是生产阶级用 20 亿利弗尔年预付，在我们描述的土地上每年再生产出来的。按照这个假定，年预付的再生产是 250% 。[①]所有者的收入可以等于年预付。但是，这些数字暗含着一些**不可缺少**的条件：它们假定自由贸易使产品优价得以维持。例如，每塞蒂谷物价 18 利弗尔；还假定，除了收入以外，耕作者不再支付任何其他赋税，不管是直接支付还是间接支付。例如，收入的 **2/7** 应当构成国王的**收入**。依据这些数字，在总收入 20 亿利弗尔中国王应占份额为 5. 72 亿利弗尔；[②]所有者占 **4/7**，或 11. 44 亿利弗尔；什一税所有者占 **1/7**，或 2. 86 亿利弗尔。[③]没有其他课税方法像这种方法那样能提供如此大量的公共收入，同时又不会引起国民财富每年再生产的任何下降。[④]

所有的赋税应当直接对土地收入征收，这对所有者、国王和整个国家都有很大的好处；任何其他征税形式都违反自然秩序，因为这将对再生产和赋税造成损害，对赋税本身加税。世界万物都服从自然法则，人类被赋予理解和遵守这些法则的智能。然而，涉及的大量因素需要人们对它们作广泛的整体的把握，构建一种非常深远和自明的科学的[⑤]基

① 这个再生产率是据年预付和再生产总额的比率得出的；在先前的经济表中多半是指年预付和纯产品的比率。——米克注

② 请注意，一直在征收的什一税没有包括进去；如果加上什一税，国王所分享的 2/7 大约是 6. 5 亿利弗尔年赋税。——原注

③ 《经济表》先前的版本在计算纯产品或收入时，通常把赋税和什一税除外；这次则计算在内了。——米克注

④ 如果要免除地产的税，则必须在对国家福利带来一定好处，而且这些好处应被视为公共收入的一部分时，才能加以考虑。另外，这种免除只有基于正当理由才能许可。——原注

⑤ 此为米克注。

础，要避免政策错误，这样的研究是不可缺少的。

在再生产总额**50亿**利弗尔中，**收入所有者**和**不生产阶级**为其消费已经购买了价值**30亿**利弗尔的产品，其余价值**20亿**利弗尔的产品还留在生产阶级手中。此外，这个阶级也从**不生产阶级**手中购买了价值**10亿**利弗尔的产品，这使每年数额达到30亿利弗尔。消费这30亿利弗尔的，有该阶级从事各种类型工作的用耕作年预付来支出的人；还有各种逐日工作以维持资本保持适当状态、用利息来支付的人。关于这一点下面就要谈到。

因此，生产阶级的年支出是**30亿**利弗尔，它生产的**20亿**利弗尔产品留作自己消费，**10亿**利弗尔产品是从不生产阶级那里购买的。

这30亿利弗尔构成了生产阶级的所谓**回报**，其中**20亿**利弗尔构成年预付，由直接参与**50亿**利弗尔产品再生产的劳动所消费，生产阶级每年再生产出50亿利弗尔，以便恢复和补偿它们消费的支出。另外**10亿**利弗尔则在售卖后由这个阶级所持有，作为企业预付的利息。现在我们来解释为什么这个利息是必要的。

第一，构成原预付的耕作财富的储备会逐日消耗，要使这些重要储备保持原有状态，不致完全消失，就需要不断地修补，不然就会破坏耕作，从而破坏再生产，破坏国家的财富和人口。

第二，耕作同许多严重灾害是分不开的，这些灾害有时几乎会导致绝收，例如霜冻、冰雹、凋萎病、洪水和畜役等。如果耕作者没有任何储备，灾后他们将无力向所有者和国王支付，或者不能维持下年的耕作费用。后一种情况事实上常会发生，因为所有者和国王手中有权，能看到他们会得到支付；我们看到对耕作的这种破坏的悲剧性后果，不久就会无可逃避地落到所有者、国王、什一税获得者和该国所有其他人的头上。

因此，耕作者企业预付的利息，应当包括在他们的年**回报**中，使他们能应对严重的灾害，并逐日地维持耕作上使用的财富，对它们不断地进行修补。

前已指出，**原预付**大约是**年预付**的5倍。按照年预付达**20亿**利弗尔的假定，原预付应是**100亿**利弗尔，**10亿**利弗尔的年利息不过是10%。如果我们考虑到必须用这些利息来补偿的费用的数额；如果我们考虑到这种用途的重要性；如果我们想到，没有它的话，租金和赋税就没有了保证，以至于社会支出的更新将被破坏，用于耕作的财富储备和耕作本身就会停止，这种荒废将毁灭大部分人类，并使其余的人生活在丛林中，那么，我们就会看到，耕作的耐久①预付的利息 10% 并不是很高的。

我不是说，所有的耕作者在年预付以外，每年都要抽出原预付 10% 的利息。但是，我要说，这是国家繁荣的基本条件之一；一个国家如果总是没有它，这个国家就会衰落；而且如果这个国家沿着这个方向一年一年衰落下去的话，我们甚至可以计算出它完全衰亡的时间。我还要说，这种储备对国家有利，对耕作者的预付同样有利；它本身给将劳作与智慧结合起来的耕作者带来的年利息，至少与支付给懒惰的食利者的利息一样多。

这个利息总额是年年支出的，耕作者绝不会任其闲置；即使在他们不用它修补期间，他们也不会不将其投放到有利可图的地方，以便扩大和改进他们的耕作，不如此就不能应付严重的灾害。这就是为什么要把利息列入年支出总额的原因。

总　结

过程开始时在**生产阶级**和**所有者阶级**之间分配的总额 **50 亿**利弗尔，是在永远保证每年相同再生产的正常秩序之下支出的。**10 亿**利弗尔由**所有者**向**生产阶级**进行购买，**10 亿**利弗尔则向**不生产阶级**进行购买。**生产阶级**向其他两个阶级出售价值 **30 亿**利弗尔价值的产品，收回由于（所有者）收入的支出而得到的 **20 亿**利弗尔，花费其中 **10 亿**利弗尔向**不生产阶级**购买。这样，**不生产阶级**就得到 20 亿利弗尔，用于向**生产阶级**购买生活资料和生产所用原料。**生产阶级**每年在它自己的产品上花费 20 亿利弗尔，这就完成了 **50 亿**利弗尔每年再生产的支出或总消费。

这就是**生产阶级**每年用包括在每年再生产 **50 亿**利弗尔的总支出

① 此为米克注。

中的**20亿**利弗尔年预付，重新生产出来的**50亿**利弗尔的支出分配的正常秩序。

我们现在向读者提出一个支出分配的算术图式。在右边，[①]上方，是**生产阶级**的预付额，它已在去年支出了，以便获得今年的收成。这个数字下面有一条线，把预付额与表明这个阶级的收入数额的栏分开来。

在左边，[②]是**不生产阶级**的收入额。

在中间，上部，是**收入额**，它分到左右两边，通过支出而在两个**阶级**之间分配。

收入的支出用虚线表示，从收入额出发，沿下斜线到一个阶级和另一个阶级。两边这些线的终点的数字，表示收入所有者向这两个阶级购买时所支出的收入额。

两个阶级之间的交易也用虚线表示，从一个阶级下斜到另一个阶级，表示进行了购买。每条线顶端的数字，表示两个阶级中的任何一个阶级，顺着这条通道，通过在它们中间为它们支出而继续不断进行的相互交易，从另一个阶级中获得的数额。[③④]

---

① 应是“左边”。——米克注

② 应是“右边”。——米克注

③ 生产阶级和不生产阶级获得的每一个数额，都隐含着双重的价值，因为它涉及到买和卖，因而也涉及到被售卖东西的价值和用于购买的数额的价值。但是，实际的消费所涉及的只是**50亿**利弗尔价值，它构成生产阶级的总回报。来到每个阶级手上的货币额在它们之间的分配，是通过货币总额的流通实现的，而这个货币总额每年都会重新开始同样的流通。货币总额的大小和流通的快慢可被设定，因为货币流通速度可以在很大程度上补充货币总量。例如，某一年的再生产没有减少，而产品价格却因交易顺利或其他原因而大幅上升了，在这种情况下，就没有必要增加货币额以支付这些产品。然而，会有巨额货币转到买者或卖者手中，这使许多人相信王国的货币总额是大为增加了。因为把现象当成了现实，所以一般人发现它很难理解。——原注

④ 米克在魁奈上述原注“它构成生产阶级的总回报”后的补注：“魁奈在这里明确假定，价值20亿利弗尔制成品的消费，是价值10亿利弗尔生活必需品和价值10亿利弗尔尚未加进制成品的原料的另一种形式的消费。”——米克注

最后，计算在每一边都以两个阶级中的每一个的回收总额作为结束。可以看到，在给定的场合，当支出的分配遵循着已被详细描述的上述秩序进行时，生产阶级的回收额，包括它的预付在内，等于年再生产总额；同时，耕作、财富和人口维持原状，没有任何增减。不同的场合，如我们已经指出的那样，将会引出不同的结果。

如果所有者支付给**生产阶级**的多于支付给**不生产阶级**的，那么，用于生产阶级的劳动支出的这种增加，应当被视为对这个阶级预付的增加。

这里假定，在繁荣状态下，收入的支出均分于生产阶级和不生产阶级，同时，生产阶级只把自己支出的 1/3 转给不生产阶级。理由是耕作者在处置自己支出时，不像所有者那样自由。但是，农业越是处于衰退状态，就应当把更多的可支配支出用于农业的重建。

经济表的图式

再生产总额：50 亿利弗尔

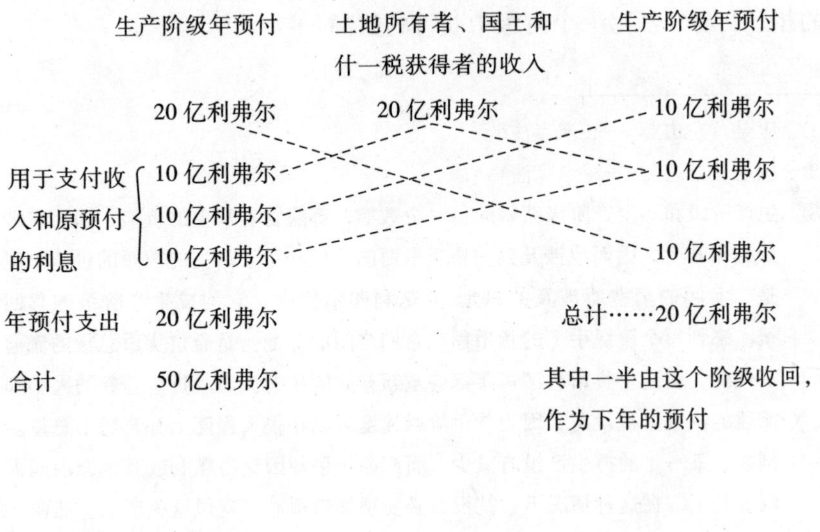

重要的注释

第一个注释

所有者为自己生活需要而向**不生产阶级**支出，和所有者为自己和宾客之需，以及为喂养动物之需而向**生产阶级**直接支出，是不应当混同的；因为所有者向**生产阶级**支出，比他们向**不生产阶级**支出，对农业更为有利。

在收入所有者中有很多富人，他们消费得起最昂贵的产品。他们消费的产品量，按比例来说，比其他阶级所消费的较低廉的产品量要少得多。同样，花费收入并以如此高价购买的人，相对于他们购买产品的总价值来说，也要少得多。但是，他们的支出维持了优质产品的价格，也相应地维持了其他产品的适当价格，这对土地收入是有利的。

但是，这与**所有者**可能支出给**不生产阶级**的大量货币有所不同；这里有初级产品的摆阔气的挥霍和装饰性奢侈之分。[①]前者的后果不像后者那样可怕。

购买 1 利特隆[②]豌豆的人，支付给耕作者 100 利弗尔，耕作者将它用于耕作支出，这对年再生产有利。购买一条金辫带的人给工人支付 100 利弗尔，工人用其中一部分向国外购买原料；只有另外一部分才用于购买生活必需品，从而回到**生产阶级**手中。然而，这种回报并不像所有者直接支付给生产阶级那样有利，因为工人不会为他们的生活去购买昂贵的产品，因此也就不能像所有者那样，对维持能产出高价产品的优质土地的价值和收入作出贡献。至于为上述购买而支付给国外的那部分货币，即使回流到**生产阶级**（实际上，在产品相互贸易

---

① 这个概念涉及重农主义关于节食与奢侈的区别。参看米克：《重农主义经济学》，第 316 页。——米克注

② 利特(litre),升,公升,容积单位,在法国源自 litra。利特隆（litrom）似为 litra 之异名。——中译本注

的国家，至少有一部分会这样[①]），也总是负担着交易成本，这势必减少它的回流量和妨碍它完全回流。

第二个注释

单纯的支出是消灭自身而没有任何回报的支出，它只能通过在这方面能为自已提供产品的**生产阶级**才能得以维持。所以这种不能用于再生产的支出，应被视为**不生产的**支出，甚至被视为有害的奢侈支出，如果它对农业是多余的和有害的话。

所有者的大部分支出至少是**不生产**的，只有用于维护和改良其财产和扩大耕作的支出，可以说是例外。但是，所有者是根据自然法致力于其财产管理，并负担着维护和修缮财产的支出，所以还不能将他们同那些纯粹的不生产阶级混为一谈。

第三个注释

一个王国，如果它的土地已经完全以最好的方法耕种，商业已经实现了尽可能的自由和无障碍，以至于**所有者**的收入已经不能再增加时，**所有者**就能将其收入的一半用于向**不生产阶级**购买。但是，如果它的土地还没有完全耕种和改良，如果道路缺乏，为了运输产品，还需要疏浚河流并开凿运河，所有者就应当节约他们在不生产阶级身上的支出，以便把支出用在增加其收入和使他们的享乐达到最大可能所必要的地方。在达到这一点之前，他们对不生产阶级的多余的支出应属奢侈的支出，有害于他们的富裕和国家的繁荣。这是因为，不利于农业的一切，均有害于人民和国家，而促进农业的一切，对国家和人民都是有利的。所有者的支出，惟有能扩大其财富并增进国家普遍福利者，才是必要的，这使保障土地所有权成为帝国统治的自然秩序的一个基本条件。

---

① 与东印度的贸易通常不是这样；但下述情况除外：外国商人将其购买的产品卖给我们，他们愿意在我国以我们对其东印度商品支付的同量货币购买产品。但是，这同我们本国商人进行的贸易，并且限于我们与只要货币的东印度的贸易，还不是一回事。——原注

在封建政治制度下，这种土地财产通常被看做是领主武装力量的基础，但是，人民所想的却只是土地所有权。这就是与土地财产相关的许多稀奇古怪的风俗和法律存在至今的原因，尽管君主政体已经发生了变动。与此同时，对于耕作所必要的动产财产权的保护，人们却很少予以注意，而惟有耕作才能使土地财产转变为利益。人们没有充分认识到，王国武力的真正基础是国民繁荣本身。

罗马帝国知道怎样征服许多国家，但是它不懂得如何**统治**。它大肆抢掠被征服国家的农业财富；后来它的武力消失了，一直使它富裕的占领地被夺走；它发现自己陷于孤立，无力抵御敌人的掠夺和欺凌。

第四个注释

在我们这里正在研究的正常秩序中，**所有者**和**不生产阶级**每年为购买而支出的总额，每年都会返回到**生产阶级**那里，使它能给**所有者**支付**20亿**利弗尔的年收入，给自己留下原预付和年预付的利息。

假如由于苛捐杂税或对贸易的任何障碍，使支出的这种分配有所缺失，从而损害了农业；或者使耕作者的回报有所减少，那么，国家财富每年再生产的减少和人口的减少就会接踵而至，这很容易借助计算予以说明。正是**依据**与支出**分配秩序相关的资料，按照收入是返回了还是离开了**生产阶级，**生产阶级的预付是增加还是减少了，产品高价得以维持还是价格低落了，我们才得以计算出一个国家治理效果的好坏**。

不生产阶级只能为其生活资料花去所得**20亿**利弗尔的一半，因为另一半要用于购买原料。因此，这个阶级只应占该国的1/4。

我们看到，**生产阶级30亿**利弗尔的回报中包括**10亿**利弗尔原预付和年预付的利息，以使这些预付能以良好状态继续使用。因此只有**20亿**利弗尔留在这个阶级手中，作为其直接成员的支出；因此它们的人数大约是**不生产阶级**人数的2倍。但是，这个阶级中的每个人役使耕畜，能够实现供养8个人的再生产产品，即每个成员自己的家庭（假定一家以4口人计算），还有另一个属于**不生产阶级**或**所有者阶**

级的同样人数的家庭。[①]

如果想更详细地了解一国支出的分配，可以参看《农村哲学》第七章。在那里可以看到，除了这里假定构成该国支出总额的**50**亿利弗尔以外，还有另外的支出，例如交易成本和喂养耕畜的饲料。这些支出没有包括在表中所表示的支出分配里。如果包括进来，每年再生产总价值额就会上升到**63.7**亿利弗尔。不过，这里应当注意的是，交易成本是增加还是减少，从而损害国家还是有利于国家，就看这个部门的行动同自然秩序是否相抵触了。

第五个注释

在上述支出模式中，是以该国只有国内贸易为假定的。但是，没有一个王国的土地能够生产出适于其居民享乐的各种财富，因此必须有对外贸易，一个国家通过它能向国外出售自己的一部分产品，并从国外购进它所需要的产品。然而，因为它能从国外购进的同它出售给国外的一样多，所以它的支出状况必然总是同其土地每年所能提供的再生产相适应的。计算它的支出也就能正常地基于它本身的再生产数量，而完全抽去对外贸易；对外贸易的细节是不确定的，难以计算的，而且对研究没有用处。注意到以下事实就够了：在对外贸易存在完全竞争的条件下，存在的是单纯的等价的交换价值，任何一方都无盈亏。

至于运输费用，本国和外国在相互的买卖中都是要支付的；而且这种费用对于商人来说构成了一种不同于国家储备的储备，因为在农业国的对外贸易中，每个商人对于这些国家的利益来说都是外国人。因此，从事贸易的农业国把两种彼此不同的国民结成了一体：一种依

---

① 该国人口在这里被假定为3 000万，这同先前的表中所假定的1 600万形成了对照。不过，不同阶级之间家庭的比例及其消费的相对数却是一样的，即1/4家庭被假定属于不生产阶级，1/2属于生产阶级，1/4属于所有者阶级。所有者阶级中每个人的消费是其他两个阶级的2倍。也就是说，所有者消费2价值单位，生产阶级消费2价值单位，不生产阶级消费1价值单位。参看米克:《重农主义经济学》，第227页和第282～283页。——米克注

附于提供收入的土地，构成社会的基本部分；另一种则是外加的，他们构成了由农业国雇用和支付的对外贸易一般共和国的一部分。这种贸易的成本尽管是必要的，但也应被看做是从土地所有者收入中抽出的一份沉重的负担和支出。因此，它应当不受所有垄断组织的影响，也能够摆脱悲惨地落到国王和其他所有者收入上的各种重税的影响。

当对外贸易存在自由竞争时，贸易各国现行的价格，应当成为计算具有免税和无障碍贸易国家①的财富和年支出的基础。对外贸易范围的大小，依居民消费和该国产品的多样性而定。一国产品愈多样化，它的进出口愈少，该国节约的对外贸易成本也就愈多。然而，对外贸易应当总是完全自由的，清除了一切束缚，免除了一切苛捐杂税，因为只有通过各国之间的联合，才能使土地产品在国际贸易中总有最好的价格，使国王和国家得到最高的收入。

第六个注释

可以看到，同一产品要多次地通过商人和工匠之手；但是，要注意这样到一个事实：这些买和卖的重复不生产地增加了**流通**，所表现的只是商品的转手和成本的增加，而没有增加任何财富。因此，计算产品的数量应以第一手出售时的数量和价格为准。

这些价格越是遵守自然秩序，越能持续维持产品高价，则在与国

① 即免除了向国库和领主等缴纳的一切贡赋，消除了一切形式的垄断，以及取消了检察官和其他无用官吏的各种薪俸的贸易。商业和农业一样，除了自然秩序之外，不应有其他统治者。每一次交易都有卖者和买者，他们自由地约定他们的利益并相互对立；他们以此方式加以调节的利益与公共利益是一致的，而他们自己在这种调节中是惟一合适的审判者，任何官吏携权介入，对他们来说都是外来的；更危险的是众所周知的官吏们的无知和不良动机。商业和农业的垄断的保护者实在是太多了：一直禁止种植葡萄、买卖苹果酒、谷物自由贸易，以及进口外国制成品；王国的制造业拥有彼此伤害的排外特权；强迫工场企业主使用外国原料，排斥本国原料，等等。黑暗中一直闪烁着令人窒息的虚伪之光，而自然秩序却被个人利益弄颠倒了，而这些个人利益总是隐蔽在公共利益的借口之下，谋求他们特殊的利益。——原注

外交换时就越有利，就越能促进农业发展，[①]维持本国各种产品的价值，增加君主和所有者的收入，就越能增加国民的现金以及支付给不是产品原始所有者的劳动和职业的工资数额。

如何利用这些工资，还有工资分配的好坏，对于王国的兴衰、民俗的优劣和人口的增减，影响极大。人们在农村可能备受折磨，而被繁华和享乐吸引到都市，或者他们也可能均匀地分布于各个省份。在后一种情况下，他们能够在接近生产的地方消费；而在前一种情况下，他们不可避免地要付出高额的转运费，这会使产品在第一手售卖时的价格低落，引起土地收入、工资总额和人口的减少。

转卖商业[②]的规模取决于商人的能力和资金；但是，一个农业国的转卖商业要受其土地年产品的制约。一国商人所获得的纯利，绝不要混同于国家本身的财富，因为商人每年的贸易规模不可能超过现行土地再生产的销售额，而后者是由第一手销售时支付的现行价格决定的。商人企图尽可能以最低价格买进，以最高价格卖出，以牺牲国家利益为代价，为他们谋求尽可能高的利润：他们的个人利益与国家利益是对立的。不过，广而观之，且考虑到它的一切方面，则无论就商人整体来说，还是就每一个商人来说，也不能说产品在第一次售卖时的持续高价没有实际的利益。因为，产品以高价卖得越多，耕作的纯产品就越多；纯产品越多，耕作就越有利；耕作越有利，则它在每个人手上就越扩展；它再生产得越多，它为耕作者提供的回报就越多，国王、所有者和什一税获得者的收入就越多，所有其他公民的工资就越多；每一种支出增加得越多，交易的对象和机会越多，交易越有活力；结果，商人的总收益额就会由于竞争的作用而增多。在个别场合，竞争虽有抑制价格过高的作用，从而损害产品价格，但是，具有如此远见的商人是很少见的，能以牺牲眼前利得而确保未来更大的利益者，更是凤毛麟角。因此，首先确保产品最初售卖价格的，绝非商

① 耕作者的利益是一切经济活动和农业一切进步的原动力：产品越能持续地卖出高价，则农场主的年回报越有保证，耕作就越能扩大，而产品优价和年再生产的增加会使土地带来更多的收入。再生产增加越多，国家财富越扩大，则国力越增强。——原注

② 此为米克注。

人，而是消费者的需求，还有用于满足这种需求的资金。商人不会创造价格，或者形成交易的可能性：反而是交易的可能性和价格的相互作用使商人得以产生。[①]

第七个注释

我们一直没有谈到货币资财，它们流通于各国商业之中，并被庸俗地看做是国家的真正财富。因为，据说“一个人用货币就能买到他所需要的一切”。但是，人们没有自问，人们用什么来取得货币本身。货币是不能无偿取得的，然而，对于购买它的人来说，它之所值就是它之所费。对于没有金银矿山的国家来说，提供货币的就是商业；但是，如果这些国家没有可以支付之物，那么，它们就不会有金，也不会有银；而且，如果它们有可以交换的产品，它们所能拥有的货币量也就是它们想买的货币量，或者适合它们购买的货币量。[②]

我说适合于它们购买的量，因为货币不是人们为了享乐而需要的某种财富形式。我们必须取得的是生活必需品和这些产品本身的再生产。把这些产品转换成货币，把货币从有利于农业的支出中抽走，将会相应地减少每年财富再生产。一国只能在其再生产增加的限度内增加货币资财，否则，货币资财的增加只能损害每年财富再生产。再生产的这种减少，必然很快地引起货币资财的减少和国家的贫穷。不过，一国货币资财也可在该国财富没有任何减少的情况下减少，因为国家富裕和贸易自由时，它会通过多种方式补足缺少的货币；但是，不付出代价，便不能补足适合人们享乐的财富再生产的不足。我们甚至可以预计，一个穷国所需要的货币资财，相对来说，比富国还要多；因为无论哪个国家，货币资财量就是它们买卖所需要的货币量。穷国更需要货币在贸易中作为中介：它们需要用现金支付一切，因为

---

① 这种情形类似于井绳及其使用。它们不是井水的起源，相反，井中有水，加之我们对它的认识和需要，才是使用井绳的原因。聪明人是不会将原因和手段混淆起来的。——原注

② 参看休谟的观点：货币资财将会“同每个国家的技艺和工业近乎相称”（《大卫·休谟：经济著作》，E. 洛特温编，第 63 页）。——米克注

有担保可依者少之又少。但是，在富裕国家有许多知名的富人，他们的财富被看做是他们手书承诺的十分安全和充分的担保，所以各种大宗交易皆可基于信用来进行，即通过有价证券代替货币作为中介来进行，这就大大方便了交易。因此，判断一国富裕与否，同货币数量无关；对于一个农业国来说，如果它的流通过程正常，贸易是讲诚信的，而且是在完全自由条件下进行的，那么，它的货币资财等于土地所有者的收入，就已经是充足而有余了。①

说到遍及各国的世界贸易共和国，以及较小的纯粹贸易国家（它们只是这个庞大共和国的一部分，或者可被视为其中的都市，或者你愿意的话，还可以将它们看做是大账房），它们的铸币总量同其转售贸易的规模是成比例的。它们可以通过商业利润和节约来增加这个货币总量，以便扩大用于商业的资本；货币是它们专有的遗产；商人用它购进是为了卖出时得到回报。因此，它们只能以牺牲与其进行贸易的各国为代价来扩大它的货币资财。它们总要在手上保留一部分货币；货币离开账房或流通，只是为了返回时带着一个增加额；因此，货币不是农业各国财富的组成部分，货币总要受农业国再生产的限制，而且农业国会继续从中支付商人的利得。商人无论居住何处，通过商业同其他国家联系起来；商业真的成了他们的祖国和他们财富的仓库；他们进行买卖可以在他们的居住国，也可以不在他们的居住国；他们经营的范围变动不定，也不限于特定的区域。我们的商人也是别国的商人，别国的商人也是我们的商人；他们彼此之间也进行贸易。这使得他们的贸易盘根错节，遍地开花；他们的最终目的总是货币，贸易本身提供了货币，并将货币按照自然秩序决定的价格分配于各国之间，这个自然秩序调节着产品逐日变动的市场价值。但是，农业国会从另一个对它更有用也更深远的角度看问题：它应当追求的只是最大可能的再生产，以便增加和持有适合人享乐的财富形式。对它来说，货币只是一种中介财富的次要形式，如果没有再生产，它就会即刻消失。

---

① 魁奈在这里插了一个篇幅很长的脚注。因为内容同前述（见《经济表》（第三版），第 237 页，注释①）实质相同，而其他内容也属本书其他条目内容的复制，所以这里从略。——米克注

第一经济问题*

问　题

一国从其土地产品价格上涨中所获得的利润，是否超过了涨价引起费用增加的损失？因为，很显然，售卖时提高价格带给我们的好处会在购买时失去，所以价格上涨不会给我们留下任何利润。

答　案

这个问题可能与许多彼此不同的场合有关，而且难于解决。不同的资料会引起不同的结果，因此我们必须从设定数据和特定场合开始。

我们将提出一种复杂的场合，它可以明确地显示《经济表》中所运用的计算和规则，并有助于解决许多相关的问题。

例　证

如果生产阶级的年预付 19.5 亿利弗尔只能带来 4 亿利弗尔收入，因为加到生产阶级身上的间接税高达 4.5 亿利弗尔，又因为农业由于缺乏良好耕作所需的原预付而大为衰退，那么，在现在的状况之

---

* 这篇论文首次发表于《农业、商业、财政杂志》，1766 年 8 月号，题为“经济问题”。后经修订和增补重印发表于《魁奈和重农主义》，巴黎，1958 年。现据《魁奈和重农主义》译出。——米克注

下，不考虑农业的进一步衰退，每年总再生产只能有 31 亿利弗尔。①

4.5 亿利弗尔间接税会加到用于耕作劳动的年预付上，并使这项支出增至 19.5 亿利弗尔。因此，为准确表现用于耕作劳动的年预付，必须从 19.5 亿利弗尔中减去 4.5 亿利弗尔间接税。于是 19.5 亿利弗尔就减到 15 亿利弗尔，这才是生产阶级实际的年预付额。

这个阶级的原预付和年预付的利息，因为等于年预付的一半，所以应当是 7.5 亿利弗尔。②

假定对外贸易完全自由，而且在销售土地产品时免税，那么，这些产品的价格将会超出现在价格水平 1/6。其后果如何？

作　业

为了估计这种后果，必须考虑许多情况。

第一个情况

我们正在讨论的只是价格提高对进入贸易的产品所发生的影响，

① 这表现了如下 3 个项目的数额：(1) 收入（假定为 4 亿利弗尔），(2) 年预付 19.5 亿利弗尔（15 亿利弗尔用于每年实际耕作，4.5 亿利弗尔用于赋税）；(3) 年预付利息 7.5 亿利弗尔（等于年预付的一半，以减去间接税的实际年预付额计算）。参看以下两段。——米克注

② 年预付的增加对产量的损害与原预付减少的程度是成比例的，因为这种减少要以每年再生产支出中尽可能地使用费用高的工作加以补偿。这意味着这种工作的高成本，是缘于缺乏足够的能以最低成本每年实行最有利耕作的原预付。原预付利息的减少，与这些预付本身的减少是成比例的。而这些预付的减少一般来说是由于农场主没有获得维持这些预付所必要的利息。在这种情况下，计算年再生产总额时就不应包括这些利息的全额。但我们一直没有这样做，因为它并非解决问题的要害，它总是减少了任何再生产的基数；还因为它会使计算进一步复杂化，并大大改变表中的秩序，而读者可能还不习惯于理解重要变量发生变化的情况。但是我应当至少告诫读者，基于上述解释，我们在这里观察再生产实际总额时抛开了这种变化。——原注

因此有必要从价格提高的计算中减去不进入贸易的那部分再生产总额。实际上进入贸易的只是耕作年预付的一部分。

按照假定，生产阶级的年预付，去掉它们必须负担的间接税 4.5 亿利弗尔，应是 15 亿利弗尔；直接或**自然地**由耕作者消费其中的大约一半，或 7.5 亿利弗尔。这一半不是贸易的对象，我们将对其价格的提高及由此引起的费用上升不予关注。它将不加入我们正在讨论的价格变动的计算，因为它不进入贸易；耕作者对它的固定消费不会在价格变化时使耕作费用有所增减。

这样，我们必须从 31 亿利弗尔再生产总额中，去掉代表生产阶级直接消费的产品价值 7.5 亿利弗尔。剩下进入贸易的是 23.5 亿利弗尔价值的产品，其价格按我们的假定将提高 1/6 或 4.7 亿利弗尔。[①]通常只值 31 亿利弗尔的再生产总额现在达到了 35.7 亿利弗尔，这就是价格提高的第一个后果。

为了确定由国王、土地所有者和什一税获得者所分享并同再生产总价值的增量相关的收入增量，我们必须从再生产总价值中减去耕作者所得的回报。

如上所述，这些回报的一部分参与价格和费用的提高，另一部分则不参与。

参与价格和费用提高的这部分回报包括：(1) 生产阶级年预付的一半，因为农场主必须将形成其年预付这一半的产品售卖，向为它们提供服务的人以及其他从事耕作的工人支付工资；(2) 耕作企业主每年花费的预付的利息，如经济表中所说明的那样。

价格上升不会引起任何变化的那部分回报包括：(1) 如前所说，直接地或自然地由耕作者自己消费的生产阶级的那一半年预付；(2) 数额达 4.5 亿利弗尔几乎保持不变的间接税，因为它不由产品构成，还因为它是一个由自由贸易的恢复所引起的产品价格的提高问题。

这样，耕作者回报的构成如下：

---

① 23.6 亿利弗尔的 1/6 当然应该是大约 3.9 亿利弗尔，而不是 4.7 亿利弗尔。——米克注

他们的年预付，即

一半是本来就由它消费的，价格不会提高的

部分，达……………………7.5 亿利弗尔

一半是进入交易，而且价格会提高 1/6 的　　} 16.5 亿利弗尔

部分，达……………………9.0 亿利弗尔①

他们的利息，价格提高使之高出过去水平

大约 1/6，达……………………………………9.0 亿利弗尔②

4.5 亿间接税，它完全不参与交易产品的价格提高，

因而还算作耕作者的回报……………………… 4.5 亿利弗尔

总计……………30 亿利弗尔

将这些回报从再生产总额 35.7 亿利弗尔中减去，还剩余 5.7 亿利弗尔收入由土地所有者、国王和什一税获得者分享，而在价格提高以前，获得的收入只有 4 亿利弗尔。

可见，仅此一项，收入就增加了 1.7 亿利弗尔。

第二个情况

我们已经论证过，对外贸易自由和产品价格提高会保证价格的变动比没有这种贸易自由时要小得多。

我们也推测过，在产品的第一手售价及其最后一次买价即消费者的购买价格之间，现存的较大的差价会给第一手售卖者带来超过 **1/10** 的利润，③对于购买者和消费者不会造成任何损害。④

①② 这个数字显然应该是接近 1 亿利弗尔。——米克注

③ 魁奈的意思是，来自第一手售价的利得会增加 1/10 以上。在第一场合可能得到的这个增加额会给农场主增加一定的利润，但是，这最终会化为租金。在下面的计算中，来自售卖的全部利得都加到收入上了。——米克注

④ 参看：《百科全书》中的“谷物论”条目；帕图罗：“论土地改良”条目；杜邦：“论谷物进出口”条目；以及《公民日志》，1766 年，第 6 卷，第 33 页。——原注

基于上述理由，第一手销售价格提高 **1/10**，只适用于进入贸易的产品，其市场价值在提高以前是 23.5 亿利弗尔。但是，这 23.5 亿利弗尔增加 **1/10**，意味着在第一手销售价格增加 2.35 亿利弗尔的同时，这 2.35 亿利弗尔产品作为贸易的对象，其价格也要增加 **1/6**，即 1.7 亿利弗尔，总共增加收入 4.05 亿利弗尔，因为我们减去了必须计入耕作者回报的全部增加额。

这个收入的增加额，加上价格提高前由于恢复自由贸易和贸易免税而得的收入 4 亿利弗尔，使收入从 4 亿利弗尔增加到 8.05 亿利弗尔。

收入增量的分配

我们现在用一张表来反映生产阶级和不生产阶级之间的分配秩序及其后果。[①]我们将略去上述数字中的尾数，一来免除使用分数的麻烦，二来也为使我们的数字低于上述实际的数字。

---

① 这张表当然是魁奈《经济表的分析》中出现的原图式的变形，如果你记住魁奈现在例举的具体数据和他构建图式的原理，就会很容易地得出各种变量。

在现在的问题上，魁奈给出的数据是：价格提高后的收入是 8 亿利弗尔；生产阶级原预付利息是 9 亿利弗尔；生产阶级年预付是 21 亿利弗尔（实际的年预付 16.5 亿利弗尔加间接税 4.5 亿利弗尔）；年再生产总额是 38 亿利弗尔，即上述 3 项的总和。

价格提高以前，生产阶级实际的年预付是 15 亿利弗尔。一半产品是对这些预付的补偿，这些产品自然由生产阶级消费；另一半进入贸易，生产阶级用售后的回报向不生产阶级购买工业制成品。在现在的场合，这第二个“一半”的价值已经涨到 9 亿利弗尔，使生产阶级实际的年预付总值从 15 亿利弗尔上升到 16.5 亿利弗尔，而且生产阶级购自不生产阶级的制成品的价值也从 7.5 亿利弗尔上升到 9 亿利弗尔。所有者用其收入的一半向不生产阶级购买工业品，在这里是 4 亿利弗尔，这样一来，不生产阶级年预付的总值就是 13 亿利弗尔。这 13 亿利弗尔中，依照魁奈通常的假定，一半由购自生产阶级的原料的价值构成，另一半由购自生产阶级的食物的价值构成。不生产阶级的年预付像通常一样等于其年产品的一半，即 6.5 亿利弗尔。表中不生产阶级一边的项目就是这样。

说明分配的表

（单位：亿利弗尔）

	生产阶级年预付	收　入	不生产阶级年预付
	21, 不是 19.5	8.0, 不是 40	6.5, 不是 4.75
用于支付	4.0, 不是 2.0		4.0, 不是 2.0
收入和原	6.5, 不是 4.75		
预付利息	6.5, 不是 4.75		9.0, 不是 7.5
年预付支出	21, 不是 19.5		总计 13, 不是 9.5
总计………	38 亿, 不是 31 亿		其中一半返还, 作为预付: 增加生活资料 1.75

上面描述的分配[①]只是价格提高后收入增加额的分配，它还不足以使我们理解价格对购买者——消费者的影响，而这种影响与产品价格的提高是分不开的，它只指出了理解这个问题的途径。

然后，不生产阶级向生产阶级购买 6.5 亿利弗尔原料和 6.5 亿利弗尔食物。作为这 13 亿利弗尔产品的结果，有 9 亿利弗尔要卖给生产阶级，4 亿利弗尔交给所有者。

生产阶级要销售 4 亿利弗尔食物给所有者，6.5 亿利弗尔原料给不生产阶级，6.5 亿利弗尔食物给不生产阶级。由这些销售所得回报总共是 17 亿利弗尔，如生产阶级一边括号内的 3 个数字所示。在这 17 亿利弗尔中，有 8 亿利弗尔留下支付收入，9 亿利弗尔用于向不生产阶级购买制成品，其价值等于生产阶级原预付的利息。

再生产总额的余额（去掉赋税 4.5 亿利弗尔）由下列各项组成：(1) 自然由生产阶级消费的食物，价值 7.5 亿利弗尔；(2) 价值 9 亿利弗尔的农产品，在生产阶级内部交换，并用于“修补”生产阶级的原预付。——米克注

① 我们一直没有说明这张表中 4.5 亿利弗尔间接税支出分配的秩序，这部分分配要求包括特别细致的说明和发挥，而我一直没有想好如何处理才对读者有利，免得一大堆条目分散了对这类事情尚不熟悉的读者的注意力。重点放在后果上，即如果把回流到生产阶级的 4.5 亿利弗尔仍然加在生产阶级身上，对收入有怎样的损害，以及这个数额以几乎与收入同样的方式扩大的后果。

人们可能很容易得出一种想法，即把这种支出与收入放在一起，在不生

要解决的最后一个问题

正常贸易秩序的恢复、贸易自由及免税的实施，促使土地产品价格上涨，利得增加。有待决定的是，在既定条件下，这会对4亿利弗尔增加的收入有何影响。

准确的答案

或者，计算一下**在既定条件下提高价格的实际影响**。

价格提高以前，每年再生产总额的市场价值是**31亿利弗尔**。这个总额可被设定为**31亿个单位**，每**单位**的价值是**1利弗尔**。

这**31亿单位**在不同阶级的消费者之间，按其各自在**31亿利弗尔**中的比例进行分配。我们现在必须决定，在价格提高1/6以后，每个阶级将能为自己取得多少单位；而价格的提高会使进入贸易的每单位产品的价值提高到1利弗尔4苏。[①]

在解释与必须支付的**利弗尔**相关的这些**单位**的分配时，我们将把生产阶级的销售和不生产阶级的销售组合在一起。因为从不生产阶级那里购买的产品会转化为最终产品，或转化为由这个阶级自己的支付，所以，从不生产阶级那里购买的东西应当被看做是从生产阶级那购买的，或者，你愿意的话，看做是不生产阶级再次出售这些产品，

产阶级和生产阶级之间进行流通，而不是将它继续加在生产阶级的年预付上。依据这种想法，收入总额则上升到12.5亿利弗尔，支出的分配将按表中描述的方式进行，即一半给生产阶级，一半给不生产阶级，后者又用其向生产阶级购买。这就完成了生产阶级必须为收入支付的数额。额外的支付额就是它为间接税的支付，这就增加了它的支出和4.5亿利弗尔的回报。

两个阶级之间惟一的区别是，不生产阶级多支出了2.25亿利弗尔，而这不会对此后年再生产总额带来任何变化。这就是在这种场合支出的全部流通的完整概念，还要记住事情的实际情况，即4.5亿利弗尔间接税实际上将仍然加在生产阶级的年预付上，这个阶级自己预付了这些间接税。——原注

① 1利弗尔提高4苏是1/5，不是1/6。参看第372页脚注④。——米克注

用以补偿它的原料，补偿它从生产阶级那里购买生活资料所花的支出。

这样，生产阶级为了得到回报，从它自己或从不生产阶级那里所购买的，或假定购买的数额是 22.5 亿单位，即

从生产阶级那里购买…………… 15 亿单位
从不生产阶级那里购买…………7.5 亿单位
} 合计 22.5 亿单位①

这 22.5 亿单位的费用只是 25.5 亿利弗尔，因为只有 15 亿单位参与了价格的提高，每单位价值 1 利弗尔 4 苏，或总共 18 亿利弗尔；而 7.5 亿单位完全没有进入贸易。后者是生产阶级消费自己生产的产品，因此不能假定它们的价格有任何提高，而只能假定它们仍然是**每单位 1 利弗尔**，所以只值 7.5 亿利弗尔。②

这样，生产阶级为得到回报，从自己内部和不生产阶级那里用 25.5 亿利弗尔购买了 22.5 亿单位… 22.5 亿单位 25.5 亿利弗尔

国库以 4.5 亿利弗尔间接税购买 3.75 亿单位，③④即从生产阶级那里

---

① 魁奈又回到了文章开头的数据，表现价格提高前的情况。生产阶级实际的年预付是 15 亿单位。按照魁奈通常的假定，生产阶级从不生产阶级那里购买的制成品是这个数额的一半，即 7.5 亿单位。在这种情况下，生产阶级将得到如下适于消费的产品：(1) 它本身消费的食物 7.5 亿单位；(2) 7.5 亿单位农产品，代表原预付的利息，在该阶级内部交换，用于“修补”这些预付；(3) 7.5 亿单位工业品。计算这 22.5 亿单位总额的费用则只基于参与价格提高的后两项。——米克注

② 生产阶级向不生产阶级的支出总是假定为生产阶级回报的 1/3；而收入的一半假定是支付给不生产阶级的。因为所有者比生产阶级更沉溺于装饰性奢侈。——原注

③ 魁奈显然是从 4.5 亿利弗尔减去其 1/6 得出 3.75 亿单位的，但这有点不合逻辑。——米克注

④ 有必要包括国库为其缔结契约的债务支付的利息，而债务则像间接税一样保持原样，因为它们不由产品构成，所以完全不参与产品价格的变化。因而，如上所述，国库既没有丧失任何好处，又会因其直接税加倍而得利。——原注

购买1.88亿单位
从不生产阶级那里购买1.87亿单位 } 3.75亿单位 4.5亿利弗尔

对外贸易可以估计为总产量的大约1/10或3亿单位；价格提高前，外国需要平均支付3亿单位自己的产品，价格提高后它们则只能以其3.6亿单位产品支付了，[①②]因为依照我们的假定，外国产品的价格并没有因我们国内价格提高而变得更贵，而国内价格之所以能提高1/6，只是因为过去被各种商业禁令、压制和苛捐杂税所剥夺的自然价格，在对外贸易自由和免税条件下得到了恢复。

这样，外国继续购买3亿单位的国内产品，即

从生产阶级那里购买1.5亿单位
从不生产阶级那里购买1.5亿单位 } 3.00亿单位

为此它们需以现价支付3.6亿单位外国产品

购买总额……………………… 29.25亿单位

支出总额…………………………30.00亿利弗尔

---

① 3.6亿单位显然应是3.5亿单位。——米克注

② 该国从外国能获得20苏，或者从本国提价前获得20苏时，这里有一个产品单位问题。

同样产品，在外国值24苏，而在国内没有外贸自由时只值20苏，其单位是不一样的，所以，相同种类的一个产品交换另一个产品时，外国所提供的单位就会比本国小1/6。交易不能以这样的方式进行。交换不同种类的产品，人们所关注的不是单位数，而是价值量。因此，在产品类似的场合，我们假定外国的单位比本国小1/6，为固定这个价值量是适宜的。——原注

为了完成再生产总额的售卖，只有1.75亿单位本国产品有待解决，这些产品每单位值1利弗尔4苏，共计2.1亿利弗尔。但是，留在国王、土地所有者和什一税获得者手中的收入还有8亿利弗尔。

这些收入所有者从其他两个阶级手中购买1.75亿单位本国产品，即

从生产阶级那里购买0.88亿单位
从不生产阶级那里购买0.87亿单位 } 1.75亿单位，价值2.1亿利佛尔，每单位价值1利弗尔4苏

这些所有者还有5.9亿利弗尔收入，可用于购买外国产品，他们可以购买5.9亿单位，一半是（农）产品，另一半是工业品。因为，如前所说，外国产品的**单位**不参与本国产品的价格提高，仍然维持以前的价格，所以，在对外贸易中也就避免了价格提高的损失，或者得到了相应好处。

收入所有者以其8亿利弗尔收入，将拥有

用本国产品衡量……	1.75亿单位
用外国产品衡量……	5.90亿单位
总计……	7.65亿单位

价格提高以前，他们只有4亿利弗尔收入，只能以此为自己获得4亿单位。

价格提高以后，他们的享乐增加了3.65亿单位，但只花费了3 500万单位，或者不到1/11，所以增加的4亿单位收入并不代表国王、所有者和什一税获得者的绝对利得。①

① 如果这些计算仅限于谷物（其价值仅占该国每年再生产总额大约2/5）这一种产品的价格提高1/6的情况，那么结果将成比例缩减。收入将仅增加1.6亿单位，而不是4亿单位，它在价格提高情况下所能增加的购买量也只能超过总量1/6。在这1.6亿单位因谷价提高而获得的利得中，只有6 800万单位是出口的结果，假定出口的各种谷物是300～400万塞蒂。这个差额是恢复固定平价的结果，价格重新再次稳定在贸易各国现行价格水平上，而且在完全自由贸易和竞争条件下，变动很少，首先是谷物价格。——原注

5.9 亿单位可在外国获取使用的产品中，外国自己完成的是 3.6 亿单位，它们用以支付的是它们已经购买的本国产品 3 亿单位；另外 2.3 亿单位利得是得自价格平价。[①②]

来自固定平价的 2.3 亿单位或 2.5 亿单位利得，代表了该国财富的真正增量，因为这个利得并没有引起费用的任何增加。该国用它从外国购买，没有减少它的货币资财；对该国来说它代表了用于支付国外购买的一年增加的财富；[③]当从国外购买增加时，也几乎直接扩大了双边相互贸易，因为商人像其他人一样懂得，货币不应当闲置在他们手中。

收入所有者的享乐所增加的 3.65 亿单位，来自：

有 2.3 亿单位利得来自平价，它没有引起该国消费者——购买者支出的任何增加；

7500 万单位利得是基于为支付 4.5 亿利弗尔间接税而销售的产品；[④]

6 000 万单位利得是基于外国为回报出售给它们的 3 亿单位而给予的 3.6 亿单位。[⑤]

由于土地产品价格提高而得到的这些利得，无论是来自哪个方面的，都包括到收入之中了。因为，无论方式如何，利得增加的结果都会通过贸易分配于不同阶级；减去了商人利润和对每个人完全补偿价格提高之后，整个利得就会同收入结合在一起。因为农场主之间的竞争，不生产阶级从业者之间的竞争，会迫使他们从其利得中减去属于

---

① 实际上是 2.35 亿单位，不过，我们继续忽略不计 500 万单位，我们在《经济表》中已经这样做了，那里的计算是基于 8 亿利弗尔，而不是实际的 8.05 亿利弗尔。——原注

② 这是魁奈前面讨论过的“在第一手售卖的 2.35 亿单位增量”。——米克注

③ 的确，这种财富的增加仅仅是减少了损失而已。不存在贸易自由和免税时，第一手售卖价格连续不平等就会引起这种损失，而在正常年份这些价格就会减退到较低水平上，会比购买者——消费者的支出低 1/10 以上。贸易自由和免税消除了这些第一手售卖的价格不平等，使其重新回到消费者——购买者购买的水平。正是在这个意义上，第一手卖者损失的这种减少对他们来说才代表了财富的增加。——原注

④⑤ 参看前述。——米克注

收入的利润。

但是，人们也许会说，不能把所有者财富的增加看做是国家一般财富的增加。

我们的回答是：首先，在一个国家中，只有被承认的财富才是可处置的财富；[①]这种财富是基于共同财富之上的，这些财富支持着监

① 所有其他的年财富被称为费用。尽管这些费用是供养人的，但它们在一定意义上被认为是沉重的负担；而且，一般来说，如果它们没有处在大自然的保护之下（对那些无耻地削减耕作财富的人，大自然会剥夺他们的可用财富），它们也不会保持良好状态。但是，尽管有这些严格的逃不掉的惩罚，还是没有几个国家完全领悟到需对耕作财富所有权加以适当保护。英国认可保护这种所有权的重要性，也一直想对这种税收予以豁免，不征任何土地税，然而，即使在英国，仍会不断遭到大量花样翻新间接税的侵袭，对贸易的各种禁令也是层出不穷，这些禁令通过不时改变农场主为调整土地租金水平不得不做的计算资料，对农场主造成了损害。这种无序状态使耕作者常常减低他们的生产预付，牺牲掉一部分用于耕作的财富，以应付租约中的各种支出，而此后出现的各种未曾料到的无成效的增加支出和减少收入的间接税还没有计算在内。在所有国家，只是在计算了耕作开支、土地赋税和收获物的平均价值以后，农场主才会签约，农场主由此可知他们每年向所有者支付的数额；他们以此为原则和适当根据所订立的协议与通行的规则相一致，应会受托得到政府监察当局的保护，迫使契约各方履行他们的义务。令人不可置信的是，当制定出破坏据以签约的计算要素的政策，以及增加农场主支出和税收，或减少其收入的政策时，几乎每个国家的政府所想到的就是迫使农场主履行对他们极为不利的契约的基本和主要条款。由此而对自然权利和神圣不可侵犯的契约法造成了破坏，而在这些法律中当局应能保障原本非自愿的各方承担各自的义务；这种不幸和普遍的疏忽不久就会成为英国的命运，它遍及一切，然而人们对这种无序却极为忽视，因为没有一个人会比各国国王更关注防止这些弊端，各国国王是他们统治的各国土地纯产品的共同所有者。因此，伤害土地农场主，或损害他们用于土地耕作的财富，也就不能不毁灭赋税或国王收入的惟一源泉。人们还忽视了这些所有者的一些轻率行动，他们滥用自己的优势，将本应去除的高成本和困难加到农场主身上，将土地高于其价值出租。在毁灭他们的农场主的同时，他们也在毁灭他们的土地，破坏它的肥力，去除了地上的麦草。土地主人不择手段地暂时增加了他

护人的权威，构成了他的权力；只有这种财富才能使土地所有者不劳而获，使他们的欢乐无限多样化；土地所有者及其共同所有者，还有国王和什一税获得者所关心的正是这种财富。

其次，即使所有者阶级的利得是完全来自于贸易自由和免税而造成的价格上涨所带来的财富的增加，也应当说这种增加对其他两个阶级也是很有利的。

第一，在契约更新以前，在契约有效期间，产品价格不断上涨对农场主是有利的。在需要扩大和改善农业的国家，这种利润是最富有成果的、最有利的和最必要的。因为农场主如没有遭遇压迫就决不会离开他们的职业；农业利润会促使他们增加用于耕作的财富，这对农业极为有利。这些利润会使富裕农场主的人数增加，加剧他们在更新租约时的竞争，从而保证纯产品全数返回所有者，不仅有价格提高的成果，而且有农场主们更充裕的生产资料所带来的增加量；[①][②]因为，

们的份额，他们用一部分财富耕作土地，生产了他们的财富，为最辛劳的人们提供了生活资料，但是，他们的贪婪终将他们推向毁灭之路，减低他们的土地价值，有时还会不可挽回地消灭他们的收入和享乐。

所有者收入的这种增加不是价格提高的结果，这实际上增加了可处置的财富；它在租约期间对生产阶级来说十分有利，契约终结时，生产阶级会将其完全置于所有者阶级的信贷中。而不适用这些条件的可处置财富的增加，不过是昙花一现，它所显示的是损失而不是利得。——原注

① 对于反对的理由来说，价格下跌则是灾难性的。在这种情况下，租约期间必须不断支付相同数额的租金、赋税和其他固定费用的农场主，就不再能从他们的售卖中应付这些支出。他们不得不连续削减用于耕作的财富加以弥补，这必然不断减少每年再生产，对国王和国家带来毁灭性后果。价格的升降是王国繁荣或衰落的主因，其影响远不止这里讨论的这些，还有其他许多不要忽视的优点。土地产品价格的升降是极其重要的事情，需要在做经济决策时予以审慎和严密的说明。不过，我们总是发现，在不同场合（除了稀缺性以外），价格上升会带来或大或小的利得，而价格下降所造成的总是或大或小的损失。——原注

② 这当然是魁奈在前述《农业哲学（摘录）：给农业协会的报告》中已经讨论的论点。——米克注

我们知道，财富是耕作的巨大的和主要的手段，富裕农场主常能以高出贫穷农场主 1/3 或 1/2 的比例来租赁土地，而后者的支付是很困难的，有时还要冒损害自身的风险。①

至于不生产阶级，从表中可以看出，由于价格提高了 **1/6**，它的收入从 **9.5 亿利弗尔**上升到 **13 亿利弗尔**。我们知道，它会用其中一半向生产阶级购买原料，另一半购买生活资料。

价格提高以前，不生产阶级花费 **4.75 亿利弗尔**在生活必需品上，能购买 **4.75 亿单位**的产品，可以养活 **316.7 万人**，假定每人消费 150 单位。

价格提高以后，该阶级在生活资料上需要花费 **6.5 亿**利弗尔，可以购买 **5.42 亿**单位的本国产品，②贸易自由和免税使价格提高 **1/6**，可使不生产阶级得到 **6 700 万单位**的利润，多养活的人口增加大约 **1/6**，或 **44.6 万**人。③

---

① 不应由此得出结论说，绝对不会发现贫穷的农场主，他们所提供的比富裕的农场主还要多；忽视和极其渴望创造什么，不幸使这非常普遍的现象成为偶然的事情。然而，提供和支付不是一回事：这些贫穷的未能进行适当耕作的农场主，其经营一直入不敷出，以亏本告终，有时在租约期间即行破产；有的虽然勉强维持到期满，此时返回的土地地力也已耗尽，没有麦草，没有肥料，如不投入高成本，休想再次耕种。无论哪种租约，凡是健全和成功的，都是双方均能从中获利的。

最理想的情况是：土地所有者消息灵通，执笔同他的农场主一起对其土地耕作支出进行核算，并就这些通常的可信的农业企业应得的回报，作出明确的、公平的和友好的决定，随即也就可以对其所要求的纯产品作出估计。我们可以指望从既有能力也有热情从事这项工作的公民所公布的大量耕作发明中得到这些有利条件。更重要的是，应能确保农场主在租约期间不再增付任何直接税和间接税。政府显然应当对此予以更大关注。对我们来说，只要我们的农业还未享受到这两个对它极其重要的条件，我们就要不停地反复呼吁，不要再让人担心杀鸡取蛋了；呼吁有利害关系的深谋远虑的人反过来证明，这只鸡因怀有大量谷物，所以它的蛋会被取得更多。——原注

② 5.42 亿单位等于 6.5 亿利弗尔的 5/6。正确的数字应该是 6.5 亿利弗尔的 6/7，即 5.57 亿单位。——米克注

③ 还应当指出，我们这里假定不生产阶级的原料和生活必需品完全是在国内购

上世纪的观点与此看法十分对立，那时人们相信为产品贸易设置障碍是一件有利可图的事情，其目的是保持产品的低价格，以增进制造者阶级的利益和人数。相反，现在我们看到，这个阶级对提高价格怀有浓厚的兴趣，因为它参与了收入所有者财富和支出的增加，它可以从中获得更多的好处和福利，并使其人口增加。

让我们做一小结。所有者每年将获得 3.65 亿单位产品，不生产阶级获得 6 700 万单位，国家总人口将增加大约 1/10。如果我们计算租约期间因农场主获利而陆续增加的人口，这个数字将会更大。

第二，我们将提醒读者，在第二次价格提高场合，我们仍用现在的基于第一次价格提高的数据和事实而得出的计算结果，运用这样的结果使我们更远离真理。如果将第二次涨价加到第一次上，将会出现另一个应有其特别资料的问题；它必然拥有自己的资料并以之进行认真的计算，人们会发现第二次价格提高不会使收入增加得像第一次那样多；除非收入增加的原因可以完全归之于第二次价格的提高，例如运河的建设和机器的发明使转运更容易，或劳动更节省，等等。①

买的。但是，这个阶级参与很大一部分对外贸易，而且消费着价格未上涨的外国产品。因此，收入增加显然会使它拥有更多单位的产品，供养的人口也要比我们假定的多。不过，应当记得，为了简化表，也为使尚不习惯此表的读者免受过多项目的困扰，我们没有将来自间接税的收入的一半支出转给不生产阶级这一情况描述到表中，而仅仅论及回报给生产阶级预付的部分。因此，包括在生产阶级中的一部分人口，在价格提高前后，实际上是靠间接税一半的支出养活着不生产阶级。考虑到这一部分人口，会使不生产阶级人口数的增加略微少些。所以，我们可以调整一下这里的总额，减去这个阶级从国外购买所得的利润，至少补偿一下这部分人口被自觉省略的细节；严格说来，在我们的计算中，差额只有 **25 000** 人，或大约 **6 000** 个家庭。——原注

① 一些人相信，就研究真理而言，适于应用计算的科学与其他科学是不同的。但是，计算既不是原因也不是结果；因此，在科学上，计算不会构成我们研究的对象。当今所有科学肯定都存在于这一事实：研究的对象都是不言自明的。如果我们没有获得这些不言自明的对象，为计算提供能够计量的事实和资料，那么，计算将不能纠正我们的错误。因此，适于计算的科学与其他科学肯定具有同样的基础。的确，通过计算，这种肯定性能被扩大到涵盖只有计

注 释

我们始终记得，解决这个问题的主要目的在于说明，对一个国家来说，最重要的是通过完全的自由贸易，使其产品能有最高的销售价格。

我们的假定不限于谷物出口自由，它包括所有作为贸易对象的土地产品，因为所有产品的价格都会因国内外贸易的许多直接或间接的阻碍而下跌。政府对这个部门应予以极大的关注和认识，但不要妨碍它的行动和进程。①

假定间接税不参与价格提高，因为它们没有包含在作为贸易对象的产品的秩序中，还因为来自价格提高的这部分利得，始终被计入**7 500 万单位**收入增加额中。否则，**4 亿利弗尔**收入只能增加到**7. 25 亿利弗尔**，而不会是现在的**8 亿利弗尔**；而且，如果不存在这些间接税，而其他一切照旧，那么，事实上收入也只能增加到**7. 25 亿利弗尔**。

如果将这里假定的**4. 5 亿利弗尔**归到收入中，那么收入将不是**8. 5 亿利弗尔**②，而是大约**12 亿利弗尔**，③在这个场合，抛开连续增加耕种的情况不说，国王从中再分享**1/3**即**4 亿利弗尔**，也不会引起后续年再生产额的跌落。在这种情况下，地产所有者的收入将多 3 倍，④什一税获得者收入的增加额相当于再生产总额的 1/6，还是假定

算能够估算的数量。在这种情况下，它总是绝对正确的，即它总是绝对可靠和始终一贯地展现在我们面前，同时会依我们如何应用它而有对有错。所以，应用计算来研究真理时，全部的确定性都在于资料的不言自明。——原注

① 此为米克注。

② 8. 5 亿利弗尔也许应是 8 亿利弗尔，或 8. 05 亿利弗尔。——米克注

③ 即 7. 25 亿利弗尔 + 4. 5 亿利弗尔，最接近于 12 亿利弗尔。——米克注

④ 魁奈在这里插进了一个解释性注释，将税前租金水平与现在的租金水平作了比较。魁奈通常认为他的资料是真实的，该注释对魁奈的这个关切作了令人感兴趣的解释，但这个注释十分冗长细致，而且并没有增进我们对表或现在研究问题的理解，所以我不认为值得将其译出。——米克注

再生产总量没有新的增加。

不过，应当指出，这种变化带来的效果，与币值大变化的效果极为类似。产品的价值、制成品的价值和工资水平，在贸易过程中，经过一段期间将会恢复到与币值的这种变化相关的水平。人们无法精准计算他们的买卖与这种变化是否一致。农场主在租约期内要如约支付收入，他们不可能精细地确定大量的形形色色的间接税中，哪些是他们一直承担的，哪些现在已经被豁免了，哪些在估算他们向国王和所有者增加支付收入时必须考虑进去。只有时间和经验才能教会他们，这种间接税会同他们得自产品[①]和总支出的利得相一致。然而，此后他们之间的竞争又将迫使他们接受同其真正的比例相一致的租金。结果，收入就在不知不觉之间落到公正的水平上，同耕作的支出和产量相一致；赋税和收入中属于地产所有者的部分之间的秩序也会以同样方式建立起来。因此，很容易看出，在实行某种改革（它应当是自然产生的，是重建秩序的结果）之前，在土地收入还处在脱离自然状态的混乱之中时，不可能做出一种作为征税根据的地产调查清单，此时的清单不可能建立在任何规范和稳定的基础上。然而，改革的完成需要时间，将农业推向尽可能稳定增长的道路也需要时间；在实行这种改革的过程中，有必要防止国王收入的减少。重要的是将这种改革建立在规范和切实可行的计划的基础上。这个任务需要时间和智慧的力量，还需要一定程度的相当难得的开明精神。

---

① 此为米克注。

中国的专制制度*

(第八章)**

中国的法律与作为繁荣政府的基础的自然原则之比较

你们至此已研究了广大的中华帝国的政治制度和道德制度，这些制度是以科学与自然法则为基础的，它们也是这些法则发展的结果。在本书中我们完全遵循着历史家和旅行家的叙述，这些叙述多属亲身经历或亲眼所见，而且相互一致，所以是完全可信的。

---

* 我们这里只译出了魁奈这部重要巨著的第八章。该书于1767年发表于《公民日志》杂志；后来曾全文刊载于1888年《魁奈的经济学和哲学著作》，此后再未见重新发表全文。1958年出版的《魁奈和重农主义》也只收了第八章。该章惟一的俄译文见于魁奈文集的《摘录》。我们这次将译文与原文进行了校订。当然，不应将该文看做是历史著作，对魁奈来说，中国只是他说明自己思想的一个方便的工具，它同中国的实际没有任何联系。——俄译本注

** 如欲参看魁奈《中国的专制制度》全文，可参见马弗里克著译的《中国：欧洲的典范》(一卷本)的第二篇，该篇即是魁奈此文的英译全文；该书第一篇《17和18世纪欧洲人所赞赏的中国经济和政体》，论述了当时盛行于欧洲的热烈崇尚中国封建制度的思潮以及中国对欧洲的影响。作者认为，至少就经济思潮来说，魁奈是一个顶尖人物，其代表作即是《中国的专制制度》。马弗里克还译载了翁肯在1888年版《魁奈的经济学和哲学著作》中对《中国的专制制度》一文的注释，内容如下：魁奈这部内容广博的著作于1767年春，分四期连载于《公民日志》；杜邦的《出版

基于这些无可争辩的事实，我们在本章作一总结性研究，目的不过是对堪称各国典范的中国的理论作一系统和详细的解说。

第一节 社会的基本法则

社会的基本法则是最有利于人类的自然秩序法则，这些法则可能是物质的，也可能是道德的。

作为整个国家管理工作的基础的物质法则，是指**来自显然对人类最有利的自然秩序的一切物质现象的正常趋向**。作为整个国家管理工作的基础的道德法则，是指**来自显然对人类最有利的自然秩序的一切道德行为的正常趋向**。这些法则加在一起，形成所谓自然法则。

这些法则是由造物主为人们所必需的财富的不断再生产和分配而一劳永逸地制定的，人们在社会中结为一体，并要服从于这些法则为他们确定的秩序。

通过劳动和个人利益的恰当结合，这些不可动摇的法则形成社会的道德体和政治体，并教导人们以尽可能最大的成就促进公共福利，以及保证在社会各阶级之间尽可能有利地分配这些福利。

这些基本法则绝不是人类创造的，但又是任何人类政权所必须服从的。这些法则构成人们的自然权利，迫使他们接受公平分配的原则，并要他们组建保卫社会所必需的力量，以防来自内部和外部力量的一切恶意侵犯及其他任何不测。这些法则还要求建立国库收入，以保证提供用

简讯》曾预告说，将在《公民日志》3月号上开始连载由《经济表》的作者以A先生署名的《中国的专制制度》；《公民日志》的编辑阿贝·波多曾表示，我们会让这部有价值的作品像我们许诺的那样尽快与读者见面。波多还指出，作者将这部作品分为八章，因为以最大的用心从事著述是这位作者的习惯。第一章论及中国的起源、疆域和繁荣；第二章详细考察了中华帝国的基本法；第三章论述它的实用法；第四章论述租税制度；第五章论述皇帝的权力；第六章论述行政管理、刑法和中国官吏；第七章论述中国统治的备受指责的各种缺点；第八章最为重要，它是前面各章的总结，作者在这里将国家良好统治的自然基础与中国所教导和实行的科学的统治原理作了比较。——中译本注

于维持国家的安全、良好秩序和幸福生活所必需的一切费用。

第二节　保护性政权

要遵守政体的这些自然的和基本的法则，需要得到保护性政权的支持；社会建立保护性政权的目的在于借助于同自然法则相适应的实用的法律来管理社会，而这些自然规律在最终地和不可变更地调节着国家的各项制度。

各项实用的法律是由最高当局所颁布的具有强制性的规章，颁布这些规章的目的在于建立国家管理的秩序，保证遵守自然法则，坚持或改变国内流行的风俗习惯，调整个人权利以符合他们的地位，在由于意见和看法分歧而引起怀疑的场合权威性地伸张正常秩序，以及执行公平分配的决定。

由此可见，管理就是确立正常秩序，这对于在最高权力支配下组成社会的人们是最为有利的。

第三节　人们创设的各种统治方式

最高权力不应当授予乖戾的暴君，否则在其统治下形成的政体会使当政者一个接一个地替换，使国家成为盲目的或肆无忌惮的利益的牺牲品，这种利益力图把最高权力变成发财致富的工具，其结果是造成国王和国民的破产，这样的国王只能被称为**专制掠夺者**。

最高权力不应当是贵族的权力，也不应当属于大土地所有者的权力，否则他们会联合起来，形成凌驾于法律之上的权力，奴役国家，引发争权夺利和激烈内讧，从而造成经济破坏，秩序混乱，不公平和最野蛮的暴力行为，以及最放肆的无政府状态。

最高权力不应当同时是国王的又是贵族的；否则只会引起权力的冲突，这些当权者都力图使别人服从自己，向敌方的同盟者报复和施压，把国家财富用于扩张自己的势力，继续进行激烈的内战，从而将国家推进灾祸、暴虐和贫困的深渊。

最高权力不应当是民主的，因为盛行于平民百姓中的愚昧和偏见，会使他们产生无穷的欲望和狂暴行为，使国家面临骚乱的危险，遭到可怕的灾难。

权力不应当同时是国王的、贵族的，又是民主的，否则它就会步入歧途，被那些同国王分享权力的不同国民阶级各自局部的、独特的利益引入混乱。权力应当是**统一的**，它在做出决定和实施时应当是无私的，因此它应当集中在一个当权者手里；这个人拥有执行权；这个人有全权促使公民遵守法律，保护每个公民的权利不受其他公民侵犯，保护弱者不受强者欺凌，防止和消除各种违法行为、滥用职权，以及国内外敌人的侵扰。权力若为国内各种不同阶层所分享，就会演变成一种经常滥用职权和政见分歧的权力；这种权力既不会有领导者，也不会有足以防止各种偏见并促使各种局部利益服从公共利益和秩序的团结。国王若失去了正确管理政体所必需的权力，他就必定会竭力使用各种手段来恢复自己的统治，为了保证自己的专制权力，他甚至会力图使自己的权力超过国家本身的力量和权力。这种卑劣的企图在社会上所引起的持续不断的不安，会使政**体**处于紧张状态，从而不断地将它引入某种毁灭性危机。不很了解自己真正利益之所在，也不很了解哪些手段能使其发财致富的贵族和大土地所有者阶层，总是反对向他们的土地征税，为此他们会采取那些具有破坏性的税收形式，而这些形式会使人民遭到收税员的贪婪勒索和压迫，使国土荒无人烟。公社（其中占优势的是那些看不起耕作的手工业者、工厂主和商人组成的第三等级）会使国家脱离正确的道路；为了能低价购进国内产品并向自己的同胞高价转售国外产品，他们只知道追求专利权和独占特权，取消各国在国际贸易中的互惠互利。这个阶层是靠损害国家而取得巨额财富的，然而他们却要自己的同胞相信，他们的那些经常引起同近邻各国发生战争的独占贸易，是国家财富的真正源泉。在混合的统治形式下，国家的不同阶层会互相对抗，各自利益的分歧会导致对国家极为有害的不断的政治倾轧和滥用职权，从而腐蚀和肢解国家，使国家崩溃。应当看道，我们这里所谈的不是纯粹的贸易国家，这些国家就像一些货币公司，这些公司是由那些在它们自己的土地上生产的财富的国家来支付的。

权力也不应当**仅仅**属于执掌公平分配的最高法院，它们过分专心于实用法，而常常忽视形成社会基本秩序、保证国民富裕和国家强大的自然法。

不重视研究这些基本法，就会有利于采用那些最具破坏力的征税方式，采用那些同政治秩序和经济秩序剧烈对抗的实用法。仅限于研究公平分配法律的法院，不可能将它们的决定建立在自然法、公法和国际法的根本原则之上。如果这些负责管理和保护实用法的令人尊敬的机构，通过研究自然法（它们实质上就是社会的基本法和各项实用法的根源）来扩大自己的知识，这对国家是有利的。但是不应当忘记，这些物质的原始的法则只能从自然本身中加以研究。

第四节　社会权利的保证

政府如果能够避免这些极为有害的统治方式，那么社会财富就会成为国家的最强大的力量。普遍的协同一致的意志，即自觉遵守对社会最美好和最有利的法律，乃是最完善的管理的不可动摇的基础。

涉及国家整个经济制度的一切**实用法**，会影响到国家每年财富再生产的自然进程；这些法律要求立法者和执行这些法律的人，具有非常广博的知识和十分周密的考量，其结果应当显得是国王和国家的利益，特别是国王的利益，这些利益应当引人注目，以促使后者做好事。幸好，正确理解的国王的利益，同国家的利益总是一致的。因此，立法委员会和执行实用法的机构，必须很好地了解实用法对每年国家财富再生产进程的影响，而且只有在了解这种影响时，才能出台某项新法律。甚至于国家的精神社团，即富有知识的那部分人，也应知道这种影响的一般特点。因此，政府的第一个实际行动，应当是设立学校来讲授这些**知识**。然而，除了中国以外，所有国家都没有重视这种作为管理的基础的设施的必要性。

第五节　自然法则保证国王和人民之间的一致

因此，准确和全面地了解自然法则是促成能稳固地保证国家宪法的意志的重要条件，而促成这种意志的手段就是承认这些神圣法则的权威是国家首脑权力的基础，因为社会每个成员知道自己的职责是很重要的。在各阶层公民都有足够的文化，能够**准确**了解和明确指出什么是对国王和人民最有利的法律秩序的国度里，难道会出现这样的暴君吗？——他会依靠国家的武装力量，公然为非作歹，曲解为人民所公认和尊重的社会的自然法则和基本法则，毫无道理地做出只会引起恐怖和憎恶的暴虐行为，以致促成可怕的难以扑灭的全民起义吗？

制定法律和规定税收的权力，常常是秩序混乱以及国王和人民之间无休止地发生争执的根源。使社会秩序的一切基础常常发生动摇的不可避免的原因就在这里，各种不稳定和混乱现象（这些现象同人们所创设的上述荒谬的权力形式是不同的）再好不过地证明了这种现象确实存在；可是人们不能创造和建立自然秩序，正像他们不能创造自己一样。社会的初始法则已经包括在创造世界的一般计划之中，这个计划中的一切都是由上帝预先设想和安排的。只要不偏离上帝指引的道路，我们就能避免由于破坏国王和人民之间的坚固团结而造成的人为错误。不必在各国历史上寻找教训，也不必在仅仅描写混乱的人类谬误的历史上寻找教训；历史学家所能做的只是满足自己读者的好奇心，他们过分偏重于书本上的东西，而这些东西是不足以解开这个混乱的谜团的。

第六节　社会的基本法则不是由人制定的

经常成为国王和人民之间纷争对象的立法权，最初既不属于国王，也不属于人民；它起源于造物主的最高意志，还起源于对人类最有利的物质秩序的法则之总和；物质秩序这个基础看来不是不稳固的，一切混乱和无序都在社会秩序之中；所有不正确和反常的统治形式都是这种混乱的结果，这些统治形式均是那些对**神权政治**知之甚少的人臆想出来的，他们以为借助于度量衡就能一成不变地为社会的人们确定权利和义务。社会秩序的自然法则同时也就是物质法则，为人们的生存、繁衍和舒适所必需的财富再生产，就是依照物质法则进行的。因此，人决不是能调节自然现象和人类劳动的法则的创造者，人类劳动和自然力一起促进了人们所需的财富的再生产。整个这种秩序乃是物质结构的一部分，而这种结构形成了物质秩序，它迫使组成社会的人们服从自己的法则；人们只有依靠自己的智慧和相互协作，并且遵守这些自然法则，才能够获得他们所需的财富。

因此，对确立原始的基本的社会法则的立法权，是不可能有争论的；它不可能属于任何人，只能属于全能的上帝，上帝创设了一切，而且在总体上预先规定了宇宙系统；人在这里只能带来混乱，而这种本应避免的混乱只能靠严格遵守自然法则才能消除。

当然，最高权力能够而且应当制定法律来消除明显的混乱现象，但它不应当伤及社会的自然制度。园丁应当去掉对树木有害的青苔，但他不应当伤及树根，因为树木靠树根吸收水分才能得以生长；如果为了向园丁规定这种义务而需要颁布实用法，那么这项为大自然本身所决定的法律，除了这个义务以外，不应该规定任何其他的东西。树木本身的结构就是一种自然秩序，调节它的是一些基本的不变的法则，决不应以对立的法则取代这些法则。通过教育即可明确区分这两种**法则**的领域，因为这两个领域的法则是以完全不同的规定和完全不同的方式制定和颁布的。一种是按书本方式研究的，依照这种方式，对于社会中结为一体的人来说最有利的秩序，是从本质上加以观察的；而另一种则仅仅是以被严格规定的**命令**形式所表现的研究结果。自然法则本身包含着具备显而易见优点的行为准则，而实用法所包含的则是一些简单的、常常是偶然的和能够加以修改的行为准则；遵守实用法只需靠书面命令和强制性机构所规定的惩罚，而自然法则是不变的、永恒的和自由遵守的，没有任何强制，它只受利益动机的影响，向人们指出遵守自然法则可能获得的好处；自然法则保证人们能够得到好处，而实用法则以惩罚为前提。

实用的或成文的法制并没有规定作为法律基础的动机和原理；而这些原理存在于实用法之先，它在本质上高于人类的法律；因此，很显然，这些原理实际上无非是正确的国家管理的原始的不可更改的法则。公平的实用法无非是对这些原始法则所做的准确结论或简单、明了的解释，旨在保证这些原始法则尽可能地普遍执行。社会基本法则的内容直接取自对绝对公平与不公平，以及对善与恶的规定；它们根植于人的心中，是指引和支配人们行为的光；这种光只有受到人们毫无节制的欲望的影响才会削弱或熄灭。**实用法**的主要目的，就是通过使破坏者害怕的**制裁**来防止这种破坏。因为，一般来说，国家幸福要求做到什么呢？——**土地耕作的成效最大；社会上没有窃贼和乞丐**。实现第一个要求是每个人自己的利益所规定的；而第二个要求则需要**公民政府**负责才能实现。善良的人只需加以训导，向他们指出那些只有智力高的人才能理解和明白的伟大真理。各种实用法只能在极不完善的程度上促进这种智力的理解；它们是**必要的**，以抑制和压制犯罪和欲望的膨胀。但是，实用的立法不应当侵入物质法则的领域；自觉遵守这些法则应当是由于具有非常广博的深刻的和全面的知识，而这些知识的获得只能通过研究上帝所赋予的普遍的和卓越的法则；难道能够使医学仅仅服从于某种实用法吗？难道能够使社会的自然的和普遍的制度所根植的根本立法服从于类似的实用法吗？不，不可能。这种最高的法则对统治者和被统治者所要求的，只是实实在在地研究造物主一劳永逸地规定下来的那些基本的不变的法则。这种研究可以得出一种理论，这种理论虽然不以法律的形式颁布出来，但它是仍然有效的，它揭示了某些不可动摇的法则，政治活动家和全体人民能够从中汲取规范管理所必需的知识，因为正如我们可以在下面所看到的，在这些法则中可以找到实用法和公平分配的**最初的**原理和不变的源泉。因此，上帝的法则必须消除一切有立法本身的分歧，必须使行政权和国家服从于这种最高的法则，因为这种法则是通过理性之光向人们展示出来的，这种理性之光来自教育和对自然的研究，而自然除了允许理性自由地发挥作用以外，不允许有任何其他法则。

只有依靠理性的这种自由活动，人们才能发展经济科学——为社会制度奠定基础的伟大科学。在经营某个农场的活动和作物时（这种经营就像是管理整个国家的一个模型），耕作者无需理会其他什么法则，只需具备获自教育和经验的知识就行了。实用法如果强制地调整耕作制度，就会破坏耕作者的整个经济计划，成为耕作的某种障碍；耕作者服从自然秩序，因此他应当只遵守物质法则，以及物质法则所规定的那些条件；行政当局在整个社会管理中，也应当受这些物质法则和条件的指导。

第七节　征税权建立在巩固的基础上

赋税是由无知、忧虑和吝啬所引起的各种纷争和起义的根源，它在本质上决定于一些不变的法则和规章，国王和臣民如果离开这些规章，只能对自己不利。这些法则和规章，如我们在下面将会看到的，可以通过极为精确的估计和计算显示出来，排除掉任何的不公、专横和压制。诅咒无知并在根本上承认基本的秩序吧！这样你就会敬重上帝的先见之明，是它给了你一把火炬，使你能够在这个充满通向不法之途的迷宫中，毫无危险地前进。人生来就具有获取所需知识的智慧，以便认识上帝给他们指出的道路，这条道路是组织得最完善的帝国的基础。因此，科学是正确的社会组织和秩序的重要条件，这种秩序应能保证国民幸福，规定一切人类政权都必须遵守造物主定下的法则，目的在于使所有的人都服从理性，约束自己履行自己的义务，保证他们享受满足其需要的财富。

第八节　自然法

物质的法则确立对人类最有利的自然秩序，并且确切地决定一切人们的自然权利，这些物质的法则是所能存在的永恒不变的最好的法则。这些法则的确定性支配着所有人的理智和理性，而且以几何和数学的精确性显示在各种细节上，不允许有任何的误解、欺骗和违法的要求。

第九节　完善政府的基本法则的明确性足以保证自然法

只有基本法则的明确性才能不容分说地防止行政机构的错误、国内各阶层的有意侵犯和滥用职权，防止制定同基本社会制度相违背的实用法。因此，认识这些最初的法则及其不容置疑的明确性，是政体的最好保障，因为理解上帝的意志及其不可抗拒并受智慧之光指引的国家，是不会破坏人类政权都应遵守的这些绝妙法则的。而且，这些法则一经确立，本身实际上是非常强有力的，其明确性和优越性就成为国家的支柱。国王不能忽视的是，确立他的权力是为了认识和遵守这些法则；因为既有利于他个人的利益，也有利于人民的利益，所以自觉遵守这些法则就成为社会牢不可破的纽带。如果这些法则不为人知，它们形同虚设，既无力也无用，好比我们居住的土地，不加耕种便不会给我们带来任何用处；在类似情况下，人民便会组成临时的、野蛮的和不安定的国家。因此，必须研究自然法，这本身就是自然的社会制度的基本法则，它在良好政府的基本法则中首屈一指；缺乏这种研究，自然秩序就只能是野兽居住的荒蛮之地了。

第十节　研究和学习自然的基本的社会法则的必要性

人们只有通过区别于禽兽的理性之光，才能掌握自然法。一个巩固的繁荣的政府，应当以中华帝国为榜样，把深刻研究和持久普遍地学习自然法则（社会制度的基础），作为自己的主要目标。

第十一节　各种不同的社会形式

人们结成不同的社会形式，是由于他们赖以生存的条件各异，例如，狩猎、捕鱼、畜牧、农耕、商业和掠夺等。由此也就形成了野蛮部落，从事捕鱼、畜牧的部落，农业民族，商业民族，游牧部落，野蛮的从事抢劫的部落，生活在帐篷里的部落，等等。

第十二节　农业社会

除了与整个社会为敌的盗匪团伙以外，其余所有的社会团体都是靠农业联合起来的，没有农业，充其量只能是一支不完善的民族。只有农业民族才能形成稳固和持久的国家，有能力进行全面稳固的管理，真正服从自然法则的不变制度。在这种情况下，农业本身是这些国家的基础，规定和确立了它们的管理形式，因为农业是满足人民生活需要的财富的源泉，然而农业的发展和衰落本身又必然取决于管理的形式。

第十三节　农业社会中原始简单的管理

为了说明这个基本真理，让我们考察一下最简单的社会组织中的农业状况。假定有一个部落生活在荒原上，它们不得不靠野生果实为生；但这对未开垦土地上的部落来说终非长久之计；土地的肥力则能够成为大自然向劳动和工业提供财富的源泉。

第十四节　财富的公有及其自然与和平的分配，人身自由，对每日获得的生活资料的所有权

在原始状态下，除了人们寻找生存必需品所确立的分配方式之外，不存在其他的分配方式。一切属于全体；不过要具备如下条件：财富在人们之间自然地分配，必须保证每个人的人身自由，以便他们能满足自己的需要，并平安享用人们通过自己的努力所获得的产品。因为一个人对其他人的侵犯会妨碍寻找满足需要的必需品，只会引起无益和危险的争斗。那么，是什么动机引起类似情况下人们之间的争斗呢？一群鸟落在一个能得到好处的栖息和觅食之地，它们之间不会为争食而发生任何争斗，每只鸟的食量依其为满足自己需要而觅食的能力。实际上，一切动物均受此大自然规定的法则的支配，依照这个法则，在自然制度下，每个人的权利以其劳动所能获得为限。因此，**一切人对所有东西的权利**只是一种幻想。人身自由和所有权，或者每个人得享用自己所寻找到的东西以满足其需要的信念，是由外部的自然法则向人们加以保证的，一个美好社会的基本制度就是以这些自然法则为基础的。生活在北极的部落，或不得不生活在上述原始状态下

的部落，一直严格地遵守着大自然规定的这些法则，不需要任何最高权力来监督它们履行彼此之间的义务。

第十五节　部落之间的战争

生活在类似状态下的美洲部落，不爱和平，彼此常有战事，但却非常一致和自制地遵守着每个部落内部的秩序。这些部落间的战争，没有别的原因，只是彼此之间的担心和憎恨，这使它们甘愿冒流血报复的危险。

第十六节　保卫国家要以力量为后盾，力量需要财富，财富又因力量不同而有差别

预防国外的战争，除了以力量为后盾外，没有其他办法，这应当成为良好治理的主要目标，因为雄厚的力量要求巨额的支出，支出越多要求财富越多，而财富只有依靠雄厚的力量才能保持。然而，这些财富除了遵守先于民政和政治机构所确立的自然法则以外，是既不能获得也不能挣来的。这种立法权既不属于人民，也不属于管理他们的统治者；这就是保证农业成功的法则，而惟有农业才是满足人们需要的财富的源泉，并且创造为其防卫所必需的力量。

第十七节　农业社会的建立，在这里可以自然地发现为生存所必需的一切条件

前述居住在荒野上的部落，为了生存不得不耕种土地，不得不屈从于自然界为使它们的劳动有成效和生活有保障而为它们规定的法则。这个部落所居住的未开垦的土地不具有任何实际的价值，只有通过劳动才能有价值。这个部落的土地和产品要靠劳动来保证，缺少了

劳动这个自然条件，就完全不会有产品和财富。因此，人们必须在他们之间分配土地，以使每个人都能耕种，并且在完全没有危险的情况下享用自己的劳动果实。起初是在完全平等的人们之间平分土地，没有选择的权利，以无私的抽签办法而定；抽签的结果自然指明了每个人应得的份额，并能保证他们终生持有这份土地，并以同一名分拥有必要的自由权，以便他们能不间断地和不受压制地使用这份土地，自由地交换不同的产品和储备品。由此也带来了社会所必需的其他利益；除了和平地分配土地，保证土地及其产品的所有权和人身自由以外，这些利益还有：贸易自由，相应的劳动报酬，经常关心农业进步，保持耕作土地所需要的财富，饲养役畜和肉畜，创设制造工具和衣服的工业，建造房屋和加工产品，等等。所有这一切都是自然的原始法则的结果，正是这些自然法则创立了这些社会关系。这里所说的是以和平和自然方式所建立的社会，而不是指那些受到强盗蹂躏和篡位者野蛮压迫的社会；篡位者是指那些至今还不服从自然秩序的非法统治者；不管古代有怎样的实用法，所有这些规则无论对每个人的利益还是对整个社会的福利都可能是最好的规则。

但是所有这些制度，除了受制于农业国的基本自然秩序的制约以外，还要受到另一个与自然条件同样重要条件的制约，这就是充分保障土地和产品所有权，产品是要花费劳动和对土地耕种的预付才能生产出来的。

第十八节　建立保护权力

每个耕作者在自己土地上劳作一天之后都要在夜晚休息和睡觉，因此他不可能自己再来关照自己的安全，保护他靠自己的劳动和预付所生产的产品；尤其不应放弃白天的劳动来保护自己的产品不受外部敌人的侵扰。因此，每个人都应当支持建立和维持一支受长官权力支配的保卫力量，而且这支力量还必须足够强大，以便保障社会不受外界侵袭，维护内部秩序，预防和惩罚各种坏分子的犯罪活动。

第十九节 实用立法

由此可见，社会的基本制度和自然秩序是在创立公平分配的实用法律之前确立的；除了确立社会制度基础的自然法则以外，这种成文法不会有其他的根据或原则。

因此，详细规定公民的自然权利的实用法，是由大自然造物主确立的各项最初的法则建立和调节的，它们能为国民所接受，只是因为它们符合并且严格地服从这些基本法则。可见，不能随意设置实用法；假如实用法在本质上是不公平的，那么，立法者，无论是国王还是人民，都不可能凭借自己的权威而使其变得公平；权力本身常会犯错误。所以，尽管它同意已经颁布的法律，它也总要保留修改实用法的错误和弊端的权力，这种权力应完全建立在确切知识的基础上；这种修改不能破坏秩序，只能恢复秩序，否则，就会置一切明证于不顾地断定：实际上不存在任何绝对的公平和绝对的不公平，也不存在道德的善与恶这是一条可怕的原则，它会破坏臣民和国王的自然权利，使国家失去按照造物主确立的法则所形成的秩序的好处，而破坏这种秩序，立即会遭到惩罚：使人们生存所必需的财富遭到损失或减少。所以，公平性严禁人们在社会生活中**随意地**制定实用法。

总之，实用立法完全服从于最初的社会法则，它不能属于任何其他人，而只能隶属于统一的权力，这种权力应当凌驾于各种不同的特殊利益之上，并且压制这些特殊利益。

第二十节 国家的收入

在国王拥有绝对权力的国家里，最令人关心的事情之一就是随意向国民征税；它看起来不受任何由自然法则规定的标准或限制，然而造物主却要求征税遵循一定的秩序。事实上，很显然，为满足国家需要所必需的税收，在一个农业国里，除了来自能够生产满足人的需要的财富之外，它不可能有其他的源泉和出处；这个来源无疑就是借助于花费货币和劳动进行耕种的土地本身。因此，国家所需的收入额只能是土地所有者的土地的年产品的一部分，税额则由这些所有者分担。因此，税收也只能是土地所有者的土地产品的一部分，这些产品是经由花费在耕作上的劳动和其他必需的开支而生产出来的。从收成中减去这些花费所获得的剩余就是形成国家和所有者收入的纯产品。如果构成国家收入的这个部分是所有者收入总和的一半，那将是很可观的一个数目。不过，所有者应当明白，能够保证他们安宁和安全生活的那种力量就在于国家的收入，力量雄厚才能得到邻国的尊重和防止战争。此外，既然国家收入和国家土地的收入同比例增减，那么在通过国家良好治理促使农业更加繁荣这一点上，国家与所有者的利益是休戚与共的。最后，这种尽可能良好的治理还会免去其他一切无疑有害于国家和所有者收入的税收；而这些有害的税收一旦开征，还会以国家需要为由不断增加，危害国家和人民，同时还只会创造货币财产，引起破产的国家公债。

私有主或土地所有者各自经营自己的土地，以保持和提高土地价值，并获得他们所能得到的纯产品或收入。假如土地不属于其所有权应该得到保障的所有者，而是属于公有，土地就会荒废，因为没有人愿意向土地花费以求改善和保持土地，来自投到土地上的劳动也就不能保证获利了。而没有这种花费，土地就难以收回使耕作者刚刚敢于生产的耕作支出，因为他常常担心自己会迁移到别处。在这种情况下，土地就不能带来可以提供国家所需税收的任何纯产品或收入。在这种状态下，社会和政府都不能存在下去；假如对耕作或人的劳动所需基金征税，那么税收本身就是损失。

我说用于人的劳动的费用，这是因为没有对人的生活资料的必要花费，这种劳动是不可思议的。人本身失去了财富，就只有需求了。因此，不应当向他本身或他的劳动工资征税，因为这份工资是人的生活所必需，而且应当足以维持他和他的家庭；还因为他只有在工资提高的情况下，用提高的那部分工资才能付税。而这常常会在他的劳动生产率没有提高的情况下，使其劳动的价格提高，从而使支付工资者受损。由此可见，增加工资，若使劳动产品涨价，必然会造成劳动、产品和人口递减。这就是数千年来指引中国政府走向富裕的**学说的**基本原则。中国人从中得出的结论，却难以使欧洲人信服。

例如，个人税，即人头税或对人的劳动所得所征的税，依照他们的看法，绝对是不正确的和不公正的，因为除了偶然地和随意地评价人的能力以外，没有其他标准，因此，这种税收是不合理的和极为有害的。所有的农业工作者，所有的手工业者，所有的商人，一句话，一切获得工资或报酬的各个阶级的人，都不会自愿地直接支付国家需要的这种收入，否则，这种税就会对土地耕种产生有害影响，对收入构成双重负担，最终导致一无所有和国家毁灭。这就是自然法则之一，不破坏这些法则就不会招致惩罚；一旦破坏，惩罚就会接踵而至；而这种惩罚会使为满足国家需要所必需的税收，比这种需要本身更可观。

同样很明显，这种税也不能取自用于开垦和耕种土地的基金，因为它会立即损害土地耕作和人们生活所必需的财富。因此，这种税不是为国家需要而征收的税，它只会引起全面破坏，最终导致国家和人民走向灭亡。

按照中国人的意见，同样不能对日用品和满足人们日常需要的商品征税，因为这意味着对人本身、人的需要和劳动征税，从而这种看似为满足国家需要而征收的税，反而会加快国家的破灭，因为它把国家交给了那些征收这种可耻税收的贪婪之人或敌人。国王本人却因征收这种税而蒙受了不能补偿的损失，这种损失会落到他为自己从土地纯产品所征收的收入上。

在其他一些著述中可以找到与这些**中国人的**观点对立的论述，还能找到一些为了保证国家获得更多税收而应当实行的规则，实行这些税则对国家是完全有利的，而且能使它免除其他税收所造成的损失。

从土地产品中扣除用于耕种所需的劳动费用，以及其他耕种所需的费用后的余额，就是纯产品，这个纯产品构成国王的收入，以及获得或购买地产的土地所有者的收入。所有者购买土地所花的钱，决定了他的收入额，这个收入额是用纯产品提供的，而且同购买这份土地的价格成比例。不过，他保有这份收入还有更多的根据。如前所说，全部纯产品是他的地产和管理的必然结果，没有这些重要条件，土地不会带来纯产品，只会带来些微的产品，仅够补偿非常节俭的支出，这是因为使用期限不固定，无人愿意花钱改良和保持土地质量，他们从这种投资中不能保证得到好处。

国王不能贪占自己国家的全部地产，因为他本人既不能亲自管理这些土地，也不能委托别人管理这些土地；不能亲自管理，是因为他不可能了解不计其数的详情细节；不能委托他人代管，是因为这项管理如此广泛、复杂，极易产生弊端和欺骗，以致不能信托他人，而且这将会为在支出和产量上弄虚作假大开方便之门。国王不能不完全放弃会使他本人和国家瓦解的所有权。地产显然要在许多所有者之间进行分配，这些人会通过最好的管理以便在自己的地产上获得尽可能多的收入，因为这种管理能保证国家得到这种收入的一部分，这个部分同收入的数量和增长以及国家的需要是成比例的。由此可见，农业的成就尽可能地越大，国家和所有者的收入就尽可能地越多。

第二十一节　取消一切特殊的个人利益

垄断、冒险以及为了个人利益而侵占公共利益，在良好的治理下当然是没有立足之地的。拥有最高权力的国家首脑无疑会依靠自己的威望，揭露和制止这种狡诈的掠夺。因为在良好治理下，社会团体、上层阶级、高级官吏以及声望卓著者，不可能联手为这种有害的混乱现象推波助澜。商人、工场主、手工业行会总是企图发财致富，而且不择手段。他们是竞争对手，常会想出一些排他的招数。一个城市算计另一个城市，一个省算计另一个省，宗主国算计殖民地。适于种植某些产品的土地的所有者，会竭力企图禁止别人也种植和贩卖这种产品；国家到处都被这些窃取者的奸计所左右，他们会以极高的价格将国家所需的粮食和商品转售给国家。国家的收入是有限的，以如此高价购进这些贪婪商人的货物，势必缩减消费和人口，并且导致农业衰落和收入减少。这个进程持续下去终会导致国家财产和力量的消亡；商业本身也会由于贪婪的商人而遭到破坏，这些人本性狡猾，诡计多端，竟敢以虚假借口行骗，说什么商业的繁荣会有利于人民增进自己的财富。这些商人的成功迷惑了不学无术的行政官员和人民，他们对那些向他们征税并使他们破产的人们的财富感到惊奇。有人说，这些财富仍然留在国内，通过流通在国内进行分配，因而促进了人民富裕；同样的说法也适用于高利贷者和投机商人等；但是，老实人相信垄断者从商业获取的财富来自商人在国外得到的利润。事实上，如果把国家的殖民地看做是外国，说它们不会受到垄断者的顾惜是对的，但是，一国的垄断通常不会对其他国家发生有害影响；相反，它会引起国外商人的报复，以至于引起荒谬的战争。可见，垄断越蔓延，祸害越加重。因此，自然的贸易政策在于建立自由的不受限制的竞争，这种竞争能保证有越来越多的购买者和售卖者，也保证了他们在买卖时能达成最有利的价格。

第二十二节　减少司法费用

当全体国民都被卷入不正当的发财致富的国家，与执行司法相关的如此多的费用，在良好政府之下倒是更正确的了，这样能保证官吏得到与其官衔和职务以及他们服务的效益相称的尊敬。

在良好治理之下，自然法则的优越和遵守，会在有教养的人们心中唤起虔诚和荣誉感；他们完全理解全能的上帝为了人类幸福而确立了这些法则，也赋予人类以理性行为的智慧。

在自然秩序下，组成社会的所有人都应当是有用的，并以自己的方式促进社会的福利。富裕的土地所有者是由上帝安排的，他们应当无报酬地履行最受人尊敬的社会职务，这些职务同人民交托的利益和安全休戚相关；这些重要而神圣的职务不应当交给那些惟利是图的人。土地所有者享有的收入，不应当用于游手好闲的生活；如此可耻的生活方式同他们所享有的尊重是不相称的，这种尊重能给予他们巨额财产和由此而来的显赫地位、尊贵身份和社会声望，这种尊重是他们通过战功赢得的，是通过受人尊敬的司法职务赢得的，是通过这些使他们赢得更大尊重和信任的神圣的、高尚的和神圣的职务而赢得的，以至于除了阳光和良心以外，人民不知道还有其他的指导者和其他的影响。因而上帝创造了一些人，他们超凡脱俗，不追逐名利，在合乎自然法则的良好治理之下，他们出于自己的地位，乐意无报酬地执行这些高贵而重要的职务；他们在履行自己的职责时，将努力严格制止那些滥用职权者，这些滥用职权者会把一些心胸狭窄的、热衷于追逐和维护集团利益的人拉到生产过程之中，这些人抓住一些鸡毛蒜皮之事，利用法律的晦涩和矛盾，以及许多烦琐手续，争吵不休，拖延了生产，并使之变得复杂化了，而这些法律规则是杂乱无章的，完全不像自然法则那样简单明了。

第二十三节　国际法

每个单独的国家，就像国家的每个成员一样，拥有自己的土地，这土地或由社会本身赋予价值，或由夺取而来，或根据继承权而得到，或由各国签订的协议而得到，因为各国有权通过自己实行的有效法律或是所达成的和约来划定自己的边界，这就是自然地取得领土的方式和确定国家所有权的分割法。但是，因为每个单独的国家是各个不同的局部政权，相互之间势均力敌，除非以实力对付实力，否则不会服从于共同的秩序，因此，每个国家只要国库能够维持，都需要准备足够的力量，或者通过同其他国家结盟形成足够的力量，结盟各国有义务相互支持以保障安全。

各个国家自己的力量应当团结在一个政权之下，力量分散，属于不同的领袖，对同一个国家或同一个民族都是不利的；它不可避免地会把该民族分裂成不同的国家或彼此敌对的政体；结果就会形成迟早总要分裂的联盟，就像封建民族本身不能形成真正的国家，而要靠封建领主同其他国王结成联盟来维持一样，而其他的国王同这些领主一样，都享有最高的权力，这些权力包括：征税、交战、铸币、审判权以及对臣民的直接权力，上述一切权力都是从这种权力中来的，这些权力保证所有的人能同样地享用和支配最高权力。

这些联合政权统一在所有领主中的首脑之下，而这些领主在自己的政体之内都拥有与首脑同样的权力。这些联合政权本身是同自己的诸侯的联盟，这在实际上就会导致一连串的阴谋，旨在形成一个统一在一个政府之下的真正的国家。这种不稳定的联盟帝国的结构的形成，或是由于大土地所有者的篡权，或是由于侵略民族所实行的领土瓜分，因此，它不是基于合理的国家治理秩序的基本法则而形成的自然的社会更迭（其实力不可分割地集中在某个王国最高首领手中）；

相反，它是一种更加强制和违反自然的结构，这种结构将野蛮和专制的枷锁强加到人们头上，而政府则是处在纷争不断和极为有害的激烈内讧之中。

国家的力量在于收入，该收入应该足以满足国家在平时和战时的需要；这种力量决不应依靠实物纳贡来加强，也不应以封建的方式来管理，因为在这种情况下，它有利于贵族结成帮派并进行战争，这会破坏社会统一，瓦解国家，将人民置于不安定和封建压迫之下。此外，这种力量也不利于保卫国家，反对外部政权；在这种组织下，国家的力量只能进行持续时间很短、距离不很远的战争，由于运输困难，持续时间一长，难于保障所需军粮的供应；在大炮在战争中起主导作用的今天，这就更加不利了。因此，只有依靠国家的收入，人民才能保证自己不仅在战争时期能坚持不懈地抵抗各种政权的侵袭，而且在和平时期也能避免这种侵袭。实际上，在良好的治理下，战争是极少发生的，因为它能消除由贸易引起战争的一切荒谬借口，以及其他一切没有根据和蛮不讲理的要求，这种要求因其破坏国际法而被掩盖起来，其实这种要求既使他们自己破产，也会使别人破产。因为要维持这种非正义的事业，必需做出非同寻常的努力，募集人数众多和费用高昂的军队，而他们干不出别的好事，只会使卷入战争的国家民穷财尽，既使他们的英雄主义黯然失色，也使他们好大喜功的征战计划遭到破坏。

第二十四节　公共款项的核算

核算国家收入的支出，是最复杂和最易发生混乱的政府部门之一。每个个人尚且难于搞清楚自己的支出，我认为要想搞清楚政府的混乱支出几乎是不可能的，如果没有解决这项任务的伟大国家活动家的范例的话：他们在管理部门推行一套核算形式和规则，借助这些形式和规则，就完全可以防止对国家财力的侵犯，抑制大多数官吏的贪婪窃取和狡诈欺骗。但是这些形式和规则只是一种巧妙的方法，它固然可以应时之需，却不能增进能使民族得以提升的知识。品德高尚的苏利，出于对法官知识和好意的信任，把这个重要的管理部门交托给他们，他的目的无疑是要反对无序和贵族的贪婪，因为贵族依靠其职位和声望攫取了很大一部分国家收入，为使窃取得手，他们会给那些贪婪的税官和其他参与管理和侵吞国库者以好处。这位令人可敬的大臣的严厉警惕性引起了其他大臣和宠臣的憎恨，这些人对国家收入管理中的严格秩序深感不安，实际上，这种秩序应是他们的一个好征兆，只要他们不过于吝啬，较少追求自己利益的话。这些因前朝管理混乱而家道中落的大土地所有者，竟然采取这种卑劣的手段，这也属不得已而为之。其实他们应当明白，这种必要的改革必然会使人民走向幸福，使他们的土地收入得以恢复，不再降低，并达到同他们的巨额财产和官职相适应的高度。但是，他们理解不到这一点。经常能够看到，无知是政府犯下最可耻的错误、民族瓦解和帝国衰亡的主要原因。中国总是能够完全成功地避免这些错误，依靠的是科学，借助于科学形成了国家的第一阶层，这个阶层很适合于用理性之光指导人民，并使政府完全服从于那些确立社会制度基础的自然的不可动摇的法则。

在这个大帝国，官员们的一切错误和滥用职权行为经常会在政府发布的通报中公布出来，以保证这个庞大国家的各个省份都能遵守法律，反对滥用职权；通过自由检举（这是政府本身稳定而自信的一个重要条件）使政府的活动得到经常的监督。有一种流行的看法，认为帝国只能有暂时的统治形式，一切都在变化，帝国也有其起始、发展、衰落及灭亡。这种看法是如此根深蒂固，以致把管理中的一切混乱现象都看做是合乎自然秩序。理性之光难道能接受这种荒谬的宿命论吗？相反，确立自然秩序的那些法则是永恒的不可动摇的，管理中的混乱现象只是由于这些永恒法则遭到破坏的结果，难道不是很明显吗？中华帝国不是由于遵循了它的自然法则才得以年代久远、幅员辽阔和繁荣不息吗？难道人口众多的中华民族不是完全有根据地把那些靠人的意志进行统治并不得不靠武器来征服别人的落后民族看做是野蛮民族吗？这个遵循自然秩序的大帝国，不就是一个稳定而持久不变的政府的特别典范吗？它不是证明了一些政府不能持久，没有别的理由，没有别的原因，就是由于人们本身的变幻无常吗？然而，难道不能说，中国政府之所以能够这样幸运和经久不变的存在，只是由于这个帝国比别的一些国家较少遭到邻国的侵袭吗？然而它不是也曾经被占领过吗？难道它的辽阔的领土不是也曾被分裂成几个国家吗？由此可见，它的政府能够维持长久，不是由于局部的情况，本质上是由于稳定的秩序。

第二经济问题*

将这门学问用我们的法令规定下来是恰当的，我们应当让这些分担国家最高职责的人去学习计算，而且不是作为业余活动来掌握它。

——苏格拉底：引自柏拉图

决定间接税的后果

初步的说明

有些间接税是简单的，而且收税的费用也不多。向人征收的一些税就是这样，例如，平民税，人头税，劳役，房租税，股息收入税，等等；另外一些间接税则很复杂，而且征收的费用也很高。向产品和商品征收的一些税就是这样。当它们进出口时在收费处和海关征税，或对它们在国内外贸易的销售和转运环节收税，或对各类买卖中的货币流通收税；对办公处所和交易场所这个创造物也要永久或在一定期限内征税，对投资于这些设施的利润和专卖特权征税。

解释每一种间接税的后果，都需要基于资料认真地作出具体的计算。这些资料应能体现相关税收不同程度的复杂性，反映对贸易和其他人类活动不同程度的限制，以及征收这些税收的大小不等的

* 这篇论文首次发表于《魁奈和重农主义》，巴黎，1958 年，现据该书译出。——米克注

费用。但是，如果将这些负担各异、互不相同的间接税综合在一起，将其总额称为一般意义的**间接税**，那么，用于这些税收的征收和培训等其他方面的开支也可以合在一起，将其总额称为一般意义的**间接税的费用**；这个间接税费用总额与国王从间接税中所获得的总额之比，就是征收这种税收的平均费用比率。

我们这里将要解释的就是依此方法加以汇总，并按平均费用比率作了扣除的间接税。我们将从在这样一个国家设立间接税开始，这个国家的农业一直受到保护，从未受各种造成衰退的原因之害，它的耕作年预付的产出平均是 **3** 比 **1**，即年预付支出 **100** 利弗尔，可以再生产出大约 **150** 利弗尔收入和 **150** 利弗尔耕作者的回报。

这样，生产阶级的年预付 **20 亿利弗尔**，按照 300% 比率，可以再生产 **60 亿利弗尔**；其中 **30 亿利弗尔**是给耕作者的回报，构成其年预付和原预付的利息，**30 亿利弗尔**增加额是为土地所有者和国王提供的收入。①

我们先前记载的法国农业状况，至少同这里所说的情况是可比的，年预付和总产品之间的比率同我们这里假定的情况也是相同的。

正是耕作者的年预付，以及年预付同年预付所产生的收入之间的关系，构成了经济表算术图式计算的资料。

政府的任何一个会使这些预付增加或减少的行动，都会使国家的财富增加或减少。

这些后果，无论好坏，都可根据**经济表**图式的计算，容易地、精确地和充分地表现出来。年预付本身，连同每年获得的利息，是每年被再生产出来的，从而成全了**耕作者的回报**。这个利息通常等于年预付的一半，因此，如果年预付是 **20 亿利弗尔**，耕作者的回报就是

---

① 魁奈像通常一样，在这里假定原预付利息是年预付的一半。所以，当年预付是 20 亿利弗尔时，回报（即年预付 + 原预付利息）是 30 亿利弗尔。因为收入 = 再生产总额 - 回报，所以，收入额取决于既定年预付所产生的产品价值额。魁奈通常假定 2 单位年预付会产生 5 单位产品（饲料除外），但在这里他假定它将生产 6 单位产品（饲料除外），所以，收入是 3 单位，而不是通常的 2 单位。——米克注

30 亿利弗尔。

从每年再生产总额中减去这些回报后的余额被称为**纯产品**。

这个**纯产品**构成了在国王、什一税获得者和所有者之间分享的收入。

如果再生产总额是 **50 亿利弗尔**，它是用年预付 **20 亿利弗尔**生产出来的，那么，在减去了耕作者的回报 **30 亿利弗尔**以后，还为收入剩下 **20 亿利弗尔**。这个收入与预付的比率是 100% 。

如果再生产总额只有 **40 亿利弗尔**，而耕作者的回报是 **30 亿利弗尔**，那么，收入只有 **10 亿利弗尔**。这个收入与预付的比率是 50% 。

如果再生产总额是 **60 亿利弗尔**，收入等于耕作者的回报 **30 亿利弗尔**，则收入与预付的比率是 150% ；依此类推。

预付和收入之间这些各不相同的比率关系，可以表现为不同时期的不同资料。我们必须依照这些资料计算这些阶级的支出，以确定王国财富每年再生产的变化，确定耕作者回报和收入之间关系的变化，这些支出加在一起构成每年再生产总额。

为了对这些关系在各种场合的情况得出确切的看法，需要找出可能引起如经济表中所示的支出分配秩序变化的原因，并以计算来跟踪与这种变化相一致的分配过程，以显示我们想了解的变化后果；经过计算会得出一个由已发生的变化而引起增减的再生产总额。

必须从这个总额中减去耕作者的回报，剩余部分便构成收入，除非发生了某种变故，致使国家支出超过了该国土地每年再生产额。

在这种场合，计算将会把这部分超过再生产的支出余额包括到生产阶级的收入中。

但是，通过这些收入和生产阶级年预付之间的不相称，很容易觉察出这一点，因为年预付及其每年产生的总产品之间现在的关系是已知的。

我们知道，这些支出余额是该国的生产不能提供的，它只能向国外购买。

精通经济表算术图式计算的人，能够精确地确定和决定这些变量，以及在预付、收入或不生产阶级方面出现的增减对经济秩序带来的有利和不利影响；对于不生产阶级来说，它的损失总是同收入的下降成比例的，而收入的损失总是同耕作者预付的下降成比例的。所有这些密切结为一体的情况都可被放进算术图式，并借用该图式作出相关的计算。

例如，假定耕作者年预付 20 亿利弗尔，再生产额 60 亿利弗尔，耕作者回报 30 亿利弗尔，收入 30 亿利弗尔。每年支出的分配和各阶级之间的贸易可用下图表示：①

第一张表

	生产阶级年预付	收　入	不生产阶级年预付
	20 亿利弗尔	30 亿利弗尔	12. 5 亿利弗尔
用于支付收入和原预付的利息	15 亿利弗尔		15 亿利弗尔
	12. 5 亿利弗尔		
	12. 5 亿利弗尔		10 亿利弗尔
年预付支出	20 亿利弗尔		总计……25 亿利弗尔
合计	60 亿利弗尔		其中一半返回，用于补偿这个阶级的预付

① 这张表与算术图式原表的区别当然是起因于收入现在假定是 30 亿利弗尔，而不是 20 亿利弗尔。生产阶级继续向不生产阶级购买制成品 10 亿利弗尔，但是，所有者现在购买 15 亿利弗尔，使不生产阶级总产品达 25 亿利弗尔，年预付12. 5 亿利弗尔。生产阶级现在从对所有者的售卖中额外收入 5 亿利弗尔，从对不生产阶级售卖原料中额外收入 2. 5 亿利弗尔，从对不生产阶级售卖食品中额外收入 2. 5 亿利弗尔。生产阶级从这些售卖中总共额外收入 10 亿利弗尔，这使它能够向所有者额外支付收入 10 亿利弗尔。每年再生产 60 亿利弗尔的实物构成如下：(1) 15 亿利弗尔食物卖给所有者；(2) 12. 5 亿利弗尔原料卖给不生产阶级；(3) 12. 5 亿利弗尔食物卖给不生产阶级；生产阶级自己消费食物 10 亿利弗尔；(4) 生产阶级为“修补”其原预付所消费的“利息物品”10 亿利弗尔。假定生产阶级和不生产阶级的消费水平相同，那么，很显然，不生产阶级人数一定比原表中描绘的情形多 25%。——米克注

假定在这种生产状态下，国王的份额占收入的**2/7**，这个份额构成大约**8亿利弗尔的**公共收入；这是一个数额巨大的直接收入，它足以维持国王的权威和尊严，以及保持国家安全和繁荣所必要的开支，同时又不会造成每年再生产的任何下降。从下表可以清楚地看出这一点，该表分别表示了赋税支出和土地所有者收入的支出。①

第二张表

	生产阶级年预付	直接税	所有者的收入	不生产阶级年预付
	20 亿利弗尔	8 亿利弗尔	22 亿利弗尔	12.5 亿利弗尔
用于支付收入和原预付的利息	4 亿利弗尔			11 亿利弗尔
	11 亿利弗尔			
	12.5 亿利弗尔			4 亿利弗尔
	11 亿利弗尔			
	1.5 亿利弗尔			10 亿利弗尔
为支出年预付	20 亿利弗尔			总计 25 亿利弗尔
总计……	60 亿利弗尔			其中一半用于补偿这个阶级的预付。

可以看出，用这种方式，直接从纯产品中征税，在支出和分配的秩序上完全没有引起变化；耕作者像过去一样，获得了支付收入所必要的数额，也保证了他自己的回报。结果，再生产必然相同。

但是，这个直接由土地纯产品 2/7 组成的 8 亿利弗尔公共收

① 这张表与刚讨论的表没有本质区别。国库支出被假定在生产阶级和不生产阶级之间平分，这与所有者阶级的支出一边一半是一样的。生产阶级的前五项（括号内）中，头两项表示分别售卖食物给国库和所有者，共计 15 亿利弗尔，这与前表中的第一项是符合的。第三项 12.5 亿利弗尔，代表售卖原料给不生产阶级的收入，这与前表的第二项是一致的。后两项代表售卖食物给不生产阶级，共计 12.5 亿利弗尔，这与前表中的第三项是一致的。在不生产阶级一方，头两项代表分别售卖制成品给所有者和国库的收入，共计 15 亿利弗尔，这与前表中的第一项是一致的。第三项 10 亿利弗尔代表售卖制成品给生产阶级的收入，这与前表的第二项一致。——米克注

入，对土地所有者来说是过多了。无知和贪婪使他们不可能理解赋税只应向土地收入征收，他们总是认为赋税应当向人或人们的消费征收，因为所有的人都处在君王权威的庇护之下。他们根本想不到，人的肌体表现的只是需求，什么也不能付出，因此，对人或人的消费的所有赋税必然来自使人得以生存的财富，而且只能是土地产品。他们相信如果他们直接提供其土地产品的1/10，他们就完全支付了他们为公众所贡献的份额。贵族和教士一直要求无限豁免，要求让他们的财产和地产与这种豁免捆绑在一起。国王还以为，对他的官员们和应邀在政府各个部门就职的人们实行完全的豁免是合适的。由于国库收入被降到如此低的水平，而所有者又强烈反对直接增加这种收入，所以国王一直求助于各种间接税，这种税的增加与国家收入的减少是并步而行的，因为国家收入的减少是这种税收增加的必然结果。土地所有者不曾预见到这种后果，也不理解这种税如何损害了他们的收入，不理解他们财富减少的原因，甚至感谢这些间接税，以为这可使他们逃避本应直接对其财产收入的税收，以为这不会使其年再生产减少，以为这种间接税不会要求连续不断地增加；但是，事实上，由于间接税连续不断地增加及其灾难性的后果，直接税和间接税的不断增加似乎成了满足国家需要的必要手段。此外，土地所有者不仅要拿出收入的2/7支付给国王，还要给他们支付间接税，这对他们自己的收入、国王的收入和国家的财富，都会造成持续不断的不可避免的损害。

这就是我们所要说明的间接税的后果。我们在下面还要举出若干资料来说明这一点，假定条件未予改变。

资　料

我们假定，对土地所有者来说，与其接受对他的能引起8亿利弗尔（公共收入）总额的30亿利弗尔收入按2/7比例征收单一直接税，不如接受只按1/10比例或3亿利弗尔对其土地收入直接征税；我们还假定，为了满足公共开支，要向个人和消费征税5亿利弗尔，其中一半会被以下各项所吸收：收税费用；包税商及其相关人员的利润；用在走私者身上的费用，这些人在贸易征税情况下必然出现，而且没有哪个执法队伍能对他们完全加以控制；法律培训费用，这种培训要通过复杂的需要作出大量解释的收集案例的体系来进行；怕被起诉对抗国库雇员的个人所作的秘密协议；随意罚款；办公室和机关人员，以及流动执法人员的年金；特权者的利润，等等。

如果我们用苏利的计算方法，评估的结果会十分庞大。但是，如前所述，我们将用间接税的最高费用和最低费用之间的平均数；宁可使这里的数字低于而不是高于实际情况。

注释

第一个注释

我们在前面的对话[①]中已经证明，[②]所有支出都只是由土地所生产的新生财富支付的。

这些新生财富的第一批所有者也就是这些支出的第一批分配者；这些支出的一部分是由他们自己引起的，一部分则是由雇用别人的人引起的，这些人享用别人提供的服务，也就要以自己的一部分财富为别人提供报酬，以代替他们的支出和消费。

工资获得者[③]的所有支出是由支付他们工资的人支付的。

落在工资获得者身上的赋税或其他开支，显然完全是由支付他们工资的人支付的。

有人认为，工资获得者阶级可以通过增加劳动从而增加报酬来支付这些赋税，这种看法是无益的。因为，首先，为了增加这些物品，他们需要拥有比他们实际拥有的更多预付；其次，当他们的物品增加时，他们的报酬不见得能增加，因为他们所能获得的工资总价值要受制于支付工资给他们的那些人的资金和财富。不言而喻的是，对人、劳动、商品和消费征税，并不能增加国家财富，还会使他们远离增加

① 指的是关于商业和手工业的对话。本书译出了其中“关于手工业劳动的对话”。——米克注

② 我们据俄译本还译出了“关于商业的对话”。——中译本注

③ 此为米克注。

贸易的机会。我们何以能设想，对工资获得者阶级征税的后果会增加这个阶级的物品吗？制衣匠做的衣服没有人买，他还愿意做吗？一个商人运送了1 000件衣服到某地，但此地只能购买和消费500件，他还会继续这样做吗？钟表匠愿意到威斯特法利亚和利摩日这些地方去，向那里的农民推销钟表吗？

有人认为，工资获得者通过限制自己的消费和远离享受，便可支付需要他们支付的赋税，而不必重新求助于支出的第一批分配者，这种观点同样是无益的。下面将会看到，虽然没有为支付间接税做出贡献，但工资获得者却遭受到这些赋税的后果即破坏了他们的生活资料：破产和工资的痛苦缩减使他们陷入贫困，也必然会减少他们的人数。他们之间的竞争会使他们的工资水平和享乐水平降到最低限度。如果一个国家试图通过征税迫使工资获得者双倍地限制他们的享乐，将迫使这些人移民到能使其生活更有保证和他们的事业更安全的国家。留在国内的人少了，竞争的压力减轻了，这会促使建立对第一批支出的分配者的法律，迫使这些分配者支付正常工资，外加税收和进入交易的土地成本，使新产品的这些所有者因占有土地而负担起这种破坏性的税收。

如果工资获得者的享乐因税收而受到限制，他们又不能通过移民恢复原先的享乐水平，这些人就可能变成乞丐和小偷。对支出的第一批分配者来说，这些人无异于随意走动的间接税，是一种很沉重的负担。

然而，事情是这样安排的：生产阶级、土地所有者和纳税人自己，[①]作为支出的第一批分配者，不可避免地要支付落在由他们提供工资的那些人身上的全部间接税，或是落在这些人所消费的产品和商品上的全部间接税；他们为这些人纳税的多少是同他们支出的分配额成比例的。

第二个注释

可能出现这种情况：生产阶级在乡村支出的间接税，在比例上要

---

① 原文为“赋税本身”。——中译本注

少于居住在城里并在那里缴税的所有者支出的间接税。但是，一个人只有在没有看到下述情况时才可能持有这种看法：如果生产阶级的当事人所承受的消费税，在他们支出中的比例较少，他们就要承受多得多的人头税和各种随意的平民税，就会比在城里支出要忍受数不尽的困扰。如果这还需要证据，那么从农民的孩子离开乡村就能发现这一点，他们的父亲要他们离开农村，来到城市，掏钱买个差事或是经商。

第三个注释

如果我们不仅把耕作者看做是支出的第一批分配者之一，而且看做是第一个卖者；如果我们观察一下第一手售卖价格中所承受的间接税的范围，我们就能看到几乎全部间接税都落在了生产阶级头上。因为购买手段是有限的：如果间接税没有提高产品对购买者和消费者的价格，那么，很显然，它必定在第一手接受的售价的支出中被支付了；如果间接税提高了购买者和消费者价格，就会迫使他们减少消费，该产品市场需求的减少会迫使其价格下降；耕作者或是随行就市，或是放弃为市场耕作。①实际上这两种情况是相互交织和相互抵消的，但无论它们是混合出现还是分别起作用，对相关产品来说，其结果都只能是灾难性的。

对那些不习惯这种思维方法的读者来说，这些真理是闻所未闻的；我们在现在的计算中把生产阶级对间接税的贡献限制在同其支出成比例的限度内，原因就在这里。对我们来说，指出这一点就够了：这个假定并不是严格准确的，但是，对间接税来说，这个假定可能是

① 人们乍一看可能会以为，间接税的支出维持了土地产品市场。但是，这种看法忽视了我们在前一个对话中已经指出的产品市场有限这个事实；还忽视了下述事实：支出间接税决不会拿回他们已经从产品价格中拿走的东西，仅仅是转售而已；而且，如果完全没有间接税的话，市场不会变得更小，它会以更有利的方式继续下去，因为这种税及其支出不利于各省的贸易，不利于销售通常由下层消费者使用的产品；还因为来自这种税的大部分收入被积累起来，成了离开流通的个人财产，而这些财产原本应当全部返回流通以便用于支付所有者的收入。——原注

最有利的。

第四个注释

虽然再生产总额是60亿利弗尔，但进入贸易的只有50亿利弗尔，因为生产阶级要在自己阶级内部消费价值10亿利弗尔的产品，就像我们在前面讨论价格提高问题时所指出的那样。[1]但是，承担了间接税的支出总额在既定条件下是55亿利弗尔，其构成如下：[2]

生产阶级从30亿利弗尔的回报中支出20亿利弗尔，另外10亿利弗尔用于直接消费，没有任何交易居间……	20亿利弗尔
3亿利弗尔直接税……	3亿利弗尔
从纯产品中减去直接税后留给所有者的27亿利弗尔收入……	27亿利弗尔
被征收和花费的间接税5亿利弗尔……	5亿利弗尔
总计……	55亿利弗尔

可以看到，间接税（它是对支出征收的，而它本身又引起了与征收额相等的支出）重现于支出总额之中，它完全没有增加这个总额，但却改变了这种支出与间接税的比例，间接税是由它自己支付的。

扣　除

5亿利弗尔间接税是向本该有此义务的55亿利弗尔支出征收的，该支出的每个第一批分配者对间接税的贡献，如前所说，与其被分配的支出成比例。[3]

生产阶级（它花费了20亿利弗尔）的贡献……	1.82亿利弗尔
3亿利弗尔直接税的贡献……	0.27亿利弗尔

① 这当然是指前述“第一经济问题”。——米克注

② 参看前述“资料”。——米克注

③ 这当然意味着“第一批分配者”中每个分配者的支出被简单地除以11。——米克注

2.5亿利弗尔间接税中,[①]国王的贡献……	0.27亿利弗尔
征收间接税2.5亿利弗尔的成本的贡献……	0.23亿利弗尔
土地所有者的贡献……	2.45亿利弗尔
总计……	5.00亿利弗尔

到此为止，事情对土地所有者来说还是可以接受的。总额8亿利弗尔的直接税和间接税只花费了他们5.45亿利弗尔，而不是要从他们的财产收入中直接支付这8亿利弗尔。但他们是一些蹩脚的计算者，他们根本不知道，进入这种貌似有理的安排，也就提供了为他们自己掘墓的空间。

由于5亿利弗尔间接税，以及从其生产性使用的转移，每年从生产阶级年预付中扣除的2.82亿利弗尔[②]将会达到原先的3倍即5.46亿利弗尔。这代表每年再生产损失5.46亿利弗尔，使再生产总额降到54.54亿利弗尔，而不是6亿利弗尔。

我们假定，再生产总额的这种减少全都落在收入上，因为耕作者预付（年预付和原预付）不会在几年之内就消耗殆尽。这样，在所有者和直接税之间分配的收入将不会多于24.54亿利弗尔，而不是30亿利弗尔。生产阶级年预付20亿利弗尔生产的收入将不会超过预付的123%，而不是预付的150%。[③]

间接税在过去占30亿利弗尔收入的1/10，现在减到24.54亿利弗尔的1/10了。也就是说，它将不会多于2.44亿利弗尔，而不是3亿利弗尔。

8亿利弗尔直接税和间接税，去掉征税费用2.5亿利弗尔，“重

① 按照魁奈的假定，这个数额是从间接税总额中减去收税成本的余额。——米克注

② 应是1.82亿利弗尔。——米克注

③ 我们这里集中考察预付和收入的现有比例所发生的固定的变化，而没有仔细考虑耕作者为了延缓生产下降过程而采取的各种节约小窍门。节约不是再生产；而且这些方法的大部分只有一时之效，过后就全然无用了。——原注

新呼出的费用”7 300 万利弗尔，[①]损耗 5 600 万利弗尔，[②]能给国库带来的收入只有 4.21 亿利弗尔。从中减去直接税 3 亿利弗尔，5 亿利弗尔间接税给国王带来的收入只有 1.21 亿利弗尔，这会使其土地再生产总额，从而人口数，分别损失大约 1/11；按照 30 亿利弗尔收入的 2/7 比例征收的直接税，会给国王带来 3.79 亿利弗尔以上的收入（没有任何损耗）。

30 亿利弗尔收入被减到 24.54 亿利弗尔，毫无成效地贡献 2.45 亿利弗尔给这些间接税，实际上只剩下 22.09 亿利弗尔，对它要征收 2.44 亿利弗尔的直接税，这样一来，留给土地所有者的只有 19.65 亿利弗尔，而不是 22 亿利弗尔。8 亿利弗尔赋税直接落在 30 亿利弗尔收入上，他们才会有 22 亿利弗尔。国王以往有 8 亿利弗尔，现在则减少到 4.21 亿利弗尔。国王损失 3.79 亿利弗尔，所有者损失 2.35 亿利弗尔，这意味着土地纯产品的这些共同所有者总共损失 6.14 亿利弗尔。

为了确切考察征收 5 亿利弗尔间接税引起财富分配变化的其他后果，我们以表来表明收入下降的情况。收入不再像征收 5 亿利弗尔间接税以前那样是生产阶级年预付的 150%，由于征收间接税，它现在不到年预付的 123%，从 30 亿利弗尔减少到 24.54 亿利弗尔。在这张表上我们将略去 5 亿利弗尔间接税，以避免这些税引起双倍的支出。

---

① Repompement 一词带有明显的生物学意义，不常用，很难译。一般来说，它是指需要重新启动呼吸的一种过程。在现在的行文中，魁奈想说的是，因为间接税实际上是向国家的总支出征收的，也就是落在这些支出的第一批分配者身上；而获得并花费这些税收收入的人们，又按照各自支出的比例，为支付这些“间接”税做出贡献。换句话说，政府和捐税包征者将这些税收收入花费在物品和服务上时，他们会因这些物品和服务的价格上涨而受损，而这种价格上涨又是征收间接税的结果。因此，在评估税收对国库的纯收益时，应当适当减去以此方法“重新呼出的费用”。7 300 万利弗尔的“重新呼出的费用”是前述表第二、三、四项加总而成。——米克注

② 此为米克注。

第三张表

（单位：亿利弗尔）

生产阶级年预付　　收　入　　不生产阶级年预付

20　　24.54，不是30　　11.14，不是12.5

用于支付收入和原预付的利息：
- 12.27，不是15
- 11.14，不是12.5
- 11.13，不是12.5

不生产阶级：
- 12.27，不是15
- 10

年预付支出……20

总计……22.27，不是25

总计……… 54.54，不是60

这个阶级的预付损失1.36亿利弗尔，雇主用其收入的一半补偿它的预付

可以看出，生产阶级将其最初的损失5.46亿利弗尔转给了收入，但收入返还给它们的不足12.27亿利弗尔，而不是15亿利弗尔，这意味着它们有2.73亿利弗尔的亏空，其中1/3代表成本的下降，从而也就是这个阶级的工人工资的减少。因此，它们的损失为……………………………………………0.91亿利弗尔

不生产阶级返还给生产阶级只有22.27亿利弗尔，而不是25亿利弗尔；亏空2.73亿利弗尔，其中1/3代表生产阶级工人工资的减少。因此，它们的损失为………………………0.91亿利弗尔

不生产阶级只得到22.27亿利弗尔，而不是25亿利弗尔；（亏空）2.73亿利弗尔，其中一半代表这个阶级成员工资的减少。它们损失为……………………………………………1.36亿利弗尔

总计……………3.18亿利弗尔[①]

① 魁奈证实这一点的热情似乎使他离开了这里的逻辑。实际上，指出不生产阶

工资的损失总额为……………………………… 3.18亿利弗尔
收入的损失为…………………………………… 5.46亿利弗尔

总计……………………8.64亿利弗尔

答　案

从上述扣除可以看出，5亿利弗尔间接税花费
　　土地所有者2.35亿利弗尔，这多余他们在
　　直接税上的花费……………………………2.35亿利弗尔
国王的损失为……………………………………3.79亿利弗尔
从上表可知工资减少数额为……………………3.18亿利弗尔

总共损失……………………9.32亿利弗尔

如上所述，国王仅获得1.21亿利弗尔间接税，却由此损失了9.32亿利弗尔。国家为此所花费的比国王得到的1.21亿利弗尔要多8倍以上。国王没有获得本应构成其收入大部分的5亿利弗尔，而仅仅取得了它的1/4。其他三份都损失了，而他取得的那一份却花费了国家的八份。

土地所有者初看上去只支付了5.45亿利弗尔，作为他们在直接税和间接税8亿利弗尔总额中的份额；他们还以为他们得利于没有直接从其土地纯产品中支付总额8亿利弗尔的赋税，但是，实际上，由于上面讨论的这种形式的税收，他们支付了或者损失了10.35亿利弗

级的报酬将会下降就够了。他现在从生产阶级只能购买11.14亿利弗尔，而不像以前一样是12.5亿利弗尔，说明损失了1.36亿利弗尔。但是，看不出为什么生产阶级的实际报酬也会遭此结果。依照魁奈的假定，生产阶级最初的损失是转给了收入的，因此，减少的生产阶级总收入不会多于被减少的收入数额，生产阶级仍然有能力支付（减少了）的收入；而且它还像以前一样获得10亿利弗尔利息、10亿利弗尔制成品，以及10亿利弗尔在本阶级内部消费的食物。不过，如果假定魁奈的前两个数字代表的是租约期间的情况，即生产阶级能将赋税的负担转给所有者以前的情况，那么，这两个数字还是有更多意义的。——米克注

尔，[①]税收总额 8 亿利弗尔给国王的只有 4.21 亿利弗尔。

试图通过增加间接税来弥补国王收入的下降是徒劳的，这只能加剧国王和国家收入的减少。间接税增加得越多，直接税就必然增加得越多，以补偿赋税本身的下降。

例如，如果国王试图维持来自其直接税 3 亿利弗尔的收入，那么，现在只是 30 亿利弗尔收入的 1/10 的这些税，就要占到已经减少为 24.54 亿利弗尔收入的 1/8。于是，在国王的收入没有增加的情况下，直接税却越来越多地侵蚀收入，直到间接税减少总收入的程度。直接税和间接税无秩序地并存，两者不断地随意增长，它们变成了君主和国家的灾难。

还应注意到由间接税引起的其他更严重的危害。

应当强调的是，在计算间接税引起的损失时，应该把我们将要描述的 4 种类型的危害包括进去，如果对每一种的细节皆可加以评估的话。

第一种类型的危害

由间接税造成的各种退化现象正在迅速地蔓延开来。

首先是土地财产的退化。这是土地所有者收入下降的结果，而后者又是间接税的必然结果。土地所有者收入的下降使他们丧失了维持和改进地产的资金。

其次是企业和有利可图的工作状况的恶化。在这些企业和工作中，人们不能冒险去使用那些可见的财富，这些财富有根据随意征收的各种间接税被估价和使用的风险。

再次是由损害耕作者的预付所引起的与日俱增的恶化，这是租约期内随意地和不可预料地落到农场主头上的间接税不断增加的灾难性后果。

---

① 这个数字似乎是以下数字的加总：(1) 收入减少了 5.45 亿利弗尔；(2) 所有者支付的间接税 2.45 亿利弗尔；(3) 向减少了的收入征收的间接税 2.44 亿利弗尔。——米克注

第二种类型的危害

由包租间接税的金融家的利润而增加的货币财产，限制和扰乱了货币流通，妨碍货币每年流回农业。

第三种类型的危害

富裕的金融家们居住在首都，这使消费更远离生产地。这样导致的高额运费是一种损失，它会落到产品的第一手售价上，从而落到土地所有者的收入上；于是土地所有者自己，特别是那些出身名门之人，也会迁进首都，利用他们的名声分享朝廷的恩泽，以便通过君主的宽宏大量，部分地补偿他们收入的下降。

第四种类型的危害

乞丐增加了。这是间接税的结果，这种税抹去了国家每年财富再生产的部分财富，从而破坏了工资和生活资料。乞丐的增加大大加重了耕作者的负担，他们不敢拒绝施舍给乞丐，否则就会面临心怀不满的乞丐施加报复的危险。这种加重的负担又会加到所有者的收入上，而土地所有者只能为耕作者提供补偿，而且这些补偿只能根据所有者本身的特点，通过与租种其土地的人的契约来进行。

这四种类型的危害还没有包括到我们刚解决的这个问题的计算中：这些资料过于零散，而且数量庞大，难以使我们得出一种精确的观点。要作此计算，非经长期专门训练不可。对我们来说，指出将这些资料全部纳入相同类型的计算，以便更精确地了解它们的途径就够了。

结　论

我们现在可以询问土地所有者，支付全部直接税对他们来说不是极端重要吗？要知道这决定和保证了他们的财产状况；而不敦促国王拥有满足国家需要的手段，则是出于对他们自己利益的误解，这对所有者的收入，对国王们自己和整个国家来说，如同间接税一样，都是灾难性的。

译后记

本书收入魁奈主要经济著作21篇，以写作年代排序。其中12篇译自米克的英译本：《重农主义经济学》①中的“译文”部分，包括：(1) 农业国经济统治的一般准则；(2) 魁奈致米拉波的信（之一）；(3) 经济表（第一版)；(4) 魁奈致米拉波的信（之二）；(5) 经济表(第二版)；(6)经济表(第三版)；(7)农村哲学（摘录)：给农业协会的报告；(8) 自然权利；(9) 关于手工业劳动；(10)经济表的分析；(11) 第一经济问题；(12) 第二经济问题。

罗纳德·米克（1917～1978）是国际著名经济学家和经济学说史家，尤以研究重农主义和马克思主义经济学著称；他出生于新西兰，1939年和1946年分别获得新西兰法学硕士学位和文学硕士学位，1949年获得剑桥大学哲学博士学位，此后长期在英国格拉斯哥大学和莱斯特大学任教。他的《劳动价值学说研究》(1956年初版）是西方马克思主义经济学的一部代表作；《重农主义经济学》(1963年）则是他翻译和研究魁奈经济学的重要成果，其中“译文”部分是他直接根据法文原文译出的，而且经过了精心编辑和加工，增加了为数不少的解释性译注，使得这份译文比过去的其他译文都要可靠和可读，特别是纠正了过去一些译本对魁奈《经济表》版本及相关文件的误解或缺失，增加了魁奈运用《经济表》说明经济问题的其他文献，等等。这是米克译本的一大优点；但他对魁奈著作的选择着意于当今经济学家感兴趣的方面，而不在于全面展示魁奈经济学的内容，所以一些重要

---

① 米克:《重农主义经济学》，哈佛大学出版社，1963年版。另一部分是米克关于重农主义的“论文”。

论著没有收入，例如魁奈发表在狄德罗《百科全书》上的重要论文《农场主论》就没有收入，其它3篇也只有比较简短的摘要。

为了弥补这个不足，我又从下列俄译本①中选译了9篇，包括：(1)农场主论；(2)谷物论；(3)人口论；(4)赋税论；(5)农业哲学（第七章）；(6)答M.X.先生；(7)关于商业；(8)关于货币利息的考察；(9)中国的专制制度（第八章）。其中上述第(2)、(3)、(4)、(5)篇在米克英译本中只有摘要，其余各篇则阙如。

这两个译本的表述风格有明显差异，在编译者注释的重点和倾向上也各有千秋。一般来说，米克的注释侧重于文本正误和知识背景介绍，或对魁奈论点的分析解释，而将判断观点本身是对还是错的余地留给读者；而俄译者则习惯于及时表明对魁奈观点的态度，指出这里是对的，那里有错误。这种做法和判断显然带有时代特点，今天的读者对此不免会有所保留，但我们仍照原样译出，不仅是出于对编译者的尊重，也是为读者提供一个参考。

魁奈著作公认比较难懂，这自然增加了翻译的困难。虽然英译者和俄译者在将魁奈著作从法文原文译出时已经做了很大努力，但他们也都感到仍有许多不尽如人意之处，这种情形在俄译本中似乎更为明显。现在再经转译，加上译者水平的限制，可以想见不尽如人意之处恐怕只会有所增加，而很难有所减少；敬请读者和专家批评指正。

吴斐丹和张草纫先生据日译本并参照俄译本《魁奈选集》选译的《魁奈经济著作选集》，自1979年出版以来一直是惟一中译本；我此次翻译相关文献时对该书有所借鉴，特此致谢。

承蒙华夏出版社于泽俊总编和陈小兰主任惠允赐译，大力支持；李雪飞责编在收集外文书稿和编辑方面做了大量细致工作，使得本书能以顺利面世，特在此致以深切谢意。

晏智杰

2005年8月31日

于北京　海淀　百旺家苑

---

① 卡萨林、戈里乌诺瓦、卡普兰和菲戈诺伊：《魁奈经济著作选集》，社会经济文献出版社，莫斯科，1960年版。